资阳市年鉴

2024

中共资阳市委党史研究室（资阳市地方志编纂中心）◎编

方志出版社
Publishing House of Local Records

图书在版编目（CIP）数据

资阳市年鉴. 2024 / 中共资阳市委党史研究室（资阳市地方志编纂中心）编. -- 北京 : 方志出版社, 2024. 11. -- ISBN 978-7-5144-6511-2

Ⅰ. Z527.13

中国国家版本馆 CIP 数据核字第 2024RW1637 号

责任编辑：李丝雨
责任校对：张玉霞
责任印制：梅中英
出 版 者：方志出版社
地　　址：北京市朝阳区潘家园东里 9 号（国家方志馆 4 层）
邮　　编：100021
网　　址：http://www.zgfzcb.cn
发　　行：方志出版社图书营销中心（010-67110500）
印　　刷：成都市兴雅致印务有限责任公司
开　　本：889 毫米×1194 毫米　1/16
印　　张：22.25
字　　数：664 千字
版　　次：2024 年 11 月第 1 版
印　　次：2024 年 11 月第 1 次印刷
定　　价：280.00 元

2023 数读资阳

SHUDU ZIYANG

◎ 土地面积	5746.69 平方千米
◎ 建成区面积	55.20 平方千米
◎ 耕地面积	356.7 万亩
◎ 县（市、区）	3 个
◎ 户籍人口	330.9 万人
◎ 常住人口	225.3 万人
◎ 人口出生率	4.58‰
◎ 人口自然增长率	−6.74‰
◎ 各地平均气温	18.3—18.8℃
◎ 各地总日照时数	1309.1—1480.1 小时
◎ 各地总降水量	530.6—1078.9 毫米
◎ 地区生产总值	1019.2 亿元
第一产业增加值	196.6 亿元
第二产业增加值	299.7 亿元
第三产业增加值	522.9 亿元
◎ 民营经济增加值	550.5 亿元
◎ 全市固定资产投资增速	2.5%
◎ 社会消费品零售总额	470.9 亿元
◎ 外商直接投资（FDI）	3.1 亿美元
◎ 进出口总额	51.8 亿元
◎ 公路旅客周转量	5.9 亿人千米
◎ 货物周转量	35.6 亿吨千米
◎ 公共财政预算收入	70.3 亿元
◎ 公共财政预算支出	255.2 亿元
◎ 城镇居民人均可支配收入	41729 元
◎ 城镇居民人均生活消费支出	25125 元
◎ 农村居民人均可支配收入	20924 元
◎ 农村居民人均生活消费支出	14566 元
◎ 城乡居民储蓄存款余额	1684.7 亿元
◎ 原保险保费收入	50.3 亿元
◎ 粮食产量	167.8 万吨
◎ 蔬菜及食用菌产量	188.8 万吨
◎ 水果产量	85.8 万吨
◎ 出栏肉猪	290.8 万头
◎ 小学	143 所
◎ 普通中学	160 所
◎ 普通高中	33 所
◎ 中等职业学校	7 所
◎ 特殊教育学校	3 所
◎ 医疗卫生机构	2686 个
◎ 医疗卫生机构床位	2.1 万张

2023 年度视点

NIANDU SHIDIAN

2023 年 6 月 20 日，成都都市圈机器人产业大会在资阳举行（资阳融媒体中心　供图）

成都都市圈机器人产业大会

2023 年 6 月 20 日，“智联万物 · 智创未来”成都都市圈机器人产业大会在资阳市举行，这是资阳作为第十九届西博会主题市的重要活动之一。会上，资阳临空经济区与新石器慧通（北京）科技有限公司签订新石器（资阳）先进制造与服务基地项目合作协议，与遨天科技（北京）有限公司签订遨天科技空间轨道服务项目合作协议。已在资阳投产的上海高仙机器人科技有限公司与深圳市速腾聚创科技有限公司、奥比中光科技集团股份有限公司等企业签订采购合作协议。成都市、德阳市、眉山市、资阳市 4 个市共同签订成都都市圈机器人智能制造产业合作协议，从产业生态、产品市场、产品研发、联合招商四个方面深化协作交流。

2023 年 7 月 22 日，四川资阳号运载火箭发射成功（资阳融媒体中心　供图）

资阳号运载火箭发射成功

2023 年 7 月 22 日 13 时 07 分，星河动力航天公司于酒泉卫星发射中心成功发射谷神星一号（遥六）· 四川资阳号运载火箭（任务代号：LEMON TREE），顺利将乾坤一号超低轨道技术试验卫星、泰安号（星时代—16）卫星精确送入预定轨道。此次发射的谷神星一号（遥六）运载火箭以“四川资阳”命名，发射任务的代号 LEMON TREE 是资阳安岳的最主要特产、中国国家地理标志产品“柠檬树”。

2023 年 3 月 2 日，百威资阳超高端啤酒项目开工（资阳融媒体中心　供图）

百威资阳超高端啤酒项目开工

2023 年 3 月 2 日，百威资阳超高端啤酒项目开工仪式举行。此次开工的超高端啤酒项目，是百威（四川）啤酒有限公司在资阳的第四次投资扩产。项目总投资 1 亿元人民币，每年新增产量 4.2 万吨，增加产值 2.4 亿元人民币。新增一栋生产车间，建筑面积约 1400 平方米，每月增加酿造产能 470 百升，实现福佳白、范佳乐、百威铝瓶等高端产品在资阳落地生产。百威（四川）啤酒有限公司自 2011 年建成投产以来，完成投资额 10.26 亿元，建成易拉罐生产线 2 条、瓶装生产线 3 条，酿造产能 50 万吨、包装产能 75 万吨，累计生产百威、哈尔滨啤酒超过 310 万吨，创造产值近 100 亿元，纳税总额超过 32 亿元人民币。资阳工厂产品已覆盖四川、西藏、重庆、陕西、新疆等中国中西部地区市场，成为中国啤酒行业第一家 100% 绿电啤酒厂。

濛溪河遗址挖掘现场图（资阳融媒体中心　供图）

资阳濛溪河遗址考古发掘顺利推进

四川省文物考古研究院配合基本建设在对该遗址进行抢救性挖掘时，发现石核、石片等石器和牛、犀牛、鹿等动物化石，以及植物类遗存，包括疑似骨器和木器等。通过初步的碳 14 测年，濛溪河遗址年代超过 4 万年。

2023 年 12 月 29 日，资阳市博物馆全面开馆（资阳融媒体中心　供图）

资阳市博物馆全面开馆

2023 年 12 月 29 日，资阳市博物馆全面开馆。该馆主体建筑总建筑面积 9916 平方米，其中展厅面积 5000 余平方米。馆内基本陈列展览以“天下资阳人”为主题，以时间为序，重点展示以中华人民共和国成立后首次发现的人类化石——“资阳人”头骨化石为代表的史前文化，以“中国第一汉车”——资阳铜车马为代表的汉代文化，以“安岳石刻”为代表的石刻艺术文化三张文化名片，辅以展示资阳名人文化、文脉传承、三线建设历程等，共分为寻梦原乡、车马汉风、匠心石韵、风华流芳四大展示板块。馆内藏品的年代上起旧石器时代，下迄近现代时期。藏品主要以资阳历史文物为主，包括旧石器时代石器、汉代铜车马、汉代陶器、唐宋石刻、明清书画和近现代红色文物等，特别展示有战国铜戈、战国铜钺、汉代最大的铜车马、汉金戒指、唐宋精美石刻、明陶双联粮仓、民国谢无量书法等珍贵文物。

资阳保税物流中心的四川联港出口配送型出口监管仓库正式获批投用（资阳融媒体中心　供图）

资阳保税物流中心获批配送型出口监管仓库

2023 年 11 月，资阳保税物流中心的四川联港出口配送型出口监管仓库正式获批投用。仓库现有面积 2000 平方米，容积 1.9 万立方米，是继成都双流机场海关之后全省第三个出口监管仓库，实现进口保税仓和出口监管仓两仓并行，资阳成为除成都市以外全省唯一兼具进口保税仓库和出口监管仓库的市（州）。年内，资阳保税物流中心园区企业实现进出口额 11 亿元。

Keeway 智能两轮车生产线（资阳融媒体中心　供图）

Keeway 高性能电动交通工具（西南生产基地）项目开工

2023 年 11 月 29 日，位于资阳临空经济区智能制造产业园（三草湾片区）的 Keeway 高性能电动交通工具（西南生产基地）项目正式开工。这是资阳打造交通装备产业集群的又一重大产业项目，Keeway 西南生产基地协议总投资 7.5 亿元，规划用地面积约 9.2 公顷，于 2024 年底前完工投用。项目分两期实施：一期项目建设两轮电摩临时生产线，实现过渡生产高性能电动化两轮产品；二期项目主要建设高性能电动化两轮产品生产线及配套设施。满产达产后，整个西南生产基地产能将达到 100 万台，产值 33.6 亿元。

2023 年 4 月，建设中的临空经济区（清泉片区）智能制造产业园（资阳融媒体中心　供图）

临空智能制造产业园

2023 年以来，临空经济区智能制造产业园坚持园区建设、产业导入两手抓，清泉片区 40 万平方米标准化厂房已建成投用，20 万平方米标准化厂房加快建设中；瞄准智能制造、新材料、航天科工三大主导产业开展精准招商，成功引进资阳首个百亿元制造业项目——SJ 高效太阳能电池片项目，以及 Keeway 两轮电动车、九天中创等一批智能制造企业。园区两大片区（清泉片区、三草湾片区）共计入驻企业 24 家、开工建设 8 家、投产 12 家，正加快打造成渝中部重要智能制造承载基地。

2023 年 10 月 18 日，第四届世界柠檬产业发展大会举行柠檬品牌营销分享会暨招商推介会（安岳县地方志办公室　供图）

第四届世界柠檬产业发展大会

2023 年 10 月 18 日，第四届世界柠檬产业发展大会在安岳县宝森柠檬旅游区开幕。大会由省农业农村厅、省商务厅、省科技厅、省市场监督管理局、省知识产权服务中心作为指导单位，中国柑橘学会、中国果品流通协会、市人民政府联合主办，安岳县人民政府具体承办。大会以“柠檬的世界·世界的柠檬”为主旨，围绕“品牌与营销”主题，共举办 9 项活动。大会邀请部省市领导 50 余名、国内外知名专家近 20 名、友好区（县）相关负责人 40 余名、客商 80 余名参会，参会嘉宾共 220 余名。此次大会围绕柠檬品种改良、储藏加工、开发运用、品牌营销等领域，开展柠檬前沿技术和最新成果交流研讨，深度探讨中国柠檬产业发展“建圈强链”新路径；安岳以全链条思维，围绕优化产业链、助力生态圈，推介安岳柠檬产业“5+2”合作体系。省知识产权投资促进中心授牌安岳经开区为全省唯一县级涉外知识产权工作指导站；项目招引成果显著，推出招商项目 22 个，总投资 223 亿元，现场签约项目 4 个，共达成 12 万吨国内外柠檬贸易订单，柠檬出口额同比增长 266.7%；国内权威媒体对大会宣传报道，国际在线总网 3 个语种、5 个平台账号宣推安岳柠檬，全球共刊发新闻稿件 650 余条次、全网阅读量达 2.6 亿人次，发布主题宣传短视频 50 余条、播放量超 1.2 亿人次。

2023 年 12 月 28 日，资阳市首批低速功能无人车配送邮政快递业务正式上路运行（资阳融媒体中心　供图）

首批低速功能无人车配送邮政快递业务上路运行

2023 年 12 月 28 日，资阳市首批 3 辆低速功能无人车配送邮政快递业务正式上路运行，此次上路邮政无人投递车均为资阳制造，由资阳市公安局交警支队统一编号核发车牌。

2023 年 6 月 11 日，资阳中学女排获四川省第三届“贡嘎杯”青少年校园体育联赛排球项目女子高中组冠军（资阳融媒体中心　供图）

资阳中学女排再次蝉联全省“贡嘎杯”冠军

2023 年 6 月 11 日，由四川省教育厅、四川省体育局、共青团省委联合主办的四川省第三届“贡嘎杯”青少年校园体育联赛排球项目女子高中组在资阳市体育馆落下帷幕。在冠军争夺战中，资阳中学女排以 2 : 1 的总比分登上最高领奖台，连续两届蝉联排球项目女子高中组“贡嘎杯”冠军。

《资阳市年鉴》编纂人员

主　　编	刘正良		
副主编	康海燕	邓杨林	
编　　辑	邹德奇	陈威印	罗　漩
	李　蕊	熊可夫	董晓琴
	余　林		

编辑说明

一、《资阳市年鉴》是由资阳市人民政府主办，中共资阳市委党史研究室（资阳市地方志编纂中心）组织编纂，系统记述资阳市自然、政治、经济、文化、社会等方面情况的年度资料性文献。2003 年开始编纂，原名《资阳年鉴》，2014 年更名为《资阳市年鉴》，每年一鉴，公开出版。

二、《资阳市年鉴（2024）》（以下简称本年鉴）编纂坚持以马克思列宁主义、毛泽东思想、邓小平理论、“三个代表”重要思想、科学发展观、习近平新时代中国特色社会主义思想为指导，坚持辩证唯物主义和历史唯物主义的立场、观点和方法，全面、系统记述 2023 年资阳经济和社会发展的基本情况、重大成就和深刻变化，旨在为社会各界了解和研究资阳提供基本资料，为编纂与续修新方志积累历史资料。

三、本年鉴记述时限从 2023 年 1 月 1 日到 2023 年 12 月 31 日，为保证内容的真实性和完整性，部分内容根据实际需要作适当的上溯或下延。

四、本年鉴依据本行政区域经济社会发展特点，参照有关行业分类标准，按所记述的年度资料属性进行科学系统编排。主体内容设类目、分目、条目 3 个层次，以不同字体、字号和版式区分不同层次。条目为记述的基本层次，个别包含多方面资料的条目，用楷体字标题标明各级资料主题。除特载、大事记、附录等类目外，其他类目内容均以条目为表现形式，其标题统一使用黑体字加【 】表示。

五、本年鉴主要内容设特载、大事记、资阳概貌、中国共产党资阳市委员会、资阳市人民代表大会、资阳市人民政府、中国人民政治协商会议资阳市委员会、中国共产党资阳市纪律检查委员会　资阳市监察委员会、园区、民主党派·工商联、群众团体、法治、军事、经济管理、农业和农村、工业、商贸流通和服务业、旅游业、通信业、金融业、城乡建设、生态环境保护、教育·体育·科技、文化、卫生健康、社会生活、应急管理、县（区）、附录 29 项，设有 2023 数读资阳、2023 年度视点以及反映全市发展成就的彩色图片专辑。

六、本年鉴文字、图片资料均由市级机关各部门（单位）、各县（区）及有关企事业单位提供，并经单位领导审核。有关全市国民经济和社会发展的主要数据，以市统计局公布的数据为准，个别采用业务主管部门的统计数据，部分数据合计数或相对数因单位取舍不同而产生的计算误差，均未作机械调整。为保持文献原貌，“特载”所刊报告中数据的量与单位均未作变动。

七、本年鉴设双重检索系统，书首设目录，书尾设索引，索引采用主题分析法，主题词按词首汉语拼音字母顺序排列。年鉴数字用法、标点符号用法分别采用国家标准《出版物上数字用法》（GB/T 15835-2011）、《标点符号用法》（GB/T 15834-2011），计量单位采用国家技术监督局 1993 年 12 月发布的《量和单位》系列国家标准，考虑到社会使用习惯，全书中“亩”不统一换算。

《资阳市年鉴（2024）》编写组成员名单

（排名不分先后）

市委办公室　周昌海　陈　铸　潘安礼	市国资委　丁　轶　熊　芮
市人大常委会办公室　陈天华　傅　余	市政务服务大数据管理局　方吉才　张　佳
市政府办公室　刘　洋	市乡村振兴局　邓时光　刘李科
市政协办公室　周银才　陈　勇	市经济合作和外事局　吴章才　唐　航
市纪委监委　沈茂林　汪　杰	市应急管理局　吴再兴　陈添禹
市法院　江　冰　徐　霞	市市场监管局　申智勇
市检察院　李克洪　严国元	市住房和城乡建设局　谢　东
市委组织部　应小琴　王莲莲	市审计局　袁　军　熊　杰
市委宣传部　祝　良　邓文业	市农业农村局　管昌平　何　理
市委统战部　周　娟　陈光喜	市退役军人事务局　刘　杨　林　志
市委政法委　陈继亮　曾　兴	市生态环境局　黄辉忠　周　刚
市委巡察办　滕　琼　唐子涵	市城管行政执法局　曾克诚　彭　聪
市委政研室　王怒江　文加志	市交通运输局　陈永才　黄　琨
市直机关工委　康前军　陈　薇	市同城化发展工作局　邓钦沂　鲁亚运
市委编办　李　静　寇俊涛	市税务局　雷高明　罗　闯
市委党校　沈浩强　严利琳	市经济和信息化局　雷明才　庞芝知
市委目标绩效办　张　茜	市财政局　吴茂森　任永红
市委保密机要局　李忠华　杨　欢	市公安局　陈全章　汪　雪
市委老干部局　林建容　李文静	市司法局　刘　莉　查　丹
市发展改革委　陈治财　王　伟	市水务局　吴兴中　尹明波
市政府督查室　李　柏	市科技局　杨力生
市信访局　邓　未	市卫生健康委　文帮芬　郭应权
市民政局　江应登　赖　娜	市教育和体育局　毛　靖　王小刚
市统计局　刘　勇　王艳玲	市文化广电旅游局　陶长华　杨　洋
市气象局　朱召勇　冯　渝	市医疗保障局　张　智　蒋佳良
市自然资源和规划局　李绍棠　刘晨秋	市金融工作局　刘　弘　赖　聪

市政府研究室　蒋永刚　李晓宇
市人力资源社会保障局　李　印　肖　婷
市烟草专卖局　熊赵维　胡　敏
市邮政管理局　肖　遥
国家统计局资阳调查队　孙　艳　宋来光
市商务局　吴先锋　何子阳
市供销社　李　霞　罗　勇
市档案馆　艾克军　王　苡
市机关事务管理局　黄俊炜
资阳军分区政治工作处　柴　勇　吴　波
武警资阳市支队　李学勤　黎田东旭
市消防救援支队　岳佳峰　潘　黎
市人防办　李远科
市疾病控制中心　李　伟　何　星
市住房公积金管理中心　郭光华
市惠民帮扶中心　邱国全　冯汝银
市公共资源交易中心　王远昌　鲁华彬
市融媒体中心　曾建波　卢　玲
市慈善总会　李　旭　熊志敏
市总工会　陈　斌　王　税
团市委　贺　伟　王星荧
市妇联　李祖蓉　张世洁
市工商联　曹东锋　林仁军
市科协　刘小彬　谢林伶
市红十字会　聂　翀
市残联　王汉中　甘　宇
市文联　钟　瑜
市侨联　廖　伟
民革资阳市委会　刘明生　刘燕红
民盟资阳市委会　黄　艳　钟泽攀
民建资阳市委会　王　轶　王文花

九三学社资阳市委会　游文盛　付雪芳
民进资阳总支　张　旭　朱信昕
农工党资阳总支　田　芳　蔡　娟
人行资阳市中心支行　王志波　赵健兵
国家金融监督管理总局资阳监管分局
汪　斌　曾雨桥
农发行资阳市分行　邓　军　张　月
工行资阳分行　周　旻　曾诗皓
农行资阳分行　刘祖明　罗　丹
中行资阳分行　尹　丹　唐　盛
建行资阳分行　任俊奇　刘　利
资阳农商银行　范忠伟　张天歌
省农村信用社联合社资阳办事处
钱永洪　朱　丹
人保财险资阳市分公司　彭海涛　王　林
中国人寿资阳市分公司　龙　萍　郑宇洁
平安财险资阳支公司　熊　丽　周　雨
华西证券股份有限公司资阳广场路证券营业部
滕建波　朱　敏
天风证券股份有限公司资阳广场路证券营业部
彭智颖　孙　倩
国网资阳供电公司　刘建华
电信资阳分公司　李　超　杨铁刚
移动资阳分公司　李洪武　黎舒敏
联通资阳分公司　蒋海勇　黄　波
雁江区　邹德奇　熊可夫
安岳县　陈威印　董晓琴
乐至县　罗　漩　余　林
高新区　杨　杰　罗　雪
临空经济区　刘欣汶　蒋鹏程

C O N T E N T S

目录

特载

大事记

资阳概貌

中国共产党资阳市委员会

资阳市人民代表大会

资阳市人民政府

中国人民政治协商会议资阳市委员会

中国共产党资阳市纪律检查委员会　资阳市监察委员会

园　区

民主党派·工商联

群众团体

法　治

军　事

经济管理

农业和农村

工　业

商贸流通和服务业

旅游业

通信业

金融业

城乡建设

生态环境保护

教育·体育·科技

文 化

卫生健康

社会生活

应急管理

县（区）

附 录

特 载 >>>

资阳市打造成渝地区中部崛起示范区建设成就

成渝地区中部资源禀赋优越、区位优势明显、发展潜力巨大，既是成渝“双核”功能传接、要素中转、协同联动的战略枢纽，又是突出双城引领、强化双圈互动、促进两翼协同的重要增长极。资阳是全省唯一直接连接成渝“双核”的地级市，作为成渝地区双城经济圈、成都都市圈和成渝中部地区的重要组成部分，“成渝之心、巴蜀门户”的战略位势凸显，省委省政府赋予资阳建设成渝地区中部崛起示范区和成都都市圈现代化产业新城定位。

2022年以来，资阳市抢抓国省系列重大机遇，进一步发挥战略优势、区位交通优势、资源优势等，以重点突破带动整体提升、以改革开放打开发展局面，努力探索符合资阳实际的高质量发展之路，加快打造成渝地区中部崛起示范区，取得积极成效。

构建起以新型工业化为主导的现代化产业体系 实施“工业强市”战略，聚焦“产业、企业、项目、园区、要素”，培育发展特色优势产业和战略性新兴产业，初步形成医药健康、装备制造、能源化工、电子信息、先进材料、食品轻纺、国防科技工业七大特色优势产业的现代化产业体系。引进全国知名无人车企业新石器慧通科技、人工智能企业明略科技，高仙机器人、Keeway智能两轮车、九天中创等一批高新技术项目陆续投产，川投（资阳）燃气电站、百威高端啤酒生产线、安井食品西南生产基地三期10万吨预制菜生产线、奋安铝业西南建设基地等一批重点产业项目开工建设，中车资阳机车与刚果民主共和国业主签署6台窄轨交流传动内燃机车设计制造及10年维保服务合同，国内首台齿轨电客车试运成功。新投产的Keeway电动车满产后年产能将达100万辆，成为省内最大电动两轮车生产企业。医疗器械产业获批全省特色优势产业，口腔医疗器械产业集群获评全省首批中小企业特色产业集群，国家药监局医疗器械技术评审中心医疗器械创新四川服务站资阳分站揭牌、成为全国市州第一个分站。2023年，全市工业增加值217.7亿元，同比增长6.8%，工业投资增长109.6%，对经济增长的贡献率为23.6%。规模以上工业企业328户，规模以上工业增加值增长2.7%。

实现产业空间优化保障产业集聚 把高新区和临空经济区作为成资同城化和产业发展的主阵地，重建投资体系，推动投资主体由中信集团为主向多元投资转变；重构产业体系，大力发展医疗器械、装备制造、军民融合等产业，中国牙谷累计引进口腔企业115户，264个“资阳造”产品投入市场，Ⅱ、Ⅲ类口腔产品注册证数量居中西部第2位、全国第5位，高新区口腔医疗器械产业集群入选第一批（2023年度）四川省中小企业特色产业集群名单，现代商用车即将下线氢能源商用车、与沙特阿拉伯500辆创虎重卡订单正陆续交付，四川资阳号运载火箭成功发射升空、星河动力新一代固体飞行器研发生产基地项目开工；重组要素体系，变“项目等土地和厂房”为“土地和厂房等项目”，场平连片工业用地5300余亩，开工建设标准厂房96栋、建成面积96万平方米，与成都东部新区形成成都都市圈规模最大的连片工业用地和标准厂房群。2023年，两区全社会固定资产投资总额占全市的44.7%，工业投资占全市的42.4%，两区（含市本级）的市县级税收占全市的30.22%。

国资国企改革取得实效　深化国资国企改革纳入资阳市“三件大事”之一，按照国企改革三年行动、国企改革深化提升行动要求，聚焦降成本、降负债，提效益、提能力，做强做优国有资本和国有企业，谋划实施雁阵格局系列改革，构建起以资阳发展集团、资阳产投集团为龙头的“2+N”双轮驱动格局，国有资本运营效率显著提升。2023年，市属国企资产总额达1127.3亿元，同比增长18.7%，营业收入116.8亿元，同比增长78.9%，利润总额3.43亿元，同比增长116.5%。资阳发展集团进入“川企百强”、位列54位。通过“基金引流、资本招商”，市属国企在智能制造、清洁能源、医疗器械、国防科工、电子信息等领域投资布局一批战略性新兴产业，先后引进星河动力、高仙机器人等国家级独角兽企业4个，肇观电子、欧欧医疗等国家级高新技术企业13个。与新加坡淡马锡控股、大华银行参股的毅峰资本合作落地风险债权项目，工商银行入股市高投集团，中国银行入股市港投集团，资阳成为西部地区唯一有两家“四大行”入股市属国企的地级市。

（市委政研室　市委党研室）

资阳市建设“中国牙谷”七周年

资阳市建设“中国牙谷”，是深入贯彻习近平总书记关于“加快推进健康中国建设，努力全方位、全周期保障人民健康”“构建富有四川特色和优势的现代化产业体系”等重要指示精神，落实省委“高水平建设中国牙谷、打造国际口腔装备材料基地”决策部署，自觉践行以人民为中心发展思想的生动实践。2016年8月，在经过多方考察论证后，省委、省政府决定在与成都天府国际机场直线距离18公里的资阳高新区布局打造“中国牙谷”，作为全省推进供给侧结构性改革示范项目。2017年启动建设，从白纸作画到主体着色，实现了从无到有、快速起步、集聚发展的既定目标，至2023年12月末，“中国牙谷”总规划面积8900亩，完成投资80亿元、建成区面积4000余亩，产品涵盖口腔设备4大类60余种、口腔材料5大类100余种，年产隐形矫治器6500万片。成为资阳一张响亮的城市“产业名片”。

产业规划　坚持“产城融合、先产后城”，借鉴欧洲肖普朗“牙科小镇”、美国“硅谷”、中国光谷发展经验，委托麦肯锡公司和中国城市规划设计研究院编制《微笑中国，从齿开始——资阳“中国牙谷”发展规划》《资阳“中国牙谷”控制性详细规划暨城市设计》，提出打造以“产学研销医养”全产业链为内涵，医疗器械、医美康养等“口腔+”产业为外延的全产业链生态系统；按照产业集聚区、科教原研区、国际交流区、生活配套区、医康养综合体“一体四区”功能板块布局，建设“一园一校一馆”（“一园”即牙谷科创园，包括多功能馆、检验检测中心、标准厂房和人才公寓4大功能板块，实现创业者“拎包入驻”；“一校”即资阳口腔职业学院，开设口腔医学技术等14个专业；“一馆”即“中国牙谷”学术交流展览馆，集学术交流、展览展示、科普教育等诸多功能于一体，为“中国牙谷”标志性建筑和牙谷峰会常设会址），打造产城相融、职住平衡、生态宜居的城市空间格局。7年过去了，昔日的红土坡已成为全国最大的口腔装备材料产业集聚地，累计签约入驻口腔企业115户，264个“牙谷造”口腔产品从这里走向市场。

产业发展　整合川投集团、华西口腔医学院等资源共同组建华西牙科公司，打造全链产业生态。至2023年末，中国牙谷科创园投入使用，建成多功能中心、检验检测中心、标准厂房和人才公寓四大板块，其中科创园标准厂房14万平米、入驻企业39户、入驻率77%；成口腔孵化园标准厂房5.8万平米、入驻企业25户、入驻率88%。资阳口腔职业学院建成招生，开设口腔医学、口腔医学技术护理等16个专业，现有在校学生7000余名。中国牙谷学术交流展览馆即将交付使用。中国牙谷特色小镇被命名为四川省首批特色小镇，规划面积8900亩，正在推进牙谷高端酒店、医疗器械产业园等项目。

产业集群　加强与国家卫健委国际交流中心、华西口腔医学院、德中工业设计协会、美国加州中心、韩国牙科器材行业协会等权威机构平台合作，联合全球领先的口腔企业建立“以企招商”机制和定期联系机制，组织专业招商团队聚焦世界100强精准招商，引进爱齐科技、盈纬达、正美齿科、可丽尔、爱乐慕等全球领先的正畸企业，以及联耀医疗、频泰科技、博美星等国内外一流的口扫设备企业，落地鸿政伯恩、金洁医疗、惠恩医疗、卓皓雅、祯诺种植体等种植体企业。至2023年末，中国牙谷累计口腔企业115户，培育规模以上工业企业12户，264个“资阳造”产品投入市场，中国牙谷成为全国最大的口腔医疗器械产业集聚地。年内，口腔医疗器械产业集群获评全省首批中小企业特色产业集群。历经7年蓄势发展，“中国牙谷”先后获批四川省四大特色优势产业试点、四川省特色产业（口腔）基地、四川省中小企业特色产业集群、成渝地区双城经济圈产业合作示范园区等国省称号。

产业生态　促进重点关键领域聚合成势，推动“产学研销医养”全链式发展，口腔产业核心竞争力日益增强。2023年中国牙谷实现产值34亿元、同比增长13.3%。引进口腔产业领域硕博人才120余人、技能人才2700余人，张志愿、王松灵等一批院士专家成为牙谷战略发展顾问，中国工程院院士付小兵、张兴栋，四川省口腔医学会会长周学东等专家教授加入牙谷智库。与华西口腔医学院合作设立口腔疾病研究全国重点实验室牙谷研发孵化中心，20余项创新产品在牙谷落地转化。博恩、正美等企业产品纳入四川省医保集采目录，华西牙科开办的500家口腔连锁医院优先采购“资阳造”牙科产品，使用中国牙谷产品的诊所、医院超3万家。中国牙谷特色小镇获批四川省首批特色小镇。

科技成果转化　成立四川省口腔装备材料检验检测中心，组建医疗器械申报服务中心，畅通国、省、市医疗器械产品注册认证“绿色通道”，与省药监局建立局市战略合作关系，与北大口腔检测中心等检测机构深化合作。2023年7月28日，国家器审中心医疗器械创新四川服务站资阳分站正式揭牌、成为全国首个在地市级设立的站点。7年来，中国牙谷口腔医疗器械营商环境持续优化，医疗注册备案认证速度显著提升，园区最快103个工作日取得III类证、14个工作日取得II类证、1个工作日取得I类证，累计取得注册（备案）证234张，II、III类口腔产品注册证数量居中西部第1位、全国第5位。

（市委党研室）

大事记 >>>

1月

3日 资阳市第一季度重大项目现场推进活动举行，推进重大项目379个，年度计划总投资518.1亿元。

4日 中车资阳机车有限公司与土库曼斯坦铁路用户签署价值3000余万美元的机车备件合同，这是中土建交31周年以来双方签订的最大一笔机车备件合同。

7日 四川省推进成德眉资同城化发展领导小组第六次会议在资阳市召开。省委常委、成都市委书记、领导小组组长施小琳出席并讲话。会议传达学习党的二十大、中央经济工作会议和省委十二届二次全会、省委经济工作会议、推动成渝地区双城经济圈建设重庆四川党政联席会议第六次会议精神；听取成德眉资同城化发展暨成都都市圈建设起步期（2020—2022年）各项工作推进、成都都市圈重点产业产业链全景图编制等情况汇报；审议《成德眉资同城化发展暨成都都市圈成长期三年行动计划（2023—2025年）》《成德眉资同城化发展暨成都都市圈建设2023年工作要点》《天府大道（北延线、南延线）科创走廊国土空间专项规划》《成德眉资同城便捷生活行动（第三批）事项》《成资协同开放走廊国土空间专项规划》。

9日 资阳代表队在2022年四川省青少年（学生）游泳锦标赛中获4枚金牌1枚银牌。

11日 资阳市互联网协会成立大会暨第一次会员大会召开。会议审议通过《资阳市互联网协会联合会章程》《资阳互联网协会第一次理事会选举办法（草案）》，选举产生资阳市互联网协会第一届理事、监事，选举产生协会会长、副会长、秘书长。

同日 资阳濛溪河遗址考古发掘专家座谈会在乐至县举行。四川省文物考古研究院配合基本建设在对该遗址进行抢救性发掘时，发现石核、石片等石器和牛、犀牛、鹿等动物化石，以及植物类遗存、疑似骨器和木器等。通过初步的碳十四测年，濛溪河遗址年代超过4万年。

19日 中车资阳机车有限公司自主研制的CKD9C型机车发往哈萨克斯坦，开展欧亚经济联盟——EAC认证，这是国内首台开展EAC认证的内燃机车。

是月 资阳高新区四川鸿政博恩口腔科技有限公司入选口腔种植体系统省际联盟集中采购目录。

2月

1日 资阳市人民政府国防动员办公室揭牌。

7—8日 中央农办专职副主任、农业农村部党组成员吴宏耀率调研组到资阳实地调研农村宅基地两项试点工作并召开座谈会。

10日 2023年“国企资阳行”项目合作会议举行，签约项目18个，涉及投资金额476亿元。

同日 兰州大学与资阳市疾控中心公共卫生与预防医学专业教学实践基地签约授牌仪式举行。

15日 中车资阳机车有限公司研发的中国首列齿轨列车（电客车）科学研究项目，入选四川省10个重大高新技术推广项目。

23日 由省经济合作局、省政府驻广州办事处组织，粤港澳大湾区30家知名先进制造业上市公司相关负责人参加的考察团到资阳考察交流。

是月 资阳市市场监管局批准发布了DB5120/T12—2022《高标准农田建设技术指南》四川省（资阳市）地方标准。这是全省针对高标准农田建设发布的首个地方标准。DB5120/T12—2022《高标准农田建设技术指南》规定高标准农田建设的基本原则、建设区域、项目规划、农田基础设施建设内容及要求、农田耕地地力建设、管理要求等。

是月 中车资阳机车有限公司与刚果民主共和国业主签署6台窄轨交流传动内燃机车设计制造及10年维保服务合同，这是国内交流传动内燃机车首次出口中非地区。

3月

1日 “成渝之心·巴蜀门户”——资阳市招商引资产业项

目“云签约”仪式举行，活动集中签约投资合作项目18个，总投资49.2亿元，涉及智能制造、电子信息、医疗器械、新能源新材料等领域。

2日 百威资阳超高端啤酒项目开工仪式举行。

10日 轨道交通资阳线实现全线贯通。

11日 资阳籍运动员吴俊言代表四川省速度轮滑队参加2021年全国速度轮滑锦标赛，获2个冠军和1个第五名。

同日 资阳市首宗360吨成品粮储备大米以购竞销（轮换）项目在成都农交所资阳所公开挂牌交易，成交金额241.92万元。

12日 18岁资阳籍运动员王俊杰，代表四川队参加2023年全国皮划艇激流回旋青少年锦标赛，个人单项获1枚金牌1枚铜牌、团体项目获银牌。

17日 资阳市雁江区与四川鼎胜纸业有限公司签署鼎胜智能包装项目投资协议，项目选址为资阳市雁江临空制造配套产业园，计划总投资3亿元，用地70亩，将新建2条瓦楞纸板生产线和2条纸箱智能联动线。

23日 全国司法行政戒毒系统省际警务交流协作（一组）第一次联席会议暨成渝地区双城经济圈建设戒毒工作“2+4”区域协同发展主题研讨在资阳举行。四川省、河北省、内蒙古自治区、广西壮族自治区、重庆市、甘肃省戒毒管理局共同签订省际警务交流协作机制合作协议，联合制定《省际警务交流协作（一组）2023年度合作计划》，明确6个方面17条具体工作举措。

24日 四川省政协副主席、民盟四川省委会主委刘旭光到资阳调研民盟组织建设及经济社会发展情况。

同日 长江上游生态资源资产保护与交易共同市场建设战略合作签约仪式在成都农交所资阳所举行。资阳正式加入“长江上游生态资源资产保护与交易共同市场联盟”。会上，资阳、眉山、乐山、宜宾、泸州5个市农交所平台共同签署“长江上游生态资源资产与交易共同市场联盟”战略合作协议。

28日 四川省政协副主席林书成率调研组到资阳专题调研市政协“有事来协商”和机关党建工作。

同日 “绿色低碳 智行天下”——成渝地区两轮车智能与电动化创新合作研讨会在资阳召开。会上，成渝电动车智能制造产业园授牌仪式举行。

31日 成德眉资社保协作人力资源协同专项合作组联席会议在资阳召开。会议通报成德眉资人社事业同城化发展（2020—2022年）工作推进情况。成都、德阳、眉山、资阳4市签订成德眉资人力资源社会保障数据共享合作协议。

是月 安岳县盛投天然气有限公司揭牌成立。

4月

9日 天府国际机场资阳临空经济区产业新城PPP项目合同签约仪式在成都举行，项目总投资490.6亿元，建设35平方千米的产业新城，导入城市人口30万人。

12日 四川省人大常委会副主任何礼一行到资阳调研减税降费等工作。

21日 资阳市鞋服产业商会成立。

23日 第37届四川省青少年科技创新大赛颁奖典礼在资阳举行。

同日 第37届四川省青少年科技创新大赛颁奖典礼在资阳举行。本届大赛收到21个市（州）参赛作品768项，评选一等奖56项、二等奖124项、三等奖181项；科技辅导员科技教育创新作品一等奖17项、二等奖39项、三等奖56项，“十佳优秀科技辅导员”奖10项。选拔推荐18项青少年科技创新作品、15项科技辅导员科技教育创新作品，参加第37届全国青少年科技创新大赛。

23—26日 资阳代表团在四川省第十届残疾人运动会暨第五届特殊奥林匹克运动会上获5枚金牌6枚银牌4枚铜牌。

24日 资阳市人民政府与中国人民解放军海军资阳舰签订城舰共建协议。

是月 资阳市石工号子（安

岳石工号子）、川剧（资阳河川剧）、四川剪纸（东峰剪纸）、安岳米卷制作技艺入选第六批省级非物质文化遗产代表性项目名录。

是月 资阳市人民医院晋升国家三级甲等综合医院。

5月

8日 资阳市主办的中国牙谷产业发展大会在成都中国西部国际博览城举行，常州可丽尔矫治器、韩国SDM种植体等12个项目代表和资阳高新区签约，投资总额12.8亿元，涉及义齿生产、口腔材料、医疗种植体等领域。

9日 资阳市与四川万邦和盛新材料科技有限公司签署20万吨环保型水基高分子新材料项目合作协议。项目拟投资10亿元，在3—5年内分两期建设零碳工厂、高分子材料研发中心。

10日 资阳市红十字救援队成立。

10—11日 四川省人大常委会副主任王菲率队到资阳调研“一老一幼”服务工作。

12日 “资味”品牌推广运营工作遴选为全省3个消费帮扶典型案例之一，在全省推广。

16日 四川省副省长胡云到资阳调研。

同日 资阳新闻传媒中心选送的《“疫”线映像‖聚微光 战疫情 披星戴月步履不停》，评为2022全国地市新媒体新闻策划二十大案例之一，《十年·看资阳》获2022年全国地市新媒体百篇优秀文字新闻案例一等奖。

17日 全国司法行政戒毒系统心理矫治新技术新方法省际交流活动在资阳启动。交流活动为期3天，司法部及四川、河北、内蒙古、广西、重庆、甘肃、云南、贵州、西藏9个省（区、市）就推动心理矫治新技术新方法在戒毒工作中的运用开展交流研讨。

26日 新石器（资阳）先进制造与服务基地项目在临空经济区（清泉）智能制造产业园开工建设。

29日 四川省人大常委会副主任何延政率调研组到资阳开展主题教育暨川剧保护传承立法调研。

同日 资阳市疾病预防控制局挂牌成立。

31日 城市轨道交通资阳线全线贯通。

6月

1日 资阳融媒体中心与四川电影电视学院合作协议签署仪式举行。根据协议，双方将在深化新闻宣传、人才培养、融媒实践、产业发展等方面开展深度合作。

同日 资阳市市场监督管理局高新区分局，为川恒和鑫口腔科技有限公司发出首张享受“先证后查”的医疗器械经营许可证。

5日 安岳县法院和重庆市潼南区法院、大足区法院、荣昌区法院、江津区法院共同签署长江支流流域环境资源保护司法协作框架协议、川渝毗邻地区野生动植物保护司法协作协议，共同搭建涵盖环境资源审判执行跨区域协助机制、执法与司法联动机制、审判信息共享机制、野生动植物保护多元合作制度、跨区域生态环境司法修复机制等7个方面的司法协作运行机制。

7日 四川省政协副主席、民进四川省委主委、四川大学常务副校长许唯临一行，到资阳开展中小学劳动教育情况调研。

同日 资阳市人民政府与北京首都旅游集团有限责任公司签署战略合作协议，双方将围绕酒店运营管理咨询服务、景区策划及运营管理、商旅及旅游产品服务等方面，开展全方位、多元化战略合作。

9日 安井食品西南（雁江）生产基地三期10万吨预制菜生产线建设项目签约仪式举行，项目选址为资阳市雁江医药食品产业园，计划总投资7亿元，新建年产10万吨预制菜生产线、信息化智能仓储及预制菜研发中心。

同日 资阳市文广旅局、重庆市大足区文旅发展委员会联合主办的2023年“文化和自然遗产日”资阳市非遗宣传展示系列活动暨资阳大足非遗购物节，在资阳雁江城东新区启动。

11日 资阳中学女排获四川省第三届“贡嘎杯”青少年校园体育联赛排球项目女子高中组冠军。

13 日 全国人大教科文卫委副主任委员、农工党中央专职副主席杨关林，率队到资阳调研指导社会服务工作。

14 日 安岳县宝森柠檬旅游区晋级国家 AAAA 级旅游景区。

15 日 四川省人大常委会党组成员、副主任罗强到资阳调研未成年人保护及人大代表工作。

同日 资阳市人民政府与四川新传媒集团签署战略合作协议，双方将围绕办好“学习强国”学习平台资阳阵地、打造旗舰级外宣推广平台、助力资阳市级媒体融合发展等方面开展深化合作。

15—16 日 资阳市工会第五次代表大会召开。会议选举市总工会第五届委员会委员、第五届经费审查委员会委员；通过《资阳市工会第五次代表大会关于资阳市总工会第四届委员会工作报告的决议》《资阳市工会第五次代表大会关于资阳市总工会第四届委员会财务工作报告的决议》《资阳市工会第五次代表大会关于资阳市总工会第四届经费审查委员会经费审查工作报告的决议》，选举产生主席 1 名、副主席 6 名、常委 15 名。赵璞当选为市总工会第五届委员会主席。

17 日 2023 年“一带一路”华商峰会侨商资阳行活动举行，共建“一带一路”国家和地区 40 余名侨商代表及四川省侨联相关负责人参加活动。

20 日 “智联万物 · 智创未来”成都都市圈机器人产业大会在资阳举行。成都、德阳、眉山、资阳 4 个市共同签署成都都市圈机器人产业合作协议，从产业生态、产品市场、产品研发、联合招商方面深化协作交流。

28 日 “成渝之心　巴蜀门户”投资资阳中外知名企业家大会举行。

同日 全国蚕桑产业高质量发展大会暨“中国桑都”建设推进会在乐至举行。四川、重庆、江苏、广西等 19 个省（区、市）蚕桑产业的专家学者、龙头企业代表参会。会上，中国丝绸协会、省农科院分别为乐至县授予“中国桑都”“四川省农科院蚕研所乐至分所”牌子；乐至县政府与西南大学、省农科院蚕研所签订战略合作协议。

29 日 四川省政协副主席、党组成员林书成率队到资阳，就林长制落实、“有事来协商”、天然气产业发展、资大文旅融合等工作开展情况进行调研。

7 月

3 日 重庆农畜产品交易所、成都农交所与资阳粮储公司大宗农产品指定交割仓库合作签约暨揭牌仪式在资阳举行。

5 日 四川省委常委、秘书长陈炜到资阳督导调研省委十二届三次全会精神学习宣传贯彻等工作。

11 日 第 21 届四川省青少年机器人竞赛（提高组）在资阳开幕，全省 18 个市（州）120 所学校 215 支队伍 760 人参赛。

19 日 资阳市人民政府与四川农业大学签署合作协议。双方将在乡村振兴试点建设、园区建设、产业提升、和美乡村建设等方面开展合作。

8 月

1 日 第八批国家组织 39 个品种药品集中带量采购在资阳落地。资阳市执行国家和省级、省际联盟集采药品数量达到 366 种。

3—4 日 四川省委常委、秘书长陈炜到资阳督导学习宣传贯彻习近平总书记到四川视察重要指示精神工作。

4 日 四川省政协副主席尧斯丹到资阳传达学习习近平总书记到四川视察重要指示精神，调研“同心共建现代化四川”专项行动工作和推动成渝中部崛起情况。

5 日 资阳城市推介会在成都宽窄巷子举行，全面介绍资阳丰富的文化旅游产业资源和景区特色，全方位展示“蜀人原乡　魅力资阳”的城市形象。

10 日 资阳市首次承办的省级残疾人体育赛事——四川省第四届全民健身运动会残疾人象棋、围棋比赛开幕。

11—12 日 由台湾屏东中华文创交流协会 20 余位艺术领域专家、学者组成的台湾艺术家四川写生营一行到资阳市访问交流。

16 日 湖南省政协副主席潘碧灵率队到资阳考察“加快推进

社会适老化改造”情况。

17日 安岳石刻亮相《人民日报》新媒体推出的“新千里江山图·活力四川”系列直播活动。

同日 中车资阳机车有限公司“中国首列齿轮列车（电客车）的科学研究”和“HXN6混合动力机车的科学研究（资阳）”，获评“天府科技云”天府大道科创走廊十大科技成果。

20日 资阳钢管公司为川庆钻探川西公司加工生产的528根直径139.7毫米、壁厚12.7毫米的125SG材质气密封扣型套管，在四川威远威204H83—6井成功下到井深5885米处，创资阳钢管公司所产套管下井应用最大井深纪录。

22日 “发现四川新旅游·2023四川避暑胜地推介活动颁奖典礼暨乐至‘荷’您清凉一夏文旅推介宣传活动”在乐至县举行。乐至县获评“发现四川新旅游·烟火旅游胜地”。

23日 四川大学华西医院资阳医院·资阳市第一人民医院与雁江区三贤祠社区卫生服务中心签订医疗协作协议，这是资阳市龙头医院与市内社区卫生服务中心签订的首份医疗协作协议。根据协议，双方将积极构建协同医疗服务机制与模式，通过坐诊、会诊、查房、家庭医生签约服务、教学培训等多种方式深化合作。

同日 乐至“外交家”青梅桑葚酒获2023年第二届CFWA中国果酒挑战大奖赛金奖。

23—28日 资阳市5名运动员参加第九届世界传统武术锦标赛，获2枚金牌4枚银牌4枚铜牌。

26日 资阳获全国城市生活垃圾分类全民活动“城市一等奖”。

29日 四川南骏汽车集团与俄罗斯最卡玛兹公司合作洽谈会在资阳举行，双方有望在整车、底盘、散件进出口业务上实现合作。

同日 资阳市质量大会暨“首届资阳市质量奖”颁奖仪式举行。中车资阳机车有限公司、爱齐（四川）医疗设备有限公司、百威（四川）啤酒有限公司、四川科伦药业股份有限公司安岳分公司获“首届资阳市质量奖”，四川安井食品有限公司、四川弘晟石油工程技术服务有限公司、资阳发展投资集团有限公司获“首届资阳市质量奖提名奖”。

同日 四川再生稻新品种“崇香优20”在资阳市安岳县石羊镇三银村的再生稻种植基地首次试种成功，头季亩产667千克。

是月 国网资阳供电公司供电服务指挥QC小组申报的“缩短配网异常工单处理时间”QC成果，获2023年全国电力行业质量管理小组活动成果一等奖。

是月 资阳市委常委会会议审议通过《资阳市贯彻落实〈关于支持川中丘陵地区四市打造产业发展新高地加快成渝地区中部崛起的意见〉实施方案》，明确6个方面20个大项103个小项工作任务。

9月

5—6日 四川省政协主席田向利带队到资阳调研。

12日 资阳市40余户牙谷企业参加在上海举办的中国国际口腔设备器材博览会并举办中国牙谷投资推介会。上海悠蓝定制式隐形矫治器项目、新骅光医疗科技集团总部经济项目、广州贝康生物根管填充材料项目、四川勇和口腔耗材项目在会上集中签约。

14日 中国（安岳）甘薯产业发展大会暨安岳特色甘薯建设推进会在安岳县召开。国家甘薯产业技术研发中心和安岳县政府签署院地合作协议，并授予安岳县“国家甘薯产业技术体系成果示范基地”称号。

18日 四川省人大常委会副主任王菲带队到资阳督导贯彻落实省委人大工作会议部署以及安全生产责任落实情况，并征求对省人大常委会五年立法规划（草案）的意见建议。

同日 资阳市学习贯彻习近平新时代中国特色社会主义思想主题教育动员部署会议召开。

20日 全国人大常委会代表工作委员会副主任傅文杰率调研组到资阳调研全过程人民民主实践基地建设情况。

同日 资阳市招商引资产业项目“云签约”仪式举行，现场通过视频连线方式签约招商引资项目18个，协议投资额38.18

亿元。

21日　国家药监局党组成员、副局长徐景和到资阳调研中国牙谷建设情况。

同日　成都平原经济区生态环境一体化发展第九次联席会在资阳召开。会议以“共保共治小流域”为主题，成都、德阳、绵阳、遂宁、乐山、雅安、眉山、资阳参会。会议调研了乐至县小阳化河治理、中天镇生态沟渠和乐至县现代农业产业园建设情况。

23日至10月7日　资阳“资水润柠园”获“2023成都花展”金芙蓉奖（最高级）及中国公园协会评定的“2023成都花展”展园技术成果A+级（最高级）

27日　第四届数字四川创新大赛数字城市赛事大会暨数字资阳建设推进大会在资阳举办。大会发布解读了《数字资阳发展蓝皮书》和《数字资阳建设机会清单》，并举行资阳市政务信息化咨询专家聘任仪式。

10月

7日　四川渝成制鞋产业园入选首批四川省返乡入乡创业示范园。

10日　四川南骏汽车集团与俄罗斯斯玛特汽车公司签订战略合作协议，斯玛特汽车公司选定5款南骏商用车产品开展合作。

11日　资阳市人民政府与京东方艺云科技有限公司签署战略合作协议。双方就发展文化创意产业，共建智慧校园创新中心、智慧文旅示范区、低碳显示产业生态等方面，开展全方位、多元化战略合作。

18日　第四届世界柠檬产业发展大会柠檬品牌营销分享会暨招商推介会在安岳县举行。大会推出22个招商引资项目，达成12万吨国内外柠檬贸易订单。集中签约安岳柠檬种植基地数字化提升项目、百威啤酒安岳青柠基地项目、安岳柠檬数字化生产合作项目、雅福食品股份有限公司中央厨房项目。

20日　资阳籍运动员吴俊言获第19届亚洲轮滑锦标赛速度轮滑青年男子组10000米积分淘汰赛冠军。

21日　资阳港华燃气城南储配站一期工程开阀供气。一期工程包括工艺装置区、进出站管线及辅助用房等配套设施，进站设计压力为4.0兆帕，供气规模为120立方万米/天，可保障资阳市中心城区民用天然气供应。

23日　伍隍猪通过国家畜禽遗传资源委员会现场核验。

25日　四川省政协副主席、党组成员林书成率督导组到资阳督导田长制、林长制工作落实情况。

29日　四川省鑫柠乐果业有限公司的“绿萌·柠檬瑕疵分选线”建成启用，该生产线是安岳县最大规模的柠檬瑕疵分选线。

31日　星河动力新一代固体飞行器研发生产基地项目在资阳临空经济区开工。

11月

3日　资阳最大的棚改项目——中车资阳公司棚户区改造项目安置房小区幸福家苑开始交付。该项目总建筑面积33.5万平方米，共修建住宅25栋，设计有60平方米、90平方米、100平方米、110平方米4种户型，涉及拆除中车资阳公司刘家湾、周祠坝、黄泥坪、潮土湾、清泉铺、黄泥巴山6个老旧住宅区2754户、14.75万平方米的老旧房屋。

5日　国网资阳供电公司“点纸成金”社会责任根植项目，获2023年第七届CSR中国教育榜“最佳责任企业品牌奖”。

14日　资阳保税物流中心（B型）四川联港配送型出口监管仓库获批投用。这是资阳首个、全省第三个出口监管仓库。

15日　资阳市与重庆大足区川渝跨区域联合“双随机”检查启动仪式举行，资阳市市场监管局与重庆市大足区市场监管局签署双随机联合检查战略合作协议，现场通过跨区域“双随机、一公开”检查系统抽取20家经营户作为首次联合检查对象。

24日　四川省政协副主席、民进四川省委会主委许唯临到资阳，就学习贯彻习近平总书记到四川视察重要指示精神作专题宣讲，并开展民进基层联系点活动。

29日　凯威Keeway高性能电动交通工具（西南生产基地）项目在四川省资阳市临空经济区

正开工。项目协议总投资7.5亿元，主要建设高性能电动化两轮产品生产线及配套设施。

12月

2日　资阳市女子排球队蝉联“五粮液杯”四川“三大球”（排球项目）总冠军。

6日　中国共产党资阳市第五届委员会第八次全体会议在雁江召开。

8日　资阳融媒体中心与成都文理学院在成都签署战略合作协议，并举办实践教学基地授牌仪式。

12日　在巴蜀文化旅游走廊建设专项工作组第七次联席会上，资阳市与内江市，重庆市永川区、大足区、璧山区、铜梁区、荣昌区文旅部门共同签署成渝古道文化旅游区域协作备忘录。

15日　高仙机器人40万能级资阳生产基地二期项目开工。

20日　四川省食品药品审查评价及安全监测中心资阳分中心揭牌。

25—26日　共青团资阳市第五次代表大会召开。会议通过《关于共青团资阳市第四届委员会工作报告的决议》，选举产生新一届团市委委员、候补委员。李丞当选团市委书记，贺伟、张蕾、丁琦峰（挂职）、李欣瑜（挂职）、李泽宇（兼职）、秦宝星（兼职）当选副书记。

26日　成宜高铁开通运行，资阳迈入“双高铁”时代。

27日　2023年四川省口腔医疗科技创新促进会理事会会议在资阳召开。

28日　资阳市首批3辆低速功能型无人车正式上路运行。配送邮政快递业务，此次上路的邮政无人投递车均为资阳制造，由资阳市公安局交警支队统一编号核发车牌。

29日　资阳市博物馆全面开馆。

资阳概貌 >>>

基本市情

【建置沿革】 资阳市位于四川盆地中西部，西北靠成都市、德阳市，西南连眉山市、内江市，东北邻遂宁市，东南接重庆市，是唯一连接成渝“双核”的区域性中心城市。资阳市政府驻地为雁江区广场路1号，距成都市区87千米。

西汉建元六年（前135年）初置资中县，治所现雁江区雁江镇，隶犍为郡。新莽始建国元年至地皇四年（9—23年）改犍为郡为西顺郡，县仍为资中，治所不变，隶西顺郡。东汉建武十二年（公元36年）郡、县复旧名，隶犍为郡。成汉期间（306—347）资中县荒废。东晋永和三年（347）恢复旧制，隶犍为郡。南朝梁中兴二年（502）资中县废。普通元年（520）资中县改置普慈郡。承圣元年至西魏恭帝三年（552—556），资中只有县戍，无州郡治理。北周孝闵帝元年（557）置资州（今简阳境内），资中县始为资州辖地。北周武成二年（560）置资中郡，州治迁于资中故城，资中县更名资阳县，隶资中郡，州、郡、县治所同在资阳县城。隋开皇三年（583）罢郡存州，隶资州，州、县治所不变。开皇七年（587）资州迁至磐石县（今资中县），资阳县仍属资州。仁寿三年（603）资阳与阳安、平泉合置简州。大业三年（607）改资州为资阳郡，恢复资阳县，隶资阳郡。唐武德元年（618）改资阳郡为资州，其后，州郡几经更名，资阳县隶属关系未变。南宋淳祐三年（1243）资阳因兵燹荒废。元至正二十二年（1362）复置资州，废资阳县，地属简州。明洪武六年（1373）复置资阳县，属成都府。正德八年（1513）资阳县改属简州。清雍正五年（1727）资阳县改属资州。嘉庆七年（1802）四川增设5道，资州及所辖各县归属川南永宁道。

民国元年（1912）资阳县属下川南道。民国3年（1914）改属永宁道。民国20年（1931）废道，资阳县属四川省政府。民国24年（1935）设四川省第二行政督察区，治所资中县，辖资中、资阳、内江、荣县、仁寿、简阳、威远和井研8个县。

1949年12月设资中专区，治所内江县（今内江市市中区），资阳县属川南行政公署资中专区。1952年2月资中专区更名为内江专区，资阳县属内江专区。1968年9月改内江专区为内江地区，1985年5月改内江地区为内江市，资阳县隶属未变。1993年1月撤销资阳县，设立县级资阳市，治所资阳县城。1998年2月26日，经国务院批准设立资阳地区，4月29日正式挂牌，与内江市分置，治所资阳县城，将内江市的安岳、乐至2个县和代管的简阳、资阳2个县级市划归资阳地区管辖。2000年6月14日，经国务院批准撤销资阳地区和县级资阳市，设立地级资阳市。同年12月29日正式挂牌，市人民政府驻新设立的雁江区（即原资阳市）。资阳市辖原资阳地区的安岳县、乐至县和新设立的雁江区，代管县级简阳市。2016年5月12日，经国务院批准，资阳市代管的县级简阳市改由成都市代管。

【行政区划】 2023年，全市辖雁江区、安岳县、乐至县，有乡13个、镇67个、街道9个。其中雁江区辖镇17个，街道5个；安岳县辖乡12个，镇32个，街道2个；乐至县辖乡1个，镇18个，街道2个。

雁江区　辖莲花、资溪、三贤祠、狮子山、宝莲5个街道办事处，雁江、松涛、宝台、临江、保和、老君、中和、丹山、小院、堪嘉、伍隍、石岭、东峰、南津、丰裕、迎接、祥符17个镇。有75个社区，862个居民小组；286个行政村，3997个村民小组。

安岳县　辖岳城、石桥2个街道办事处，岳阳、鸳大、通贤、龙台、姚市、林凤、毛家、永清、永顺、石羊、护龙、李家、元坝、兴隆、天林、镇子、文化、周礼、驯龙、华严、两板桥、长河源、护建、忠义、卧佛、南薰、思贤、协和、清流、朝阳、大平、乾龙32个镇，来凤、天马、云峰、岳新、东胜、高升、横庙、合义、千佛、拱桥、白塔寺、双龙街12个乡。有110个社区，443个居民小组，443个行政村，5290个村民小组。

乐至县　辖天池、南塔2个街道办事处，石佛、回澜、石湍、童家、宝林、大佛、良安、金顺、劳动、中天、佛星、蟠龙、东山、通旅、高寺、中和场、龙门、盛池18个镇，双河场1个乡。有81个社区，317个居民小组，234个行政村，3366个村民小组。

【人口】截至2023年末，资阳市登记户籍人口330.94万人、119.19万户，其中城镇人口55.93万人、乡村人口275万人；0—17岁51.72万人、18—34岁64.86万人、35—59岁133.97万人、60岁及以上80.39万人。2023年出生15.44万人，死亡22.26万人。

【民族、宗教】资阳市属于民族散居地区，没有自治县、镇、村。全市少数民族来源途径主要是婚迁、就业、上学。全市有45个民族，其中少数民族人口10973人，以彝族（2034人）、苗族（1730人）、藏族（1067人），土家族（688人）为主。少数民族人口中有城镇人口1640人，农村人口9333人；男性1652人，女性9321人；高中及以下学历10618人，大专及以上学历355人。

全市有佛教、道教、天主教、基督教四大宗教，登记备案宗教活动场所（处所）共计157处，其中佛教112处，道教16处，天主教3处，基督教26处。有宗教教职人员152名，其中佛教126名，道教22名，天主教2名，基督教2名。有信教群众90513人，其中佛教68107人，道教11995人，天主教5504人，基督教4907人。有市级宗教团体2个（市道教协会、市佛教协会），县级宗教团体6个（雁江区基督教三自爱国运动委员会、雁江区天主教爱国会、安岳县佛教协会、安岳县天主教爱国会、乐至县佛教协会、乐至县天主教爱国会）。有省市宗教中国化示范场所13个，其中佛教场所10个、道教场所2个、天主教场所1个；民间信仰活动场所201个。

【气候】2023年，资阳市平均气温创有气象记录以来新高，全市4月中旬出现历史最早35℃以上高温。年平均降水量偏少，暴雨次数偏少，出现时间偏晚，最大降雨发生在夏季，安岳国家气象站日降水量突破历史极值。干旱特征明显，持续时间长、范围广。入冬时间较历年持平，入春时间提前，入夏入秋时间偏晚。年内无严重的低温、冰冻、冰雹等灾害，影响较大的灾害为特大暴雨和干旱。

总体上看，2023年光热充足、年平均降水偏少，干旱对农业有一定影响，暴雨、强对流、强降温等灾害性天气对工农业生产影响不大，属于气候条件利弊均衡的正常年景。经综合分析评估，2023年资阳市气候年景为正常年。

温度　资阳市平均气温为18.5℃，为历史最高，较历史平均偏高0.9℃，较上一个平均气温最高年（2016年）偏高0.6℃，各县（区）年平均气温18.3—18.8℃，较历史平均气温偏高0.6—1.2℃，雁江排历史第1高位，乐至排历史第2高位，安岳排历史第3高位。四季气温较历史同期均偏高（见图1），雁江4月17日气温达37.3℃，突破历史同期极值。年内最热月为7月，月平均气温28.2—28.5℃，较历年同期偏高1.0—1.9℃，极端最高气温为39.3℃，出现在7月23日资阳国家基本气象站。最冷月为1月，月平均气温为6.8—7.4℃，较历年同期偏高0.2—0.7℃，年内极端最低气温-2.1℃，出现在2023年1月19日资阳国家基本气象站。

各县（区）入冬的时间均为2022年11月30日，较历年相同。冬季平均温度8.0—8.6℃，较历年同期偏高0.1—0.5℃，平均气温偏高，起伏大，呈前冷后暖趋势。

各县（区）入春时间均为2月24日，较历年同期提前10天。春季平均温度19.0—19.7℃，较历年同期偏高1.0—1.4℃。

入夏时间雁江为5月22日，较历年同期偏晚2天，乐至、安岳均为5月23日，较历年同期均偏晚3天。夏季平均温度26.9—27.1℃，较历年同期偏高0.6—1.3℃，雁江、乐至分别排历史第2、3高位。

入秋时间雁江为10月4日，较历年同期偏晚18天，乐至、安岳均为9月22日，较历年同期均偏晚7天。秋季平均温度19.0—19.5℃，较历年同期偏高1.1—1.6℃，雁江、乐至均排历史第1高位，安岳排历史第2高位。

全市月平均气温，除2022年12月比历年同期偏低外，其余各月均偏高，其中3月、4月、9月均偏高2℃以上。

降水　资阳市2023年年降水量为530.6—1078.9毫米，雁江、乐至较历年分别偏少38%和26%，安岳较历年同期偏多10%。

按降雨量时间分布，4月、7月、10月、11月全市平均降水量不同程度偏多，其中7月偏多最为突出，但时空分布极为不均，雁江、乐至分别偏少23%和3%，安岳偏多95%（主要由7月26日暴雨和27日特大暴雨集中降雨造成）；其余各月全市平均降水量均偏少，其中1月偏少85%—98%，最为突出。按县（区）月降雨量比较来看，年内雁江除5月降水量比乐至偏多外，其余各月均最少；乐至9月最多，其余各月安岳最多。

分季节来看，降雨时空分布极为不均，除秋季总降水量较历年同期偏多外，其余各季均为偏少。其中最大降雨量出现在夏季，总体降雨量较历年同期偏少15%，除安岳夏季雨量较历年偏多外，雁江、乐至均为偏少；冬、春季分别较历年同期偏少48%和34%，各县（区）较历年同期均为偏少；秋季较历年同期偏多8%，除雁江较历年同期偏少外，乐至、安岳均为偏多。

年内各县（区）总雨日102—118天，较历年同期偏少19—30天。分季节来看，除秋季偏多1天外，其余各季均为偏少，其中冬季偏少10天最为明显。除2022年12月和2023年10月平均雨日均较历年同期偏多外，其余各月均偏少1—5天，其中1月偏少5天最明显。

日照　年内各县（区）年总日照时数1215.3—1346.6小时，较历年同期雁江、安岳分别偏多4%和18%，安岳排历史第2高

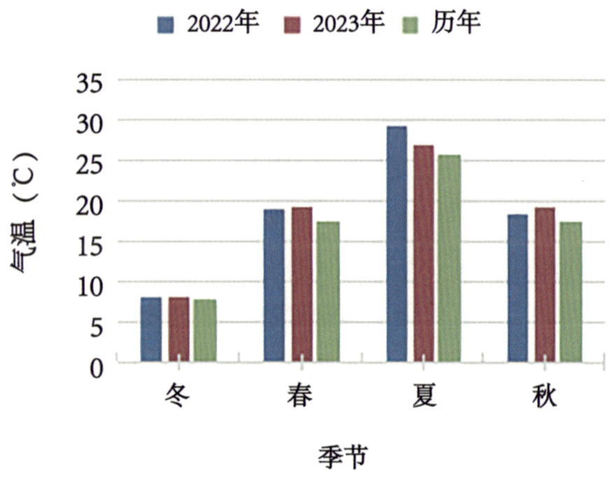

图1　2023年全市四季气温对比示意图

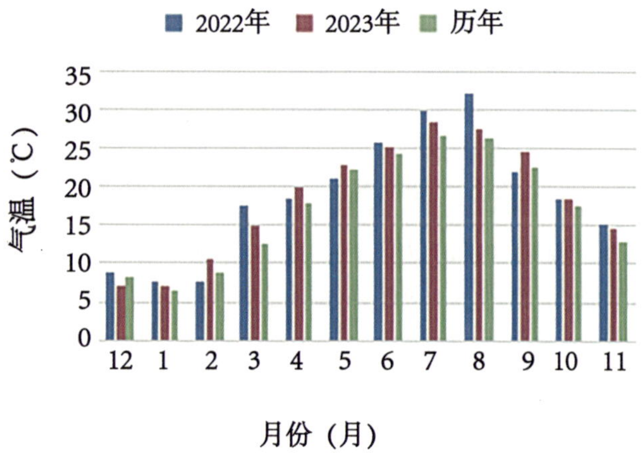

图2　2023年全市月平均气温对比示意图

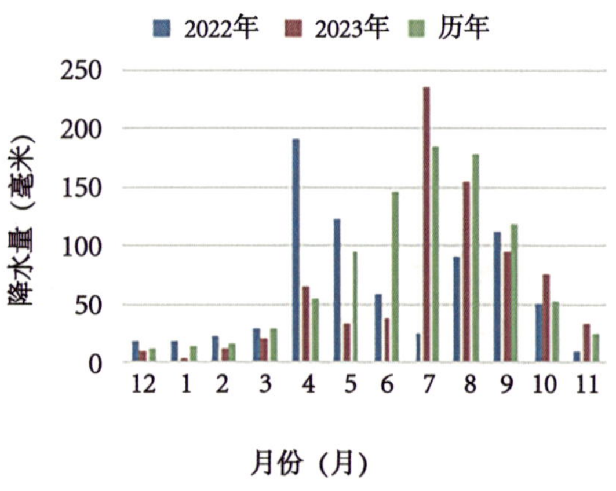

图3　2023年全市月降水量对比示意图

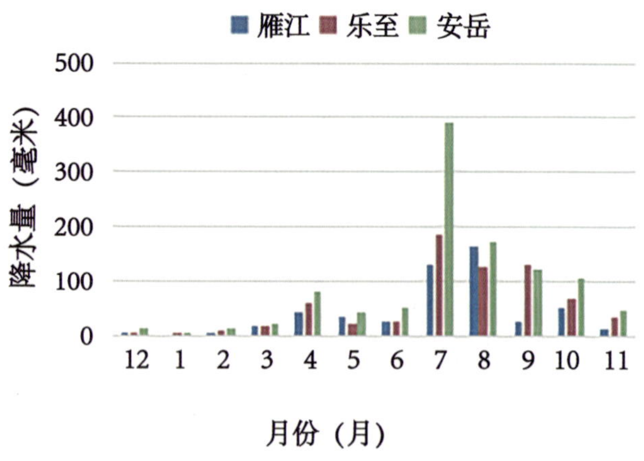

图4　2023年各县（区）月雨量示意图

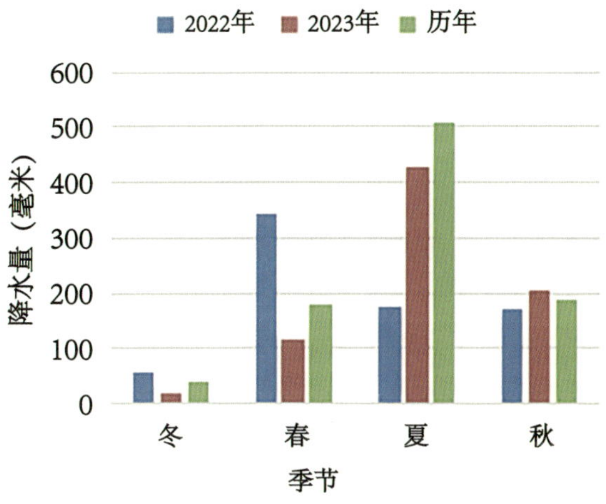

图 5　2023 年全市四季平均降雨量对比示意图

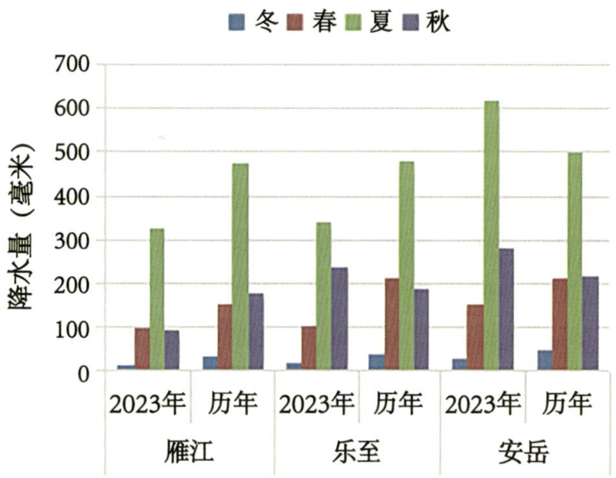

图 6　2023 年各县（区）四季雨量示意图

位，乐至较历年同期偏少 1%。分月来看，2 月、5 月、6 月、10 月偏少，其余月份均偏多。其中 4 月偏多最为明显，较历年同期偏多 29%，5 月偏少最多，较历年同期偏少 16%。

分季节来看，四季光热条件均较充足，除夏季较历年同期偏少外，其余各季均为偏多。其中，冬季总日照时数为 141.1—183 小时，较历年同期雁江、安岳分别偏多 4% 和 43%，乐至偏少 11%。除 2 月日照时数偏少外，12 月、1 月均为偏多。春季光照充足，总日照时数为 282.9—414 小时，较历年同期偏多 1%—14%。夏季总日照时数为 417.5—469.7 小时，较历年同期雁江、乐至分别偏少 3% 和 9%，安岳偏多 5%。秋季总日照时数为 273.8—289.6 小时，较历年同期偏多 16%—36%，除 10 月光照偏少，9 月、11 月均为偏多。

【主要天气气候事件及影响】 干旱　年内全市冬干、春旱、夏旱和伏旱均有发生，其中春旱、夏旱程度较轻，未造成明显影响，伏旱影响显著。冬干：入冬以后，资阳市大部地方降水偏少，3 个县（区）均达到冬干气象标准（11 月 21 日至 2 月 28 日连续 30 天降水总量＜ 4 毫米）（见表 1）。2 月 19—22 日资阳大部地方降了小雨，部分地方降了中雨，2 月 22 日冬干得到全面解除。但由于夏季高温伏旱，叠加秋、冬季大部地方持续干旱少雨，各县（区）农田蓄水受到影响，农区冬水田、各类水利工程蓄水普遍较常年偏少。2 月下旬前期的降水过程，虽有利于土壤墒情的改

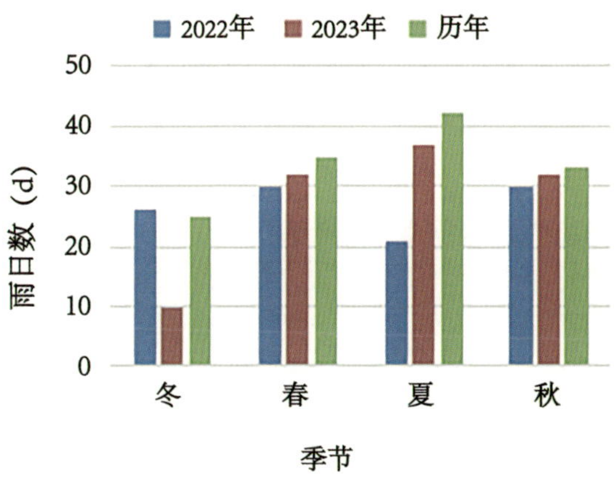

图 7　2023 年全市四季雨日对比示意图

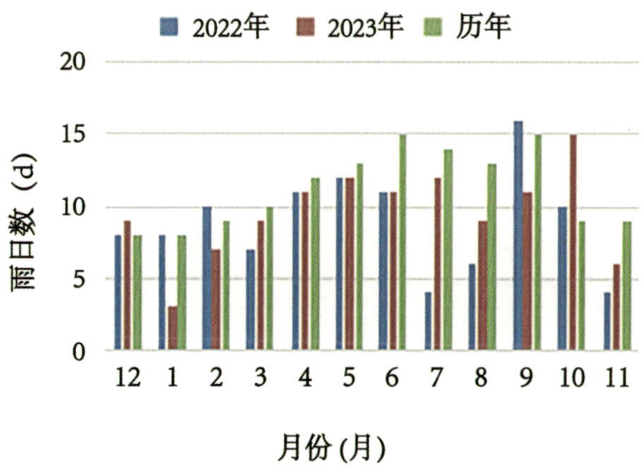

图 8　2023 年全市各月平均雨日对比示意图

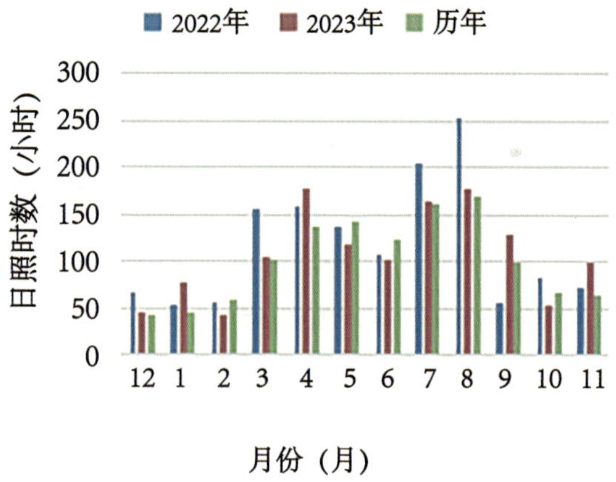

图 9　2023 年全市各月平均日照对比示意图

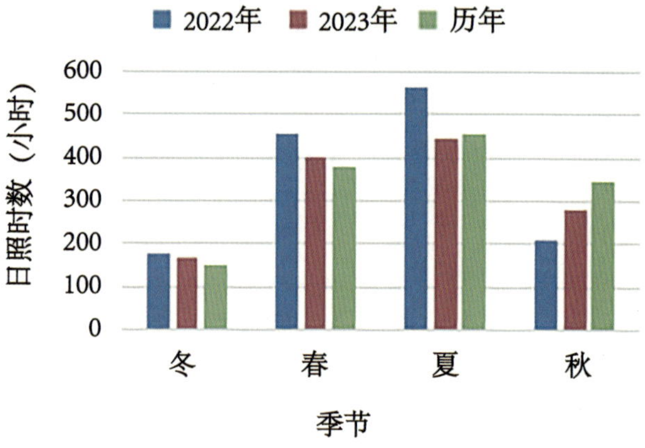

图 10　2023 年全市四季日照对比示意图

善，但对工程蓄水帮助不大。春旱：雁江、乐至到3月30日总降水量分别为17.4毫米和18.3毫米，达到春旱气象标准（3月1日至5月5日连续30天降水总量＜20毫米）。其中，乐至于4月6日中断，全市春旱于4月18日全面解除。据调查，台位土的大春作物因缺水影响，长势偏差。气象春旱虽得到全面解除，但部分地方农田水利蓄水增加仍不明显，对水稻实现满栽满插有一定影响。夏旱：4月26日至5月15日，资阳市3个国家基本气象站达到夏旱气象标准（4月26日至7月5日连续20天降水总量＜35毫米），其余116个区域站也陆续达到夏旱气象标准，局地还反复出现了气象夏旱，给农业生产造成了一定影响。7月1日20时至4日8时资阳市出现了一次明显的降雨天气过程，全市气象夏旱全部解除。由于前期遭遇冬春连旱，后期降水持续偏少，夏旱灾害偏重发生。据调查，部分无水源保障的稻田出现脱水龟裂；旱地春玉米结实不畅，籽粒不饱满，夏玉米植株细弱，长势较差。伏旱：7月16日全市119个气象站中，46个站达到伏旱气象标准（6月26日至9月10日连续20天降水总量＜30毫米），伏旱区域主要在雁江西部、乐至西部和安岳中部。其中，雁江、乐至国家基本气象站6月26日至7月23日，降水总量分别为26.6毫米和34毫米，持续时间共计28天，属于一般性伏旱。7月25日20时至28日8时资阳市出现了一次区域性大暴雨，局地特大暴雨的天气过程，全市119个气象站点中，25—50毫米4个站，50—100毫米16个站，100—250毫米46个站，250—400毫米49个站，400毫米以上4个站。7月28日资阳市气象伏旱全部解除。

大风　年内共出现4次大风天气过程，均发生在春季。3月11日21时至12日0时，资阳市大部地方出现了5—7级偏北大风天气，部分地方风力达8—9级。其中，8级大风10个站，9级大风3个站。各县（区）极大风速较大站点：雁江白沙坝22.2米/秒（9级）、迎接镇21.3米/秒（9级），安岳21.3米/秒（9级），

资阳市各县（区）2023年冬干持续时间及天数统计表

表 1

县（区）	持续时间	持续天数（天）
雁江	2022年11月21日至2023年2月18日	90
乐至	2022年12月26日至2023年2月11日	48
安岳	2023年1月1日至2023年2月18日	49

乐至蟠龙18.3米/秒（8级）。4月5日20时至6日7时，资阳市普降小雨，伴有5—7级偏北风，部分地方阵风8级。全市有37个站点的风力超过6级，5个站点的风力超过8级，最大为雁江迎接镇18.5米/秒（8级）。4月18日0—7时，资阳市大部地方出现了雷阵雨，雨量普遍为中雨到大雨，局部暴雨，局部地方出现了短时强降水和阵性大风。有13个站点的风力超过6级，最大为雁江区气象局大院16.1米/秒（7级）。5月21日7时至22日7时，资阳市大部地方出现了5—7级偏北风，其中7级大风5个站，最大为雁江白沙坝17.1米/秒（7级）。根据调查，以上4次大风天气过程，由于持续时间短，对在田作物未造成影响。

强对流天气　夏季共出现了5次强对流天气过程，分别出现在7月、8月，由于时间短，致灾性不强，对农业影响较小。7月17日雁江出现短时强降水、雷电和大风等强对流天气，最大瞬时风速29.5米/秒（11级），出现在迎接镇。7月31日20时至8月1日17时，资阳市出现分散短时强降水、雷电、阵性大风等强对流天气。最大降雨量为安岳东胜镇96.5毫米，最大小时雨强为安岳东胜镇78.7毫米（1日14—15时），最大瞬时风速为安岳国家基本站16米/秒（7级）。8月5日资阳市出现了明显的强降雨天气，雨量为中雨，局部暴雨。最大降雨量为安岳县永顺65.5毫米，最大瞬时风速为资阳国家基本站23.9米/秒（9级）。8月6日7时至7日7时，资阳市大部地方出现了雷阵雨，伴有短时强降水和阵性大风。最大降水量为安岳合义76.7毫米，最大小时雨强为乐至石佛镇60.9毫米（7日4—5时）。最大瞬时风力为乐至回澜镇祠善村20.4米/秒（8级）。8月12日乐至西部、东部和安岳南部出现了暴雨，过程时部分地区伴有雷电、短时强降水和阵性大风。最大小时雨强为安岳合义70.9毫米（12日4—5时），最大瞬时风速为安岳国家基本站17.9米/秒（8级）。

暴雨　年内共出现3次暴雨天气过程，其中“7·27”特大暴雨造成灾害最为突出。7月25日20时至28日8时，资阳市出现了一次区域性大暴雨，部分地区特大暴雨的天气过程，其中特大暴雨主要出现在乐至北部、雁江东部和安岳大部，全市119个站点中，50—100毫米16个站，100—250毫米46个站，250—400毫米49个站，400毫米以上4个站，分别为安岳岳阳城北513.1毫米、岳阳画梁462.5毫米、通贤435.6毫米、天马龙塘417.7毫米［特点：累计雨量大、强降水区高度重叠；安岳国家气象站日降水量突破历史极值（269.6毫米）］。此次灾害性天气过程造成部分房屋受损、树木倒塌、道路受阻、农作物受灾、田埂垮塌等灾情。截至7月31日，全市雁江、安岳、乐至共78个乡镇15.42万人受灾，紧急转移避险2438户5718人，无人员伤亡，农作物受灾3.53万亩，绝收0.3万亩，倒塌房屋1户1间、严重损坏房屋1户3间、一般损坏房屋10户14间，电力通信设施、道路交通设施、农业水利设施等不同程度受损，直接经济损失高达4.71亿元。8月25日20时至26日20时，资阳市出现了一次大雨到暴雨天气过程，东部出现暴雨，安岳个别地方出现了大暴雨。此次暴雨以短时强降水为主，具有历时短、雨强强、突发性、局地性等特点。过程累计雨量25—50毫米53个站，50—100毫米44个站，100—250毫米3个站，最大降雨量为安岳岳阳城北104.7毫米。最大小时雨强为安岳白塔寺46.5毫米（26日0—1时），有1个站点的风力超过7级，最大瞬时风速为资阳国家基本站14.6米/秒（7级）。国家基本站降雨量分别为安岳80.5毫米、乐至29.1毫米、雁江23.3毫米。据应急管理局统计，此次灾害性天气过程造成部分房屋受损、树木倒塌、道路受阻等灾情。截至8月31日，全市雁江、安岳、乐至共12个乡镇340人受灾，紧急转移避险335人，无人员伤亡，直接经济损失2.6万元。9月11日7时至12日7时资阳市出现了一次强降雨天气过程，其中雁江为中到大雨，乐至、安岳为大雨到暴雨，局部大暴雨，伴有4—6级偏北风，局部阵风7级。全市119个站中，25—50毫米37个站，50—100毫米以上52个站，100毫米以上4个站，最大为乐至宝林桂花湾水库110.5毫米。

此次灾害性天气过程导致乐至、安岳出现了洪涝灾害，造成部分房屋受损、树木倒塌、道路受阻等灾情。乐至、安岳共17个乡镇327人受灾，紧急转移避险115人，无人员伤亡，直接经济损失19.79万元。

强降温　年内共出现2次强降温天气过程，分别发生在冬、秋两季。1月13—15日受北方强冷空气影响，资阳市降了小雨，乐至、安岳的部分地方降了小雪或雨夹雪，日平均气温累计下降9.5—9.9℃。此次强降温降雨天气对小春主要粮油作物正常越冬生长无明显危害，低温天气有利于抑制小春作物旺长和病虫滋生，一定程度缓和了季节性干旱，对农作物的影响利大于弊。11月11—13日资阳市出现了一次明显的降温降雨天气过程，日平均气温累计下降9.3—9.9℃，其中12日雁江降了中雨，乐至、安岳中到大雨。由于前期气温偏高，本次强降温天气过程对农作物、果树等没造成明显影响。

雾　2023年出现能见度1000米以下的雾日数雁江为31天，乐至为5天，安岳为72天。最小能见度为43米，出现在2023年2月3日（安岳）。浓雾天气对道路和航运交通安全十分不利，严重影响民众的顺利出行。

霜冻　2023年共出现霜冻天气13—16天，均发生在冬季。雁江、乐至的初霜日均为2022年12月1日，安岳为2022年12月18日。霜冻持续时间最长为9天，发生在乐至和安岳，出现时段为2023年1月15—23日。据大田调查，由于前期气温较高，霜冻天气的出现使得较高的气温回落至平均略偏低水平，对小春主要粮油作物正常越冬生长无明显危害，低温天气有利于抑制小春作物旺长和病虫滋生。气象部门提前发布强降温和霜冻预警，经果类作物种植户对果树、果品采取了覆膜等防冻措施，最大程度降低了损失。

【自然资源】　土地资源　资阳市土地总面积5747平方千米，地势西高东低，地形地貌以低山、丘陵、河流冲积坝三种类型为主，平均海拔400米，属浅丘地貌形态。其中，全市耕地面积351.13万亩，永久基本农田保护面积308.70万亩。

矿产资源　资阳矿产资源储量丰富，既有自然资源部登记颁证的石油、天然气，也有地方水务部门管理的河道砂石，还有市、县自然资源管理部门登记管理的地热、矿泉水、砖瓦用页岩、建筑用砂岩。全市划定矿产资源勘查规划区块1个，为地热普查，开采规划区块23个，其中砖瓦用页岩矿区块12个、建筑用砂岩矿区块11个。全市有探矿权1个、为地热探矿权；有效采矿权35个，其中砖瓦用页岩33个、矿泉水1个、建筑用砂岩1个。

动植物资源　全市有野生脊椎动物5纲22目65科202种，其中两栖类有黑斑蛙等2目5科8种，鱼类有鲤鱼等16科91种，爬行类有丽斑锦蛇等2目8科15种，鸟类有豆雁等9目25科67种，哺乳类有獾等5目11科21种。其中雀鹞、红隼、普通鵟、鸳鸯、草鸮、长耳、黄鹂等属国家重点保护野生动物，小䴙䴘、鹰鹃、栗色杜鹃、鹌鹑、鹧鸪、角雉、董鸡、骨顶鸡、獾等属省级重点保护野生动物。有种子植物50科94属619种，其中草本植物200种、栽培植物224种、树木195种。主要林木有柏木、马尾松、杉木、桤木、喜树、榆树、枫杨、刺槐、泡桐、苦楝等，其中柏木占植树总量70%以上。全市有2267株古树名木入选《四川省古树名木名录》，其中7株入选全省“百佳古树名木”。

【水资源、水文】　2023年资阳市降水总量为51.29亿立方米，地表水资源量为17.03亿立方米，同比增长14.8%，地下水资源量为3.03亿立方米，同比增长44.2%，地表水资源量与地下水资源量之间的重复计算量为3.03亿立方米，其中，雁江区3.52亿立方米，安岳县9.31亿立方米，乐至县4.20亿立方米。2023年全市用水总量为5.8亿立方米，与2020年5.79亿立方米基本持平，地区生产总值用水量60.5立方米/万元，较2020年（66.6立方米/万元）下降9.16%，水资源利用效率明显提升。

【旅游资源】　资阳地处四川盆地中部，历史悠久、人文荟萃，是巴蜀文化的交融之地。35000年前的“资阳人”开启了巴蜀文明，孕育了孔子之师苌弘、西汉辞赋家王褒、东汉经学家董钧，涌现出唐朝诗人贾岛、宋代数学家秦九韶、中华人民共和国开国元帅陈毅等杰出英才。资阳属典型川中丘陵地貌，沱江贯穿全境，自然风光秀美，农业资源富集，物产丰富、宜居宜业。全市有国家A级旅游景区16个，省级生态旅游示范区1个、天府旅游名村3个、天府旅游名镇2个，国家级乡村旅游重点村1个、省级乡村旅游重点村11个。

经济社会发展

【经济运行调度】 持续落实国家、省政府稳增长系列政策措施，制定出台落实国家下半年62条政策、省政府高质量发展36条政策、进一步激发市场活力19条政策等具体政策措施，累计办理留抵退税2.77亿元，落实税费优惠32.72亿元，净增市场主体1.93万户，同比增长12.9%。严格执行“周监测、旬研判、月调度、季分析”经济运行机制，创新建立全市经济运行监测指标体系和经济运行激励约束工作机制，推动经济稳中有升、质量提升。建成市人力资源服务产业“线上园”，落实社保费阶段性减免、失业保险稳岗返还、吸纳就业补贴等惠企助企政策和支持退役士兵、高校毕业生等重点群体创业就业税费优惠政策，就业形势持续向好。动态预警监测市场价格，居民消费价格指数同比涨幅0.3%，主城住房前期物业服务收费标准降低10%—30%，平均供水价格降低0.10元/立方米，工业用气价格继续保持全省最低水平。

【跨区域对外合作】 有序推进成资同城化重点项目59个、合作事项82个，轨道交通资阳线完成“桥通”“洞通”“短轨通”“长轨通”，成达万高铁启动箱梁浇筑架设，成宜高铁建成通车，第二批城际断头路挂啄路、古乐路顺利打通。联合发布成都都市圈重点产业产业链全景图，签订成都都市圈机器人产业合作协议等20余个，成资协同创新总部基地即将投运。深入实施同城便捷生活行动，成德眉资政务服务“同城化无差别”受理事项增至241项，成资结对共建学校增至130对，1.8万余家医药机构实现异地购药联网结算。统筹推进成渝地区双城经济圈建设重点项目146个、重大事项142个，成渝中线高铁启动控制性工程，资中至铜梁高速公路资阳段全线开工。资大文旅融合发展示范区纳入四川省文化产业和旅游产业融合发展示范区创建名单，乐至经开区与重庆璧山高新区入围第二批川渝产业合作示范园区。坚持把临空经济区和高新区作为成资同城化发展的主阵地，临空经济区场平连片工业用地达9000亩，邻里中心、人才公寓、成美尚街首期建成投用。高新区入选全省高端人才产业园，口腔专科医院主体完工，中国牙谷235个“资阳造”产品投放市场。

【产业协调发展】 高仙机器人资阳（临空）生产基地、Keeway高性能电动化两轮产品西南生产基地（一期）等48个项目加快建设，落实重点工业企业专班联系机制，升规入库规模以上工业企业46户、新培育省级专精特新中小企业34户，完成“个转企”193户。口腔医疗器械被评为省17个中小企业特色产业集群之一，产业链条完整度全球第一。中车资阳机车、现代商用车分别与土库曼斯坦、沙特阿拉伯签订出口订单，全省首个商业航天运载火箭项目——星河动力新一代固体飞行器产业化基地开工建设，安井食品名列预制菜省级百强榜首，百威获评国家级绿色工厂并上线兆瓦级“绿电”、创建全省第二家国家级水效领跑者企业。安岳天然气化工园区申报进入省级部门会审环节。京东乾石（安岳）中国柠檬交易中心暨京东物流供应链基地等29个项目加快建设，新培育规模以上（限额以上）服务业企业67户，新增营收超亿元规模以上（限额以上）企业10户，雁江区纳入全省首批服务业高质量发展示范区、安岳县纳入全省县域商业建设行动县。加快建设“天府粮仓”丘陵示范区，成渝现代高效特色农业带合作园等27个项目有序推进，耕地恢复补充9.1万亩，建成高标准农田18万亩，探索推广“果还粮”“果加粮”“果转粮”促进耕地变多、粮经增产模式，粮食总产量167.8万吨。推进“龙头企业+规模猪场”合作共营模式，出栏生猪290万头。新城南路、牙谷产城融合发展等82个项目加快建设，研究制定促进房地产市场平稳健康发展14条措施，建立“银政企”对接和首套房利率动态调整机制。新入库资质企业21户，5户建筑企业晋升一级资质。

【产业结构优化】 建立产业项目大会战“110”快速响应服务、“红黄绿牌”等工作机制，12个省独立考核重点项目完成投资96.9亿元，170个市级重点项目完成投资456.1亿元，206个“三大会战”项目完成投资129.6亿元（不含跨区域项目，纳入多个会战项目不重复计算），争取到位国省项目资金、地方政府一般债券和专项债券101.6亿元。建立项目编研“专职+专业+专家”工作体系，储备2023年增发国债项目303个、拟申报国债141.3亿元。打好资本招商、传统招商和产业链招商“组合拳”，精心举办西博会资阳主题展、都市圈机器人产业发展大会等活动，全年新签约明略科技、京东方艺云数字文化产业基地、欧福蛋业（雁江）生产基地等项目193个，投资额532.7亿元，其中10亿元以上重大产业项目11个，高效太阳能电池片项目实现资阳市百亿元制造业项目“零的突破”。投入财政资金近1400万元，举办“有资有味·嗨购资阳”“文旅惠民·玩转资大”等活动近110场次，开展汽车、家电下乡和汽车购置补贴券等活动3轮，网络交易额实现653亿元，同比增长8%。主动融入“一带一路”建设，与122个国家和地区建立贸易联系，获批全省唯一出口配送型出口监管仓，蜜柑自营出口、水果（榴莲）直接进口、二手车出口实现“零的突破”，柠檬自营出口预计超13万吨，进出口总额同比增长25.9%。举办西博会中外知名企业“走进资阳”等活动，三菱电机、美国多特瑞等世界500强企业赴资阳考察，外商直接投资3.14亿美元。

【改革开放创新】 出台市属国有企业构建“雁阵格局”改革总体方案，构建“1+N”集团化母子公司管控体系，完成资阳发展集团AA+创建和市城投集团、市港投集团AA创建，资阳发展集团入围“川企百强”，资产总额同比增长14.8%，营业收入同比增长55%，利润总额同比增长100%。稳慎推进农村宅基地“两项试点”，建立市县乡村“四级”农村产权交易服务体系，探索形成“土地入股”“飞地抱团”“代耕代种”等农村集体经济发展模式，流转盘活闲置农房1314宗，入市农村集体经营性建设用地10宗。支持市县国企参与医药卫生体制改革、教育综合改革。强化创新主体和平台培育，高新技术企业数量突破120户，同比增长62.2%，科技型中小企业入库366户，同比增长64.1%，创建省级科技创新平台5个，新建成市级重点实验室、工程技术研究中心、众创空间等33个项目。推动“高端装备核心部件主动适配型智能运维关键技术及应用”等一批省级重大科技成果在资阳转化落地，中车资阳公司获批组建全市首个省级工程研究中心。颁布实施优化营商环境条例，建立深化“放管服”改革打造一流营商环境考评制度，深化“最多跑一次”“一次办好”等改革，线上“一网通办”、线下“全程代办”提质扩面，企业开办时限压减50%以上，三类医疗器械经营许可“当日即办”，基本实现农村居民办事不出村、城镇居民办事不出社区、入园企业办事不出园区。

【城乡融合发展】 实施城市规划建设大会战，推进城市规划提升、城市环线贯通等“七大行动”，雁溪湖水环境治理及生态湾景观主体工程等94个项目有序实施，沱一桥东侧匝道等5条“断头路”建成通车，规划建设5座人行天桥，老旧小区改造完成213个1.7万户，既有住宅加装电梯181部，修复裸露山体1.6万平方米，治理窝棚菜地7.8万平方米，垃圾处理厂生态恢复有序推进，医废处置中心有序迁建，固废资源化处置项目有序推进。实行“全开放、零门槛”城镇落户政策，推动本地和外地农业转移人口落户享受同等待遇。持续推进乐至县国家县城新型城镇化建设示范，谋划实施县城城镇化示范性项目66个，总投资600亿元，下放行政权力事项300项，中和镇、石羊镇成功创建第二批“省级百强中心镇”。乐至帅府小镇进入省级特色小镇管理名单、全市特色小镇数量排全省第二位。实施交通建设大会战，娇子大道西延线等25个项目有序推进，新改建农村公路385千米，完成省下达养护工程76千米，77.5%以上行政村的农村生活污水得到有效治理，生活垃圾收转运处置体系覆盖率达到100%。巩固脱贫攻坚成果，推进“村集体经济+”“农户+”等模式，支持脱贫家庭发展庭院经济，4.6万户脱贫群众通过产业带动实现增收。构建“多点支撑、长短结合”增收格局，通过外出务工输送、帮扶车间吸纳、以工代赈促进等方式，帮助7.9万名脱贫劳动力就业。学习运用“千万工程”经验加快宜居宜业和美乡村建设，整治提升农村人居环境，积极推动积分制、清单制、数字化乡村治理试点，10个村获评省级第三批城乡基层治理示范村。

【民生服务保障】 全面完成省级25件民生实事和市级20件民生实事年度任务，民生支出占全市一般公共预算支出比重67.2%以上。新建户外劳动者服务站点“筑友之家”37个，电梯增设补助标准提升至每部20万元，为困难群众和符合法定条件的其他当事人免费提供法律援助服务案件4123件，推动全体资阳籍60岁以上老人购买意外伤害保险，宫颈癌疫苗接种覆盖3.4万名在校初中女生。健全分层分类社会救助体系，推动全民参保精准扩面，城乡低保覆盖12万人，基本医疗保险和养老保险参保率稳定在94%以上，29.4万名特困人员、低保对象、返贫致贫人口基本医疗保险实现全覆盖。深入实施教育基础设施补短行动，马鞍学校初中部、雁江宝莲幼儿园建成投用，新增学位12570个。高考重点本科院校、一般本科院校录取人数分别同比增长10.4%、8.27%。深化与四川大学华西医院等省部级医院合作办医，启动市疾控中心三级甲等疾控机构创建，市第一人民医院争创省区域医疗中心，安岳县紧密型县域医共体建设加快推进。有序推进濛溪河遗址考古发掘，安岳成功创建全省现代公共文化服务体系示范县。

【精神文明建设】 选树“感动资阳”人物、身边好人、新时代好少年等先进典型61人，李月莉获评“中国好人”并推荐为全国道德模范候选人，5人获评“四川好人”、2人获评四川省“新时代好少年”，举办“感动资阳”人物颁奖典礼、“资阳好人”发布仪式，组建“资阳楷模”宣讲团深入单位、社区、学校开展道德模范事迹巡讲巡展、习近平新时代中国特色社会主义思想宣讲100余场，落实奖励帮扶礼遇政策20条，发放道德礼遇卡500余张、慰问金（品）3.5万元。围绕“弘扬陈毅家风　涵养家国情怀”策划组织主题巡讲、IP打造等15项活动，经验在全省推介、中国文明网等媒体推广。打造“资心护未”品牌，构建形成“1+10+N”未成年人心理健康服务矩阵。全覆盖建成新时代文明实践中心、所、站1321个，特色化建设实践点82个，推广建立文明实践积分超市（公益银行），打造示范站20个，11个中心、所、站获评全省示范。建立推广“文明实践云”平台实现一网通管，健全“点单—派单—接单—评单”运行模式，分类培训600余名专兼职文明实践员，构建“15分钟文明实践圈”和“指间文明实践圈”。强化活动聚心，下沉100个文明实践重点项目，全年开展活动10万余场，打造“橙就文明”“绘彩筑梦”等品牌，实施“红细胞　好邻居”文明实践志愿服务计划，评选优秀案例30个，4个案例入选全省优秀案例，“红细胞　好邻居”品牌被《光明日报》等中央主流媒体关注刊载，《文明实践有“力度”　百姓心中有“温度”》经验做法被省委宣传部专刊推广。

【生态文明建设】 持续抓好四大污染源精准管控，推动10家砖瓦企业创建C级企业。强化重点时段应急减排，创新“电眼看环保”监管模式。调整高污染燃料禁燃区和高排放非道路移动机械禁用区，新建投用1个空气质量组分站、7个声环境功能区国控站点，建成“黑烟车”遥感遥测设备19套。实施水质巩固提升“五大行动”，全面落实14个重点流域水质巩固提升管控措施。探索“生态沟渠+”农村污染治理新模式，治理经验被新华社等权威媒体报道。有城镇生活污水处理厂82座，污水处理能力达到25.8万吨/天，城区污水管网建设约650千米，城市生活污水集中收集率达到59%。依法开展土壤污染状况调查，完成47个建设用地土壤污染状况调查工作。城市生活垃圾处理能力达到1800吨/日，焚烧率93.2%。在全省率先实现农村生活垃圾收转运处置体系行政村全覆盖。

中国共产党资阳市委员会 >>>

综 述

【学习贯彻习近平新时代中国特色社会主义思想主题教育】成立市委主题教育领导小组，建立“2+7”运行制度，召开全市工作会议、5次领导小组会议部署推进各项工作。持续深化理论学习，举办市级领导干部读书班、6次市委理论学习中心组专题学习会进行集中学习研讨，市委常委班子成员带头讲专题党课。围绕打造成渝地区中部崛起示范区开展专题调研，结合正反案例进行剖析，召开调研成果交流会推动转化运用。动真碰硬检视整改，扎实抓好省级层面涉及全市的7个专项整治和市级层面确定的持续做优营商环境有差距专项整治，召开专题民主生活会，制定整改措施推进立行立改。科学开展成效评估，全市主题教育取得积极成效，“四下基层”经验做法被《人民日报》头版刊载，便民利企“三不出”资阳等48条做法成效被学习强国、《四川日报》、四川电视台等媒体报道。

【学习党的二十大精神和习近平总书记来川视察重要指示精神】学习宣传贯彻习近平总书记到四川视察重要指示精神，及时召开市委常委会（扩大）会议、市委工作会议进行传达学习，举办市委理论学习中心组专题学习会集中学习研讨，市级领导带头到所在党支部、所联系基层单位宣讲精神，统筹网上网下、精心组织开展宣传宣讲，健全完善督查机制推动落地落实、强化跟踪问效，迅速掀起学习宣传贯彻热潮。全市各级各部门坚定拥护“两个确立”、坚决做到“两个维护”，抓好学习宣传贯彻工作，推动各项事业发展沿着总书记指引的方向坚定前行。

【成渝地区双城经济圈建设和成资同城化发展】落实省委省政府《关于支持川中丘陵地区四市打造产业发展新高地加快成渝地区中部崛起的意见》，把临空经济区和高新区作为成资同城化发展的主阵地，场平连片工业用地5300余亩，开工建设标准厂房96栋、建成面积96万平方米，与成都东部新区形成成都都市圈规模最大的连片工业用地和标准厂房群，项目签约到投产平均时间较传统模式缩减2/3。实施成都都市圈建设成长期三年行动计划，天府机场空港大道全段通车运行，主城区到机场通勤时间缩短30%，轨道交通资阳线全面进入调试阶段，成资410余户企业相互协作配套。抓好毗邻地区合作平台先行发展，资大文旅融合发展示范区纳入四川省文化产业和旅游产业融合发展示范区创建名单，乐至经开区与重庆璧山高新区入围第二批川渝产业合作示范园区。

【经济发展】创新经济运行监测指标体系，加强经济运行调度，精准施策促进经济稳定增长。狠抓项目投资，高效太阳能电池片、腾希无人机、欧福蛋业等一批重点项目成功签约，高仙机器人、Keeway智能两轮车、九天中创等一批高新技术项目投产，星河动力、百威高端啤酒生产线、安井食品三期等一批优质产业项目开工建设，12个省独立考核重点项目、170个市级重点项目提前超额完成年度投资。全力助企业稳增长，中车资阳机车、现代商用车、爱齐科技、资阳石油钢管厂等一批企业发展量质齐升，百威啤酒、安井食品产值和税收均创历史新高，资阳移动收入增速居全省第1位。多措并举促进消费，举办第二届数智生活消费节系列消费活动，大力培育网络电商、直播带货等新型消费，网络交易额增长8%。扎实做好外资外贸工作，外商直接投连续两年总量居全省第2位，进出口总额增长36%，居全省第8位，出口总额增长58.1%，居全省第5位。

【现代化产业体系建设】深入实施工业强市战略，培育发展医疗器械、装备制造、电子信息、清洁能源、食品轻纺等特色优势产业和战略性新兴产业，全市工业投资增长90.8%，增速居全省第3位，工业税收占比达27.21%，同比提高4个百分点。“中国牙谷”成为全国最大的口腔医疗器械产业集聚地之一和全球最大的隐形矫治器生产基地，口腔医疗器械产业集群获评全省首批中小企业特色产业集群，国防科技工业“从无到有”，有望成为国内领先的固体火箭研发生产基地、全国知名的电磁发射研发基地。坚持以人的集聚和物的集散为导向，加快发展现代服务业，引进国家5A级综合物流服务企业飞力达、京东方艺云数字文化产业基地项目，中华优秀传统文化科技创新示范园加快建设，保税物流中心获批全省唯一配送型出口监管仓，资阳市成为省内除成都外唯一有进口保税仓和出口监管仓的市（州）。

【城乡融合发展】 实施城市规划建设大会战，中心城区“断头路”加快打通，人行天桥与地下过街通道加快建设，城镇老旧小区改造完工167个、1.39万户，既有住宅电梯增设180部，率先在全省推进物业管理全覆盖，城市功能更加完善、品质不断提升。深入推进以县城为载体的新型城镇化，乐至县成功创建省级生态园林城市，雁江中和镇、安岳石羊镇成功创建第二批“省级百强中心镇”。学习运用“千万工程”经验，加快建设宜居宜业和美乡村，全面推进乡村振兴和农业农村现代化，安岳柠檬出口增长213.6%，白僵蚕产量和年产值均居全省第1位，大豆种植面积居全省第1位。

【改革开放创新】 深入推进国资国企改革，市属国有企业资产总额突破千亿元，营业收入突破百亿元，上缴税费增速居全省第1位，资产负债率降幅居全省第2位，资阳发展集团跻身“川企百强”第63位，资阳市成为西部地区唯一有两家“四大行”入股市属国企的地级市，与中金资本、毅峰资本等合作持续深化，累计签约股权投资项目31个。农村宅基地“两项试点”、市级媒体融合改革等重点改革有序推进。作为主题市参加第十九届西博会、是历届西博会资阳展陈面积、参展规模最大的一次，尼泊尔国会议员、国家财经委员会主席桑托斯·查理斯到资阳考察，30多项国省重大活动在资阳市举办。大力推进科技创新，全市高新技术企业总量增长62.2%，科技型中小企业总量增长64.1%，新认定省级专精特新中小企业34户、净增量居全省第5位。

【社会民生】 为2万多名农村适龄妇女免费提供“两癌”筛查服务，为3.4万名在校初中女生接种宫颈癌疫苗，高校应届毕业生去向落实率居全省第2位。推动历时17年的雁江六中开工建设，马鞍学校初中部、安岳实验中学新校区、乐至县第三幼儿园等项目建成投用，高考重点本科院校录取人数增长10.4%。推进健康资阳建设，公立医院门诊次均费用降幅居全省第1位、住院次均费用降幅居全省第2位，市人民医院成功创建三级甲等综合医院，安岳县域医共体建设走在全省前列。召开全市首届慈善大会，筹集资金、物资总额超1亿元。接受第三轮第二批省级生态环境保护督察，抓好中央和省环保督察反馈问题整改，全市空气质量综合指数稳居成都都市圈首位，17个国省考核断面水质优良率达100%，城市地表水环境改善程度居全省第1位，农用地环境质量居全省第2位，乐至县成功入选美丽四川建设先行试点培育县。有效应对“7·27”特大暴雨，全市一般生产安全事故起数、死亡人数分别下降30%、39.1%。安岳县再次成功申报隐性债务化解试点，全市48个问题楼盘基本清零、住建领域信访量下降45%。

【从严治党】 开展学习宣传贯彻党的二十大精神情况专项监督，完成两轮市委巡察。加强党内法规制度建设和向省委请示报告工作，两项工作均在全省作经验交流。创新举办“理响资阳·团结奋斗向未来”音乐思政课38场。严格落实意识形态工作责任制，深入推进媒体融合试点，“资阳观察”APP用户数从31万人跃升到130万人，在全国地方党委宣传部部长培训会上作交流发言，是全省唯一入选中宣部首次出版的《全国新闻出版工作案例教材》的市（州）。加强对外形象宣传，完成资阳市城市形象标识设计并加强推广使用。鲜明正确选人用人导向，推动干部能上能下落地见效。持续强化人才支撑，引进硕博人才近600人。全面完成中小学校领导体制改革任务，完成公立医院党建入章，成功创建省级基层治理示范单位20个，高新区松涛镇书台山社区党建引领小区治理工作经验入选全国先进典型社区案例。出台领导干部操办婚丧喜庆事宜规定，探索基层公务接待“扫码用餐”改革，不予立案问题线索处置“协审模式”获评全省好制度好做法，承办全省“青廉说”主题演讲决赛、全省监督护航成渝地区双城经济圈建设座谈会。开展市属国有企业监督体系改革，严肃查处医疗卫生、产业园区等领域典型案件，专项治理财务管理、乡村振兴等方面突出问题。开展纪检监察队伍教育整顿，从严锻造铁军队伍。

重要会议

【市委全会】 中共资阳市委五届七次全会 6月27日，中国共产党资阳市第五届委员会第七次全体会议召开。出席会议的有市委委员38人，候补市委委员9人。市纪委常委、市监委委员和有关方面负责人列席会议。市第五次党代会代表中部分基层同志和行业专家列席会议。非公有制经济组织和社会组织党组织主要负责人或出资人（负责人）党员代表应邀列席会议。会议听取和讨论元方代表市委常委会作的工作报告，审议通过《中共资阳市委关于深入推进新型工业化打造产业发展新高地加快建设成都都市圈现代化产业新城和成渝地区中部崛起示范区的决定》。

中共资阳市委五届八次全会 12月6日，中国共产党资阳市第五届委员会第八次全体会议召开。出席全会的有市委委员42人，候补市委委员9人。市纪委常委、市监委委员和有关方面负责人列席会议。市第五次党代会代表中部分基层同志和行业专家列席会议。非公有制经济组织和社会组织党组织主要负责人或出资人（负责人）党员代表应邀列席会议。主题教育省委第十巡回督导组负责人到会指导。会议听取和讨论元方代表市委常委会作的工作报告，听取市委常委会关于2023年度加强党的建设落实全面从严治党主体责任情况报告，审议通过《中共资阳市委关于深入贯彻习近平总书记重要指示精神以产城一体为突破口扎实推进城乡融合发展的决定》。

【常委会会议】 2023年，中共资阳市委召开市委常委会会议30次。市委常委会会议始终坚持将习近平总书记重要讲话、指示批示、重要论述和文章列为重要议题传达学习。重点贯彻部署党中央、国务院、省重要指示、决定和精神。全年安排传达学习习近平总书记重要讲话、重要指示批示类议题28项。定期安排经济发展、生态保护、安全生产、主题教育、党建、党风廉政建设等市委、市政府中心工作，推动全市各项重点任务落实。

【市委政法工作会议】 2月16日，市委政法工作会议召开，深入学习贯彻党的二十大精神和习近平总书记对政法工作的重要指示精神，认真落实中央和省委政法工作会议精神，总结工作，分析形势，研究部署政法工作。市委书记元方视频讲话。会议以视频形式开至各县（区）。市委常委、政法委书记杜德清出席会议并讲话。副市长、市公安局局长郑小清主持会议。市中级人民法院院长马泽波、市人民检察院检察长吕皓出席会议。

【市委农村工作会议】 2月23日，市委农村工作会议召开，市委书记元方出席会议并讲话，强调要坚定以习近平新时代中国特色社会主义思想为指导，深入学习贯彻党的二十大精神和习近平总书记关于“三农”工作的重要论述，认真落实中央和省委农村工作会议精神，团结奋斗、埋头苦干，全面推进乡村振兴，加快农业农村现代化步伐，加快建设农业强市。传达学习中央和省委有关文件、会议精神，表扬2022年度全市乡村振兴先进县和先进单位，新命名了一批乡村振兴先进乡镇、示范村、重点帮扶优秀村和星级现代农业园区，各县（区）和市级有关部门负责人作交流发言。会议以视频形式开至各县（区）。有关市领导，各县（区）、高新区、临空经济区和市级有关部门（单位）负责人等在主会场参加会议。

【市委工作会议】 8月21日，市委工作会议召开。会议学习贯彻习近平总书记到四川视察重要指示精神和省委工作会议精神，总结上半年工作，安排部署下半年工作，动员全市上下始终铭记关怀、不负重托、感恩奋进，奋力推动新时代资阳高质量发展。市委书记元方主持会议并讲话。市人大常委会主任王荣木、市政协主席陈莉萍出席会议。各县（区），高新区、临空经济区和资阳发展集团作交流发言。市委、市人大常委会、市政府、市政协领导，资阳军分区司令员，市中级人民法院院长，市人民检察院检察长，市人大常委会、市政府、市政协秘书长，各县（区）党委和政府主要负责人，高新区、临空经济区管委会主要负责人，市级各部门（单位）主要负责人等参加会议。

【学习贯彻习近平总书记来川视察重要指示精神宣讲报告会】 9月7日，学习贯彻习近平总书记来川视察重要指示精神宣讲报告会在资阳举行。省委宣讲分队第一分队负责人，省委副秘书长、政研室主任、改革办常务副主任李文星作宣讲报告。市委书记元方主持报告会。市政协主席陈莉萍，市委副书记、市国资委党委书记赵浩宇出席报告会。报告会上，李文星围绕总书记赋予四川的战略使命、对四川提出的重点任务、对推动成渝地区双城经济圈建设的重大部署、对主题教育作出的部署要求等方面，结合四川和资阳实际，为大家作了一场深入浅出的宣讲报告，对资阳深入学习贯彻习近平总书记到四川视察重要指示精神、推动高质量发展具有很好的指导作用。在家市领导，市政府、市政协秘书长，市级有关部门（单位）和驻资机构、高等学校、国有企业主要负责人，高新区、临空经济区有关负责人，市委宣讲分队有关成员代表等参加报告会。

组织工作

【干部教育培训】 实施“红色薪火工程”“青苗培育工程”，建立选调生成长纪实档案，动态建立年轻干部“蓄水池”。加强年轻干部专业训练、实践锻炼，建好用好四川省选调生实践锻炼安岳基地，择优选派62名干部参加省“双百行动”等计划、54名干部到“三个一线”挂职、10名干部双向交流任职，推动78名选调生到村墩苗，推荐24名基层选调生到省市机关顶岗锻炼。

【干部选拔任用与管理】 严格选拔任用前置审核，开展政治素质正反向测评，推进政治素质档案建设，下沉产业项目等一线考察干部政治担当，考准考实政治素质。调整市管干部298人次，提拔重用优秀干部78名，调整不适宜担任现职干部5名。结合纪检监察、国资国企、事业单位等改革事项，调配干部87名，优化班子整体功能结构。聚焦“关键少数”，通过班子分析、干部考察、巡视巡察等方式，常态化开展谈心谈话，激活“一把手”头雁效应。

【基层党组织建设】 出台“红心资企”国企党建实施方案，制定模范机关创建标准，高质量完成中小学校领导体制改革任务，严格落实党组织领导下的院长负责制，安岳、乐至县人民医院党建工作成功创建省级示范标杆。出台“两新”工委和行业（综合）党委工作规则，指导成立行业党委8个。开展“资阳先锋·九大行动”，收获群众点赞、社会好评。建立村级组织向村党组织报告述职制度，改造134个村级阵地。全覆盖开展乡村班子届中分析，全面轮训村党组织书记，评选13名“担当作为好支书”，选派45名村（社区）干部赴成德眉实践锻炼。争取中省资金6710万元，推动61个集体经济项目落地，选派856名干部接续驻村。完成市、县（区）党委书记担任基治委主任，全面建立街道评议县（区）部门制度。累计成立小区党组织591个、居民自治组织982个。开展老旧小区补短提质、物业矛盾纠纷排查等专项行动，挂牌整治60个问题突出小区。乐至县以“优”的等次成功创建省级城乡社区治理示范县，安岳县兴隆镇等20个单位获评省级基层治理示范单位。分层分类培训党组织书记、党务干部、党员等600余人，督促指导市直部门全覆盖兜底培训党员6300余人次。指导开展“‘淄’行‘资’鉴 创新发展”主题党日等形式多样的党支部活动。举办机关党员干部健康知识讲座6场，走访慰问、帮扶救助困难党员、老党员95名。开展市直机关干部职工工作状态调研，聚焦干部职工反映的困难和需求，向市委提出意见建议16条。

【人才工作】 市县一体推进特色产业人才聚集地和“一带一园三区”核心区建设，形成“1+5”实施方案，配套25条支持措施，3个县（区）全部纳入省级人才工作先行区创建。成立北京人才工作站，聘请14名“招才大使”，开展“院士（专家）问诊团·科技赋能资阳行”、“凤栖资阳”人才引进高校行等活动，引进硕博人才近600人。柔性引进4名院士担任“资阳顾问”，引进国家万人计划入选者王红霞、“天府青城计划”入选者黄山等创新领军人才及团队。国家器审中心医疗器械创新四川服务站资阳分站揭牌成立，高新区入选全省高端人才产业园，安井食品入选省级企业技术中心，中车资阳机车入选2023年四川省博士后创新实践基地，资阳市创新创业园、四川渝成制鞋产业园入选首批四川省返乡创业园。创新“周五服务官”机制，建立完善“杰出人才”“领军人才”“青年科技人才”梯次培育体系，出台“揭榜挂帅”科技项目实施和管理暂行办法，配套8项产业人才专项支持政策，率先开展口腔医疗器械和柠檬专业职称评定，探索开展产业技能人才星级评定，评选第五届市领军人才68名、团队1个，建成拎包入住人才公寓2000余套。

宣传工作

【理论学习与宣讲】 强化对各级党委（党组）理论学习中心组学习督促指导，市委理论学习中心组开展专题学习19次，示范引领各地各部门党委（党组）理论学习中心组开展集中学习2300余次。举办“理响资阳·团结奋发向未来”音乐思政课38场次，覆盖干部职工7000余人次，“音乐思政课”得到省委宣传部认可并在省级部门推广。推进中心组列席旁听工作，市人大常委会办公室等15个市级部门和县（区）党委、高新和临空经济区党工委列席旁听，推进中心组学习规范化、制度化。以“理响资阳”宣讲团为引领，构建“1+3+N”宣讲工作格局，开展党的二十大精神、习近平总书记到四川视察重要指示精神、省委全会精神等重大主题宣讲3800余场次，“理响资阳”宣讲团获评四川省第三批基层理论宣讲“一地一品”示范项目。承办全省基层理论宣讲大赛片区赛，联合省委讲师团开展基层宣讲试点，举办资阳市第三届基层理论宣讲比赛。开展理论宣讲短视频征集，《习近平总书记到四川乡音“谈”》等8条短视频在“学习强国”学习平台等平台展播。《习近平著作选读》第一卷、第二卷发行工作在全省工作座谈会上作经验交流。“学习强国”学习平台参学率和日平均积分保持全省前4名。开展“理响资阳”理论武装工作十大创新案例征集评选活动、“全国纪念毛泽东同志诞辰130周年学术研讨会”论文征集；组织年度社科课题研究，收到申报课题285项，审定“关于打造成渝发展主轴特色产业人才聚集地的路径研究”等46项课题结项。积极申报中省课题，1项课题获得国家级立项。

【意识形态工作】 制发《意识形态风险和工作提示单》12期，编印《意识形态工作责任制资料汇编》，推动意识形态工作常态化、制度化。将意识形态工作纳入市委巡察，统筹开展专项督查和随机抽查，压紧压实各级党委（党组）意识形态工作责任。建好校园意识形态阵地，申报四川省大中小学思政课一体化共同体建设，资阳中学等8所学校创建为“四川省首批新时代爱国主义教育实践基地”。开展“清源”“固边”“净网”“护苗”“秋风”“夯基”六大专项行动，实施涉未成年人非法绘本（淫秽物品）、全市教学用书等专项整治。开展“资小安”网络安全宣传教育活动，组织市、县两级网络安全知识讲座3000余场次。加大案件查办力度，全年刑事立案5起，被全国“扫黄打非”办备案2起。全面加强重点网站、政务新媒体、自媒体账号、网络“大V”等管理，扎实开展“清朗”“天府清风”等系列专项治理行动。

【新闻舆论宣传】 开展习近平总书记到四川视察重要指示精神等

重大主题宣传，持续宣传解读党的二十大精神和省委、市委全会精神。开展“全力以赴拼经济搞建设”等专题报道，推出综述、评论、微视频等稿件2.6万余篇次。加强媒体联动，人民网、《人民日报》、中央电视台、《四川日报》、四川电视台等多次报道中国牙谷、齿轨列车、星河动力、柠檬产业等，刊发报道5534余条（篇），其中中央电视台新闻联播推出“谷神星一号（遥六）·四川资阳号发射成功”消息，西博会开幕式和中央领导观展的报道首次选用资阳画面。推出“10岁男孩捡到16万黄金首饰主动上交”“天使女孩朱红琳”等典型人物、事件新闻报道，引发群众广泛关注，被《人民日报》、新华社、央视新闻等平台转发，相关话题登上微博热搜榜，阅读量超1.3亿次；省委宣传部视频号“天府新视界”专门推出《中国牙谷诞生记》宣传视频；设计完成资阳市城市形象标识，并在全市范围推广使用。

【全国文明城市创建】 打造新时代文明实践示范站20个，11个中心、所、站获评全省示范，推动“资阳文明实践”云平台实现一网通管，健全“点单—派单—接单—评单”四单模式，构建“15分钟文明实践圈”和“指间文明实践圈”。全覆盖建立文明实践积分超市（银行），每月开展超10000场次文明实践活动，下沉100个文明实践重点项目，打造“橙就文明”“绘彩筑梦”等品牌，“红细胞·好邻居”品牌被《光明日报》等中央主流媒体关注刊载。办好省下达30件民生实事和全市20件民生实事，实施创文惠民项目55个，探索实践地摊经济、柔性执法等管理举措，下沉100个文明实践重点项目，每月发布文明实践活动1万余场次，以“红细胞·好邻居”等文明实践项目为载体，探索幸福社区综合体建设的新模式。

【未成年人思想道德建设】 承办全省未成年人思想道德建设暨文明校园创建工作现场推进会，策划实施“弘扬陈毅家风　涵养家国情怀”等活动15场次，推评“感动资阳”人物、身边好人等先进典型420余人，雁江老年大学教师李月莉获评“中国好人”，拾金不昧好少年钟一琩获评省“新时代好少年”“优秀少年队员”，并被推报为全国“新时代好少年”“红领巾五星章”候选人；“天使女孩朱红琳”追授四川省“三八红旗手”称号。

统战工作

【多党合作与政治协商】 开展各民主党派、无党派人士和党外知识分子、新的社会阶层人士“凝心铸魂强根基、团结奋进新征程”主题教育，实施党外干部“1个主体班+3个专题班+N个联合班”培训计划。开展纪念中共中央“五一口号”发布75周年系列活动，举办统一战线座谈会、文艺展演、主题征文、演讲比赛等活动30余场次，承办省级活动8场次。以大众化、艺术化形式制作新闻产品，中央电视台、《四川日报》等权威媒体刊发资阳原创统战新闻稿件640余条（篇），对党派中央赴资调研、台胞护送安岳籍老兵骨灰回乡等重要涉统活动进行跟进报道。举办第十六届黄埔论坛嘉宾乐至行、台湾艺术家四川写生营资阳行、港澳台代表人士走进成渝地区双城经济圈资阳行等参访交流活动。

【民营经济统战】 实施统一战线服务经济高质量发展“八大行动”，围绕扩大投资、促进消费等方面细化28项举措，引导统战成员拼经济搞建设。开展市县两级统战部部长与民营企业家沟通协商“面对面”活动24场次，协调解决企业困难问题122件。支持党外人士围绕经济建设建言献策，发展航空食品等10条建议转化为市委决策，6篇调研成果和意见建议得到省领导批示肯定，提振中小企业发展信心建议被中央统战部《零讯》采用。链接省侨商联合会、成都台协会、异地资阳商会等资源，承办“一带一路”华商峰会侨商资阳行等参访交流活动，推出项目投资机会清单，引进浙江玉安康瑞医疗科技公司脑健康软件生产、成都标杆电器电力装备智能制造、四川正大（雁江）凤凰种猪场、东莞凌峰电容触控屏生产等优质项目落地。

【党外知识分子和新的社会阶层人士建设】邀请农工党中央、民进中央等党派中央、省委会到资阳调研16批次，支持市各民主党派与基层统战工作成都片区联盟各党派围绕成德眉资新能源产业协同发展等6个课题开展联合调研献策，借力党派“直通车”渠道为资阳争取国家、省更多支持。推进党外知识分子助力乡村振兴省市县三级共建，邀请省知联会“知行巴蜀·同心筑梦”专家团队到资阳市调研，献计“把脉”文旅产业和柠檬产业发展。开展青年党外知识分子、新的社会阶层人士“留培计划”，建立56份“青苗”实绩档案。优化统战干部结构配备，拓宽成长成才渠道，推进市县乡统战干部挂职交流。

【民族宗教工作】完善铸牢中华民族共同体意识宣传教育常态化机制，建成城市宣传教育阵地6个、校园示范点5个。举办资阳市第二届“红石榴”杯民族团结进步主题民间艺术作品创作大赛，开展民族团结进步主题活动130余场次，推送民族团结专题宣传报道77期，荣获省第二届大中小学铸牢中华民族共同体意识校园舞台剧展评活动优秀组织奖。深化民族团结进步示范创建，累计建成互嵌式社区6个，创成省级民族团结进步示范单位28个，向上争取民族类项目资金170万元。支持宗教界全面从严治教，完成宗教团体班子调整及“条块结合”分工，建成佛教中国化资阳展示馆等9处宗教中国化示范场所、35个A类宗教示范场所，分类管理159处民间信仰场所，相关工作经验在全省民间信仰场所管理工作会上作经验交流。防范化解宗教领域重大风险，建立宗教活动场所“八大安全”台账，开展抵御境外势力利用宗教进行渗透和非法宗教活动排查整治。

市委督查

【目标绩效管理】实施创先争优定向培育计划，采取“申报＋下达”相结合方式，按照确定加分项、重点培育项、积极争取项分类建立争取加分事项工作台帐。优化构建县（区）、园区、党群部门、政府部门4套考评体系，在整体承接省下达目标的基础上，体现资阳特色和重点工作，突出考评对象、指标设置、分值权重、考核任务4个差异化，考评重点向大政方针、中心任务、短板弱项、主业功能倾斜。牵头制定市属国有企业考核体系，将国企改革、资本招商、项目建设等纳入考核，根据企业功能定位、主责主业，实行“一企一表一考”差异化考核。开展2022年市级目标初评和综合评价，从严审定表彰奖励、通报批评等加减分事项，做好考评结果上会、审定、通报、反馈和运用。牵头开展市属国有企业负责人经营业绩考核，依据考核得分、等次、薪酬基数，测算并兑现企业主要负责人年度薪酬。强化省目标完成情况结果运用，对在省目标考评中加分或扣分，以及在国省行业系统考核评为先进单位、后进单位的，在市级目标综合考评中实行加分奖励、扣分惩罚。严格落实中央、省绩效奖励政策，研究细化市级目标考评结果与等次评定、绩效奖励挂钩办法，适度提高先进单位、后进单位年度考核奖励上下浮比例。

【重大决策督查】把习近平总书记重要指示批示的督办落实作为头等大事，对贯彻落实习近平总书记到四川视察重要指示精神具体措施进行责任分工、跟踪督办，常态化抓好习近平总书记重要指示批示“回头看”。跟踪督办省委全会重要部署涉及资阳事项、十二届省委财经委员会第三次会议精神，配合省委专项督查组完成省重点项目推进工作、经济运行等督查。坚持将中央、省委决策部署和市委中心工作紧密结合，对市委全会重要部署及时分工、按时督办，跟踪督促市委常委会议定事项200余项，动态管理督促市委主要领导批交办事项600余项，实地督促星河动力有关保险落地资阳、幸福家园供水问题等重点事项。重点督促全市四季度招商引资项目推进情况，项目、企业入库情况和税收、用电、用地情况，为市委决策部署提供参谋服务。聚焦产业项目大会战、交通建设大会战、城市规划建设大会战、落实重点改革任务、农村宅基地两项试点、审计发现问题整改等重点工作，每月选取一个以上主题，深入开展"一月一主题"督查活动24次，形成报告（通报）24期。

【专项工作督查】 对照中央、省委巡视反馈问题整改任务清单，定期调度会商，逐条过筛子，防止问题反弹回潮。开展巡视反馈问题整改"回头看"，督促开展"四风"问题纠治。严格落实"无会日""不予发文十三种"等制度，推动各级各类文件减量提质增效，前三季度，市级层面发文数量同比下降4.31%；市级层面召开会议43次，同比下降8.5%。规范督查检查考核事项管理，市级层面年度督检考计划事项减少至24项。建立32个基层直报点，明确工作要求及管理办法。开展整治形式主义为基层减负自查自纠工作，排查问题15个，全部落实整改。坚持把贯彻落实中央八项规定精神和省市十项规定精神及其实施细则作为重要政治任务，组织牵头部门紧盯"四风"新问题新表现开展集中整治，牵头修订贯彻落实中央八项规定精神和省、市十项规定实施细则，推动工作落到实处。。

政策调研和深化改革

【概况】 2023年，市委政研室坚定以习近平新时代中国特色社会主义思想为指导，坚持围绕中心、服务大局，筑牢"以文立室、实干兴室"理念，统筹推进全面深化改革，深入开展调查研究，全力提高智力服务水平，为推动新时代资阳高质量发展贡献了智慧和力量。

【调查研究】 深入学习领会习近平总书记关于调查研究的重要论述，印发《关于在全市大兴调查研究的实施方案》，要求各级各部门从15个方面明确选题并形成高质量调研报告，一体推动重要问题解决、重点工作落实、重大决策优化。结合开展学习贯彻习近平新时代中国特色社会主义思想主题教育，统筹推动市委常委班子主课题调研和正反面典型课题调研，聚焦解决全市营商环境不优、部分项目投资质效不高、部分企业生产经营困难、园区承载能力不强、人才支撑不足等问题，形成《关于资阳市打造成渝地区中部崛起示范区的研究》《打造"国内领先、世界一流'中国牙谷'"典型案例调研报告》《资阳市医疗卫生领域违纪违法典型案件剖析与启示》等研究报告。坚持围绕中心、服务大局，对市委安排的重大课题，组建专门力量深入研究，形成《成都都市圈、重庆都市圈发展对比分析》《关于氢能源产业发展情况的报告》等10余篇调研报告，为市委决策部署提供有益参考。

【深化改革】 2023年，市委全面深化改革委员会召开2次会议，出台《中共资阳市委全面深化改革委员会2023年工作要点》《中共资阳市委全面深化改革委员会2023年工作台账》，安排137项年度改革任务。部署推进"N项改革"，国资国企改革、教育综合改革、医药卫生体制改革等取得突破。多项改革事项得到中央、省委认可，市级媒体深度融合改革作为全省唯一案例入选中宣部首次出版的全国新闻出版工作案例教材，在全省地方党委宣传部长培训班上交流发言；"府院联动"化解问题楼盘经验做法被住建部推广、被省委政法委通报表扬；全省农村宅基地两项试点工作现场推进会在资阳召开，全市7个典型案例入选2023年四川省《农村宅基地管理与改革典型案例集》；县域共青团基层组织改革试点入选"2023年度四川改革典型案例"；《资阳市跨行政区域企业投诉处理协作机制实践探索》纳入《法治蓝皮书·四川依法治省年度报告（2023）》。全年上报资阳改革经验做法文章55期，被《四川改革动态》采用4篇，累计被省级以上主流媒体宣传推广资阳改革案例140余篇次。

机构编制

【机构编制制度】 按程序审议批复机构编制事项117项，制定《资阳市市本级人才专项事业编制管理办法（试行）》《资阳市市级机关事业单位编制使用管理办法（试行）》，细化明确全市机关事业单位编制和人才专编使用管理程序和权限，推动市级机关事业单位编制使用管理规范化、科学化。围绕“动议、论证、风险评估、审议决定、组织实施”等关键环节，规范机构编制事项审批工作步骤，压实部门党组（党委）机构编制管理主体责任，严格按照机构编制管理权限和程序研究机构编制事项，精细组织机构编制事项动议必要性、合理性、可行性论证，提升全流程各环节规范化管理水平。

【机构编制资源优化】 突出“以事为中心、因事设机构”，全覆盖、无死角对157个市级事业单位进行整体重塑，优化事业单位布局，精简事业单位55个，精简比例达35%，收回事业编制224名，精简比例达10.4%，对核定到事业单位的编制进行科学调配和优化，保留设置事业单位平均核定编制较改革前增长38%。完成国防动员体制改革，组建市县两级国防动员办公室，理顺各部门国防动员职责关系。实施疾控体制改革，整合疾病预防控制、传染病疫情应急处置、公共卫生监督职责，组建市、县（区）疾病预防控制局，并强化领导职数保障和内设机构建设。优化市供销社内设机构设置，推动更好发挥服务“三农”优势作用。研究规划管理、土地管理、城市管理等重点领域职责划分，推动园区与部门权责一致、流程通畅。持续加强中医医疗机构建设，争取资阳市中医医院升格为正县级，在资阳市卫生健康服务中心挂牌设立资阳市中医药发展服务中心。将人才专编“蓄水池”追加至100名，保障医疗卫生、教育行业、乡村振兴等民生一线引才需求。开展基层治理不良现象专项整治工作，对全市乡镇（街道）“三定”规定和权责清单修订情况进行“回头看”，促进权责清单与“三定”规定有效衔接。

【机构编制管理】 设置市级行政机构85个、县（区）级行政机构209个、乡镇（街道）89个，事业单位1717个；行政机构设置符合政策规定，事业单位相比2022年统计数实现减量。核定行政编制7923名、事业编制43681名、机关工勤编制940名，设行政机构领导职数正县级118名、副县级448名，设事业单位领导职数正县级21名、副县级88名；各类编制数均在政策规定范围内核定。市级设置议事协调机构160个，各县（区）设置议事协调机构537个，与2019年上一轮清理后设置数基本持平。

【编制审查情况】 落实机构编制规范性文件备案审查要求，做好规范性文件备案审查及向省委编办报备工作，加强事前审查，市本级规范性文件中涉及机构编制事项均报编办进行前置审查，全年对60余处不符合机构编制政策的文件表述提出审查意见并予以规范，切实做到有件必备、有备必审、有错必纠。常态化落实同纪检监察、巡察、组织、人社、财政、审计等部门的协作配合机制，完善事前沟通、系统数据交叉校核和信息共享机制，形成机构编制监督合力。建立市级部门机构编制执行情况和使用效益评估体系，按三类设置19项64个评估点。开展第一轮效益评估工作，组织59个市级机关开展自评，将评估结果作为后续机构编制事项审批的重要依据，突出职责履行、遵守纪律、工作实绩，加快推动机构编制管理由“重审批”向“前期审批、过程跟踪并重”转变。

保密管理

【保密宣传教育】 坚持把抓好保密法治宣传教育作为推进保密工作的首要任务，把保密法律法规、“两识”教育纳入各级党校（行政学院）培训体系，作为各级各部门（单位）党委（党组）理论学习中心组学习内容，推动各级党校开展保密专题培训20余次、各机关单位学习保密法规制度280余次。紧扣“4·15”国家安全教育日、“12·4”宪法宣传日等重要节点，组织开展保密宣传月和“四进”活动，联动县（区）保密行政管理部门发放宣传资料2.2万余份、宣传品1500余个，通过“人人话保密”微视频拍摄活动征集保密宣传短片9部，其中《“指尖”上的防线》被中央保密办（国家保密局）推送展播。利用“保密观”“资阳保密”公众号刊载转发保密宣传海报、视频资料30余份，借助短信平台向党员干部发送保密提醒短信 8 万余条，整合机关单位、街头商铺、公园景区等 LED 资源播放保密宣传标语 1200 余条。

【保密监督检查】 坚持严格履行保密监督管理职责，深入开展“1+4+N”保密执法监督检查，派员参与五届市委第三、第四轮巡察的保密工作政治巡察，组织开展保密自查自评督查、非涉密计算机违规行为专项检查、“进驻式”检查和涉密资质（格）企业“双随机”抽查 210 余次，基本实现了市级部门（单位）、县（区）重点部门（单位）保密检查全覆盖。加大保密违规行为查处和典型案件通报力度，建立落实保密行政管理部门向纪检监察机关移送问题线索工作机制，认真办理国、省保密部门移交泄密行为线索案件，加强与网信、公安、国安等部门（单位）工作联动。

【保密风险防控】 坚持把加强保密“三大管理”和工作秘密管理作为提升工作质效的重要抓手，落实定密管理要求，严格规范定密程序，督促机关单位制定国家秘密和工作秘密事项清单，完成全市国家秘密统计报备工作。严格涉密人员全周期闭环管理，加强涉密人员分类确定、上岗在岗、离职离岗、出国（境）等保密管理，动态调整涉密人员信息库，实时做好出入境管理报备，全面掌握全市涉密人员动态。狠抓网络保密管理“六个严禁”，扎实开展涉密网络运维突出问题专项整治和涉军企业网络专项检查，持续开展微信泄密专项整顿行动，督促各级各部门（单位）严格管理微信、QQ、钉钉等即时通信工具，网络保密安全防线稳固提升。

【保密服务保障】 坚持把强化保密科技支撑作为构建综合防范对抗体系的基础前提，加强保密技术服务中心（站）建设，购置保密环境检测和纸（磁）介质、涉密载体销毁等设备，为全市重要会议、重大活动提供保密技术服务 60 余场次，销毁纸介质 40 余吨、磁介质 1600 余个，开展国家统一考试保密督导和公开出版物保密审查 60 余次。持续加强保密技术监管平台建设运用，推动市级各部门（单位）全覆盖安装非涉密计算机文件监控客户端，巡查数据 36 万余条，督查违规敏感线索 3100 余条，指导相关单位拦截网络木马攻击 20 余次，修补漏洞 200 余个。

市直机关党建

【党建工作】 举办习近平总书记到四川视察重要指示精神专题宣讲 20 余场次，开展“忠诚在心　奉献在岗”等主题党日活动。持续深化“让党放心、让人民群众满意的模范机关”创建，组织 192 名驻村干部集中轮换，统筹指导市直机关 69 个部门（单位）主题教育，督促指导党委（党组）坚决扛起抓主题教育的政治责任，扎实推进理论学习、调查研究、推动发展、检视整改、建章立制等重点措施。组织召开“七一”表彰大会，评选表彰优秀共产党员 70 名、优秀党务工作者 30 名、先进基层党组织 36 个。

【交流合作】 深化与重庆大足、潼南和成德眉等地机关党建交流合作，助推轨道交通资阳线、中国牙谷、文旅融合发展示范区建设等项目任务加速推进。举办成都平原经济区机关党建联席会议暨成渝地区机关党建工作交流会议，开展“小支部　大堡垒　突破跨越当先锋”主题实践活动。

【助推产业发展】 实施机关党建助推产业发展项目建设改革攻坚行动，出台党建与业务“五融合”工作法，审核立项实施党建与业务融合发展重点项目 67 个，召开机关党建助推“三大会战”“N 项改革”现场推进会和党建与业务融合发展重点项目述评会，评选政企党建协同示范党支部、工地党旗红示范项目、优质营商环境党员示范岗，推动党建与业务有机融合。

老干部管理

【老干部党建工作】 建立老干部局、组织部、市直机关工委党建工作联席会议制度，组织部把

"银发红枫"纳入基层党建品牌同部署同推进，市直机关工委将离退休干部党建纳入党建考核体系，纳入党务干部培训内容，建立"领导干部讲三课"制度和老干部工作者"四联工作法"。创优"夕阳心引擎·红心映晚霞"党建品牌，细化6个方面25项任务指标，开展"六好"示范党支部创建行动。分级举办4期离退休干部党支部书记暨示范党员培训，351名支部书记实现全员培训。创新开展"云上党建三个一"活动，每月为老干部推荐一堂优质党课、一名榜样学习、一部优秀电影。利用"资阳枫叶正红"微信公众号，老干部之家、离退休干部党支部书记、老干部工作者三个微信群发布学习内容及工作动态99期495条。在市老干部活动中心开辟党建示范阵地，设立"理想资阳"宣讲点，承接65个党支部到活动中心开展党建活动200余场次，举办理论宣讲报告60余场次。开展"我的入党故事"征文讲述，"不忘初心·跟党前行"老干部文艺会演。

【老干部志愿服务】 建立"银发人才库"，组建5支老干部志愿服务队，举办7个兴趣培训班，开展10期智能手机运用培训。举办"岁月映初心·荣退咏芳华"集体荣退仪式温馨暖心，开展"健康杯"老干部运动会展示阳光心态，举办"资足常乐"老年书画摄影大赛抒情怀。全市建立老党员工作室45个、志愿服务队108支，300余名老干部在小区党组织及业委会任职发挥作用。在全市精选200名老干部组建"五老"宣讲团，构建"2+7+N"大宣讲矩阵，集中开展党的二十大精神宣讲260场次，覆盖各类受众2万余人次。市关工委建设童村之家42个，实施"关爱饮水"工程20个；市慈善总会筹集善款约60万元，开展"小树苗"、暖心火锅等8个活动，惠及1800人次；市老年诗书画研究会创作近1000幅书画作品，实现文化惠民。

党校工作

【干部培训】 规范举办读书班、县干班、中青班等主体班次18期，培训各级领导干部1801人次，统筹举办雁江区委党校主体班12期，培训1426人次。专业化能力培训增量，完成全市统战干部培训班、资阳市基层一线党员培训班等各类对外培训班30期，累计培训4000余人次，培训班次同比增长50%。

【科研咨政】 聚焦成渝地区中部崛起示范区建设、农村宅基地改革等方向，实施重大课题攻关，组织申报省部级课题5项，立项2项（"传统农区宅基地制度改革的优化路径——以资阳市整市试点为例"立项中央党校重点课题；与市科技局联合开展省科技项目"完善创新主体培育战略力助经济高质量发展的研究——以资阳市为例"课题研究）。立项全国、全省党校（行政学院）、社会主义学院系统科研决咨课题16项，立项数较2022年翻了一番多。立结项实施全市党校系统调研课题48项，超过过去3年总和。教师参与省委党校决咨研究，5篇咨政报告报送省委、省政府，其中2篇获省委领导批示肯定。建立学员参与决策咨询机制，指导中青班学员形成优质决策咨询报告8篇，其中《关于做大制造业出口的建议》获市领导肯定性批示；《深化我四川省农村宅基地改革的建议》成功结项省委党校决策咨询项目。获四川省党校（行政学院）系统第十三届科研优秀成果奖2项、市第九次社会科学优秀成果奖2项；发表论文9篇，《系统思维视域下资阳建设成渝地区中部崛起示范区研究》《中国共产党历史使命视域下推进中国式现代化系统工程问题研究》2篇论文入选中国系统科学研究会2023年年会，系首次入选全国性理论研讨会。

【精品特色课程体系建设】 新开发《正确认识和把握实现共同富裕的战略谋划和实践途径》等8个教学专题，重点打造《〈实践论〉〈矛盾论〉导读》《学习贯彻党的二十大精神：积极发展全过程人民民主》等3门优质课程；提升完善中国牙谷、陈毅故里、晏家坝、安岳石刻4个现场教学基地及配套教学课程，推动乐至清水村农旅融合、乐至现代蚕桑现代产业发展、安岳天然气净化厂生态环保及双碳经济3个现场教学点建设。

【党校建设】 按照安全、质量、进度、效益、廉洁“五统一”要求和“九有”标准，加快推进市区党校新校区建设。谋划“市（区）委党校＋国企＋专业团队”管理运营模式，保障党校办学主责主业，整合利用资源，服务推动国企转型发展。省委党校出台《支持资阳市委党校建设发展十条措施》及2023年工作清单，在课程开发打造、课题研究等10个方面共26条具体支持。学校庚即形成校内工作责任清单，建立工作台账，实行月调度、季汇报工作机制，推动《十条措施》落地见效。26项任务中，完成16项，剩余10项取得阶段性成果。

【党校教育区域合作】 持续深化成德眉资四市党校系统同城化发展合作，开展教师风采交流观摩活动。深化资阳、大足校际办学合作，联合印发《2023年校际合作事项清单》，明确年度合作重点内容，举办首期“资大联训班”——新任处级干部培训班，共享特色资源，互派班次开展现场教学。拓展学术交流，加入渝北区委党校发起的临空经济区高质量发展论坛，谋划推动成渝地区中部党校联合理论研讨。

资阳市人民代表大会 >>>

重要会议

【市五届人大三次会议】1月3—5日，资阳市第五届人民代表大会第三次会议在雁江召开。会议选举邓继红为市人大常委会副主任；表决通过关于接受周燕辞去市人大常委会副主任的决定，关于市人民政府工作报告的决议、关于2022年国民经济和社会发展计划执行情况及2023年计划的决议、关于2022年财政预算执行情况和2023年财政预算的决议、关于市人大常委会工作报告的决议、关于市中级人民法院工作报告的决议、关于市人民检察院工作报告的决议。

【市人大常委会会议】2023年，资阳市五届人大常委会共召开8次会议，即第十一次会议至第十八次会议。

第十一次会议　1月6日资阳市第五届人大常委会第十一次会议召开。市五届人大常委会组成人员共36人出席会议。会议传达学习资阳市第五届人民代表大会第三次会议精神；听取和审议关于免去邓继红的市人民政府秘书长职务、容弟斌的市发展和改革委员会主任职务、王凤先的市科学技术局局长职务、李杰的市财政局局长职务、凌勇军的市卫生健康委员会主任职务、陈德友的市市场监督管理局局长职务，任命李杰为市人民政府秘书长、王凤先为市发展和改革委员会主任、凌勇军为市科学技术局局长、欧阳曦为市卫生健康委员会主任、容弟斌为市市场监督管理局局长等人事事项。市委常委、副市长张宇星，市中级人民法院院长马泽波，市人民检察院检察长吕皓，市监察委员会、市人大各专门委员会、常委会各办事工作机构负责人列席会议。

第十二次会议　2月9日资阳市第五届人大常委会第十二次会议召开。市五届人大常委会组成人员共38人出席会议。会议听取和审议了市人民政府关于提请任命张毅为市财政局局长的议案，市监察委员会关于提请免去谢晏均的市监察委员会副主任职务、任命李一兵为市监察委员会副主任等议案；表决通过了有关人事事项。市人民政府副市长罗道坤，市中级人民法院院长马泽波，市人民检察院检察长吕皓，市监察委员会、市人大各专门委员会、常委会各办事工作机构负责人列席会议。

第十三次会议　4月25日资阳市第五届人大常委会第十三次会议召开。市五届人大常委会组成人员共36人出席会议。会前开展了《中华人民共和国地方各级人民代表大会和地方各级人民政府组织法》专题辅导。会议传达学习了习近平总书记在全国两会期间的重要讲话精神和全国两会精神，省十四届人大常委会第一次会议、第二次会议精神；听取和审议了市人民政府关于2022年度环境状况和环境保护目标完成情况报告、关于2022年行政事业性国有资产管理情况的报告、关于公共法律服务体系建设情况报告、关于市国土空间总体规划编制工作情况报告，市人大常委会执法检查组关于检查《中华人民共和国中医药法》《四川省中医药条例》贯彻实施情况报告，市人大常委会法工委关于2022年规范性文件备案审查工作情况报告，市人大常委会代表资格审查委员会关于个别代表资格报告（草案），《资阳市优化营商环境条例（草案）》，《资阳市天府国际艺术城建设与管理条例（草案）》，2022年国家机关工作人员述职测评整改情况报告；表决通过了有关决议和人事事项。市人民政府副市长贾发扬，市人民法院院长马泽波，市人民检察院院长吕皓，市监察委员会、市人大各专门委员会、常委会各办事工作机构负责人列席会议。

第十四次会议　6月26日资阳市第五届人大常委会第十四次会议召开。市五届人大常委会组成人员共35人出席会议。会议传达学习了省委十二届三次全会精神，省十四届人大常委会第三次会议精神；听取和审议了市人民政府关于既有住宅电梯增设、实施“三大会战”、未成年人保护、推进创新驱动引领高质量发展情况报告；审议了《资阳市优化营商环境条例（草案）》；表决通过了有关决议和人事事项。市人民政府副市长杜伯军，市人民检察院检察长吕皓，市监察委员会、市中级人民法院、市人大各专门委员会、常委会各办事工作机构和市纪委监委派驻人大常务会机关纪检监察组负责人列席会议。

第十五次会议 8月22日资阳市第五届人大常委会第十五次会议召开。市五届人大常委会组成人员共38人出席会议。会议传达学习了习近平总书记到四川视察重要指示精神，省委工作会议、市委常委会（扩大）会议精神，省十四届人大常委会第四次、第五次会议精神；听取和审议了市人民政府关于国民经济和社会发展第十四个五年规划和二〇三五年远景目标纲要实施中期评估报告、关于2023年1—6月国民经济和社会发展计划执行情况报告、关于2022年市级决算和2023年1—6月预算执行情况报告、关于2022年度市级预算执行和其他财政收支的审计工作报告、关于全市城镇老旧小区改造工作情况报告、关于全市现代农业产业发展情况报告，市中级人民法院关于全市法院重点工作情况报告，市人民检察院关于全市检察机关重点工作情况报告，市第五届人大常委会代表资格审查委员会关于个别代表的代表资格的报告（草案），市人大预算委员会关于市2022年市级决算草案审查结果的报告；对市人大常委会任命的部分国家机关工作人员进行了述职测评；表决通过了有关决议和人事事项。市人民政府副市长林显奎，市中级人民法院院长马泽波，市人民检察院检察长吕皓，市监察委员会、市人大各专门委员会、常委会各办事工作机构和市纪委监委派驻人大常委会机关纪检监察组、市人大代表和乡镇人大主席团负责人列席会议。

第十六次会议 10月24日资阳市第五届人大常委会第十六次会议召开。市五届人大常委会组成人员共31人出席会议。会议传达学习了省十四届人大常委会第七次会议精神；听取和审议了市人大常委会关于“八五”普法实施情况的中期督导报告，市人民政府关于全市制造业高质量发展、促进外商投资企业发展、2023年市级民生实事实施情况报告，市人大常委会执法检查组关于检查《中华人民共和国安全生产法》贯彻实施情况报告；审议了《资阳市城区建筑垃圾管理条例（草案）》《资阳市农贸市场管理条例（草案）》；表决通过了有关决议和人事事项。市委常委、市人民政府常务副市长李东，市人民检察院检察长吕皓，市监察委员会、市人大各专门委员会、常委会各办事工作机构和市纪委监委派驻人大常委会机关纪检监察组、部分市人大代表和乡镇人大主席团负责人列席会议。

第十七次会议 12月14日资阳市第五届人大常委会第十七次会议召开。市五届人大常委会组成人员共40人出席会议。会议传达学习了省委十二届四次全会，省人大常委会第九次会议，市委五届八次全会精神；听取和审议了市人民政府关于2023年乡村振兴工作推进情况报告，关于研究处理市人大常委会审议意见情况报告，关于2023年市人大代表建议、批评和意见办理情况报告，关于2022年度市级预算执行和其他财政收支审计查出问题整改情况报告，关于2023年预算调整方案报告，关于2023年地方政府债务限额情况及新增债务举借安排情况报告，市人大常委会人代工委关于2023年市人大代表建议、批评和意见办理情况报告，市人大常委会主任会议关于提请审议《市人大常委会关于召开市五届人大四次会议的决定（草案）》的议案、关于提请审议《市人大常委会关于许可对市五届人大代表付寅峰采取刑事强制措施的决定（草案）》的议案，市人民政府关于提请免去杜伯军市人民政府副市长职务的议案；表决通过了有关决议和人事事项。市人民政府副市长刘廷安，市人民检察院检察长吕皓，市监察委员会、市中级人民法院、市人大各专门委员会、常委会各办事工作机构和市纪委监委派驻人大常委会机关纪检监察组、部分市人大代表和乡镇人大主席团负责人列席会议。

第十八次会议 12月28日资阳市第五届人大常委会第十八次会议召开。市五届人大常委会组成人员共36人出席会议。会议听取和审议了资阳市第五届人民代表大会第四次会议筹备工作情况的报告，资阳市第五届人民代表大会第四次会议日程（草案）等有关事项，市人大常委会主任会议关于提请审议资阳市第五届人民代表大会第四次会议议程（草案）的议案、关于提请审议资阳市第五届人民代表大会第四次会议主席团和秘书长名单（草案）

的议案、关于提请审议资阳市第五届人民代表大会第四次会议列席人员名单（草案）的议案、关于提请审议市人大常委会关于提请资阳市第五届人民代表大会第四次会议审议市人大常委会工作报告的决定（草案）的议案、关于提请审议市人大常委会关于免去程代静的市人大常委会人事代表工作委员会主任和代表联络处主任（兼）职务、任命陈兴凯为市人大常委会人事代表工作委员会主任和代表联络处主任（兼）、杨永乐为市人民代表大会预算委员会副主任委员的议案，市人民政府关于免去李建英的市住房和城乡建设局局长职务、任命易川为市住房和城乡建设局局长的议案；表决通过了有关决议和人事事项。市人民政府副市长张建红，市中级人民法院院长马泽波，市人民检察院检察长吕皓，市监察委员会、市人大各专门委员会、常委会各办事工作机构和市纪委监委派驻人大常委会机关纪检监察组列席会议。

【市人大常委会主任会议】2023年，资阳市人大常委会共召开主任会议24次。

第26次主任会议 1月6日，市人大常委会党组书记、主任王荣木主持召开市五届人大常委会第26次主任会议。会议听取和讨论了市人民政府关于提请免去邓继红的市人民政府秘书长职务、容弟斌的市发展和改革委员会主任职务、王凤先的市科学技术局局长职务、李杰的市财政局局长职务、凌勇军的市卫生健康委员会主任职务、陈德友的市市场监督管理局局长职务，任命李杰为市人民政府秘书长、王凤先为市发展和改革委员会主任、凌勇军为市科学技术局局长、欧阳曦为市卫生健康委员会主任、容弟斌为市市场监督管理局局长的议案，关于召开市五届人大常委会第十一次会议有关事宜。党组副书记、副主任雷明，副主任孙军、万志琼、姜鸿飞、孙智、邓继红，秘书长鲁琼出席会议。市一级巡视员周燕、吴水波列席会议。

第27次主任会议 2月7日，市人大常委会党组书记、主任王荣木主持召开市五届人大常委会第27次主任会议。会议听取和讨论了市人民政府关于提请任命张毅为市财政局局长的议案，市监察委员会关于提请免去谢晏均的市监察委员会副主任职务、任命李一兵为市监察委员会副主任等议案，关于召开市五届人大常委会第十二次会议有关事宜。党组副书记、副主任雷明，副主任孙军、姜鸿飞、孙智、邓继红，秘书长鲁琼出席会议。市一级巡视员周燕、吴水波列席会议。

第28次主任会议 2月23日，受市人大常委会党组书记、主任王荣木委托，党组副书记、副主任雷明主持召开市五届人大常委会第28次主任会议，听取和讨论市人大城环资委关于增加《资阳市海绵城市建设管理条例》立法调研项目的请示。副主任孙军、姜鸿飞、孙智、邓继红，秘书长鲁琼出席会议。市一级巡视员周燕、吴水波列席会议。

第29次主任会议 3月22日，市人大常委会党组书记、主任王荣木主持召开市五届人大常委会第29次主任会议。会议听取和讨论了市人大常委会关于开展《中华人民共和国中医药法》《四川省中医药条例》贯彻实施情况执法检查方案，市人大常委会办公室关于2023年市人大代表建议办理及督办职责分工的通知、关于2023年市人大代表活动安排意见的通知，关于召开市五届人大常委会第十三次会议有关事宜。副主任孙军、万志琼、姜鸿飞、孙智、邓继红，秘书长鲁琼出席会议。市一级巡视员吴水波列席会议。

第30次主任会议 4月11日，市人大常委会党组书记、主任王荣木主持召开市五届人大常委会第30次主任会议。会议听取和讨论了市人大常委会执法检查组关于检查《中华人民共和国中医药法》《四川省中医药条例》贯彻实施情况的报告，市人大经济委关于市人民政府落实市人大常委会《关于工业“招大引强”攻坚行动实施情况报告的审议意见》的督查报告，市人大农业农村委关于市人民政府落实市人大常委会《关于农村宅基地制度改革试点工作情况报告的审议意见》的督查报告，市人大社会建设委关于市人民政府落实市人大常委会《关于全市养老服务体系建设情况报告的审议意见》的督查报告。党组副书记、副主任雷明，副主任孙军、万志琼、孙智、邓继红，秘书长鲁琼出席会议。市一级巡视员周燕、吴水波列席会议。

第31次主任会议　4月21日，市人大常委会党组书记、主任王荣木主持召开市五届人大常委会第31次主任会议，听取和讨论市人大常委会代表资格审查委员会关于个别代表资格报告（草案）。党组副书记、副主任雷明，副主任孙军、万志琼、孙智、邓继红，秘书长鲁琼出席会议。市一级巡视员周燕、吴水波列席会议。

第32次主任会议　4月25日，受市人大常委会党组书记、主任王荣木委托，党组副书记、副主任雷明主持召开市五届人大常委会第32次主任会议，听取和讨论市人大法制委关于常委会审议《资阳市天府国际艺术城建设与管理条例（草案）》有关情况报告。副主任孙军、万志琼、姜鸿飞、孙智、邓继红，秘书长鲁琼出席会议。市一级巡视员周燕列席会议。

第33次主任会议　5月12日，市人大常委会党组书记、主任王荣木主持召开市五届人大常委会第33次主任会议。会议听取和讨论了市人大常委会关于市人民政府关于2022年度环境状况和环境保护目标完成情况报告的审议意见、关于市人民政府关于国土空间总体规划（2021—2035年）编制工作情况报告的审议意见、关于市人民政府关于2022年行政事业性国有资产管理情况报告的审议意见、关于市人民政府公共法律服务体系建设情况报告的审议意见，市人大常委会执法检查组关于检查《中华人民共和国中医药法》《四川省中医药条例》实施情况报告的审议意见，市人大监察司法委关于市人民政府落实市人大常委会执法检查组关于检查《资阳市城区机动车停车条例》实施情况报告的审议意见的督查报告。党组副书记、副主任雷明，副主任万志琼、孙智、邓继红，秘书长鲁琼出席会议。市一级巡视员周燕、吴水波列席会议。

第34次主任会议　5月31日，市人大常委会党组书记、主任王荣木主持召开市五届人大常委会第34次主任会议。会议听取和讨论了市人大常委会关于开展《中华人民共和国乡村振兴促进法》《四川省乡村振兴促进条例》执法检查方案，市人大农业与农村委关于市人民政府落实市人大常委会关于《市人民政府关于实施乡村振兴战略情况报告》的审议意见的督查报告，市人大常委会关于开展《中华人民共和国台湾同胞投资保护法》《四川省〈中华人民共和国台湾同胞投资保护法〉实施办法》执法检查方案，市人大常委会关于2023年开展述职测评工作实施方案，关于召开市第五届人大常委会第十四次会议有关事宜。党组副书记、副主任雷明，副主任万志琼、孙智、邓继红，秘书长鲁琼出席会议。市一级巡视员周燕、吴水波列席会议。

第35次主任会议　6月13日，市人大常委会党组书记、主任王荣木主持召开市五届人大常委会第35次主任会议。会议听取和讨论了市人大常委会关于开展《中华人民共和国台湾同胞投资保护法》《四川省〈中华人民共和国台湾同胞投资保护法〉实施办法》执法检查报告，市人大民宗外侨委关于市人民政府落实市人大常委会关于市人民政府关于全市民族工作情况报告的审议意见的督查报告，市人大社会建设委关于市人民政府落实市人大常委会执法检查组关于检查《保障农民工工资支付条例》实施情况报告的审议意见的督查报告。党组副书记、副主任雷明，副主任万志琼、姜鸿飞、孙智、邓继红，秘书长鲁琼出席会议。市一级巡视员周燕、吴水波列席会议。

第36次主任会议　6月21日，市人大常委会党组书记、主任王荣木主持召开市五届人大常委会第36次主任会议。会议听取和讨论了市人大常委会主任会议关于提请免去肖素敏的市人大民族宗教外事侨务委员会副主任委员职务、李一冰的市人大法制委员会委员职务的议案，市人民政府关于提请免去张帆的市自然资源和规划局局长职务、易川的市信访局局长职务、任命毛洪斌为市自然资源和规划局局长、李德宏为市信访局局长的议案等。党组副书记、副主任雷明，副主任万志琼、姜鸿飞、孙智、邓继红，秘书长鲁琼出席会议。市一级巡视员周燕、吴水波列席会议。

第37次主任会议　6月26

日，市人大常委会党组书记、主任王荣木主持召开市五届人大常委会第37次主任会议。会议听取和讨论了市人大常委会关于报请省人大常委会会议批准《资阳市优化营商环境条例》的议案（草案），市人大法制委关于常委会审议《资阳市优化营商环境条例（草案）》有关情况报告。党组副书记、副主任雷明，副主任万志琼、姜鸿飞、孙智、邓继红，秘书长鲁琼出席会议。市一级巡视员周燕、吴水波列席会议。

第38次主任会议　6月28日，市人大常委会党组书记、主任王荣木主持召开市五届人大常委会第38次主任会议。会议听取和讨论了市人大常委会关于市人民政府关于推进创新驱动引领高质量发展情况报告的审议意见、关于市人民政府关于全市未成年人保护工作情况报告的审议意见，市人大常委会执法检查组关于检查《中华人民共和国乡村振兴促进法》《四川省乡村振兴促进条例》贯彻实施情况报告。党组副书记、副主任雷明，副主任孙军、万志琼、姜鸿飞、邓继红，秘书长鲁琼出席会议。市一级巡视员周燕、吴水波列席会议。

第39次主任会议　7月18日，市人大常委会党组书记、主任王荣木主持召开市五届人大常委会第39次主任会议。会议听取和讨论了市人大城环资委关于《资阳市大气污染防治条例》实施情况报告的审议意见的督查报告、关于老鹰水库饮用水水源保护工作情况报告的审议意见的督查报告，关于召开市五届人大常委会第十五次会议有关事宜。党组副书记、副主任雷明，副主任孙军、万志琼、姜鸿飞、孙智、邓继红，秘书长鲁琼出席会议。市一级巡视员周燕、吴水波列席会议。

第40次主任会议　7月27日，市人大常委会党组书记、主任王荣木主持召开市五届人大常委会第40次主任会议。会议听取和讨论了市人大常委会关于《中华人民共和国安全生产法》贯彻实施情况执法检查工作方案，市人大社会建设委关于调整常委会听取和审议全市应急管理工作情况报告的请示。党组副书记、副主任雷明，副主任孙军、万志琼、孙智、邓继红，秘书长鲁琼出席会议。市一级巡视员周燕、吴水波列席会议。

第41次主任会议　8月21日，受市人大常委会党组书记、主任王荣木委托，党组副书记、副主任雷明主持召开市五届人大常委会第41次主任会议。会议听取和讨论了市人民政府关于提请免去李发刚的市商务局局长职务、任命唐珽婷为市商务局局长的议案，市人大常委会述职测评调研组综合调研报告，市五届人大常委会代表资格审查委员会关于个别代表的代表资格的报告（草案），市人大教科文卫委关于市人民政府落实市人大常委会关于《中华人民共和国公共文化服务保障法》实施情况报告的审议意见的督查报告。副主任孙军、万志琼、姜鸿飞、孙智、邓继红，秘书长鲁琼出席会议。市一级巡视员周燕、吴水波列席会议。

第42次主任会议　9月13日，市人大常委会党组书记、主任王荣木主持召开市五届人大常委会第42次主任会议。会议听取和讨论了市人大常委会关于《市人民政府关于国民经济和社会发展“十四五”规划和二〇三五年远景目标纲要实施中期评估报告》的审议意见、关于《市人民政府关于全市现代农业产业发展情况报告》的审议意见、关于《市人民政府关于全市城镇老旧小区改造工作情况报告》的审议意见，关于对谢华文、李建英、何瑜、汪自友、詹鸿5名市人大常委会任命的国家机关工作人员述职测评结果报告，关于召开市第五届人大常委会第十六次会议有关事宜。市人大常委会党组副书记、副主任雷明，副主任孙军、万志琼、姜鸿飞、孙智出席会议。市一级巡视员周燕、吴水波列席会议。

第43次主任会议　10月17日，市人大常委会党组书记、主任王荣木主持召开市五届人大常委会第43次主任会议。会议听取和讨论了市人大农业农村委关于将听取和审议市政府关于全市乡村振兴年度工作情况的报告增加为常委会会议议题的请示，市人大常委会执法检查组关于检查《中华人民共和国安全生产法》贯彻实施情况的报告，市人大常委会代表资格审查委员会关于个别代表的代表资格报告（草案），市中级人民法院关于免去杨江涛的市中级人民法院副院长职务等议案，市人民检察院关于免去詹鸿的市人民检察院副检察长职务等议案。市人大常委会党组副书记、副主任雷明，副主任万志琼、姜鸿飞、邓继红，秘书长鲁琼出席会议。市一级巡视员吴水波列席会议。

第 44 次主任会议 10 月 24 日，市人大常委会党组书记、主任王荣木主持召开市五届人大常委会第 44 次主任会议。会议听取和讨论市人大法制委关于常委会审议《资阳市城区建筑垃圾管理条例（草案）》有关情况报告，市人大常委会关于报请省人大常委会批准《资阳市城区建筑垃圾管理条例》的议案（草案）。市人大常委会党组副书记、副主任雷明，副主任孙军、万志琼、邓继红，秘书长鲁琼出席会议。

第 45 次主任会议 11 月 3 日，市人大常委会党组书记、主任王荣木主持召开市五届人大常委会第 45 次主任会议。会议听取和讨论了市人大常委会关于市人民政府关于全市制造业高质量发展实施情况报告的审议意见、关于市人民政府关于促进外商投资企业发展情况报告的审议意见、关于市人民政府关于 2023 年市级民生实事实施情况报告的审议意见，市人大常委会执法检查组关于检查《中华人民共和国安全生产法》贯彻实施情况报告的审议意见，市人大监察和司法委关于市人民政府落实公共法律服务体系建设情况报告审议意见的督查报告，市人大教科文卫委关于市人民政府落实创建全国文明城市工作情况报告审议意见的督查报告。市人大常委会党组副书记、副主任雷明，副主任孙军、万志琼、姜鸿飞、邓继红，秘书长鲁琼出席会议。市一级巡视员周燕、吴水波列席会议。

第 46 次主任会议 11 月 30 日，市人大常委会党组书记、主任王荣木主持召开市五届人大常委会第 46 次主任会议。会议听取和讨论了市人大常委会关于深入践行全过程人民民主的意见（试行）、关于推进全过程人民民主立法的实施意见（试行）、关于加强和改进人大协商工作的实施意见（试行）、关于推进公民有序参与人大工作的实施意见（试行），市人大预算委关于市人民政府落实行政事业性国有资产管理情况审议意见的督查报告，关于召开市第五届人大常委会第十七次会议有关事宜。市人大常委会党组副书记、副主任雷明，副主任姜鸿飞、孙智、邓继红，秘书长鲁琼出席会议。市一级巡视员周燕、吴水波列席会议。

第 47 次主任会议 12 月 13 日，市人大常委会党组书记、主任王荣木主持召开市五届人大常委会第 47 次主任会议。会议听取和讨论了市人大常委会主任会议关于提请审议《市人大常委会关于召开市五届人大四次会议的决定（草案）》的议案、关于提请审议《市人大常委会关于许可对市五届人大代表付寅峰采取刑事强制措施的决定（草案）》的议案，市人民政府关于提请免去杜伯军市人民政府副市长职务的议案，资阳市第五届人民代表大会第三次会议代表建议重点督办情况的报告，市人大城环资委关于市人民政府落实《市人大常委会关于 2022 年度环境状况和环境保护目标完成情况的审议意见》的督查报告。党组副书记、副主任雷明，副主任万志琼、姜鸿飞、孙智、邓继红，秘书长鲁琼出席会议。市一级巡视员周燕、吴水波列席会议。

第 48 次主任会议 12 月 26 日，市人大常委会党组书记、主任王荣木主持召开市五届人大常委会第 48 次主任会议。会议听取和讨论了市人大常委会关于《资阳市人民政府关于 2023 年乡村振兴工作推进情况的报告》的审议意见，关于召开市人大常委会第十八次会议有关事宜。党组副书记、副主任雷明，副主任孙军、万志琼、姜鸿飞、孙智，秘书长鲁琼出席会议。市一级巡视员周燕、吴水波列席会议。

第 49 次主任会议 12 月 28 日，市人大常委会党组书记、主任王荣木主持召开市五届人大常委会第 49 次主任会议。会议听取和讨论了资阳市第五届人民代表大会第四次会议筹备工作情况报告，资阳市第五届人民代表大会第四次会议日程（草案）等有关事项，市人大常委会主任会议关于提请审议资阳市第五届人民代表大会第四次会议议程（草案）的议案，关于提请审议资阳市第五届人民代表大会第四次会议主席团和秘书长名单（草案）的议案，关于提请审议资阳市第五届人民代表大会第四次会议列席人员名单（草案）的议案，关于提请审议市人大常委会关于提请资阳市第五届人民代表大会第四次会议审议市人大常委会工作报告的决定（草案）的议案，关于提请审议市人大常委会关于免去程代静市人大常委会人事代表工作委员会主任和代表联络处主任（兼）职务，任命陈兴凯为市人大常委会人事代表工作委员会主任，代表联络处主任（兼），杨永乐为市人民代表大会预算委员会副主任委员的议案，市人民政府关于免去李建英的市住房和城乡建设局局长职务、任命易川为市住房和城乡建设局局长的议案，市人大常委会2024年“一要点五计划”，市人大常委会办公室关于表扬2023年度优秀代表建议、办理先进单位、优秀组织单位的通报，市人大常委会代表资格审查委员会关于个别代表的代表资格的报告（草案）。市人大常委会党组副书记、副主任雷明，副主任孙军、万志琼、姜鸿飞、孙智、邓继红，秘书长鲁琼出席会议。市一级巡视员周燕、吴水波列席会议。

人大职责履行

【概况】 2023年，共召开常委会会议8次，审议地方性法规4部，听取和审议专项工作报告18个，开展专题视察、执法检查等20项，作出决议决定17个，选举产生34名省十四届人大代表，规范任免国家机关工作人员56人次，办理代表建议98件，获省人大常委会领导和市委主要领导肯定性批示14次，被中央、省级媒体宣传报道136次。

【人大立法】 坚持科学民主依法立法，围绕提高地方立法质效，扎实推进基层立法联系点标准化建设，加快推进优化营商环境、农贸市场管理、建筑垃圾管理、天府国际艺术城建设与管理等法规审议，开展农村场镇规划管理、养老服务业促进等5项立法调研，确保以良法促进发展、保障善治。

【执法监督】 突出监督重点、改进监督方式、增强监督实效，紧扣国省重大战略部署和政府债务、预算绩效、审计整改等重点实施精准有效监督，有序推进全省预算联网监督示范点建设，有力保障经济社会平稳有序运行。开展保障农民工工资支付条例、安全生产法等执法检查，监督推动机动车停车条例等地方性法规有效实施。坚持有件必备、有备必审、有错必纠，审查“一府两院”及县（区）人大常委会规范性文件53件，协助市委对14件党内规范性文件开展合法性审查，全力维护法治统一。配合国省人大完成中华人民共和国爱国主义教育法、中华人民共和国台湾同胞投资保护法等35部法律法规意见征集，提出36条修改建议。

【专题调研】 聚焦高质量发展主题和国省重大战略部署，组织全国、省人大代表开展建设成都都市圈现代化产业新城和成渝地区中部崛起示范区、推动临空经济区高新区加快发展等专题调研。聚焦交通、产业、公共服务等同城化重点领域，开展资大文旅融合发展示范区建设等专题调研，提出意见建议12条。加强与成德眉人大工作协作，召开法制工作第六次联席会议，成立协同立法工作专班，协同推进优化营商环境条例区域立法。围绕国省战略部署，立足资阳当前实际和长远需求，牵头提出全国、省人民代表大会代表建议46条。坚定贯彻工业强市战略，紧扣产业、项目等关键要素，听取制造业高质量发展等情况报告，专题调研安岳天然气清洁能源产业园等平台载体，针对性提出精准切入国省战略部署、夯实高质量发展基础等意见建议，助推深圳科普达科技公司签约落户资阳高新区。围绕扩内需、促消费，扎实开展“十四五”规划中期实施、发展“夜间经济”等专题调研，针对性提出创新工作机制、培育市场主体、打造消费品牌等审议意见。开展高标准农田建设专题调研，跟踪督查农村宅基地制度改革试点、农村集体经济组织等审议意见落实情况，有关经验在省人大推广。聚焦民生实事办理社会关切，建立“方案+清单”、“代表+媒体”、“提问+督导”工作机制，选聘26名民生实事项目监督员，全覆盖全过程推动20件市级民生实事项目落地见效，深受各方一致好评。听取和审议2022年度环境状况和环境保护目标完成情况，扎实开展老鹰水库饮用水水源保护、大气污染防治等跟踪监督，持续巩固生态环境建设成效。深入开展“一老一幼”、养老服务促进等专题调研，督促全市养老服务体系建设、托幼一体推进等工作有效落实，积极助推社会民生不断改善。

【人大代表履职】 组织全过程人民民主实践基地建设现场推进会，指导全市90个人大代表之家、406个人大代表联络站规范运行、提质增效。强化代表履职服务和管理监督，组织16位省人大代表参加履职培训，开展常委会组成人员、县乡人大干部专题培训，深化代表联系走访、视察调研和代表小组活动，走访企业项目5000余个，接待群众20余万人次，全闭环办理代表建议98件，实现满意率100%。

资阳市人民政府 >>>

综 述

【政府工作综述】2023年，以习近平新时代中国特色社会主义思想为指导，学习贯彻习近平总书记到四川视察重要指示精神，坚决贯彻党中央国务院、省委省政府和市委决策部署，坚持以成渝地区双城经济圈建设为总牵引、以成资同城化为战略支撑，突出抓好“三件大事”、打好“三大会战”、深化“N项改革”，全力以赴拼经济、搞建设，推动高质量发展，全市呈现经济量质齐升、民生持续改善、社会和谐稳定的良好局面。

坚定政治方向，全面加强政府系统党的建设。坚持把学习习近平新时代中国特色社会主义思想作为必修课、常修课，严格落实“第一议题”制度，深入学习领会习近平总书记最新重要讲话和重要指示批示精神，深刻领悟“两个确立”的决定性意义，增强“四个意识”、坚定“四个自信”、做到“两个维护”。2023年，召开市政府党组会、党组理论学习中心组学习会等会议20次，市政府党组成员带头宣讲习近平总书记到四川视察重要指示精神和省委十二届四次全会、市委五届八次全会等会议精神26场次。成立市政府党组学习贯彻习近平新时代中国特色社会主义思想主题教育领导小组，制定主题教育实施方案，党组班子成员带头读原著、学原文、悟原理，开展集中学习研讨7次，市政府党组班子成员讲专题党课12次。围绕“高质量发展”课题开展调研，推进正反典型案例剖析，实地调研解决问题38个。坚持问题导向，检视查摆6个方面问题，制定整改措施22条，问题全部整改到位，建立下一步工作任务清单，逐项推动落实。严格执行请示报告制度，不折不扣贯彻落实党中央国务院大政方针、省委省政府决策部署和市委工作要求，确保令行禁止、步调一致。全面落实“三会一课”、谈心谈话等制度，高质量召开市政府党组班子民主生活会，班子成员坚持参加所在党支部组织生活会，虚心接受批评和民主评议，切实提高党内政治生活质量。坚决落实意识形态工作责任制，带头管阵地、把导向、强队伍，牢牢掌握意识形态工作主动权。

持续攻坚突破，奋力推动经济社会高质量发展。坚持稳中求进工作总基调，认真落实高质量发展要求，全力以赴拼经济、搞建设，实现地区生产总值1019.2亿元、同比增长5.8%、高于全国0.6个百分点；地方一般公共预算收入70.3亿元、同比增长15.3%、排全省第8位，高于全国8.9个百分点，经济社会保持健康发展。加强经济运行调度。坚持“周监测、旬研判、月调度、季分析”经济运行调度机制，建立经济运行监测指标体系、经济运行激励约束机制，工业投资增长109.6%、连续2年居全省第1位，制造业投资增长187.1%、居全省第1位。研究制定111条推动经济高质量发展措施，落实税费优惠32.72亿元。坚持抓项目促投资。成立市级领导联系重大项目工作专班，定期开展重大项目竞进拉练活动，12个省独立考核重点项目完成投资102.7亿元；170个市级重点项目完成投资448.5亿元；争取到位国省资金56.22亿元，同比增长40.6%，地方政府一般债券和专项债券55.11亿元，同口径增长5.93%；谋划储备近两年计划实施项目922个，总投资达8000亿元。首次成为西博会主题城市，精心举办“一展两会一活动”(即：西博会资阳主题展，“成渝之心·巴蜀门户”投资资阳中外知名企业家大会和“智联万物·智创未来”成都都市圈机器人产业大会，第十九届西博会中外知名企业走进资阳活动)，签约引进遨天科技等项目183个、投资总额526.23亿元，其中10亿元以上的产业项目11个，成功引进投资100亿元的高效太阳能电池片研发生产项目，外商直接投资3.14亿美元、总量居全省第2位。

大力实施“工业强市”战略。口腔医疗器械产业集群获评全省首批中小企业特色产业集群，中国牙谷累计引进口腔企业110户，245个资阳造产品投放市场；中车资阳机车获批组建全市首个省级工程研究中心，实现中国交流传动内燃机车首次出口中非地区，现代商用车与沙特阿拉伯签订500辆创虎重卡订单，四川资阳号运载火箭成功发射升空，星河动力新一代固体飞行器研发生产基地项目开工；高仙机器人、新石器无人车、越海科技等一批高新技术项目竣工投产；新建天然气井12口、续建8口，全年产天然气63亿立方米、净化天然气43亿立方米；百威高端啤酒获评国家级绿色工厂和全省第二家国家级“水效领跑者”，安井食品获评四川省“2023预制菜企业竞争力100强”榜首。加大企业培育力度，升规入库规模工业企业46户，新培育省级专精特新中小企业34户。成功举办第二届数智生活消费节、第四届世界柠檬产业发展大会等活动，全市网络交易额实现653亿元，同比增长8%；资阳出口监管仓库正式获批投用，引进飞力达国际供应链管理服务中心项目，进出口总额51.84元，同比增长30.6%，增速居全省9位，其中出口总额同比增长38.1%、增速居全省第6位；财产险保费收入同比增长17.91%，增速居全省第4位。建成高标准农田18万亩，全年粮食播种面积501.7万亩，粮食产量167.8万吨、同比增长3.6%、增速居全省第1位，大豆播种79.7万亩、产量12.1万吨，出栏生猪290.8万头。全力打好城市规划建设大会战。国土空间规划等12个规划全面完成，高铁西站站前广场等31个项目竣工投用，三贤路及雷音大桥等51个项目加快建设，新开工老旧小区改造项目91个1.2万户、完工213个1.7万户。加快城乡基础设施建设。全力打好交通建设大会战，25个重大交通项目11个竣工投用、14个加快建设，完成投资超100亿元；新（改）建农村公路385千米，撤并建制村100%通4.5米硬化路。毗河供水二期工程完成规模优化，关刀桥水库、双石桥水库、蟠龙河水库除险加固工程实现蓄水验收，“张老引水”工程完工、具备通水条件。加快建设宜居宜业和美乡村，完成农村危房改造546户，新（改）建农村户厕1.4万户，生活垃圾收转运处置体系覆盖率达100%，10个村被认定为省级第三批城乡基层治理示范村。深化市属国有企业改革。构建形成以资阳发展集团为头雁的“1+N”集团化管控体系，市属国企资产规模达1108.6亿元、同比增长18.9%，营业总收入115.2亿元、同比增长78.5%，利润总额3.42亿元、同比增长110%，税费3.5亿元、同比增长38%，资阳发展集团跻身“川企百强”第63位。深化重点领域改革。稳慎推进农村宅基地制度“两项试点”，“房地一体”确权登记57万宗、完成率98.32%，流转盘活闲置农房1680宗。深入推进农村产权制度改革，累计交易农村产权897宗，实现交易总额10.48亿元。统筹推进高考综合改革、紧密型县域医共体建设等多领域改革，释放发展活力。建立高新技术企业培育库，高新技术企业数量突破120户、同比增长62.2%，科技型中小企业数量突破350户、同比增长65%；创建省市级科技创新平台33个。

*坚持人民至上，不断增强群众获得感幸福感安全感。*全面完成省级25件和市级20件民生实事，民生支出占比达66.5%以上。脱贫成果持续巩固，脱贫人口人均纯收入突破1.6万元。分类分策实施重点人群就业帮扶行动，城镇新增就业1.9万人。全市基本养老保险参保189.6万人、参保率94.31%，城乡居民基本医疗保险参保227.96万人、参保率98.25%，城乡低保覆盖12万人、实现应保尽保。坚持教育优先发展。资阳师范学校新校区、雁江六中原址重建等项目开工建设，马鞍学校初中部、安岳实验中学新校区、乐至第三幼儿园等10个项目建成投用，新增中小学和幼儿园学位1.2万余个，高考重点本科院校录取人数增长10.4%。医疗水平持续提升。顺利通过国家卫生城市复审现场评估，市第一人民医院启动创建省区域医疗中心，市人民医院成功创建三级甲等综合医院，全市公立医院门诊次均费用下降6.43%、降幅排全省第1位，住院次均费用下降12.87%、降幅排全省第2位。文化事业加快发展。全市公共文化阵地全面实行免费开放、错时延时开放，资阳博物馆全面开馆，濛溪河遗址考古发掘取得突破，安岳成功创建全省现代公共文化服务体系示范县。严守安全底线。扎实推进重大事故隐患专项排查整治行动、安全生产隐患大排查大整治、防灾减灾避灾专项行动，成功应对“7·27”特大暴雨洪涝灾害，全年未发生较大及

以上安全生产事故，一般生产安全事故起数和死亡人数实现“双降”。严守生态红线。全市空气质量综合指数稳居成都都市圈首位，17个国省考核断面水质优良率达100%，农用地、工业用地、商住用地安全利用率100%。严守耕地红线。严格落实“田长制”，恢复补充耕地9.1万亩、居全省第3位，耕地保有量、永久基本农田面积均高于省下控制数。严守债务警戒线，采取有力措施化解政府债务，全市政府债务风险总体可控。坚持“一盘一策”，出台阶段性购房补助、“带押过户”“房票”安置等政策措施，27个“保交楼”项目全部复工，累计交付房屋1.2万套、交付率86.5%；48个问题楼盘全部清零，实现交房2.4万套、办证3.7万户，惠及群众16.4万人。九曲河综合整治工程等项目遗留问题加快处置。开展打击整治解债类非法集资专项行动，不良贷款率降低至1.41%，金融生态内生环境排全省第8位。加大矛盾纠纷排查化解力度，落实市县领导包案制度，成都大运会等重要时期实现“三个不发生”目标。常态化推进扫黑除恶，依法严厉打击各类违法犯罪，纵深推进禁毒工作，社会大局保持和谐稳定。

【经济社会高质量发展】 坚持“周监测、旬研判、月调度、季分析”经济运行调度机制，建立经济运行监测指标体系、经济运行激励约束机制，工业投资增长109.6%，连续2年居全省第1位，制造业投资增长187.1%，居全省第1位。研究制定111条推动经济高质量发展措施，落实税费优惠32.72亿元。坚持抓项目促投资。成立市级领导联系重大项目工作专班，定期开展重大项目竞进拉练活动，12个省独立考核重点项目完成投资102.7亿元；170个市级重点项目完成投资448.5亿元，争取到位国省资金56.22亿元，同比增长40.6%，地方政府一般债券和专项债券55.11亿元、同口径增长5.93%；谋划储备近两年计划实施项目922个，总投资达8000亿元。首次成为西博会主题城市，精心举办“1展2会1活动”（即西博会资阳主题展，“成渝之心·巴蜀门户”投资资阳中外知名企业家大会和“智联万物·智创未来”成都都市圈机器人产业大会，第十九届西博会中外知名企业走进资阳活动），签约引进遨天科技等项目183个，投资总额526.23亿元，其中10亿元以上的产业项目11个，成功引进投资100亿元的高效太阳能电池片研发生产项目，外商直接投资3.14亿美元，总量居全省第2位。

【产业发展质效】 实施“工业强市”战略。口腔医疗器械产业集群获评全省首批中小企业特色产业集群，中国牙谷累计引进口腔企业110户，245个资阳造产品投放市场；中车资阳机车获批组建全市首个省级工程研究中心，实现中国交流传动内燃机车首次出口中非地区，现代商用车与沙特阿拉伯签订500辆创虎重卡订单，“四川资阳”号运载火箭成功发射升空，星河动力新一代固体飞行器研发生产基地项目开工；高仙机器人、新石器无人车、越海科技等一批高新技术项目竣工投产；新建天然气井12口、续建8口，全年产天然气63亿立方米、净化天然气43亿立方米；百威高端啤酒获评国家级绿色工厂和全省第二家国家级“水效领跑者”，安井食品获评四川省“2023预制菜企业竞争力100强”榜首。加大企业培育力度，升规入库规模工业企业46户，新培育省级“专精特新”中小企业34户。服务业提质增效。成功举办第二届数智生活消费节、第四届世界柠檬产业发展大会等活动，全市网络交易额实现653亿元，同比增长8%；资阳出口监管仓库正式获批投用，引进飞力达国际供应链管理服务中心项目，进出口总额51.84亿元，同比增长30.6%，增速居全省第9位，其中出口总额增长38.1%，增速居全省第6位；财产险保费收入增长17.91%，增速居全省第4位。农业稳产增收。建成高标准农田18万亩，全年粮食播种面积501.7万亩，粮食产量167.8万吨，同比增长3.6%，增速居全省第1位，大豆播种79.7万亩，产量12.1万吨，出栏生猪290.8万头。

【城乡建设】 全力打好城市规划建设大会战。国土空间规划等12个规划全面完成，高铁西站站前广场等31个项目竣工投用，三贤路及雷音大桥等51个项目加快建设，老旧小区改造项目新开工91个1.2万户、完工213个1.7万户。加快城乡基础设施建设。全力打好交通建设大会战，25个重大交通项目11个竣工投用、14个加快建设，完成投资超100亿元；新（改）建农村公路385千米，撤并建制村100%通4.5米硬化路。毗河供水二期工程完成规模优化，关刀桥水库、双石桥水库、蟠龙河水库除险加固工程实现蓄水验收，“张老引水”工程完工，具备通水条件。加快建设宜居宜业和美乡村。完成农村危房改造546户，新（改）建农村户厕1.4万户，生活垃圾收转运处置体系覆盖率达100%，10个村被认定为省级第三批城乡基层治理示范村。

【改革创新】 深化市属国有企业改革。构建形成以资阳发展集团为头雁的“1+N”集团化管控体系，市属国企资产规模达1108.6亿元，同比增长18.9%，营业总收入115.2亿元，同比增长78.5%，利润总额3.42亿元，同比增长110%，税费3.5亿元，同比增长38%，资阳发展集团跻身“川企百强”第63位。深化重点领域改革。稳慎推进农村宅基地制度“两项试点”，“房地一体”确权登记57万宗，完成率98.32%，流转盘活闲置农房1680宗。深入推进农村产权制度改革，累计交易农村产权897宗，实现交易总额10.48亿元。统筹推进高考综合改革、紧密型县域医共体建设等多领域改革，不断释放发展活力。全面加强科技创新。建立高新技术企业培育库，高新技术企业数量突破120户，同比增长62.2%，科技型中小企业数量突破350户，同比增长65%；创建省市级科技创新平台33个。

【民生保障】 全面完成省级25件和市级20件民生实事，民生支出占比达66.5%以上。脱贫成果持续巩固，脱贫人口人均纯收入突破1.6万元。分类分策实施重点人群就业帮扶行动，城镇新增就业1.9万人。全市基本养老保险参保189.6万人，参保率94.31%，城乡居民基本医疗保险参保227.96万人，参保率98.25%，城乡低保覆盖12万人，实现应保尽保。资阳师范学校新校区、雁江六中原址重建等项目开工建设，马鞍学校初中部、安岳实验中学新校区、乐至第三幼儿园等10个项目建成投用，新增中小学和幼儿园学位1.2万余个，高考重点本科院校录取人数增长10.4%。医疗水平持续提升。顺利通过国家卫生城市复审现场评估，市第一人民医院启动创建省区域医疗中心，市人民医院成功创建三级甲等综合医院，全市公立医院门诊次均费用下降6.43%，降幅排全省第1位，住院次均费用下降12.87%，降幅排全省第2位。文化事业加快发展。全市公共文化阵地全面实行免费开放、错时延时开放，资阳博物馆全面开馆，濛溪河遗址考古发掘取得突破，安岳成功创建全省现代公共文化服务体系示范县。

【政府效能建设】 创建第一批全省法治政府建设示范市。坚持市政府常务会会前学法制度，全面提升政府系统干部法治意识、法治思维。规范执行“三重一大”集体决策制度。出台《资阳市优化营商环境条例》，建立深化“放管服”改革打造一流营商环境目标任务考评体系，推动线上“一网通办”、线下“全程代办”提质扩面，全面深化农村居民办事不出村、城镇居民办事不出社区、入园企业办事不出园区“三不出”机制，政务服务事项全程网办率提升至95.38%，即办率提升至75.64%，时限缩短率提升至91.81%，营商环境持续优化。落实党风廉政建设责任制，定期召开市政府廉政工作会议，切实加强政府系统干部教育管理。坚决整改省委巡视反馈问题，全力支持纪委监委查处违纪违法案件。严格执行中央八项规定精神和省市十项规定及其实施细则，力戒官僚主义、形式主义，厉行勤俭节约，“三公”经费同比下降3%。强化土地出让、工程招投标、政府采购等重点领域监管，加大审计监督力度，营造风清气正的干事创业氛围。

重要会议

【市政府全体会议】 资阳市人民政府五届五次全体会议 7月20

日市政府五届五次全体会议召开。深入学习贯彻党的二十大和省委十二届三次全会、市委五届七次全会精神，总结上半年工作，分析研判当前形势，安排部署下半年重点工作，确保全面完成全年目标任务，奋力推动资阳高质量发展。

资阳市人民政府五届六次全体会议 12月26日市政府五届六次全体会议召开。会议传达学习中央经济工作会议、中央金融工作会议、省委十二届四次全体会议、省委经济工作会议、市委五届八次全体会议精神，总结2023年工作，安排部署2024年工作和当前重点工作。审议《政府工作报告（送审稿）》《关于2023年国民经济和社会发展计划执行情况及2024年计划草案的报告（送审稿）》。

【市政府常务会议】 **五届第30次常务会议** 2023年1月6日市政府五届第30次常务会议。审议《资阳市“12345”政务服务便民热线运行管理暂行办法》；传达学习中央经济工作会议和省委经济工作会议、省委常委会（扩大）会议、省政府第十一次全体会议精神；传达学习《四川省人民政府2023年森林防火命令》精神，审议《资阳市人民政府2023年森林防火命令》；通报市政府12月重点工作推进情况和1月重点工作安排；审议《市政府2023年工作要点（送审稿）》；通报2022年度省下政务目标、党政同责考核指标及加分事项有关情况；听取全市2022年隐性债务化解情况的汇报；审议《资阳市加强基层消防力量建设实施方案（送审稿）》；审议《资阳市火灾事故调查处理规定（送审稿）》；审议《资阳市消防水源管理办法（送审稿）》；审议《支持电力事业高质量发展九条措施（送审稿）》；审议关于命名市级现代林业园区的请示；审议《资阳市城市绿线管理实施办法（送审稿）》《资阳市城市园林绿化管理实施办法（送审稿）》；审议关于核销市精神病医院部分应收账款的请示；审议近期人事任免。

五届第31次常务会议 2023年1月17日市政府五届第31次常务会议召开。传达学习《中华人民共和国传染病防治法》；传达学习习近平总书记在中央政治局民主生活会上的重要讲话精神；传达学习中央农村工作会议精神；传达学习省十四届人大一次会议、省政协十三届一次会议精神；传达学习省政府第一次全体会议精神；传达学习全国安全生产电视电话会议、全省安全生产电视电话暨省安委会2023年第一次全体成员会议和省安委会第十八巡查组巡查资阳意见反馈会精神，研究贯彻落实意见；审议《关于完整准确全面贯彻新发展理念做好碳达峰碳中和工作的实施意见（送审稿）》；审议《资阳市“十四五”节能减排综合工作方案（送审稿）》；审议《促进房地产市场平稳健康发展若干措施（送审稿）》；审议资阳市人民政府中国城市规划设计研究院战略合作协议（送审稿）；审议关于拨付市投资农村土地整理项目工程进度款的请示；审议《资阳市市属国有企业构建雁阵格局改革方案（送审稿）》；审议关于收回资阳市城市建设投资有限公司资阳市文体建设项目（2017-E-35号地块）国有建设用地使用权的请示；审议近期人事任免。

五届第32次常务会议 2023年1月28日市政府五届第32次常务会议召开。传达学习习近平总书记在《生物多样性公约》第十五次缔约方大会第二阶段高级别会议开幕式上的重要致辞，习近平总书记对爱国卫生运动、非物质文化遗产保护工作作出的重要指示和致国史学会成立30周年的重要贺信精神；审议《资阳市人民政府办公室关于2023年20件市级民生实事实施方案（送审稿）》。

五届第33次常务会议 2023年2月13日市政府五届第33次常务会议召开。传达学习《四川省行政调解工作暂行办法》；传达学习习近平总书记在中共中央政治局第二次集体学习时的重要讲话精神；传达学习省级领导干部和市厅级主要负责人学习贯彻党的二十大精神读书班精神；通报市政府1月重点工作推进情况和2月重点工作安排；听取关于第五次全国经济普查有关情况的汇报；听取2022年以来全市招商工作（包括资本招商）情况及下一步完成开门红和全年目标任务工作计划的汇报；听取2022年以来全市国有企业经济运行情况及下一步工作计划的汇报；审议《〈政府工作报告〉2023年政务目标责任分工方案（送审稿）》；审议关于资阳市党的二十大信访维稳工作先进集体、先进个人及奖励和通报表扬建议名单的请示；审议新建成都—达州—万州铁路四川省资阳市境内征地拆迁实施协议主体变更及费用调整补充协议（一）（送审稿）；审议《关于推进资阳中心城区住宅小区物业管理全覆盖的通知（送审稿）》；审议资阳中心城区D级危房整治工作方案（送审稿）；审议关于九曲河综合整治涉及九曲山庄遗留问题处置措施的请示；审议《资阳市人民政府中铁二院工程集团有限责任公司战略合作协议（送审稿）》；审议关于提请命名2022年度资阳市星级现代农业园区的请示；审议《资阳市自然资源领域市与县（区）财政事权和支出责任划分改革实施方案（送审稿）》；审议近期人事任免。

五届第34次常务会议 2023年2月27日市政府五届第34次常务会议召开。传达学习《四川省政府投资管理办法》；传达学习习近平总书记在中共中央政治局常务委员会会议、学习贯彻党的二十大精神研讨班开班仪式上重要讲话精神和对督查工作重要批示精神；传达学习习近平总书记对内蒙古阿拉善左旗一露天煤矿坍塌事故重要指示和李克强总理批示精神、全国两会期间全省安全防范工作视频调度会议、省安委会全国两会期间安全生产督查见面会精神和省安办提示函要求；听取全市岁末年初安全生产重大隐患专项整治工作和森林防灭火工作推进情况，安排部署近期全市安全防范工作；听取全市1—2月经济运行情况和做好统计联网直报工作情况汇报，研究部署下一步工作；听取老旧小区改造省、市督查问题有关情况汇报，研究部署下一步工作；传达学习2023年全国商务工作电视电话会议、全省商务工作会议和全省商务工作座谈会精神，研究贯彻落实意见；传达学习中央一号文件、省委农村工作会议精神和《乡村振兴责任制实施办法》，研究贯彻落实意见；传达学习全国国企改革三年行动总结电视电话会议、全国地方国资委负责人会议、全省国资国企工作座谈会议主要精神，研究贯彻落实意见；传达学习《中共四川省委四川省人民政府关于进一步加强水利工程建设保障经济社会高质量发展的意见》精神，研究贯彻落实意见；传达学习省政府常务会议关于禁毒工作有关指示精神，研究贯彻落实意见；传达学习省统计局党组书记、局长范毅一行到资阳调研指示精神，听取全市单位清理工作情况汇报，研究贯彻落实意见；研究政协资阳市委员会关于《助力全市落实长牙齿的硬措施，有效保护耕地》的建议案推动落实工作；听取全市食品安全工作情况汇报，研究部署下一步工作；听取生活垃圾分类工作推进情况的汇报，研究部署下一步工作；听取省级海绵城市建设示范城市申报工作情况的汇报，研究部署下一步工作；审议2023年度人大代表建议、政协提案办理任务分解表（送审稿）；审议《资易贷普惠金融风险补偿基金管理办法（试行）（送审稿）》；审议资阳市人民政府与中国证监监督管理委员会四川监管局战略合作协议（送审稿）；审议《资阳市金融机构和金融监管部门服务地方经济发展评价激励办法（试行）（送审稿）》；审议《关于提高入伍大学生一次性奖励金标准的通知（送审稿）》《关于提高资阳籍现役军人立功受奖家庭奖励金标准的意见（送审稿）》；审议《资阳市人民政府中国航天科工飞航技术研究院战略合作框架协议（送审稿）》；审议《美术学院建设项目问题整改方案（送审稿）》；审议近期人事任免；审议《资阳市人民政府领导分工调整方案（送审稿）》。

五届第35次常务会议 2023年3月21日市政府五届第35次常务会议召开。传达学习《中共中央办公厅国务院办公厅关于进一步加强财会监督工作的意见》；传达学习习近平总书记在全国两会期间的重要讲话精神和全国两会精神；传达学习《四川省人民政府督查室关于学习贯彻习近平总书记对督查工作重要批示进一步创新和改进全省政府督查工作的通知》《四川省人民政府督查室关于开展2022年度四川省人民政府督查激励的通知》精神，审议《资阳市争取2022年度四川省人民政府督查激励责任分工方案（送审稿）》；传达学习全省五经普基本单位清理专项工作座谈会议精神，研究贯彻落实意见；传达学习全省统计造假屡禁难绝专项治理行动动员部署会议精神，审议《统计造假屡禁难绝专项治理行动实施方案（送审稿）》；审议四川省商务厅资阳市人民政府共建成渝地区中部崛起示范区合作协议（送审稿）；审议资阳高新技术产业园区管理委员会汇智控股有限公司关于投资建设明略科技总部经济基地项目的合作协议书（送审稿）；审议资阳临空经济区管理委员会北京星河动力航天科技股份有限公司建设星河动力新一代固体飞行器研发生产基地项目投资协议（送审稿）；审议关于第二批保交楼专项借款资金有关事项的请示；审议关于四川振越置业有限公司破产重整遗留问题化解工作有关事项的请示；审议《资阳市人民政府2023年立法计划（送审稿）》；审议《资阳市2023年市本级政府投资项目投资计划（送审稿）》；审议《2023年市属国有企业年度投融资计划（送审稿）》；审议资阳市人民政府与北京京东方健康科技有限公司合作意向书（送审稿）；审议《LKYD-2022-030号宗地国有建设用地使用权拍卖出让方案（送审稿）》；审议《LKYD-2022-031号宗地国有建设用地使用权拍卖出让方案（送审稿）》；审议《四川金辉药业有限公司退城入园地块土地收储补偿资金及补偿金支付方案（送审稿）》；审议近期人事任免。

五届第36次常务会议 2023年4月3日市政府五届第36次常务会议召开。传达学习《四川省数据条例》传达学习习近平总书记在中央党校建校九十周年庆祝大会暨二〇二三年春季学期开学典礼上的重要讲话精神；传达学习《中共中央办公厅国务院办公厅印发〈关于加强新时代水土保持工作的意见〉》精神，研究贯彻落实意见；传达学习《中共四川省委四川省人民政府关于做好2023年乡村振兴重点工作加快推进农业强省建设的意见》精神，审议《关于做好2023年乡村振兴重点工作加快推进农业强市建设的意见（送审稿）》；传达学习全省重要工作会议精神，研究贯彻落实意见；传达学习全省耕地恢复补充和土地违法问题整改工作会议精神，研究贯彻落实意见；传达学习全省自建房安全专项整治工作推进电视电话会议精神，研究贯彻落实意见；传达学习《四川省委保密委员会关于保密工作提醒函》精神；通报市政府3月重点工作推进情况和4月重点工作安排；审议《2023年全市25件省级民生实事实施方案（送审稿）》；审议《市属国有企业实物注资方案（送审稿）》；审议《中心城区基础教育基础设施补短三年行动计划及2023年实施方案（送审稿）》；审议关于资阳市城市形象标识设计结果的请示；审议近期人事任免。

五届第37次常务会议 2023年4月17日市政府五届第37次常务会议召开。传达学习《中华人民共和国妇女权益保障法》；传达学习全国、全省森林草原防灭火会议精神，研究资阳市贯彻落实建议；传达学习全国自建房安全专项整治工作推进电视电话会议精神，全省住房城乡建设领域安全生产工作视频调度会议精神，研究贯彻落实意见；审议《资阳市国土空间总体规划（2021—2035年）（送审稿）》；审议《资阳市“十四五”残疾人保障和发展规划（送审稿）》；审议资阳市天府国际艺术城建设与管理条例（草案送审稿）；审议资阳市人民政府中国人民解放军海军资阳舰城舰共建协议（送审稿）》；审议《资阳市人民政府四川华西集团有限公司战略合作框架协议（送审稿）》。

五届第38次常务会议 2023年4月28日市政府五届第38次常务会议召开。传达学习《反间谍安全防范工作规定》；传达学习习近平总书记在广东考察时重要指示精神，传达学习中央关于印发《习近平新时代中国特色社会主义思想学习纲要（2023年版）》和学习《习近平著作选读》第一卷、第二卷的通知精神；传达学习全国防汛抗旱工作电视电话会议和全省安全生产、防汛抗旱、地质灾害防治工作电视电话会议精神，研究贯彻落实意见；传达学习国家耕地保护考核及自然资源督察反馈问题整改工作电视电话会议精神，研究贯彻落实意见；传达学习公安部印发《加强新时代公安派出所工作三年行动计划（2023—2025年）》精神，研究贯彻落实意见；传达学习全省公安科技信息化暨大数据智能化建设应用工作会精神，研究贯彻落实意见；审议《资阳市主城区自来水供水价格拟订方案（送审稿）》；审议资阳市人民政府与北京首都旅游集团有限责任公司战略合作框架协议（送审稿）；审议近期人事任免。

五届第39次常务会议　2023年5月11日市政府五届第39次常务会议召开。传达学习《中华人民共和国立法法》；通报市政府4月重点工作推进情况和5月重点工作安排；通报2023年1—4月全市争取上级资金到位情况及使用情况；通报全市项目资金争取和执行情况、省重点项目推进情况；审议《2022年自然资源督察反馈问题整改方案（送审稿）》；审议《资阳市城区（含市本级、雁江区、高新区、临空经济区）2023年度国有建设用地供应计划（送审稿）》；审议关于安排收回资阳市诚兴建设有限责任公司部分国有建设用地使用权（市民服务中心地块）补偿资金的请示；审议《资阳市医药卫生体制改革工作方案（送审稿）》；审议《资阳市外商投资股权投资企业试点管理暂行办法（送审稿）》；审议《全市三年化债计划（2023—2025）方案（送审稿）》；审议关于履行招商引资有关协议条款的请示；审议《市级部门整体预算绩效考核办法（送审稿）》；审议资阳市中国牙谷PPP项目合同之补充协议（六）（送审稿）；审议《LKYD-2023-001号宗地国有建设用地使用权挂牌出让方案（送审稿）》；审议关于资阳新欣传媒集团有限公司实物注资有关事项的请示；审议关于追加毗河供水一期工程市级配套资金的请示；审议近期人事任免。

五届第40次常务会议　2023年5月23日市政府五届第40次常务会议召开。传达学习全省第二季度经济运行调度会议精神；审议资阳高新技术产业园区管理委员会四川路桥建设集团股份有限公司关于投资建设电池PACK项目合作协议书（送审稿）；审议资阳市临空经济区管理委员会苏州仕净科技股份有限公司晶科能源股份有限公司关于投资建设高效太阳能电池片研发生产项目的投资协议（送审稿）；审议资阳市临空经济区管理委员会四川万邦和盛新材料科技有限公司关于投资建设四川万邦和盛新材料项目的投资协议（送审稿）；审议《2023年市属国有企业新增投资计划（送审稿）》；审议《资阳市创新供应链管理服务有限公司组建方案（送审稿）》；审议《关于强化市本级（含雁江区、高新区、临空经济区）地下空间国有建设用地使用权管理的通知（送审稿）》；审议关于处置资阳市幸福大道张家湾小区B区安置房建设项目3号楼商业附属用房及住房的请示。

五届第41次常务会议　2023年6月6日市政府五届第41次常务会议召开。传达学习《中华人民共和国湿地保护法》；传达学习习近平总书记在河北考察并主持召开深入推进京津冀协同发展座谈会、听取陕西省委和省政府工作汇报并在山西运城考察以及在二十届中央审计委员会第一次会议上的重要讲话精神；传达学习段毅君副省长到资阳调研指示精神，研究部署下一步工作；传达学习全省地质灾害防治工作现场培训会议精神，研究贯彻落实意见；传达学习全省2022年度保障农民工工资支付工作考核实地核查部署视频会精神，研究贯彻落实意见；传达学习全省失业保险基金管理问题专项整治动员部署电视电话会议精神，研究贯彻落实意见；传达学习沱江流域治理座谈会议精神，研究贯彻落实意见；通报市政府5月重点工作推进情况和6月重点工作安排；审议《关于持续深化供销合作社综合改革加快建设为农服务综合平台的实施意见（送审稿）》；审议《资阳市重大项目争资转化激励办法（送审稿）》；审议《资阳市项目突破先进集体和先进个人建议名单（送审稿）》；审议四川省贸促会资阳市人民政府关于推进成渝地区中部崛起示范区建设战略合作协议（送审稿）；审议四川省卫生健康委员会资阳市人民政府关于支持资阳市卫生健康领域高质量发展建设成都都市圈现代化产业新城和成渝地区中部崛起示范区合作协议（送审稿）；审议近期人事任免。

五届第42次常务会议　2023年6月16日市政府五届第42次常务会议召开。传达学习习近平总书记在中共中央政治局第五次集体学习、在北京育英学校考察以及出席文化传承发展座谈会时的重要讲话精神；传达学习全省推进保交楼工作调度会议、全省推动建筑业稳增长工作调度会议精神，研究贯彻落实意见；传达学习全省高校毕业生等青年就业创业工作推进会议精神，研究贯彻落实意见；审议《雁江区国土空间总体规划（2021—2035年）（送审稿）》《安岳县国土空间总体规划（2021—2035年）（送审稿）》《乐至县国土空间总体规划（2021—2035年）（送审稿）》。

五届第43次常务会议 2023年6月21日市政府五届第43次常务会议召开。传达学习习近平总书记在二十届中央国家安全委员会第一次会议、在内蒙古考察时的重要讲话精神；审议近期人事任免。

五届第44次常务会议 2023年7月17日市政府五届第44次常务会议召开。传达学习《四川省省级烈士纪念设施保护管理办法》；传达学习习近平总书记对宁夏银川市兴庆区富洋烧烤店燃气爆炸事故重要指示精神，全国全省安全防范工作视频会议精神，研究贯彻落实意见；传达学习习近平总书记关于防汛救灾工作重要指示精神和全国调度防汛救灾工作会议精神，听取资阳市防汛抗旱工作情况的汇报；传达学习第五次全国经济普查电视电话会议精神，研究贯彻落实意见；传达学习四川省巩固拓展脱贫攻坚成果同乡村振兴有效衔接工作会议精神和全省脱贫地区乡村建设工作现场推进会议精神，研究贯彻落实意见；传达学习全省农业生产大托管暨社会化服务现场推进会议精神，研究贯彻落实意见；听取关于2023年森林防灭火工作情况的汇报，研究下一步工作计划；听取关于2022年国家森林督查案件查处整改情况的汇报，研究下一步工作计划；听取关于全市问题楼盘销号清零情况的汇报，研究下一步工作计划；审议新建成渝中线铁路（含十陵南站）四川省资阳市境内征地拆迁实施协议（送审稿）；审议《沱江流域（资阳段）环境综合治理暨绿色发展经济带建设EOD项目实施方案（送审稿）》；审议《资阳市医疗废物集中处置特许经营项目实施方案（送审稿）》；审议资阳市人民政府与中国人民财产保险股份有限公司四川省分公司战略合作协议（送审稿）；审议资阳市人民政府与中国建设银行股份有限公司四川省分行全面战略合作协议（送审稿）；审议关于促进资阳市保税物流中心（B型）运营发展的若干政策（送审稿）；审议近期人事任免。

五届第45次常务会议 2023年7月27日市政府五届第45次常务会议召开。学习传达学习习近平总书记在中共中央政治局第六次集体学习时的重要讲话精神；传达学习《中共中央、国务院关于促进民营经济发展壮大的意见》精神，研究贯彻落实意见；传达学习推动成渝地区双城经济圈建设重庆四川党政联席会议第七次会议精神；审议《资阳市贯彻落实〈关于支持川中丘陵地区四市打造产业发展新高地加快成渝地区中部崛起的意见〉实施方案（送审稿）》；审议近期人事任免。

五届第46次常务会议 2023年8月14日市政府五届第46次常务会议召开。学习《中华人民共和国噪声污染防治法》；传达学习习近平总书记到四川视察重要指示精神；传达学习习近平总书记对网络安全和信息化工作作出重要指示精神；传达学习习近平总书记在全国生态环境保护大会上的重要讲话精神；听取关于2022年度市级预算执行和其他财政收支情况的审计结果的汇报；审议《资阳市征收农用地区片综合地价修订标准（送审稿）》；审议关于资阳市监管中心建设项目增加工程量的请示。

五届第47次常务会议 2023年8月28日市政府五届第47次常务会议召开。学习《中华人民共和国反间谍法》；传达学习习近平总书记在首个全国生态日之际作出重要指示精神；传达学习中共中央政治局常务委员会会议、全省防汛减灾、地质灾害防治和汛期安全防范工作调度会议精神，研究贯彻落实意见；审议资阳市人民政府四川农业大学市校合作协议；审议关于增加资阳市重产基金认缴规模有关事宜的请示；审议《组建资阳新兴产业发展投资基金方案（送审稿）》；审议《资阳商业航天发射技术研究院筹建方案（送审稿）》；审议《资阳市推动保险业高质量发展的实施意见（送审稿）》；审议关于首届资阳市质量奖获奖企业的请示；审议资阳高新技术产业园区管理委员会四川路桥建设集团股份有限公司关于投资建设交通智能装备产业园项目的合作协议书（送审稿）；审议关于调整资阳市监管中心建设项目投资概算的请示；审议关于资阳市四有好老师、优秀教育工作者评选结果的请示。

五届第48次常务会议 2023年9月11日市政府五届第48次常务会议召开。学习《中华人民共和国生物安全法》，传达学习习近平总书记关于四川凉山州金阳县山洪灾害重要指示精神和李强总理批示要求，全省防灾减灾和安全生产工作电视电话会议，全省山洪地震防灾减灾避灾工作电视电话会议，全省防汛减灾、地质灾害防治专题调度会精神以及省委常委陈炜指导资阳安全防灾应急工作要求，研究贯彻落实意见；传达学习习近平总书记在新时代推动东北全面振兴座谈会上的重要讲话精神；传达学习习近平总书记在听取新疆维吾尔自治区党委和政府新疆生产建设兵团工作汇报时的重要讲话精神；传达学习8月31日中共中央政治局会议精神；传达学习第十一次全国归侨侨眷代表大会精神；传达学习全省农村生活垃圾收运处置体系有关问题整改整治工作会议精神，研究贯彻落实意见；传达学习全省耕地占补平衡相关资金审计整改暨专项整治工作动员部署会议精神，研究贯彻落实意见；通报市政府8月重点工作推进情况和9月重点工作安排；审议《资阳市2023年国家自然资源督察反馈问题整改方案（送审稿）》；审议关于调整资阳市城区道路黑化改造项目PPP项目合同（补充合同二）的请示。

五届第49次常务会议 2023年9月19日市政府五届第49次常务会议召开。传达学习《四川省〈残疾预防和残疾人康复条例〉实施办法》；传达学习习近平总书记在2023年中国国际服务贸易交易会全球服务贸易峰会致辞、向全国优秀教师代表致信和在黑龙江考察时的重要讲话精神；传达学习习近平总书记对新时代办公厅工作作出重要指示精神；审议《资阳市生活垃圾分类管理办法（草案）》；审议《高新区道路（桥梁）命（更）名方案（送审稿）》；审议《临空经济区道路命名方案（送审稿）》；安排部署当前重点工作。

五届第50次常务会议 2023年9月26日市政府五届第50次常务会议召开。传达学习习近平总书记在浙江考察时的重要讲话精神；审议资阳市人民政府与京东方艺云科技有限公司战略合作协议（送审稿）。

五届第51次常务会议 2023年10月8日市政府五届第51次常务会议召开。传达学习《四川省固体废物污染环境防治条例》；传达学习习近平总书记在庆祝中华人民共和国成立74周年招待会上的重要讲话精神；传达学习习近平总书记在中共中央政治局第八次集体学习时的重要讲话精神和9月27日中央政治局会议精神；传达学习习近平总书记关于深入推进自由贸易试验区建设、推进新型工业化的重要指示精神；通报市政府9月重点工作推进情况和10月重点工作安排；传达学习全省保交楼和促进房地产市场平稳健康发展会议精神，研究贯彻落实意见；听取国家园林城市复查工作情况的报告，研究下一步工作；听取全市营商环境建设和深化“放管服”改革工作推进情况的报告，研究下一步工作；传达学习全省重要会议精神，研究贯彻落实意见并安排部署当前重点工作；听取资阳市法治政府建设工作情况的报告，研究下一步工作；听取全市政府性基金预算收入情况的报告，研究下一步工作；听取资阳市2023年1—9月债务管理及风险防范工作开展情况的汇报，审议《2023年第四季度市本级隐性债务化解工作方案（送审稿）》；审议《市区党校新校区暨市国防动员综合教育培训基地运维保障方案（送审稿）》；审议关于轨道交通资阳线票制票价有关事宜的请示；审议近期人事任免。

五届第52次常务会议 2023年10月23日市政府五届第52次常务会议召开。学习《中华人民共和国行政复议法》；传达学习习近平主持召开进一步推动长江经济带高质量发展座谈会、习近平对宣传思想文化工作作出重要指示和在江西考察时的重要讲话精神；传达学习全省保交楼工作专题会议精神，研究贯彻落实意见；听取资阳市对口帮扶旺苍县2023年工作开展情况的汇报，研究部署下一步工作；听取2023年省、市民生实事推进情况的汇报，研究部署下一步工作；听取深化“放管服”改革打造一流营商环境工作指标推进情况汇报；听取全市前三季度经济运行情况汇报和工作滞后县（区）、部门检视发言，研究部署下一步工作；听取全市生活垃圾分类工作推进情况的汇报，研究部署下一步工作；审议《资阳市促进农村产权流转交易市场规范化建设实施方案（送审稿）》；审议资阳市人民政府中国平安财产保险股份有限公司四川分公司战略合作协议（送审稿）；审议四川省资阳市人民政府、四川省遂宁市人民政府、重庆市潼南区人民政府、重庆市铜梁区人民政府琼江流域水生态环境保护联防联治协议（送审稿）。

五届第53次常务会议　2023年10月30日市政府五届第53次常务会议召开。传达学习习近平在同中华全国总工会新一届领导班子成员集体谈话时的重要讲话精神；审议《资阳发展集团2023年新增投资计划（送审稿）》。

五届第54次常务会议　2023年11月1日市政府五届第54次常务会议召开。学习传达《四川省旅游条例》；传达学习10月27日中共中央政治局会议和习近平总书记致信祝贺中华全国工商业联合会成立70周年重要精神；传达学习2023年四川省文化和旅游发展大会主要精神，研究贯彻落实意见；听取深化“放管服”改革打造一流营商环境工作指标推进情况的汇报；听取全市2022年高质量发展综合绩效评价情况的汇报，研究部署下一步工作；审议《资阳市深化“放管服”改革打造一流营商环境考评实施方案（试行）（送审稿）》；审议关于2022年度市属国有企业负责人经营业绩考核有关事项的请示；审议关于投资建设资阳临空经济区多重叠加抛铸综合生产基地项目的投资协议（送审稿）；审议《市属国有企业2023年新增及追加投资计划（送审稿）》；审议关于调整市第一人民医院区域医疗中心、疑难病症诊治中心、传染病医院改扩建项目建设内容及投资的请示；审议关于调整市人民医院急诊急救能力建设项目建设内容及投资的请示；审议《市本级YD-2023-019宗地国有建设用地使用权拍卖出让方案（送审稿）》《市本级GXYD-2023-031宗地国有建设用地使用权拍卖出让方案（送审稿）》；审议关于GXYD-2021-033宗地第二期国有建设用地使用权出让价款延期缴纳有关事项的请示。

五届第55次常务会议　2023年11月13日市政府五届第55次常务会议召开。学习《四川供销合作社条例》；传达学习习近平总书记对妇女儿童工作重要指示、同全国妇联新一届领导班子成员集体谈话时的重要讲话精神；传达学习习近平总书记在中共中央政治局第九次集体学习时的重要讲话精神；传达学习习近平总书记在中央金融工作会议上重要讲话精神；传达学习省委副书记、省政府省长黄强到资阳调研指示精神，研究贯彻落实意见；传达学习《国务院关于印发气象高质量发展纲要（2022—2035年）的通知》《四川省人民政府关于推进气象高质量发展助力全面建设社会主义现代化四川的意见》精神，研究贯彻落实意见；传达学习全省重要会议精神，研究部署贯彻落实工作；听取全市安全生产工作情况汇报，研究部署下一步工作；听取深化“放管服”改革打造一流营商环境工作指标推进情况的汇报；审议《成都都市圈国土空间规划（2021—2035年）（送审稿）》；审议关于启动新老国道321线连接线道路建设项目房屋征收有关事宜的请示；审议关于命名第八批市级专家工作站和不合格市级院士（专家）工作站摘牌的请示；审议《LKYD-2023-021号宗地国有建设用地使用权拍卖出让方案（送审稿）》；审议《LKYD-2022-051号宗地国有建设用地使用权挂牌出让方案（送审稿）》。

五届第56次常务会议　2023年11月21日市政府五届第56次常务会议召开。传达学习《全国经济普查条例》；传达学习习近平总书记在北京河北考察灾后恢复重建工作重要指示和对山西吕梁永聚煤矿一办公楼火灾事故的重要指示精神；传达学习习近平总书记在中央全面深化改革委员会第三次会议上的重要讲话精神；传达学习省委十二届四次全会精神，研究贯彻落实意见；传达学习省委常委、省政府副省长普布顿珠到资阳调研指示精神，研究贯彻落实意见；听取深化“放管服”改革打造一流营商环境工作指标推进情况的汇报；审议关于2022年度安全生产和森林防灭火党政同责工作考评结果的请示；审议《资阳发展集团2023年四季度新增投资计划（送审稿）》；审议关于2023年度资阳市科学技术奖拟奖项目（人选）的请示；审议关于第六届资阳市青少年科技创新成果市长奖评选结果的请示。

五届第57次常务会议 2023年11月27日市政府五届第57次常务会议召开。传达学习《中华人民共和国安全生产法》《四川省安全生产条例》；传达学习习近平向2023年两岸企业家峰会10周年年会致贺信精神；听取深化“放管服”改革打造一流营商环境工作指标推进情况的汇报；审议《资阳市经济运行激励约束工作机制（试行）（送审稿）》；审议《资阳市高污染燃料禁燃区划分方案（2023年）（送审稿）》《资阳市高排放非道路移动机械禁用区划分方案（2023年）（送审稿）》；审议《资阳市中心城区声环境功能区划分方案（2023年）（送审稿）》；审议近期人事任免。

五届第58次常务会议 2023年12月7日市政府五届第58次常务会议召开。传达学习《四川省〈中华人民共和国台湾同胞投资保护法〉实施办法》；传达学习习近平总书记在上海考察时的重要讲话精神；传达学习习近平总书记在深入推进长三角一体化发展座谈会上的重要讲话精神；传达学习习近平总书记在二十届中共中央政治局第十次集体学习时的重要讲话精神和11月27日中共中央政治局会议精神；传达学习全国安全生产电视电话会议、全国秋冬季森林草原防灭火工作电视电话会议和全省安全生产、森林草原防灭火工作暨安全领域突出问题专项整治电视电话会议精神，研究贯彻落实意见；传达学习中共资阳市委五届八次全体会议精神；通报市政府11月重点工作推进情况和12月重点工作安排；听取2023年度全市乡村振兴工作推进情况的汇报，研究部署下一步工作；听取2023年度省下政务目标相关情况的汇报，研究部署下一步工作；听取深化“放管服”改革打造一流营商环境工作指标推进情况的汇报；听取2022年度市级预算执行和其他财政收支审计查出问题整改情况的汇报，研究部署下一步工作；审议关于提请命名2023年度资阳市现代农业园区的请示；审议《数字资阳建设实施方案（2023—2025年）（送审稿）》；审议《2024年20件市级民生实事实施方案（送审稿）》；审议《资阳市市本级重大经济事项决策实施细则（送审稿）》；审议资阳市人民政府与中国电信股份有限公司四川分公司2023年度电信普遍服务项目合作框架协议（送审稿）；审议资阳高新技术产业园区管理委员会与江苏飞力达国际物流股份有限公司关于投资建设国际供应链管理服务中心项目的合作协议书（送审稿）；审议关于2022年度目标绩效考评结果及2023年发放年度考核奖有关事项的请示；审议近期人事任免；审议《资阳市人民政府领导分工调整方案（送审稿）》。

五届第59次常务会议 2023年12月12日市政府五届第59次常务会议召开。审议关于全市2023年地方政府债务限额情况及新增债务举借安排情况的请示。

五届第60次常务会议 2023年12月19日市政府五届第60次常务会议召开。传达学习习近平总书记在广西考察时的重要讲话精神和对低温雨雪冰冻灾害防范应对工作作出重要指示精神；传达学习12月8日中共中央政治局会议和中央经济工作会议精神，听取全市1—11月经济运行情况汇报，研究部署下一步工作；传达学习李强总理在四川、重庆调研时的讲话精神；听取全市行政应诉工作情况的汇报，研究部署下一步工作；听取全市标准化工作情况的汇报，研究部署下一步工作；听取全市进京越访治理工作情况的汇报，研究部署下一步工作；审议《政府工作报告（讨论稿）》；审议《资阳市农村公办养老服务机构能力提升三年行动方案（2023—2025年）（送审稿）》；审议《资阳市国有资本布局结构调整优化实施方案（送审稿）》；审议近期人事任免。

五届第61次常务会议 2023年12月26日市政府五届第61次常务会议召开。传达学习中央农村工作会议精神；传达学习习近平总书记对甘肃临夏州积石山县6.2级地震作出重要指示精神；传达学习四川省委经济工作会议精神；听取市新型智慧城市建设工作推进情况汇报，研究部署下一步工作（套开市新型智慧城市建设领导小组会议）；听取全市食品安全党政同责考评工作推进情况汇报，研究部署下一步工作；审议关于市级行政规范性文件清理结果的请示；审议《2024年全市经济社会发展主要预期目标建议》《2024年全市经济工作要点（送审稿）》《关于2023年国民经济和社会发展计划执行情况及2024年计划草案（送审稿）》；审议《资阳市2024年市级重点项目投资计划（送审稿）》《资阳市2024年市本级政府投资项目投资计划（送审稿）》；审议关于市政府奖励朱舵等9名有突出表现的见义勇为个人的请示；审议《2022年政府性债务风险管理审计反馈问题整改工作方案（送审稿）》；审议近期市本级资产处置有关事项的请示；审议市本级近期预算追加事项的请示；审议关于资阳市2024年财政收支预算草案的请示；审议《资阳市深化公立医院薪酬制度改革实施方案（送审稿）》。

五届第62次常务会议　2023年12月28日市政府五届第62次常务会议召开。传达学习习近平总书记在中共中央政治局专题民主生活会上的重要讲话精神；审议《资阳市碳达峰实施方案（送审稿）》；审议《资阳市现代物流业发展规划（送审稿）》；审议关于履行招商引资有关协议条款的请示；审议关于城建集团业务用房（原市民服务中心）建设项目房屋租赁有关事项的请示；审议近期人事任免。

【市政府其他重要会议】 市政府廉政工作会议　2023年4月10日市政府廉政工作会议召开。坚持以习近平新时代中国特色社会主义思想为指导，全面学习贯彻党的二十大精神，深入贯彻落实二十届中央纪委二次全会、国务院第一次廉政工作会议、省政府第一次廉政工作会议精神，认真落实省纪委十二届二次全会、市纪委五届三次全会部署要求，坚定不移深入推进政府系统党风廉政建设，为推动高质量发展和全面建设社会主义现代化资阳开好局起好步提供坚强保障。

成渝地区双城经济圈建设

【概　况】 2023年，制定并印发《资阳市全面融入成渝地区双城经济圈建设2023年工作要点》和重点项目、重大事项“两张清单”，全面承接省下达重点任务39项，完成75项年度任务，146个年度重点项目完成年度投资400亿元，142项年度重大事项全部推进。对照《成渝地区双城经济圈建设规划纲要》等国省规划（方案），纳入《成渝地区双城经济圈建设规划（方案）明确重点项目清单》项目30个；纳入共建成渝地区双城经济圈2023年重大项目清单项目16个，完成年度投资166.83亿元。

【区域协同联动】 协同推动《成都天府临空经济区建设方案》印发实施，资阳雁江镇、临江镇共40平方千米纳入核心区面积150平方千米内，聚焦“一核四区”功能定位，围绕建设成渝世界机场群核心枢纽、培育现代临空产业体系、构建临空经济创新高地、打造向西向南开放窗口、建设现代化空港新城五项重点任务，联合推进临空经济区加快建设，成宜高铁等区域内干线交通建成通车，成达万高铁、轨道交通资阳线全面加快建设。成功举办国企资阳行、成渝地区两轮车智能与电动化创新合作对接会等系列活动，签署项目合作协议18个，投资金额476亿元，签约项目20个，金融机构授信近40亿元。与重庆等签订合作协议14个、校地合作协议30余个，实现“川渝通办”服务事项311项。

【毗邻功能平台建设】 召开资大文旅融合发展示范区领导小组第三次、第四次会议，联合制定并印发《资大文旅融合发展示范区2023年工作要点》，明确24项年度重点任务，石刻文创园区、大足安岳成渝现代高效特色农业带粮药合作示范园区、川渝石窟寺保护传承与科技创新3个合作共建项目完成年度投资20.6亿元，加快安岳石窟数字展示中心、“安柠石光”巴蜀文化体验区等重点文旅项目建设。签订《大足—安岳共推资大文旅融合发展示范区建设合作备忘录》，协同编制《川渝石窟寺国家遗址公园总体方案》《川渝石刻文化公园建设规划》，联合编制《国家文化产业和旅游产业融合发展示范区创建方案》，资大文旅融合发展示范区入选2022年全省文旅领域10大改革典型案例，进入省级文化产业和旅游产业融合发展示范区创建名单。

【产业协作发展】 资阳高新区与大足高新区持续推进产业协作不断深化，共建成渝地区双城经济圈产业合作示范园区，“资阳—大足产业协作平台”上线重点企业400余户，发布产品供应、合作需求等服务信息80余项，资阳高新区云上软件企业孵化园主体完工。南骏汽车集团、吉利斯达资阳企业等与重庆企业开展供销合作产品40余个，年订单金额近4亿元。开展电子信息产业招商引资合作，全面融入成渝地区电子信息先进制造集群建设，成渝电子信息创新创业园企业入驻投产。乐至经开区与璧山高新区获批第二批成渝地区双城经济圈产业合作示范园区，落地白僵蚕产业园等招商合作共建产业项目4个、总投资6.7亿元。

成资同城化发展

【概况】 2023年，坚持以成渝地区双城经济圈建设为总牵引、以成资同城化为战略支撑，编制实施成资同城化发展成长期三年行动方案和年度工作要点，统筹推进重点项目59个，完成投资240.3亿元，完成事项82项，成资协同创新中心等26项资阳案例入编《习近平经济思想指导实践案例丛书（第一辑）》。

【跨区域合作】 推进轨道交通资阳线票制票价制定，延续地铁票制、采用里程计价、实行连续计价、计费标准与成都地铁一致，推动实现同城同网同价。推进天府国际机场空港大道全线通车，资阳经成资大道至天府国际机场通行时间缩短15分钟。推进成资协同创新总部基地建成投运，成为全省第3个正式入驻四川区域协同发展总部的都市圈首个平台，首批入驻企业（项目）10家。推进天府国际机场税收分配，与成都就税收分享期限、方式、范围、留抵退税分担原则达成共识，形成《成都天府国际机场税收收入分配实施办法》。推进“天府通”向安岳县扩面应用，引导已与安岳县签约合作的重庆交运城卡公司和成都天府通公司达成共同运营共识，推动车载设备兼容升级。统筹推进智能网联汽车路权开放共享，资阳首批3台无人车“持证上岗”、运营路线26千米，新石器无人车产品在龙泉驿区开展安全技术测试。

【合作交流】 承办省推进成德眉资同城化发展领导小组第六次会议，配套举办成德眉资地方金融基础设施共建共享启动仪式。承办“智联万物·智创未来”成都都市圈机器人产业大会，签订都市圈机器人产业合作协议，资阳临空经济区与新石器公司、遨天公司签订合作协议，高仙机器人与6家公司签订采购协议。承办“互通互信·共建共享”成都都市圈智能网联汽车产业发展恳谈会，7家企业开展路演或行业分享，新石器无人车与20余户物流快递企业对接洽谈。共办成都都市圈产业生态圈建设暨企业供需对接大会，联合发布供需信息6500余条。共办投资“四川·成都都市圈全球投资推介会”，签署成都都市圈联合招商战略合作协议，活动共签约项目25个，其中9个代表项目在现场集中签约。迎接中国社科院、福州市政协、璧山区人大等专家组调研考察11批次，举行“轨道上的都市圈”“同城引领·项目突破”重大项目采风等主题宣传活动7次。

【平台建设】 印发成资临空经济产业带2023年重点任务清单，推进7个方面38项重点任务，实施重点项目50个，完成年度投资255亿元。印发成都天府临空经济区建设方案和资阳片区重点建设任务清单，推进5个方面15项重点任务，实施重点项目29个，完成年度投资141亿元，加快共创国家级临空经济示范区。印发成资协同开发走廊国土空间专项规划和建设方案，推进6个方面32项重点任务，实施重点项目36个，成为全省兼具进口保税仓库和出口监管仓库的2个市（州）之一。印发推进成德眉资同城化综合试验区建设2023年重点工作任务，推进6个方面37项重点任务，实施重点项目15个，完成年度投资82亿元。制定沱江绿色发展经济带年度工作要点，编制形成发展规划和公共服务协同共享路径研究，6个方面48项重点任务全面完成。落实《简雁乐农旅融合发展示范区实施方案》，在都市圈12个交界地带融合发展启动项目综合评估中获第4名。

【基础设施建设】 轨道交通资阳线全线桥通、洞通、轨通、电通，进入调试阶段。成宜高铁开通运营，资阳西站同步投用，资阳迈入“双高铁”时代。成达万高铁、成渝中线高铁加快建设。成都都市圈环线铁路（成都外环铁路）前期工作有序推进。成渝高速扩容控制性工程开工。资中至铜梁高速资阳境内全线开工。新建成通车古乐路、挂啄路2条城际“断头路”，累计打通城际“断头路”7条。稳定开行主城区和川音美术学院至天府国际机场2条跨市域公交线路，运送旅客达27万人次。

【产业发展】 联合印发《成德眉资同城化暨成都都市圈产业建圈强链攻坚行动计划（2023—2025年）》《成都都市圈白酒产业融合发展规划》，成资400余户企业相互协作配套，华通柠檬、金辉药业、超迪电器等20余户企业（协会）加入成都产业生态圈联盟。共同发布《成都都市圈重点产业产业链全景图》，医疗器械（口腔医疗）产业纳入都市圈9条重点产业链之一并获批全省特色优势产业，口腔医疗器械产业集群获评全省首批中小企业特色产业集群，“中国牙谷”累计引进口腔企业110户、235个“资阳造”产品投入市场，成立国家医疗器审中心四川服务站资阳分站、省药监局驻资阳办事处、省药监局行政服务资阳工作站。协同编制《成都天府临空经济区建设方案》获省政府批复，建成成都都市圈连片工业用地和标准厂房规模最大的产业承载地，临空经济区智能制造产业园19家企业入驻、11家企业投产，上海高仙、越凡创新等企业产品进入银泰、百扬大厦等成都地标性楼宇。安岳县与武侯区以“总部＋基地”模式共建“中国女鞋之都”，与双流区、崇州市围绕制鞋产业加强合作，促成70余家成都制鞋企业向安岳转移。

【公共服务共建共享】 与成都优质教育、师资培养、数字教育等共享平台合作，与成都结对共建学校增至130对，7所学校与成都名校结成优质教育资源应用教学联盟，10所学校开设“网络直通班”共享成都七中网校资源。与在蓉部省级医院深入共建紧密型医联体，与华西医院合作办医的市第一人民医院神经内科、急诊科成功立项省级临床重点专科，与省人民医院合作办医的市人民医院成功创建“三甲”，成资两市1.8万余家医药机构实现异地购药联网结算。印发第四批政务服务“同城化无差别”受理事项清单，受理事项增至241项，累计办理8万余件，完成13个国家“一件事”和47个省级“一件事”配置。

【安全联防联控】 强化跨区域水环境联合治理、大气污染联防联控，联动推进老鹰水库饮用水水源跨区域保护，沱江流域资阳段国省考核断面水质优良率100%，资阳城市地表水环境质量指数改善程度居全省第1位，空气质量综合指数稳居都市圈首位。联合印发《成德眉资应急联动体系建设实施方案》，完善重大灾害事件应急处理、紧急救援联动等机制，协同做好成都大运会人员组织、应急处置、安保维稳等服务保障。

政务调研

【概况】 2023年，市政府研究室坚持以习近平新时代中国特色社会主义思想为指导，落实党中央国务院、省委省政府和市委市政府决策部署，紧扣全市中心工作，认真履职尽责，完成文稿起草和调查研究任务，较好地发挥“智囊、参谋、服务”作用。全年召开党组（扩大）会18次、中心组学习会19次、机关党支部学习会等20余次。组织开展理论研讨9次、集中学习交流11次，调研解决拖欠企业欠款等困难问题，检视查摆2个方面问题，制定整改措施6条，问题全部整改到位。开展社区包联共建，协调解决创文经费1万元，帮助解决活动阵地、背街小巷等问题。社区志愿者到社区开展志愿服务活动

20余场次。

【调查研究】 围绕国、省交办给资阳的重大任务、重点项目、重要事项，第一时间深入学习领会、准确把握相关会议精神实质和政策要求，及时收集整理国、省最新重要政策动向及其他地区先进经验做法，积极建言献策。系统梳理全市《我市稳增长惠民生，促进健康消费工作情况》，为国务院新一轮促进健康消费提供决策参考；市长参加全国两会期间，梳理形成人大代表建议共14条，多数建议转化为全国人大办理提案；充分把握省决咨委一行赴资阳调研的有利时机，提出打造成都都市圈近郊旅游目的地等建议，被省委、省政府采纳。紧盯省委、省政府赋予资阳“加快建设成都都市圈现代化产业新城和成渝地区中部崛起示范区”的新使命、新任务，对事关全市经济社会发展、城乡建设、民生改善等重大问题开展调查研究。制定了《2023年政务调研工作计划》《重点课题调研制度》，协助市政府主要领导高质量完成建设成渝地区中部崛起示范区路径研究、进一步优化营商环境，助力经济高质量发展等3个重大课题，推动形成《加快推进新型工业化，为工业强市战略做实乐至支撑》等政务调研成果30余篇，《资阳产业发展路径研究》获评2022年度省政府系统（市州）优秀政务调研报告。

【文稿起草】 坚持“零差错”和“零延误”的工作标准，增强文稿前瞻性、指导性、操作性、规范性。主动服务全市政策法规制定，协助发改、经信、商务等部门参与《资阳市天府国际艺术城建设与管理条例》等具体措施制定，助力加大经济高质量发展制度保障力度。全面完成省市重要会议相关材料、市委市政府综合汇报材料等重要文稿300余篇。

政务督查

【概况】 2023年，市政府督查室聚焦中央、省、市重大决策部署以及省下达目标任务，组织开展了第一季度“开门红”、产业项目大会战、交通建设大会战、城市规划建设大会战、“五经普”、政务服务“三不出”、清理拖欠企业账款、安全生产等35项重点督查行动，印发通报29期，报送情况专报（报告）33期。完成对27次常务会、276个议题和180余项月度重点工作的专项督查，按时办结率100%。规范市政府主要领导批示（办）件的登记、交办、督办、反馈、归档等环节，完成市政府主要领导交办的137项、396件报果性批示事项督办工作，交办件办结率92.7%；批示件办结率99.5%。提请市政府常务会审议并印发《2023年〈政府工作报告〉重点工作任务分工方案》，对明确的75项重点工作立项督查，汇总形成市政府每月重点工作安排建议。结合督查情况，提出对策建议300余条，协调解决问题100余个。

【健全督查机制】 完善督查“五单”管理制度（任务告知单、进度预警单、问题督办单、情况通报单、任务销号单），全年发出任务告知单56个，进度预警单1个，问题督办单12个，情况通报27期，政务督查报告33期。制定2023年重点督查工作计划，总数同比减少11项。实行临时督查备案审批，在计划范围外的联合督查或分管领域专项督查总数同比减少27%，切实为基层减负。深化监督贯通协调，会同市级有关部门开展2022年国家自然资源督察反馈问题整改和2022年上级审计机关和市本级审计查出问题整改情况专项督查等，专项督办市政府主要领导2022年接访事项落实情况，参加2023年资阳市迎接第三轮省级生态环境保护督察案件督办组开展工作，跟踪督办省督察组交办案件。全年配合省级三级联动及市、县两级开展联动督查合计15次。落实与审计、统计、自然资源、生态环境、信访、纪检监察等贯通协调督查20余次。

【督查激励】 制定《资阳市争取2022年度四川省人民政府督查激励责任分工方案》及配套措施，推荐雁江区参评国务院免督查激励对象。争取到位2022年度省政府督查激励事项6项，其中市政府办公室牵头负责争取到资阳市被省政府予以免督查激励表扬，并被优先推荐为2024年国务院

资阳市 2023 年办件情况统计表

表 2　　　　单位：件

序号	地区 / 部门	申请	受理	办结（全量）	线上办件数	线下办件数
1	资阳市	1639731	1634285	1591744	1041219	550525
2	资阳市本级	291366	291012	279058	130458	148600
3	市发改委	14	16	16	16	0
4	市经信局	43	43	43	43	0
5	市教体局	22	22	22	22	0
6	市科技局	1	1	1	1	0
7	市公安局	5603	5502	5550	5250	300
8	市司法局	93	95	95	25	70
9	市财政局	14	14	14	0	14
10	市民政局	21	21	21	2	19
11	市人社局	109622	109622	109622	50020	59602
12	市自然资源和规划局	36967	36875	24449	342	24107
13	市生态环境局	1133	1126	1147	1138	9
14	市住建局	5872	5861	6638	1019	5619
15	市交通运输局	11635	11635	11635	11541	94
16	市水务局	9	9	9	6	3
17	市农业农村局	14	14	14	11	3
18	市商务局	7	7	7	7	0
19	市文化广电旅游局	6	6	6	4	2
20	市卫生健康委	304	304	306	235	71
21	市退役军人局	0	0	0	0	0
22	市应急局	2251	2251	2323	2201	122
23	市审计局	0	0	0	0	0
24	市市场监管局	4150	4136	4029	2317	1712
25	市统计局	0	0	0	0	0
26	市城管执法局	183	124	185	4	181
27	市经济合作外事局	0	0	0	0	0
28	市安全局	0	0	0	0	0
29	市民宗局	0	0	0	0	0
30	市政府办公室（市人防办）	46	4	47	4	43
31	市税务局	38240	38240	38240	0	38240
32	市气象局	12	7	11	4	7
33	市烟草专卖局	0	0	0	0	0
34	市档案局	0	0	0	0	0

续表 2

序号	地区 / 部门	申请	受理	办结（全量）	线上办件数	线下办件数
35	市新闻出版局	40	40	40	0	40
36	市公积金中心	61023	61047	60660	42528	18132
37	市残联	222	222	222	15	207
38	市政务服务和大数据管理局	1	1	1	1	0
39	政务服务和公共资源交易中心	1564	1514	1510	1510	0
40	市乡村振兴局	0	0	0	0	0
41	市金融局	1	1	1	1	0
42	市通信发展办公室	0	0	0	0	0
43	市医保局	12249	12248	12191	12191	0
44	市委保密机要局	0	0	0	0	0
45	市侨办	0	0	0	0	0
46	市消防救援支队	4	4	3	0	3
47	资阳邮政管理局	0	0	0	0	0
48	雁江区	347699	346594	344697	269022	75675
49	乐至县	243372	242058	229565	156290	73275
50	安岳县	429380	427557	422582	325450	97132
51	资阳高新区	25822	25479	25988	22326	3662
52	资阳临空经济区	10726	10573	10796	7215	3581

免督查激励地方。“四抓四促”打造医疗器械特色优势产业、念好“四字诀”统筹推进城乡融合高质量发展两项经验做法获省政府督查室通报表扬。

【督查线索核查办理】 围绕国务院、省政府“互联网+督查”平台交办的问题线索，开展实地核查督办，全年办理转办问题线索64件。组织开展政府系统进一步完善中央和省委重大决策部署落实机制专题调研和企业接受督查检查调研情况线上问卷调查，完成国务院办公厅推动经济持续回升向好督查调研通报问题自查整改工作，快速核查处置了省政府督查室转办国务院办公厅督查室交办的群众反映拖欠农机补贴款问题。

政务服务

【概况】 2023年，资阳市政务服务和大数据管理局不断优化政务服务，深化“三不出”改革，持续提升服务效能，认真谋划数字基础底座能力建设，提升数字化治理能力，加快数字资阳建设。获评省政务服务“一网通办”工作先进集体，被省大数据中心表彰为2023年度“信息宣传”“政务外网建设”“一网通办”“‘12345’政务服务便民热线”工作先进单位。全省政务服务“三化”建设暨园区政务服务建设现场推进培训会在资阳市召开，省政府领导、省政务服务和公共资源交易服务中心主要领导3次到资阳指导调研工作，并对资阳园区政务服务集成授权改革工作给予充分肯定。积极争取国省试点示范工作，政务外网终端“一机多用”方案作为“四川省唯一试点单位”成功纳入2023年国家试点项目。成功举办“第四届数字四川创新大赛（2023）”数字城市赛道大会。资阳市政务服务和大数据管理局机关被市委宣传部确定为首批市级思想政治工作示范点，机关党委被市直机关工委表彰为“先进基层党组织”。

【政务服务改革】建立深化“放管服”改革打造一流营商环境目标任务考评体系并启动实施。动态调整全市行政权力清单27项、公共服务事项清单29项、发布行政许可事项360项。依托省“互联网+监管”系统，汇聚监管数据40万余条。网上政务服务能力建设和数据共享方面，深化“一网通办”改革，推进省下达目标任务落地落实。承办川中片区“天府通办”暨省一体化政务服务平台培训会。13项国家“一件事”、47件省级“一件事”落地可办，发布56项便民服务事项，实现23项事项“零材料办”。158项符合条件的已共享电子证照“免提交”。推进跨部门综合监管，推动医疗保障等领域15个事项开展跨部门综合监管。参与企业侧电子印章、“天府通办”自助服务2项全省试点工作，启动“政务服务体验员”创新工作。基本实现“农村居民办事不出村、城镇居民办事不出社区、入园企业办事不出园区”。梳理第一批“市内通办”“就近办”事项清单222项。实现镇村便民服务中心（站）省、市、县三级示范创建全覆盖。241项事项实现成德眉资同城化无差别办理，20余个部门140项服务事项“跨省通办”，311项服务事项“川渝通办”，262项服务事项“省内通办”，148项服务事项“西南地区通办”。2023年办理“跨省通办”事项1.85万件，“川渝通办”事项2.8万件，“省内通办”事项10.2万件。完成资渝首个跨区域、跨平台交易工程项目，全年开展远程异地评标项目194个。

【政务服务优化】市县乡三级建设无差别综合窗口419个，受理办件10万余件。486项政务服务事项实现无差别受理、同标准办理。开设惠企政策服务专窗，提供政策咨询250人次，兑现政策20项，兑现资金0.372亿元。2023年，市“12345”网络理政中心受理企业群众诉求293966件，转交部门办理80427件，按时办结率99.87%，群众满意率99.91%。市县两级联动督查督办47次，协调处理跨部门跨层级疑难诉求1343件，办结满意率达100%。预警、解决诉求757件，开展水电气供应保障等7类共性问题场景治理3次。网络理政专题信息库归集信息3969条。成功创建省级政务服务标杆大厅。探索施工许可证分段办理，项目开工前行政审批时间压缩至30个工作日内，全流程行政审批时间压缩至41个工作日内。实行容缺受理144项，告知承诺101项。组建“资小帮”帮代办队伍，服务重大项目164个，服务重点企业94个，开展帮代办5万余人次。打造24小时政务自助服务区，提供19项自助服务事项。

【数字政府建设】完成项目技术方案审查37个，竣工验收项目4个，减少重复性、不合理的功能模块、专用网络、设施设备等建设50余项，节约财政资金1000余万元。统筹推进专项债项目建

2023年6月29—30日，省政府政务服务和公共资源交易服务中心在资阳组织召开全省政务服务“三化”建设暨园区政务服务建设现场推进培训会（资阳片区）（市政务服务大数据管理局 供图）

设，加快实施资阳市园区智慧化和大数据运营中心项目建设，完成数据资源中心等5个子项目初验，装修工程子项目终验。启动“互联网+健康”（数智康养部分）项目、信创政务云建设。完成64家单位、247个业务系统部署上云，完成信创政务云平台（一期）招标。建成全市统一的政务云安全运营平台。加快数据资源中心建设，实现22.58亿条数据接入，清洗形成超过5.68亿条有效数据。启动川渝区域数据标准应用、数据要素市场化配置改革、政务数据一体化目录、涉税涉费专区等省级试点。智慧治理中心接入113个系统，公安“天网”、政法“智慧城管”等160余个系统建成投用，物联网感知平台已连接感知设备1000余套。“数字资阳”APP建成22个应用专题。

重大项目推进

【概况】2023年，资阳市12个省独立考核重点项目完成投资96.9亿元，170个市级重点项目完成投资456.1亿元。争取到位国省项目资金46.5亿元，同比增长17.7%，地方政府一般债券和专项债券55.1亿元，同口径增长5.93%。谋划储备近两年计划实施项目922个，总投资8000亿元。

【临空经济区和高新区建设】临空产业新城PPP二期项目加快推进，雁溪湖达到蓄水条件，邻里中心建成投用，清泉片区园区配套道路全部建成通车，三草湾片区“四横三纵”骨干道路框架基本形成；智能制造产业园19家企业入驻、11家企业投产，临空经济区入围全省“园保贷”融资试点园区；美术学院周边配套加快完善，红碑村宜居宜业和美乡村示范项目加快建设，“山水美、田园美、院落美、环境美、乡风美”的乡村振兴样板初步形成。中国牙谷口腔专科医院主体工程完工，中国牙谷累计引进口腔企业110户，235个“资阳造”产品投放市场，预计实现产值34亿元，同比增长13.3%，国家药监局医疗器械技术评审中心医疗器械创新四川服务站资阳分站揭牌，成为全国地市级第一个分站，四川省食品药品审查评价及安全监测中心资阳分中心正式设立，高新区入选全省高端人才产业园。

【现代化产业体系构建】工业加快突破。口腔医疗器械产业集群获评全省首批中小企业特色产业集群。中车资阳机车获批组建全市首个省级工程研究中心，交付土库曼斯坦15组30台内燃机车、为近十年最大订单；现代商用车下线电动新能源商用车，与沙特阿拉伯500辆创虎重卡订单完成交付。高石梯南区净化厂项目加快建设，新建天然气井12口、续建8口，累计建成312口，全年产天然气63亿立方米、净化天然气43亿立方米，安岳天然气化工园区申报工作加快推进。引进欧福蛋业，建设西南地区最大的蛋制品加工基地，百威高端啤酒生产线启动建设，安井食品获评四川省“2023预制菜企业竞争力100强”榜首。高仙机器人、新石器无人车、越海科技等竣工投产。奋安铝业西南建设基地项目开工建设，东方广厦、杭萧钢构产能进一步释放。星河动力新一代固体飞行器产业化基地项目开工建设，四川资阳号运载火箭成功发射升空。193户个体工商户转型升级为企业，升规入库规模工业企业46户，新培育省级专精特新中小企业34户。建筑业平稳发展。5户企业晋升一级资质，21户企业新增入库，建筑业实现总产值126.5亿元，同比增长6.5%。服务业提质增效。引进飞力达国际供应链管理服务中心项目，成功举办第二届数智生活消费节、第四届世界柠檬产业发展大会、全国蚕桑产业高质量发展大会等活动，大力培育网络电商、直播带货等新型消费，全市网络交易额实现653亿元，同比增长8%。出台14条促进房地产市场平稳健康发展政策措施，全市商品房网签销售面积187万平方米，同比增长7.33%。推动金融业健康发展，全市存贷款余额3505.99亿元，同比增长11.22%。资阳出口监管仓正式获批投用，全市进出口总额实现50亿元，同比增长25.9%。“资阳大足共建文旅融合发展示范区案例”入选2022年度全省文化和旅游领域10大改革典型案例，宝森柠檬旅游区成功创建国家AAAA级旅游景区，乐至县被评为2023四川烟火旅游胜地。雁江区纳入全省首批服务业高质量发展示范区，乐至县纳入全省首批县域商业建设行动县。农业稳产增收。优化改造种植园地5.5万亩，建成高标准农田18万亩。发挥毗河供水一期工程效益，调水6600万立方米抗旱保春灌，全年粮食播种面积501.7万亩，产量167.8万吨，出栏生猪290万头。资阳市获评全省现代农业园区建设工作推进典型市，安岳县荣获“国家甘薯产业技术体系成果示范基地”称号，乐至县成功创建四川省有机产品认证示范区，雁江丰裕镇、安岳镇子镇被认定为首批国家农业产业强镇。

【市属国有企业改革】 巩固“两降两提两做”成效，构建以资阳发展集团为头雁的“1+N”集团化管控体系，市属国企资产规模达1070亿元，同比增长14.8%，营业收入100亿元，同比增长55%，利润总额3亿元，同比增长100%，税费3亿元，同比增长20%。资阳发展集团取得AA+信用评级，入围“川企百强”。构建“资本+伙伴+生态”体系，组建产业基金群，大力开展资本招商，市属国企签约股权投资项目22个，投资额68.6亿元，资阳发展集团出资5.5亿元入股四川农商联合银行，与工银投资、中银投资、中金资本等金融机构合作持续深化，资阳成为西部地区唯一有两家“四大行”入股市属国企的地级市。

外事管理与国际交往

【外事管理】 10月18日，市委书记元方率队赴省委外办对接对外开放工作，争取外事资源，在搭建对外交流平台、建立国际友城关系、开展境外活动等方面获得省委外办支持。12月11日，召开市委外事工作委员会2023年全体会议，市委书记、市委外事工作委员会主任元方主持会议并讲话。会议要求要扎实抓好全市外事工作，树牢总体国家安全观，持续开展国际交流，扩大对外开放合作，推动更多“资阳造”产品“走出去”。要积极开展对外文化交流活动，推广资阳形象、城市标识，不断提升对外影响力。要加强党对外事工作的领导，健全党委领导、分级负责、各司其职、协调联动的“大外事”工作格局，推动全市外事工作向纵深发展。市人大常委会主任王荣木，市委副书记、市国资委党委书记、市委外事工作委员会副主任赵浩宇出席会议。

【国际交往】 3月6日，市经济合作外事局、市人民对外友协拜会了以色列驻成都总领事馆，与总领事韩嘉迪、副总领事施赛玉交流座谈。6月30日，举办西博会中外知名企业“走进资阳”活动，邀请三菱电机、阿斯利康等世界500强、马来西亚签证中心等商协会30余人到资阳考察。7月19—25日，元方书记赴新加坡、越南开展投资促进活动，7天时间，走访16户企业（机构），促成资阳重产基金与毅峰资本合作在资阳设立风险债权基金；与大华银行、Day day up孵化器、星伟诺、中金等达成合作意向；帮助爱齐科技、Keeway、安岳柠檬等“资阳造”产品拓展海外市场等。7月20—21日，举办由国家、省贸促会组织的外资企业四川行“走进资阳”活动，邀请在川领事机构、商协会和外资企业等60余人到资阳考察。10月11—12日，举办瑞士知名企业“走进资阳”活动，共邀请21户瑞士企业30余人到资阳考察；11月16—17日，尼泊尔国家财经委员会主席桑托斯·查理斯率团到资阳考察，服务国家总体外交和“一带一路”建设，推动尼泊尔城市与资阳市建立联系，此次活动也是近期全市规模最大、规格最高的“请进来”考察交流活动。

机关事务管理

【国有资产集中统一管理】 健全完善市级行政事业单位资产购置、使用、处置等系列制度文件，夯实国有资产“全生命周期”管理制度基础。落实“绩效化”管理，推进资产管理与预算管理相结合，在市州机关事务管理部门中率先牵头实施行政事业单位资产管理绩效考核。落实国有资产管理情况报告制度，会同市财政局代市政府首次向市人大常委会报告行政事业性国有资产管理工作情况，通用办公设施设备批量集中采购、公物仓等标准化、规范化做法受到充分肯定。建立市、区闲置资产跨层级、跨系统调剂使用机制，推动公物仓“市区一体”共建共享，全年调剂各类闲置资产300余件供市、区两级部门使用，有效保障市、区两级党委政府重要活动，盘活闲置资产，节约两级财政资产购置经费约100万元。建立实施“单位申报—机关事务管理部门集中收储—市属国有企业统一回收”的资产集中报废处置新模式，集中处置资产涉及原值约6000万元。统筹调配办公用房，推动市政务服务中心搬迁至资阳市民服务中心，提升政务服务水平，为企业、群众提供“一站式”服务。调整优化市级机关办公用房功能布局，涉及部门（单位）42个，调整面积约2万平方米。开展危房排查整治，年内自查办公用房715栋，面积111.79万平方米，初判存在一定安全隐患的房屋有31栋，已鉴定房屋5栋，其中C级2栋、D级3栋，相关安全隐患正有序组织整改，确保办公安全。

【公务用车监督管理】 市级党政机关编制内购买96辆社会化车辆保障公务出行，节约公务用车更新购置经费约200万元。推进公务用车电动替代，年内更新应急保障用车和业务用车18辆，全部为新能源汽车，公务用车电动替代继续走在全省前列。开展公务用车日常管理，高效完成全市党政机关公务用车统计报告工作，开展公务用车管理平台信息数据清理，核实车辆编制信息626辆，实有车辆信息584辆。扎实开展公务用车安全管理隐患大排查大整治活动，同时联合市财政局、市公安局交警支队开展公务用车交通违法行为整治专项行动，发出通报3期，督促13个部门及时整改公务用车安全管理违规问题。严格执行公务用车保险、加油、维修服务和小微型客车租赁、包车客运服务定点管理制度，开展监督检查30余次。

【节约型机关建设】 印发《资阳市公共机构碳达峰专项行动方案》，明确实施能源绿色低碳转型、绿色建筑、绿色低碳示范宣传、资源节约循环利用、节能降碳提质增效、绿色低碳管理能力提升“六大工程”，指导推动全市公共机构碳达峰工作。2个单位成功创建2022—2023年省级节约型公共机构示范单位，4个省级生活垃圾分类示范创建单位顺利通过评估验收。联合市市场监督管理局开展市级示范食堂建设行动，全市25家单位食堂通过评估验收。印发《资阳市公共机构节约用电八条措施》，规范用电行为，强化节电管理，全市各级公共机构积极响应，推动全社会形成节约用电、科学用能良好氛围，相关情况被央视新闻频道《新闻1+1》栏目采编刊播，是资阳建地设市以来机关事务工作首次被中央电视台报道。全市更新核实公共机构941个，收集、审核各类能源消费票据3.2万余张，统计覆盖率100%。开展公共机构生活垃圾分类评估，全市737个公共机构完成垃圾分类评估工作。对47个市级机关食堂全覆盖开展反食品浪费成效评估，推动机关食堂在食品采购、存储、加工、消费全过程减损降耗。组织全市各级公共机构开展世界水日、中国水周、生活垃圾分类宣传周等活动180余场次，开展节能志愿活动60余次，各级媒体刊发资阳公共机构节能相关稿件230余篇，有关信息网络累计阅读量24.1万人次。发挥公共机构引领带动作用，带动全社会广泛参与住房和城乡建设部主办的“垃圾分类新时尚　全民参与齐点亮”线上打卡活动，资阳荣获全国城市一等奖，营造了浓厚节能降碳氛围。

【服务保障能力提升】 开展全系统技能练兵活动，精进一线人员专业能力、提高服务水平，组队参加全省首届机关服务技能竞赛，荣获车辆出行项目一等奖、食堂服务项目二等奖。开展水电线路、配电设备等公用设施和办公用房、机关食堂燃气安全隐患排查整治，坚持日常巡查和重点排查相结合，开展拉网式排查7次，维修处置各类问题4600余次，及时消除安全隐患。加强门卫安保，登记引导办事群众2.8万余批次。会同团市委等部门共同组织开展市直机关暑期“七彩托管”少年儿童成长营，托管市直机关干部职工子女920余人。

公共资源交易

【概况】2023年，资阳市政府政务服务和公共资源交易服务中心持续深化公共资源交易服务改革和交易平台整合共享，实行全流程电子化交易，巩固交易服务“五减”工作成果，推进公共资源交易“数字化”转型，不断提升服务效能，全力营造规则统一、公开透明、服务高效、监督规范的公共资源交易营商环境。全年共完成交易项目792批次，交易金额269.89亿元，实现节资6.09亿元。其中，执行政府集中采购项目304批次，实现采购合同金额11.65亿元，节约资金0.42亿元；执行国家投资工程建设项目359批次，实现中标金额186.82亿元，节约投资5.64亿元；土地使用权出让79批次，实现成交金额71.27亿元，实现溢价金额6340.00万元；执行国有产权拍卖项目50批次，实现成交金额1579.07万元，实现溢价金额20.64万元。

【交易服务改革】探索推进“一窗综合受理、分类管理服务”改革，建立健全《资阳市公共资源交易“综合窗口受理、分类管理服务”工作制度》，完成事业单位机构改革，印发《资阳市政府政务服务和公共资源交易服务中心机构职能编制规定》，优化内设机构设置，理顺内部关系。进一步健全政府采购运行机制和管理模式，积极参与四川省政府集中采购机构标准化服务体系建设，荣获四川省政府集中采购机构标准化服务体系市（州）单项标准一等奖1项、二等奖3项、三等奖4项，顺利完成省级政府集中采购机构标准化服务体系试运行，上线运行网上竞价系统，依托四川省政府采购一体化平台，在省内率先探索实现跨市域远程异地评标、采购人远程异地开标和省市县“三级联动”远程异地评标。顺利召开资阳市公共资源交易平台整合工作联席会议，协同16个市级相关部门（单位）研究落实2023年全市公共资源交易平台整合重点工作，优化国有建设用地使用权出让交易流程和交易制度，成功委托第三方拍卖公司开展资阳市国有建设用地土地和矿业权交易外包服务，完善资阳市市级国有建设用地使用权、矿业权出让交易工作流程，实现土地出让及国有资产线上电子化交易；完成资阳市工程建设项目电子招投标交易系统本地化服务工作，实现资阳市工程建设项目电子招投标系统数据、服务器部署、投评系统本地化上云部署工作上云。

【交易服务能力提升】研究出台覆盖市、县两级平台的《资阳市2023年深化公共资源交易服务效能提升活动工作方案》，明确“减环节、减材料、减时限、减费用、减风险”工作目标，推进各类进场要素项目实行全流程电子化交易，政府采购实现线上自助打印电子竞价成交通知书，大力推广电子投标保单保函，水利、房建、市政、公路等行业已实现网上发放中标通知书及合同签订，国有建设用地使用权出让及国有资产招租和处置实现网上获取交易文件、网上报名和资格审核、网上报价、网上打印成交确认书，完成资阳市工程建设项目电子招投标交易系统本地化服务工作，不断提高服务效率，降低交易风险和运行成本，切实为企业纾困。7月，资阳市政府政务服务和公共资源交易服务中心正式入驻资阳市民服务中心，办公场所面积从原来约1200平方米增至约2000平方米。市交易中心全部清退各类工程建设项目遗留保证金804.6万元，开出电子投标保单保函1595笔，替代投标保证金金额约2.84亿元；全市（含县区）约累计减少交易工作环节5个，优化工作流程15个、精减办事资料11个，办事时间压缩至5个工作日，预估为2500余家投标公司减省标书印制费约280万元、投标参与差旅费约100万元。认真落实深化工程招标投标领域突出问题系统治理工作要求，加强交易平台风险管控，常态化开展廉政风险排查，建立“双休日不间断、节假日不打烊”延时服务机制，制定《交易主体现场信用管理和负面行为通报制度》《现场监督制度》《资阳市工程建设项目隔夜评标工作规程（试行）》《中介代理机构场内执业行为评价制度》《项目现场异常情况处理办法》《监测分析、预警提示管理措施》等制度，积极参与公共资源交易失信联合惩戒和守信联合激励，及时纠正、如实记录并按规定移送不良行为和问题线索，积极协助调查取证，视情况曝光违法违规行为。全年市交易中心共为375个项目提供现场管理服务，累计延时服务时长约350个小时，共记录交易各方主体行为评价230次，其中不良行为评价记录3次，向行业主管部门报送负面行为1次，协助案件查处2次。积极举办政务服务和公共资源交易服务技能大赛、公共资源交易服务标杆和创新案例评选活动，资阳团体获得省级技能大赛组织奖、个人奖一等奖2名、三等奖4名，资阳市政府政务服务和公共资源交易中心获评省级公共资源交易服务标杆，荣获省级公共资源交易服务创新案例2个。

【交易平台同城化发展】 坚持成德眉资交易平台同城化发展工作协调会制度，联合成德眉交易中心印发《成德眉资公共资源交易流程规范》《2023年推动成德眉资交易平台同城化发展重点工作任务》，签订“成德眉资+”公共资源交易平台同城化发展合作协议，协同举办政府采购、工程建设、土地产权、党务工作者等培训和主题党日活动，协同前往长三角等地就区域合作模式、交易体制机制、一体化建设、运行和监管模式等工作内容进行考察调研，选派业务骨干到成都交易中心开展跟班学习，常态化推进异地远程评标，全力助推成德眉资范围内公共资源“同标准”交易。积极推进公共资源交易项目跨区域、跨层级、跨平台开展“三跨”交易，在成都公共资源交易服务中心完成3宗国有建设用地使用权出让跨区域、跨层级交易，与成都温江区签订资阳成都温江跨区域受理和远程异地评标区域合作框架协议，携手运用四川省政府采购一体化平台在省内率先实现政府采购项目跨市域远程异地评标。与重庆市大足区签订四川资阳—重庆大足公共资源交易平台一体化战略合作协议、党建结对共建合作协议，携手完成资阳首例“本地受理+异地交易+远程异地评标”项目，在远程异地评标传统模式的基础上，实现项目跨省、市交易场景迁移的交易新模式。全年市交易中心共开展远程异地评标项目192个，其中，成德眉资区域开展78个，资渝区域开展2个，其他区域开展112个，较2022同期相比，远程项目增长97个，同比增长102%，评标合作地区扩大至重庆、拉萨、成都、南充、巴中、甘孜等12个城市30个地区。

信访工作

【概况】 2023年，推进《信访工作条例》落实年、重复信访治理常态化、信访保障等重点工作，实现信访总量同比下降21.3%，实现全市信访形势总体平稳可控。市信访局被评为全省成都大运会优秀集体，被省信访工作联席会议评为四川省“治重化积”专项工作优秀集体，获市委表彰，被评为全市平安建设优秀单位，记集体三等功。问题楼盘信访问题化解经验被住建部两度推广，学习贯彻《信访工作条例》成效综述文章在《四川日报》专版报道。

【《信访工作条例》落实年活动】 全市群众到各级来访登记8122人次，受理办理群众来信、网上投诉4226件次，信访部门及时受理率100%，按期答复率100%，群众满意率99.25%，国家信访局登记求决类初次信访件数同比下降23.93%，一次性化解率98.78%。印发《关于运用好“浦江经验”进一步加强领导干部接访下访工作的通知》《关于印发〈领导干部信访接待下基层工作方案〉的通知》，党政主要领导亲自接访问题楼盘信访群众，市级党政领导到市群众接待中心接访75次，主题教育期间上级交办全市信访问题27件全部化解，房地产领域信访量同比下降45%。依法依规废止信访工作规范性文件11个，建立《市信访局接待群众来访工作规则》《资阳市治理网上重复信访线下联席会议工作规则》等7项制度。

【重复信访治理常态化】 将重复信访治理常态化工作纳入市政府工作报告重要内容，由市政府督查室每月督查推进情况。三批中央、省交办件334件（中央交办件270件）已全部办结化解，审

2023年6月16日，资阳市信访局举办《信访工作条例》实施一周年学习分享会（市信访局　供图）

核化解率100%，是全省4个提前实现全部化解的市（州）之一。

【矛盾源头治理】 各地创新举措深入开展信访问题源头治理，雁江区推广“你码上访，我马上办”，将信访窗口开到乡村、小区、工地；安岳县运用“法律首席+信访”，引入专业力量化解11件信访突出问题；乐至县打造“百姓龙门阵”说事平台，引导群众主动参与矛盾纠纷化解。

中国人民政治协商会议资阳市委员会 >>>

重要会议

【资阳市政协全体会议】 五届二次会议 1月2—4日市政协五届二次全体会议在雁江召开。会议应出席委员371人，实到312人。中共资阳市委书记元方等市领导出席开幕和闭幕会议，并分别参加分组讨论，听取大会发言。市委书记元方在闭幕会议上讲话。会议听取并审议了陈莉萍主席代表市政协五届常务委员会所作的工作报告，于小丰代表市政协五届常务委员会所作的提案工作情况的报告。与会委员列席了资阳市第五届人民代表大会第三次会议，听取并讨论了政府工作报告，计划、预算报告和市中级人民法院、市人民检察院工作报告。会议选举陈德友为政协资阳市第五届委员会副主席。

五届三次会议 7月6—7日市政协五届三次全体会议在雁江召开。会议应出席委员363人，实到328人。中共资阳市委书记元方等市领导出席开幕和闭幕会议，并分别参加分组讨论。市委书记元方在开幕会议上讲话，并主持召开联组会。会议选举李发刚为政协资阳市第五届委员会副主席。

【资阳市政协常委会会议】 2023年，第五届资阳市政协召开常委会会议9次，即第五届市政协第五次至第十三次常委会会议。

【资阳市政协主席会议】 2023年，第五届资阳市政协召开主席会议22次，即第五届市政协第二十四次至第四十三次主席会议。

2023年第五届资阳市政协常委会会议一览表

表3

别次	时间	主要内容
第5次会议	1月1日	会议审议并通过《政协资阳市第五届委员会常务委员会工作报告（审议稿）》；审议并通过《政协资阳市第五届委员会常务委员会关于五届一次会议以来提案工作情况的报告（审议稿）》；审议通过有关人事事项
第6次会议	1月3日	会议审议并原则同意政协资阳市第五届委员会第二次会议选举办法（草案）；审议并原则同意补选五届市政协副主席建议名单；审议并原则同意政协资阳市第五届委员会第二次会议总监票人、监票人建议名单；审议并原则同意《政协资阳市第五届委员会第二次会议决议（草案）》
第7次会议	1月3日	会议听取了市政协五届二次会议关于小组讨论和审议情况的报告；审议并原则同意《政协资阳市第五届委员会第二次会议选举办法（草案）》；审议并原则同意补选五届市政协副主席建议名单；审议并原则同意政协资阳市第五届委员会第二次会议总监票人、监票人建议名单；审议并原则同意政协资阳市第五届委员会第二次会议提案审查委员会关于五届二次会议提案审查情况的报告（草案）；审议并原则同意《政协资阳市第五届委员会第二次会议决议（草案）》
第8次会议	3月29日	会议传达学习全国两会精神；听取了市纪委监委所作的关于2022年全市党风廉政建设和反腐败工作情况的通报；听取了市人民政府关于“强化项目投资工作，打造资阳高质量发展增长点”有关情况的通报；通报了市政协2022年度“金点子”评选情况，对2022年23个“金点子”予以通报表扬；通报表扬了市政协2022年度履职优秀委员；审议通过有关人事事项；听取了市政协常委代表关于2022年履职情况的报告，全体五届市政协常委作履职承诺

续表 3

别次	时间	主要内容
第 9 次会议	6 月 29 日	会议传达学习省委十二届三次全会、市委五届七次全会精神；听取市政府所作的关于 2022 年重要协商议政成果采纳落实情况的通报；听取市政府关于“推动实施‘工业强市’战略，助力成渝地区中部崛起示范区建设”有关情况的通报，围绕“推动实施‘工业强市’战略，助力成渝地区中部崛起示范区建设”建言献策；审议通过有关人事事项；审议通过政协资阳市第五届委员会第三次会议有关事项
第 10 次会议	7 月 6 日	会议审议并原则同意《政协资阳市第五届委员会第三次会议选举办法（草案）》；审议并原则同意补选五届市政协副主席建议名单；审议并原则同意政协资阳市第五届委员会第三次会议总监票人、监票人建议名单；审议并原则同意《政协资阳市第五届委员会第三次会议决议（草案）》
第 11 次会议	7 月 7 日	会议听取了市政协五届三次会议小组审议和讨论情况的报告；审议并原则同意《政协资阳市第五届委员会第三次会议选举办法（草案）》；审议并原则同意补选五届市政协副主席建议名单；审议并原则同意政协资阳市第五届委员会第三次会议总监票人、监票人建议名单；审议并原则同意《政协资阳市第五届委员会第三次会议决议（草案）》
第 12 次会议	9 月 29 日	会议传达学习习近平总书记到四川视察重要指示精神和省委工作会议、市委工作会议精神；听取市中级人民法院、市人民检察院关于 2023 年上半年重点工作情况的通报；听取市政府关于“加快推进交通综合路网建设，当好成渝地区中部崛起‘先行官’”有关情况的通报，围绕“加快推进交通综合路网建设，当好成渝地区中部崛起‘先行官’”建言献策
第 13 次会议	12 月 28 日	在雁江召开，应出席常委 59 名，实到 51 名。会议传达学习省委十二届四次全会、市委五届八次全会精神；听取市政府关于政协资阳市第五届委员会第二次会议以来提案办理情况的通报；听取专门委员会 2023 年工作情况的报告；审议通过政协资阳市第五届委员会第四次会议有关事项；审议通过有关人事事项

2023 年第五届资阳市政协主席会议一览表

表 4

别次	时间	主要内容
第二十四次主席会议	1 月 3 日	审议《政协资阳市第五届委员会第二次会议选举办法（草案）》；听取市委组织部关于有关人事事项的说明；审议政协资阳市第五届委员会第二次会议总监票人、监票人建议名单；审议《政协资阳市第五届委员会第二次会议决议（草案）》
第二十五次主席会议	1 月 3 日	大会秘书长报告小组讨论和审议情况；审议《政协资阳市第五届委员会第二次会议选举办法（草案）》；审议人事事项；审议政协资阳市第五届委员会第二次会议总监票人、监票人建议名单；审议政协资阳市第五届委员会第二次会议提案审查委员会关于五届二次会议提案审查情况的报告（草案）；审议《政协资阳市第五届委员会第二次会议决议（草案）》
第二十六次主席会议	2 月 3 日	审议《2023 年协商计划（送审稿）》；审议《政协资阳市委员会 2023 年工作要点（审议稿）》

续表 4

别次	时间	主要内容
第二十七次主席会议	2月17日	市政协各委（室）汇报到省政协汇报对接工作情况；审议有关人事事项；审议《关于调整专门委员会联系委员的请示》；审议《2022年度履职优秀政协委员评选表扬方案（送审稿）》
第二十八次主席会议	3月9日	审议《2023年资阳市政协“书香政协　文润资阳”读书活动计划（送审稿）》；审议《市政协2022年度“金点子”评选送审方案》；审议《市政协五届二次全会提案和重点提案督办分工文件（送审稿）》；审议《关于表扬2022年度履职优秀委员的请示》；审议《关于开展“委员履职四季行”主题实践活动的通知（送审稿）》；审议《市政协五届八次常委会会议建议方案》
第二十九次主席会议	3月21日	审议《资阳市政协“1+9”品牌体系（审议稿）》；审议《资阳籍在外知名人士联系服务制度（审议稿）》；审议《五届资阳市政协常委履职承诺（审议稿）》；审议《资阳市政协（轮值）参加省政协“学习新思想　践行新使命　奋进新征程”主题读书活动和实践活动工作方案（审议稿）》；审议《开展委员朗读月“劳动创造未来”主题活动方案（审议稿）》
第三十次主席会议	3月27日	审议《委员联系服务界别群众工作办法（试行）（审议稿）》
第三十一次主席会议	4月11日	审议《2023年市政协重要工作安排责任分工方案（审议稿）》；审议《关于全面推进“三四五工作法·有事来协商”工作品牌建设的实施方案（审议稿）》；审议《关于扎实开展“同心共建现代化四川”专项行动的实施方案（送审稿）》《贯彻落实“同心共建现代化四川”专项行动2023年工作计划（送审稿）》；对改进市政协外出调研方式提出了明确要求
第三十二次主席会议	4月27日	审议有关人事事项
第三十三次主席会议	6月16日	审议有关人事事项
第三十四次主席会议	6月21日	审议有关人事事项；审议政协资阳市第五届委员会第三次会议有关事项；审议《市政协五届九次常委会建议方案》；审议《联系服务住资省政协委员工作制度（审议稿）》；审议五届市政协界别召集人建议名单
第三十五次主席会议	6月21日	审议政协资阳市第五届委员会第三次会议各委员小组分组、召集人建议名单
第三十六次主席会议	7月3日	会议听取了关于市委有关重要人事事项的通报，就省委提名李发刚任资阳市政协副主席进行了协商
第三十七次主席会议	7月6日	审议《政协资阳市第五届委员会第三次会议选举办法（草案）》；听取市委组织部关于有关人事事项的说明；审议政协资阳市第五届委员会第三次会议总监票人、监票人建议名单；审议《政协资阳市第五届委员会第三次会议决议（草案）》
第三十八次主席会议	7月7日	听取了市政协五届三次会议大会秘书长曹汉卿关于小组审议和讨论情况的报告，同意由曹汉卿在市政协常委会会议上报告小组审议和讨论情况
第三十九次主席会议	9月4日	审议市政协五届十二次常委会会议建议方案；传达学习市“四套班子”主要领导例会精神，研究贯彻落实意见
第四十次主席会议	10月8日	审议《关于合并设立资阳市政协驻高新区、临空经济区工作站建议方案》；审议《关于命名第二批界别委员工作室的请示》；审议《市政协委员联系界别群众能力提升专题培训班建议方案》

续表 4

别次	时间	主要内容
第四十一次主席会议	12 月 22 日	审议有关人事事项；审议通过政协资阳市第五届委员会第二次会议以来优秀提案名单；审议市政协五届十三次常委会方案
第四十二次主席会议	12 月 28 日	审议通过《关于召开政协资阳市第五届委员会第四次会议的决定（草案）》；审议政协资阳市第五届委员会第四次会议议程（草案）；审议通过政协资阳市第五届委员会第四次会议日程（草案）；审议通过政协资阳市第五届委员会第四次会议大会秘书长、副秘书长建议名单；审议通过政协资阳市第五届委员会第四次会议各委员小组分组、召集人建议名单；审议通过政协资阳市第五届委员会第四次会议全体会议、常委会会议、主席会议及有关会议主持人建议名单；审议通过政协资阳市第五届委员会第四次会议提案审查委员会名单；审议通过政协资阳市第五届委员会第四次会议邀请出席开、闭幕大会并在主席台就座领导和列席人员建议范围；审议通过《政协资阳市第五届委员会常务委员会关于授权主席会议审议市政协五届十三次常委会会议未尽事宜的决定（草案）》；审议通过《政协资阳市第五届委员会常务委员会工作报告（送审稿）》及建议报告人；审议通过《政协资阳市第五届委员会常务委员会关于五届二次会议以来提案工作情况的报告（送审稿）》及建议报告人
第四十三次主席会议	12 月 28 日	审议通过调整专门委员会联系委员相关事项；审议通过政协资阳市第五届委员会第四次会议各委员小组分组、召集人调整建议名单

政协事务

【概况】 2023 年，中国人民政治协商会议资阳市委员会设置提案委、文化文史和学习委、经济委、教育科技卫生体育委、农业和农村委、城乡建设和资源环境委、社会和法制委、民族宗教和外事侨务委、地方政协和委员联络委 9 个专门委员会。2023 年 7 月 7 日市政协五届三次会议以来，有主席 1 名、副主席 8 名、秘书长 1 名；常委会组成人员 56 名，委员 368 名。

【提案征集与办理】 市政协五届四次会议期间，收到提案 216 件，参与提出提案的委员 391 人次。经审查立案 162 件，立案率 75%。其中，委员个人或联名提案 118 件，占 72.8%；各民主党派、工商联、知联会、市政协专门委员会等集体提案 44 件，占 27.2%。在经济建设方面提出提案 47 件，占 29%；在政治建设方面提出提案 14 件，占 8.6%；在文化建设方面提出提案 16 件，占 9.9%；在社会建设方面提出提案 74 件，占 45.7%；在生态文明建设方面提出提案 11 件，占 6.8%。全年办结委员提案 250 件。

【协商议政】 着力债务化解，形成《关于支持优先将成渝地区双城经济圈内革命老区和产粮大县纳入隐形债务化解试点的建议》，通过住川全国政协委员报送全国政协并成功立案。着力中部崛起，向省政协常委会提交《关于推进川渝毗邻地区协同发展的建议》。围绕项目投资、工业强市、科技人才聚集、外资企业发展等议题，开展常委会会议、主席会议专题议政协商，提出建议意见。聚焦热点难点，就维护农民工合法权益开展界别协商，提出优化就业服务、落实优惠政策吸引返乡创业等建议。就打造“天府粮仓”丘陵示范区开展对口协商，提出强化农机推广等建议。扎实开展“我为高质量发展献一策”活动，组织委员提出建议 192 条，关于金融支持工业企业发展、国有资产公益诉讼、关爱生育健康等一批建议转化为相关部门具体行动。

【专题调研】 与省政协及成都、德阳、眉山政协和毗邻地区政协组织联动调研5次，形成建设双城经济圈特色高效农业带毗邻合作园区、加快成德眉资毗邻乡村循环融合、构建文旅数字化新矩阵共建巴蜀文旅走廊等调研报告。完成市委交办重要课题4项，围绕雁江区高质量发展、成资同城化发展课题，与市人大常委会联合调研提出建议意见。围绕助推设立国家药监局医疗器械技术审评中心西南分中心和毗河二期工程尽快“上马”两项任务，专班跟进调研，并形成提案提交国、省政协。围绕当好成渝交通综合路网建设“先行官”，聚焦“轨道上的资阳”开展调研协商，提出积极开发轨道交通沿线资源等建议。聚焦“一老一小”，就人口老龄化背景下资阳医疗保障体系建设、未成年人保护、学前教育规范化发展等开展视察调研。

【政协品牌塑造】 坚持工作项目化、项目品牌化、品牌实绩化，与省政协紧密互动，迅速启动“同心共建现代化四川·资政有为”专项行动，发出倡议书，明确路线图，制定考核法，并首次以项目思维开展全市政协重点工作竞进拉练，资阳作为全省唯一市（州）政协委员在省政协推进会上作经验交流发言。坚持市县联动、专委推动、委员行动，打造“激情履职·资政有为”“雁事来商·江以求同”“‘柠’聚政能量·‘普’写协奏曲”“乐在协商·智汇帅乡”的“1+9+3”品牌体系，以品牌赋能，工作越来越实、成效越来越显，得到省政协充分肯定。

中国共产党资阳市纪律检查委员会　资阳市监察委员会 >>>

重要会议

【资阳市纪委五届三次全会】 1月18日资阳市纪委五届三次全会召开。会议由市纪律检查委员会常务委员会主持，总结2022年全市党风廉政建设和反腐败工作，安排2023年任务，市委书记元方出席会议并讲话，市委常委、市纪委书记、市监委主任魏忠猛作题为《深入学习贯彻党的二十大精神，为全面建设社会主义现代化资阳提供坚强纪律保障》的工作报告。市委、市人大常委会、市政府、市政协及市法院、市检察院领导出席会议。全会以电视会议形式召开，有关方面负责人参加会议。

监督执纪

【政治监督】 落实政治监督“五项机制”，持续开展贯彻落实党的二十大精神和习近平总书记对四川工作系列重要指示精神专项监督，动态梳理监督重点任务清单，采取“室组”“室组地”协作方式强化监督，推动落地生根、终端见效。聚焦成渝地区双城经济圈建设等重大决策部署开展立项监督，靠前监督保障成渝中线高铁等13个重大项目，监督整改问题60余个，推动重大项目廉洁高效建设。承办全省纪检监察机关监督护航成渝双城经济圈建设座谈会，探索与成德眉三市、重庆大足区开展毗邻地区协同监督，推动信息互通、资源共享、线索互移等方面建立机制、取得实效。严明政治纪律和政治规矩，共立案审查违反政治纪律案件10件，党纪处分10人，问责党组织2个、领导干部37人。

【惩治和预防腐败】 保持惩治腐败高压态势，坚定不移减存量、遏增量，全市处置问题线索2212件，立案955件，处分799人，对安岳县政协原主席魏斌等37人采取留置措施，形成强大震慑。坚持受贿行贿一起查，查办行贿人16人，在安岳县试点行贿人联合惩戒“三联三共”模式，取得阶段性成效。实施线索清仓、案件清底“双清”行动，全市办结“两久”问题线索43件、案件37件，在全省率先实现“两久”问题动态清零。坚持惩前毖后、治病救人，“四种形态”分别占比55.4%、36.1%、2.5%、6%。扎实推进百案大评查、千案全覆盖，全力打造案件质效共同体，唐晓东案获评全省十大优质案件。创新开展不予立案问题线索处置“协审模式”，获评全省好制度好做法，得到中央纪委《纪检监察信息》刊载肯定。发挥查办案件治本功能，召开全市医疗系统警示教育大会，编印《忏悔实录》5000余册，《德不配位，再多的钱财都是锁链》等获评全省影响力产品。打造“1+3+N”宣传矩阵，承办全省“510”廉洁文化宣传月主题演讲复活赛、决赛，230余万人次在线观看，持续营造崇尚廉洁良好氛围。

【党风廉政建设】 开展落实中央八项规定精神专项监督，查处“四风”问题101件162人，通报14件22人。深化问题楼盘清证、教育领域清学、民政领域清保、卫生领域清医、人社领域清资“五清”行动，全市查处基层“微腐败”191人。开展医疗领域腐败问题集中整治，立案32人、留置7人、移送司法5人。深化粮食购销领域腐败问题专项整治，立案49人，追赃挽损1400余万元。推进低收入群体就业补贴管理问题专项治理，立案7人，追回资金80余万元。部署开展严肃财经纪律专项整治，立案40人，督促收回存量资金700余万元，消除风险隐患40余个。扎实推进乡村振兴领域不正之风和腐败问题专项整治，立案54人。出台领导干部操办婚丧喜庆事宜规定，进一步立规矩、明标准，有力纠治借机敛财等不正之风。在雁江区试点开展公务接待“扫码用餐”，相关做法得到省纪委主要领导调研肯定。

【抓基层打基础】 坚持“带着基层干”促进“基层自己干”，市县分层召开深化基层党风廉政建设片区会26次，现场解决问题86个。扎实推进乡村振兴领域监督改革试点，19个片区纪工委全面落实常驻中心场镇3个月要求，选取10个中心乡镇“一把手”开展提级监督，打通基层监督“最后一公里”。配齐配强一线力量，全市89个乡镇全面实现“两专三兼”或“三专两兼”，干部动态配备率高于95%，机关执纪执法人员占比超过50%。实施蓄能、赋能、锻能工程，全市89名乡镇纪委书记到市纪委监委跟案轮训实现全覆盖。完成市县乡监察官等级首次确定工作，共确定监察官604名。全年，县乡两级纪委处置问题线索1853件，同比增长30.2%，初核转立案率83.5%，同比提高7.9个百分点，立案861件，其中乡镇纪委平均立案6.8件。省纪委监委组织评查资阳市乡镇案件10件，9件合格、1件优秀。

【队伍建设】坚持把主题教育作为首要政治任务，形成“1+2”方案体系，制发领导班子、基层党组织、月重点工作“3张清单”，推动高起点开局、高标准推进、高质量落实。严格落实理论学习中心组学习制度，围绕“四下基层”等主题集中研学，举办县处级领导干部读书班，开展研讨交流20次。抓实调查研究，开展“四大家、五小家、五大样板、十大领域”党风廉政建设课题调研，同步推进调研成果转化运用。坚持“四更标准”扎实开展教育整顿，创新“学点真本领”等5项特色工作，“五学”机制等经验做法获省教整办刊发。实施4轮自查自纠及“回头看”，全市1137人共查纠问题11707个，人均10.3个。开展网络不当言行等7个专项整治，清查整改问题317个，针对性制定完善党风廉政意见回复、干部监督联席会议等制度机制45项。实施线索处置、案件查办集中攻坚，全市处置纪检监察干部问题线索41件，立案9人，处分8人，组织处理15人次，市本级和3个区县均实现立案，全市线索、案件动态清零。

巡察工作

【巡察质效提升】印发《2023年全市巡察工作要点》，围绕市委“三件大事”“三大会战”“N项改革”，分层分类制定巡察工作考核细则，完成两轮常规巡察、21个市级部门巡察任务。提出《关于做好接受十二届省委第三轮巡视相关准备工作的建议》，组建4个巡察组，联动巡察4个市级部门、提级巡察6个县级部门巡察任务。市县巡察“一盘棋”整体联动，五届市委第三轮、第四轮巡察和区县巡察一体谋划、一体推进、一体提升，市本级和区县全覆盖任务分别为45.4%和53.7%，巡察529个村（社区）。第三轮巡察，坚持系统巡、巡系统，组建4个巡察组，常规巡察13个市级部门（单位），精准画像6个方面共性问题和13个单位个性问题。联动交叉巡察9个县级部门（单位），破解县级巡察“不好巡”、“巡不好”、熟人社会监督难问题。第四轮巡察，围绕“四个聚焦”，全面运用开展“一对象一对策”巡察准备、“串联+并联”、“一托二”联动巡察、“码上巡”等工作，现场巡察15个市级部门（单位），发现问题、解决问题一体推进。区县巡察，召开全市村（社区）巡察工作专题会，创新运用“一图一手册”“两张清单”，开展村（社区）分类巡察，到安岳、乐至现场指导督导，推动村（社区）巡察高质量全覆盖。打造巡察事业共同体，深化纪巡审联动，探索巡察监督与人大监督、民主监督、群众监督的贯通路径，构建“1+2+3+N”巡察工作新格局，多措并举提升巡察质效。坚持“菜单式”培训，专题辅导线索发现处置，解读政策法规，讲解具体业务，集中培训巡察干部。坚持“沉浸式”督导，巩固深化“双十工作法”，持续放大纪检监察与巡察贯通监督效果。坚持“面对面”审核，强化办组一体会商，审报告，商方法，把好政治关、重点关、定性关、建议关，审核效率、报告质量“双提升”。

【巡察工作规范化建设】加强规范化法治化正规化建设，推动巡察机构职责更加明确、制度更加健全、履职更加有力、作用更加彰显，这一经验做法被中央巡视办《巡视巡察参考》单条刊发。围绕“三强一创”党建目标，扎实开展教育整顿和主题教育，加强巡察机构自身建设。召开巡察工作务虚会，巡察办、巡察组成员结合巡察工作，各抒己见，分析问题，总结经验，建言献策。召开“巡察记忆”巡察总结复盘会，巡察办、巡察组围绕市委第二轮、第三轮巡察工作，查找短板弱项，研讨对策举措。强化队伍管理，开展“五好”评选活动，试点巡察干部积分制管理，划出12项正面清单、8项负面清单，营造创先争优良好氛围，激励巡察干部比学赶超。发挥巡察“熔炉”作用，完善抽人建组“4+X”办法，加大巡察干部“以干代巡”“上挂下派”力度，调整建立“四库”人员291名，选派115名干部参加巡察锻炼，着力锻造一支全面过硬的巡察铁军。建立工作机制，强化“双十”工作法、巡察整改“四方会商”工作法等制度机制建设，推动各项工作有章可循、有规可依。制定资阳市巡察信息建设工作方案，固化“巡前集体培训、巡中派员指导、巡后跟踪完善”机制，积极探索运用大数据手段开展巡察工作，推动巡视巡察网络平台和巡察单机系统全面、全员、全程应用。“资阳利剑，同城标兵”资阳巡察经验做法等22篇被中央纪委、中央巡视办、省纪委、省委巡视办等采用。

【巡察整改】 制发《关于进一步加强巡察整改及成果运用的具体措施》，编制资阳市巡察整改“全链条”流程导图。落实巡察成果向市级分管领导通报机制，加强问题反馈和意见移交，做到“巡一个系统、解决一个系统性问题”。落实巡察工作领导小组直接听取被巡察单位主体责任和纪委监委、组织部门监督责任情况汇报，以严实举措压实整改责任。强化“日常监督＋质效评估”，实行“台账式”“清单制”销号管理，开展巡察“回头看”，推动问题整改清仓见底。开展“四方会审＋现场质询”，纪委监委会同组织部门、巡察办、巡察组，对被巡察党组织的巡察整改逐一“过堂”会审，压实整改责任，这一工作经验被省委巡视办推广。始终把巡察整改落实情况纳入年度目标、党风廉政建设责任制和政治生态分析研判等考核，倒逼巡察整改任务落实。

园 区 >>>

资阳高新技术产业园区

【概况】 2023年，资阳高新区实现地区生产总值104.6亿元，同比增长6%，规模以上工业增加值同比增长2%，全社会固定资产投资完成54.3亿元，同比增长2.7%，社会消费品零售总额实现27亿元，同比增长5.9%，地方一般公共预算收入实现4.39亿元。现辖松涛镇、狮子山街道，共8个村、11个社区，辖区面积57.22平方千米，常住人口10.1万人。

【产业发展】 依托中车资阳机车有限公司发展新制式轨道交通，依托四川南骏汽车集团有限公司、现代商用汽车（中国）有限公司发展锂电池、氢能燃料电池等新能源车，形成了以中车资阳机车有限公司、四川南骏汽车集团有限公司、现代商用汽车（中国）有限公司等整车企业为龙头，60余户配套企业为支撑的机车汽车产业生态圈，2023年机车汽车产业实现产值68.6亿元。中车资阳机车有限公司获批组建全市首个省级工程研究中心，全年实现产值25.8亿元，同比增长14.3%；现代商用车全年实现产值4.4亿元，同比增长72.2%。抓好口腔药械产业发展，国家器审中心在地级市设立首个医疗器械创新服务站。中国牙谷科创园14万平方米标准厂房入驻率达68.8%，口腔孵化园5.8万平方米标准厂房入驻率达86.2%。截至2023年末，累计吸引集聚110户口腔企业落户，全年实现产值34亿元，同比增长13.3%，新增产品注册（备案）证书70张，同比增长130%，累计有245个“资阳造”产品投入市场，成为全国规模最大、产业链最全、知名度最高的口腔医疗器械产业集聚地，成功入选全省特色优势产业试点示范，获评全省首批中小企业特色产业集群。

【园区招商】 围绕口腔药械、机车汽车两大主导产业开展招商引资，围绕月月有签约、月月有竣工、月月有投产总目标，成立产业落地专班，为项目提供从签约到建成投用全流程跟踪服务。全年外出考察企业150余户，邀请150余户企业到资阳考察，组织企业参加北京口腔展、上海口腔展、广州口腔展、成都口腔展、武汉口腔展等专业口腔展会，举办投资推介会2场，对接企业近240户，全年签约项目65个，总投资95.95亿元，较2022年增加15个。其中产业项目53个，投资70.21亿元，较2022年增加13个，投资总额增加15.07亿元；引进到位国内省外项目资金22.75亿元，外资3.13亿美元。

【项目建设】 成立项目推进工作专班，抽调专人全脱产集中办公；建立专班每日对账，分管领导每周调度，管委会主任半月调度，党工委书记每月调度，重点项目每月交叉督查等机制，协调解决项目推进中土地、资金、水电气等困难问题90余个。聚焦项目审批、开工、推进等重点环节，制定新建、续建项目推进工作时序表和新开工倒排工期表，挂图作战、并联推进，推动职教中心、百威高端啤酒生产线、苏州氢澜科技项目等21个项目如期开工，吉利斯达汽车零部件技改扩建、轨道交通环保声屏障材料生产制造基地项目等25个区级重点项目竣工。强化项目建设要素保障，行政审批、自规等部门提前介入，推动用地供应提速，进一步压减项目申报工作环节和时间，将用地预审和规划选址合并办理压缩至4个工作日。引导各类社会资本参与资阳高新区建设，2023年争取到位专项债、国开行贷款等各类上级（贷款）项目资金7.67亿元。

【科技创新】 召开首届创新发展大会，成立资阳科技创新产业发展联盟，搭建科技交流平台、深化企业科技创新合作。投资3亿元打造中国牙谷科技创新中心，建成集研发孵化、公共试验、检验检测、中试孵化、申报服务于一体的科技创新生态体系。构建“创业苗圃—孵化器—产业园”产业创新链条，建成资阳市创新创业园等3个双创载体、新骅光产业园等3个产业加速器，入驻孵化企业170余户。建成工程技术研究中心9个、重点实验室6个、院士（专家）工作站5个。推动西南交大省科技进步奖一等奖成果在中车资阳公司落地转化，并纳入全省中央在川高校院所“聚源兴川”20个重大成果转化项目，推动华西口腔医院省科技进步奖一等奖成果在护家卫士落地转化。按照“省创新型中小企业—省专精特新企业—省专精特新冠军企业—国家级专精特新‘小巨人’企业—制造业单项冠军企业”成长路径，对培育企业建立“一企一档”。全年新培育省专精特新企业18户，占全市的53%，累计24户；新认定省创新型中小企业23户，占全市的55%，累计39户。

【营商环境】 全面推行“综窗改革”，依申请类政务服务事项“应进必进”政务服务大厅受理办理率达100%；动态调整事项办事指南，对651项四川一体化政务服务平台3.0的事项进行动态调整，认领4.0系统事项296项；积极推动区域通办，动态调整“跨省通办”41项，“川渝通办”106项，“省内通办”64项，“成德眉资同城化无差别”80项等事项清单，并印制成册在大厅展示，全年共办件2280件。搭建“政、银、企”融资对接平台，建立中小企业融资需求常态联络机制，定期召开政银企工作对接会，协调14家金融机构加大贷款支持力度。推荐越阳建设、和鉴检测等9户企业申报“园保贷”并批准贷款3960万元；推荐民基森威、星光熠等7户企业申报“制惠贷”并批准贷款3820万元。累计为园区70户企业提供贷款支持6.2亿元，为企业节约融资成本约1000万元。出台《支持市场主体高质量发展政策措施》《支持汽车产业高质量发展激励政策》，服务市场主体，推动产业提质增效，兑现政策资金1490余万元。

【对外开放】 保税物流中心（B型）获批全省第三个出口监管仓，与国家5A级综合物流服务企业飞力达合作，全年实现进出口额10亿元。搭建国际市场拓展活动平台，持续开展“万企出国门”“资阳造全球行”等活动，鼓励企业通过线上展、代参展等方式抱团拓展国际市场，助推爱齐等企业产品远销新西兰、澳大利亚等国家，帮助中车持续拓展国际市场。组建外贸综合服务队，为企业提供通关、运输、外汇、融资等全方位服务，爱齐、中车进入全省100强外贸企业名单。2023年，实现进出口总额36.82亿元，同比增长24.81%，体量占全市的71%。

【社会治理】 深入开展大气污染防治、水污染防治、土壤污染防治等攻坚行动，强化执法监管，检查各类点位1100余个，发现整改问题150余个，妥善处置信访投诉142件。强化风险防范，体系化推动重大风险预防化解处置工作，有力捍卫大局稳定，获省公安厅战时红榜通报表扬3次；坚持重拳出击，全年刑事立案共174起、传统侵财立案共94起，分别同比下降38.73%、48.06%；强化改革增效，创新推出“全警联动标准化追逃技战法”，抓获网逃人员57人，抓逃数同比上升128%。强化在建项目安全监督，开展高风险环节检查210余次，签发整改单106份；加强问题楼盘化解，全年交付金科、花样年等楼盘已售未交房2154套；抓好自建房安全排查，通过工程整改、持续监控等措施完成自建房安全专项整治3814栋。加强监督检查，精准设置招商引资、产业落地、项目推进、风险楼盘化解、亚行项目推进5大监督板块，从政治态度、责任担当、工作落实、问题整改、工作作风五个方面开展监督。做深警示教育，组织全区分级分类开展警示教育2000余人次，帮助查找党员干部岗位廉政风险617处，制定防范措施815个。

资阳市临空经济区

【概况】 2023年，资阳市临空经济区实现地区生产总值28.09亿元，同比增长5.4%；全社会固定资产投资完成89.7亿元，同比增长3.0%；规模以上工业增加值同比增长3.0%；建筑业总产值实现20.7亿元，同比增长2.0%；社会消费品零售总额实现4.57亿元，同比增长5.5%；地方一般公共预算收入完成2.48亿元。全区共2个镇、23个村、5个社区，人口10.3万人。

【产业发展】 2023年，围绕智能制造、电子信息、新材料、国防科技工业等主导产业，大力开展精准招商、资本招商，共计签约项目29个，总投资164.71亿元。研究制定《支持市场主体高质量发展政策措施》，在升规模以上限、技术改造、科技创新等10个方面予以企业支持，兑现奖补资金74万元。完善小升规目标培育和高成长企业培育措施，力争全年新培育“四上企业”18个、专精特新企业2个、市级企业技术中心3个，国家级高新技术企业完成10户，科技型中小企业完成24户。制定2023年临空经济区重点企业全覆盖挂联帮扶服务联系表，针对规模以上、限额以上重点企业，逐一明确挂联帮扶责任领导，企业随呼随到、上门协调解决问题，解决问题20余个。扎实开展“五经普”工作，单位和个体户采集上报个数比“四经普”增加494个、1852个，分别同比增长107.7%、96.3%。

【临空产业新城建设】 始终把完善功能、提升品质作为城市营建的关键措施，城市核心景观——雁溪湖年内实现蓄水，邻里中心、人才公寓建成投用，市第一人民医院临空分部加快做好入驻准备，商业、生活配套服务持续完善。

【智能制造产业园】 按照“成渝高端智造新基地”定位，加快建设资阳智能制造产业园，打造成渝中部重要智能制造承载基地。临空智能制造产业园清泉片区40万平方米标准化厂房全面建成投用，三草湾片区在建20万平方米标准厂房，形成8000余亩集中连片产业集聚区，园区水电气讯、道路等基础设施，以及会议中心和宿舍、食堂等服务设施建设同步推进，全面保障园区运营。

【营商环境】 坚持“有求必应、无事不扰”“靠前服务、全程领办”，组建“帮办工程师”队伍，深入推进“一网通办”“跨区通办”和政务服务“三化”建设，办理跨区域通办事项743件。成立“企业服务专列”，建立惠企“政策库”，2023年兑现惠企资金193万元。进一步加大增值税期末留抵退税政策实施力度，办理留抵退税2.35亿元。联合成都东部新区编制《成都天府临空经济区建设方案》，已通过省政府审批并正式印发，正协同推进国家级临空经济示范区对接申报工作。参与组建成德眉资同城化综合试验区招商联盟，共同编制形成《成德眉资同城化综合试验区联席会议制度方案》，协同推动各项工作。积极支持市属国企深度融入临空经济区建设发展，市属国企在临空实施项目24个，总投资占全区总投资的53.3%。印发《中小微企业应急转贷基金和贷款风险补偿金管理办法》，每季度共同举办银政企交流会，促成52户企业与7家金融机构达成融资合作意愿，签约授信贷款22.93亿元；园区e贷、园保贷等金融产品为两区42户企业融资2.48亿元。共同印发《工程建设项目审批事项无差别“跨区通办”工作方案》，两区工程建设项目邻域涉及的26个主要审批事项实现“一网通办”“跨区通办”。

【社会治理】 聚焦在建项目、工贸企业、自然灾害、食品安全、交通安全等重点领域排查整治安全生产隐患2600余处，建立应急避难场所12个，建设面积9.25万平方米，组建“专群结合”的应急救援队伍28支、380人。把牢平安建设主线，抓实信访、社会治理等工作，圆满完成国家、省、市重大活动和特殊时间节点维稳任务24次，全区安全维稳形势保持平稳，信访总量较2022年下降19.8%，为经济社会发展营造安定祥和的社会环境。

【民生实事】 关心关爱弱势群体。统筹做好社会救助、社会福利、优抚安置等工作，发放各类补救助资金1300余万元，为1895名被征地农民办理社保1.5亿元；4个小区养老服务中心建设、80户困难老人家庭适老化改造均已完成，区域性养老服务中心已完成前期工作及设计招标，临江镇未成年人保护中心完成建设。乡村振兴迸发活力。积极推进乡村振兴，蔬菜现代农业园区项目预计2023年底前通过三星级园区考核。红碑村宜居宜业和美乡村示范项目完成核心区2050亩打造，建成艺术田园1135.3亩。不断完善农村基础设施，积极推进农村厕所革命，全面开展农业面源污染综合防治，农村生产生活条件不断向好。持续打好大气、水、土壤污染防治攻坚战，2023

年，辖区内国、省控断面水质优良率达100%，水质综合指数排全市第二；PM2.5、PM10两项颗粒物指标均为主城区最低，大气综合指数全市第一；全面完成涉危险废物企业危险废物登记申报工作。

【同城化发展】 联合成都东部新区编制《成都天府临空经济区建设方案》，已通过省政府审批并正式印发，协同推进国家级临空经济示范区对接申报工作。参与组建了成德眉资同城化综合试验区招商联盟，共同编制形成《成德眉资同城化综合试验区联席会议制度方案》，协同推动各项工作。

民主党派 · 工商联 >>>

中国国民党革命委员会资阳市委员会

【概况】2023年，民革资阳市委会坚定以习近平新时代中国特色社会主义思想为指导，继承和发扬孙中山爱国、革命、不断进步精神，开展“凝心铸魂强根基、团结奋进新征程”主题教育，以践行新时代参政党建设“四新”“三好”要求为目标，以深化成德眉资四地民革组织同城化战略合作为重要抓手，加强自身建设，履行参政党职能，助力资阳经济社会发展贡献民革智慧和力量。全市各级民革组织积极创先争优，全市民革党员“双岗建功”展风采。民革市委会获评民革全省机关工作先进市级组织，市直属支部、乐至县总支部分别获评民革全省组织工作先进、宣传工作先进基层组织，党员鲍继富荣获民革全省组织工作先进个人称号，蔡亚平、田景华荣获民革全省优秀党员称号，杨梅荣获民革全省宣传工作先进个人称号，文斌荣获民革全省社会服务先进个人称号，廖秋莹荣获民革全省参政议政先进个人称号。

【民革思想建设】发挥市委会领导班子成员带头组织参与、领学促学、辅导宣讲作用，通过市委全委会、主委会、理论学习中心组集中学习会等，围绕学习习近平新时代中国特色社会主义思想、中共二十大精神、习近平总书记到四川视察系列重要指示精神、多党合作重要论述和中央、省、市重要会议精神等，开展集中学习研讨15次，深入基层组织宣讲5次，并不断拓展学习方式，通过全省视频会议系统组织相关党员集中学习11次、参与党员近300人次。制定主题教育工作方案和“重温加入民革承诺、守护民革精神家园”专项活动任务清单。组织全市民革党员积极参与统战、民革系统举办的征文、书画展、文艺演出等活动，党员黄悦安的《春天里的二十三声礼炮》获全省统战系统征文三等奖。深化成德眉资四地民革组织活动联办联动，在成都彭州举办书画交流笔会、青年论坛、主题沙龙等活动，在资阳举办“观陈毅故里·忆峥嵘岁月”、主题教育、文艺会演等，在眉山开展“重温加入民革承诺、守护民革精神家园”专项活动，相关经验被《团结报》、民革省委会主题教育专刊报道。组织全市基层组织青年党员代表到熊克武故居、罗泉会议会址等开展主题教育，组织退休老干部开展重阳“话民革”活动。推动党员之家建设，建成推动雁江民革党员之家，形成统战系统共建、民革成资同城化共建、党派合作共建等多元建家模式，全市建成民革党员之家3个，其中乐至县民革党员之家已成为宣传资阳民革的一张名片，累计接待各级统战部、民革组织调研参观500余人次；安岳民革党员之家共建模式持续深化，“金牛坝上结柠檬”成为党派同城化合作实践创新优秀案例。加强《团结报》和统战、民革系统微信公众号推送，全年在省级以上媒体、网站刊发稿件53篇，其中《民革党员田景华：平凡岗位诠释酸甜“柠檬精神”》被团结网刊登，《民革省直工委、资阳市委会联合开展“多元化化解纠纷”调研》被四川政协网刊登，《民革资阳市委会召开主题教育动员部署会》被“同心四川”微信公众号采用等。

【民革组织建设】完成市委会领导班子、内部监督委员会届中调整，对市委会及市委会机关各项制度进行系统梳理完善，推动工作更加规范化、制度化。发动全市民革基层组织开展“重温加入民革承诺、守护民革精神家园”专项活动，全面摸清党员底数，对全市民革党员档案进行梳理。持续推进示范支部创建工作，与省委会组织处联合开展示范支部创建工作调研，对全市示范支部、达标支部创建开展“回头看”，持续探索完善传帮带、上下联动、横向联合等工作机制，逐步推动形成示范支部、达标支部创建长效机制。探索基层组织共建共促新路径，持续深化市直属支部与省支工委法律服务中心、安岳县总支部与金牛区总支部、乐至县总支部与双流区总支部结对共建工作。全年新发展民革党员8名，均拥有全日制大学学历，民革界别特色领域占70%以上，平均年龄34岁，为组织注入了新活力，并组织新发展党员到中共冕宁县委党校参加成德眉资四地民革组织新党员培训。狠抓四川民革党员实职干部队伍建设规划、市委会领导班子联系实职科级干部制度落实，大力推荐优秀青年干部，新提拔“75后”正县级干部1名、“85后”副县级干部1名、“90后”科级干部1名，干部梯队结构逐步优化，并组织对全市实职副科级以上民革党员进行集体廉政教育谈话。

【参政议政】 参加党风廉政建设、成资同城化发展、城市规划建设等各类协商建言座谈会10余次，提出意见建议33条。在市政协五届二次会议期间，市委会提交的《加强标准化体系建设助推安岳柠檬高质量发展》《大力发展农业社会化服务助推农业现代化发展》作为大会书面发言材料，围绕工业园区建设、农技人才队伍建设、柠檬高质量发展、老年大学建设、城市管理等提交集体提案5件，其中《关于加强标准化体系建设助推安岳柠檬高质量发展的建议》获优秀提案。在市政协五届四次会议期间，市委会提交的《加快农业数字化转型开辟城乡融合发展新路径》得到中共资阳市委主要领导批示，围绕资大文旅融合发展、科技创新能力提升、农业数字化专业队伍建设、盘活国有闲置房产和农村闲置宅基地等提交集体提案5件。课题调研有突破，与乐山、重庆大足民革组织签订助力成渝地区双城经济圈建设战略合作协议。与民革省直工委联合开展“多元化化解纠纷”调研，与成德眉民革组织联合开展“深化绿色清洁能源产业协作”“农业特色产业助力乡村振兴”调研，其中清洁能源产业协作调研成果获得欧阳泽华主委肯定性批示。与安岳总支部共同围绕柠檬特色产业发展进行调研，形成了资阳民革参政议政特色亮点。与市政协相关委室加强对接，围绕城资毗邻地区乡村道路建设、城区二次供水、城区停车位规划建设、养老服务体系建设等进行调研。在市政协五届二次会议期间，党员鲍继富提交的《打造反向飞地新平台培育产业发展新功能》作为市政协会议口头发言材料，党员廖秋莹提出的“适时优化完善村（社区）干部‘五险’保障办法”获得中共资阳市委书记批示，提交个人提案或联名提案13件，被列为重点督办案1件、评为优秀提案2件。在市政协五届三次会议联组会上，党员田景华作题为《关于推动柠檬产业营销国内国际双循环发展的建议》的发言。在市政协五届八次常委会上，党员蔡亚平作题为《补齐四个短板　提高招商引资质效》的发言。在市政协五届四次会议期间，党员蒋凤、田景华、廖秋莹分别作题为《关于深化紧密型县域医供体建设增进人民健康福祉的建议》《关于打造中国柠檬科技创新高地助推柠檬产业高质量发展的建议》《关于加强资阳农村生活垃圾治理的建议》的联组发言，一些建议获得中共资阳市委书记点名表扬，提交个人提案或联名提案13件。全年收集到社情民意30余条，被民革省委采用4条。

【社会服务】 发挥资阳市博爱公益协会在社会服务中的平台作用，发动民革党员企业向安岳县教育基金会定向捐款5万元，通过“博爱·牵手”教育基金向5名学生发放助学金7500元，发动党员筹集到“温壹基金温暖包”20个。深化与广东游心公益基金会合作，邀请广东省游心公益基金会负责人到资阳走访被资助学生，组织15名被资助学生赴广州参加游心公益2023“勇于求知”夏令营活动，向“游心伙伴”高考成绩优异学生发放奖学大礼包价值6万余元，新增高中生资助名额100人，累计资助学生达618名，全年发放助学金54.6万元，累计发放助学金达400余万元。发动全市民革基层组织及党员发挥优势助力乡村振兴、文明城市创建等工作，购买扶贫产品2万余元，动员党员参与创文志愿服务活动100余场次。持续开展“三下乡”社会服务活动，市直属支部邀请民革省直工委法律服务中心在安岳县来凤乡马蹄村开展了“民法典进乡村”法治宣讲活动，雁江区支部在全国老年健康宣传周开展“科学健身助力老年健康”义诊活动，安岳县总支部在毛家镇卫生院开展健康义诊活动、联合成都理工大学支部在永峰九义校实施“中山同心筑梦”助学行动、联合金牛区总支部开展“金柠檬”助学活动，乐至县总支部开展“浓情端午节　爱满养老院”、送春联下乡等志愿服务活动。学习贯彻中共中央对台方针政策、中共二十大涉台论述等，提升民革组织和党员在涉台方面的政治理论素养和判断把握能力。与市外侨台办、市政协民宗外侨委等加强对接联系，协力推进祖统工作开展，开展海外侨胞、台胞台属走访活动，积极参与“迎中秋　庆国庆”联谊活动，为他们做好联谊服务工作。持续关心关怀抗战老兵、黄埔同学会会员，向抗战老兵发放北京志远功臣基金惠助金1.6万元。

中国民主同盟资阳市委员会

【概况】 2023年，全市有盟员302人。有省人大代表1人、省政协委员1人，市人大代表8人、市政协委员28人，雁江区人大代表8人、雁江区政协委员25人。2023年，民盟资阳市委会以习近平新时代中国特色社会主义思想为指导，深入学习贯彻中共二十大和民盟十三大精神，紧紧围绕市委、市政府的中心工作，努力践行新型政党制度，强化履职质效，加强自身建设，被民盟省委会表彰为2023年度盟务工作、思想宣传、参政议政和社会服务工作先进集体。

【民盟组织建设】 印发《关于进一步加强组织建设的意见》，进一步夯实组织建设。完成民盟雁江区委会、市直机关支部领导班子届中调整。全年发展新盟员12人。1名被提拔为正县级领导干部，4名被提拔为正科级领导干部。开展领导班子集体谈话3次、个别谈话30次，覆盖盟员200余人。周刚、纪妍羽、黄虹桥被表彰为思想宣传工作先进个人；梁枝文、罗兰被表彰为参政议政先进个人；张凯钦被表彰为组织建设先进个人；陈利、张诒被表彰为社会服务先进个人。蒋红梅获全国优秀指导教师，李璐曦获评四川省“工业兴省制造强省”先进个人，罗明丽和吴磊获全省“温暖人社”三年行动表现突出个人，林绪军成为四川省美术家协会会员；邱琼被评为资阳市“四有”教师，王群、江鸿被评为资阳市骨干教师；钟丽萍、杨建均被评为资阳市学科带头人；江鸿任三贤九义校副校长、周艳任一中城东分校副校长；张诒当选为雁江区戏剧曲艺杂技家协会主席等。

【民盟思想建设】 全年组织召开主委会、全委（扩大）会、理论学习中心组学习会15次，引领全市盟员深刻领悟“两个确立”的决定性意义，增强“四个意识”、坚定“四个自信”、做到“两个维护”。市委会班子成员到下级组织指导、巡讲5次，开展考察学习10次。通过举行宣讲会、开设读书班、开展现场教学等活动，巩固主题教育成果。全年上报理论研究论文3篇。《坚持完善发展中国新型政党制度的若干思考和路径探索》获2022年度全省统战理论政策研究创新成果一等奖。市、区共建资阳首个“盟员之家”。编报的《资阳盟讯》被市级以上平台累计采用221篇次。

【民盟参政议政】 调研报告《实施智慧交通建设构建现代化基础设施体系》在市委建言献策会上得到市委书记的肯定。专报《关于健全防控体系促进全市国有企业健康发展的建议报告》相继获得市委书记、市长的签批。提案素材《全力推进四川省轨道交通装备产业高质量发展的建议》被评为省政协2023年度好提案；向市政协五届二次会议提交集体提案4篇、大会发言2篇、个人议案提案30余件，其中2篇被表彰为优秀提案。全面完成6个年度调研课题，其中1个课题报告转化为市委建言献策会发言，2个课题报告转化为市委会集体提案。《以科技创新赋能资阳制造业，推动成渝中部地区制造业协同发展》报告获得市长签批。高质量完成民盟省委会第一批2个调研课题。联合民盟省委会、重庆、成都、德阳、眉山等民盟组织开展“资大文旅融合发展示范区规划研究”“天府粮仓建设”等调研，其中“农村宅基地制度改革”调研报告获得民盟省委会刘旭光主委的肯定性签批。全年报送民盟论坛征文7篇，《智慧教育背景下小学语文教学策略研究》获评第十届民盟教育论坛优秀论文，《国家治理体系现代化视野下的污染防治法治路径——以沱江流域水环境法治治理为实证研究》获2023年民盟中央法治论坛优秀论文二等奖，两篇论文均获得民盟省委会刘旭光主委的肯定性签批。全年采编社情民意信息97篇，其中33篇信息被盟省委采用，6篇被省政协采用，1篇被民盟中央采用，1篇被全国政协采用。

【民盟社会服务】 到贵州省毕节市七星关区碧海街道王张小学、邵官小学开展义务教育对口帮扶，到安岳县姚市镇、南津镇振书村帮助协调解决有关问题。成立了助力乡村振兴实践基地——“盟艺工坊”，组织开展文化助力乡村振兴等系列活动。在中和镇太和小学开展“爱心托起希望 助学成就未来”活动。开展“不负青春 筑梦远航”高考志愿填报技巧云辅导讲座。盟员企业理德泰克为资阳中学捐赠价值30万元的健康照明设备。开展“成资同心 文化同行”成都川剧名家资阳行活动，指导玉柴学校川剧“小戏苗”首演。民盟“成资合作”四川师范大学委员会励志助学基金发放仪式举行，捐助资金1.2万元。开展“盟爱光明行”义诊进社区、进学校活动，为2000余人次进行公益视力检查。民盟雁江区委会开展“我为环卫工人送健康”、重阳节等活动；市直机关支部在伍隍镇印合村开展乡村振兴调研和盟务微论坛活动并捐赠照明设备；市直教体支部召开主题教育宣讲会；市直医卫支部开展“世界肝炎日”健康义诊活动；市直经科支部副主委陈利发动理德泰克公司员工向地震灾区积石山县捐款3.35万元；法制专委会在祥符镇开展了禁毒宣传志愿服务系列活动；文化专委会开展“送文化下乡”主题活动30余场。

2023年4月27日，民盟四川省委会“同心跟党走 建功新时代”纪念中共中央发布“五一口号”75周年演讲比赛在资阳市举行（民盟资阳市委 供图）

中国民主建国会资阳市委员会

【概 况】 2023年，民建资阳市委有市委委员11人，其中主委1人，副主委3人，秘书长1人。下设3个支部，即市直属机关第一支部、市直属机关第二支部、雁江支部；成立内部监督委员会；下设6个专门工作委员会，即理论研究与学习委员会、企业家委员会、老龄工作委员会、妇女工作委员会、宣传工作委员会、青年工作委员会。有会员138人，其中大专及以上学历的会员133人，占会员总数的96.4%，其中研究生学历6人、大学本科学历87人、大专学历40人，现任副厅级1人，正县级1人，副县级7人，科级干部16人（正科8人、副科8人）。有各级人大代表、政协委员43人（58人次），占会员总数的31.2%。

【思想建设】 市委会理论学习中心组完成集体学习4次，8人次做重点发言，每月参加中共四川省委统战部理论学习中心组（扩大）学习会，学习习近平总书记系列重要讲话精神和各类重要会议文件精神80余篇次，组织会员开展主题教育集中学习2次、集中讨论9次、调研考察12次，市委会领导赴基层支部宣讲3次。抓住年内重要政治历史节点，选送情景剧《黄炎培》、歌舞《天耀中华》参加由中共资阳市委统战部主办，各民主党派、市知联会协办的资阳市纪念中共中央发布“五一口号”75周年文艺会演，举办“永远跟党走 奋进新征程”演讲比赛、会史宣讲、知识竞答及“团结奋进新征程”阅读分享会等纪念中共中央发布“五一口号”75周年系列活动。完成《展现新时代参政党新形象 推进民建自身建设与履职能力深度融合》《深刻认识民主党派与人民政协深厚渊源 更好发挥新时代民主党派参加单位作用》《发挥新型政党制度的政治优势，聚力推动参政党建设》理论成果3篇，均被载入《资阳市政协理论研究论文集览》。《发挥新型政党制度的政治优势，聚力推动参政党建设》在省政协理论与实践研究会的“人民政协如何更好践行全过程人民民主”论文征集活动中荣获优秀奖。注重正面引导，编印《资阳民讯》年刊，在各级媒体发稿260篇（条），全年微信公众号关注人数增长50%，阅读量翻番。新开设“会员风采展示”版块，加大对会员的先进事迹宣传力度。

【组织建设】 完成17篇理论研究成果、4篇政党协商发言，2项调研成果被省政协等相关部门采纳，4项调研成果在市政协相关工作会上做交流发言。2023年，新提拔副厅级干部1人、正县级干部1名，推荐20余人次参加中央、省市社院等培训班学习。与民建湖北孝感市委会结为友好市委会，与民建四川省直工委双城经济支部结为友好组织。依托雁江统战家园阵地，雁江支部成功创建资阳首个省级“会员之家”。对会员企业四川羽佳模塑有限公司统战阵地进行了升级打造。积极探索特色教育基地建设，依托会员企业四川尤特薯品公司建立民建资阳市委“乡村振兴实践基地”，为助力乡村振兴工作积极出谋划策。建立健全经常性自身建设大排查、大整治长效机制，不定期开展谈心谈话，尤其是对收到来电来访的重点对象进行重点谈话20余次，处理来电来访1件。

2023年11月17日，民建资阳市委会召开参政议政工作推进会（民建资阳市委会 供图）

【参政议政】 围绕“加快建设交通装备产业基地”“推进服务型制造业发展、加快新型工业化”及“抢抓交通区位优势、提升产业发展动能”等做协商发言。全年参加市委、市政府、市政协各类通报会、协商会、座谈会20余次，班子成员积极参加人大、政协组织的视察、督查活动30余次。在省“两会”上，资阳民建1位省人大代表、1名省政协委员共提交4件建议，1件提案。市委会主要领导就《支持资阳建设成都都市圈现代化产业新城》接受四川新闻网采访。在市两会上，共提交提案20件，其中集体提案7件，个人提案13件，代表建议6条。《坚持以人为核心、推进资阳新型城镇化建设》《多层次促进文旅融合、全方位展示资阳魅力》《进一步优化民企发展环境、为工业经济发展赋能》《关于大力发展工业旅游、促进三产融合发展的建议》《聚力特色优势产业提质、赋能成渝地区中部崛起示范区建设》5篇建议收录为政协会议发言材料，占发言总量的17%。撰写的《关于以重点项目为支撑推动社会经济创新驱动发展的建议》《关于及早谋划成渝铁路资阳段公交化改造项目规划的建议》《关于稳定粮食生产保障粮食安全的几点建议》3件提案被市政协评为优秀提案。召开参政议政工作座谈会、参政议政骨干培训会，参加对口部门联系工作会，推动重点课题调查研究工作落实落细。市委会围绕立项课题开展10余次调研活动，全年共完成调研报告17篇，2篇成果得到转化。积极反映社情民意信息，全年共提交社情民意8件，其中《建议在天府国际机场临空经济区资阳片区建设国家级安全应急基地》被省政协、民建四川省委会采纳，社情民意信息工作有所突破。

【社会服务】 举办“笔墨献真情、民建助学子”慈善公益活动，募集4万元爱心善款并捐赠给市慈善总会，定向为安岳县护建镇和龙台镇西禅村7名2023年考入高等院校、家庭特别困难的大学新生发放助学金2.8万元。发动会员通过“水滴筹”为身患重病的安岳县西禅村困难群众沈大鹏捐款1.46万余元。帮助临江镇菜农搭建滞销蔬菜销售渠道，共售卖出蔬菜5万余千克。深入禁毒包片联系乡镇安岳县护建镇街道、村社和学校，通过知识竞答、发放宣传资料、悬挂禁毒宣传横幅、现场解答等形式开展“健康人生、绿色无毒”禁毒宣传活动，发放宣传资料1000余份，赠送小礼品100余份。组织会员企业陈华科中医诊所、资阳高新口腔医院深入13个社区开展“医疗服务进社区 爱心义诊暖人心”“全民爱牙 皓齿资阳 口腔义诊进社区”系列社会服务活动，服务群众2200余人次、体验治疗400余人次、发放健康宣传手册3000余份、赠送口腔清洁用品价值3000余元。联合企业委为乐至特殊教育学校捐赠5000元现金；携手会员企业金迪飞龙集团举办填报高考志愿公益讲座，100余名家长及考生现场参加聆听，近3万人次收看直播；积极发动参与城乡社区困难群众帮扶、留守（困境）儿童关爱等活动，会员企业金迪飞龙集团向社区提供价值50万元的家电免费清洗、检测、维修服务，会员周洪伟向多地困难群众、学生捐款近26万元，会员代均强向资阳红十字会、关工委、慈善总会、作协等捐款5.5万元，会员刘斌资助5名贫困生3万元，会员王申杰资助2名困难学生学费、生活费3万元等。

中国民主促进会四川省委直属资阳市总支

【概况】 2023年，民进资阳市总支认真学习领会中共二十大精神，深入贯彻落实习近平总书记提出的一系列关于加强参政党建设的重要论述和对四川工作系列重要指示精神，以思想政治建设为引领，以“凝心铸魂强根基、团结奋进新征程”主题教育为主线，以提高“五种能力”为重点，广泛凝心聚力，务实协商建言，全力服务发展。举办和参与各项纪念活动，市总支荣获省委会“纪念中共中央发布‘五一口号’75周年系列活动组织奖”。会员刘学谦获民进省委“与党同心 正道上行”纪念中共中央发布五一口号75周年演讲比赛三等奖，总支委员李杰撰写的《牢记五一口号 坚定信念跟党走》被省委会网站刊登；民进资阳总支的节目在市委统战部组织的“肝胆相照同心路·团结奋斗谱新篇”主题文艺活动中作为序幕篇展示；组织广大会员举办“同心同向跟党走”纪念五一口号文艺活动，通过演讲、朗诵、舞蹈、知识问答等形式，让广大会员回顾合作历程，不忘合作初心；组织会员前往赤水红军烈士陵园、黄陂洞红军战斗遗址，重走长征路，亲身感受中国共产党的艰辛历程和伟大壮举。

【民进组织建设】 落实《加强“五种能力”建设的意见》文件精神和民进中央、省委和资阳市委统战工作会议精神，切实加强民主党派自身建设，修订完善《总支委员会议事规则》《会员管理细则》《支部工作通则》等11项规章制度。选拔年轻骨干会员充实到各支部班子、职能部门，组织构架进一步完善，人才梯队更趋合理。2023年2月，成立雁江支部；9月，民进资阳市总支第三届委员会届中调整顺利完成，实现政治交接，并成立内部监督委员会。年内，新发展会员4名，其中，研究生学历1名，本科学历3名（含海外留学生1名）。举办“书香润民进·同心共奋进”读书活动、民进教师“吐心声、谈教育、促发展”座谈会、民进知识问答赛等各类活动，促进资阳会员广泛参与会内活动。

【新闻宣传】 坚持以团结、稳定、鼓劲和正面宣传为主的方针做好宣传工作。每个支部明确1名信息宣传员，与信息宣传部共同构建起信息宣传网络队伍，通过完善机制、加强宣传业务培训，逐步建立起总支委员有人管，部门、支部有人做的日常宣传机制。民进资阳市总支依托资阳官方主流新媒体平台“资阳观察”APP，打造资阳民进思想宣传阵地，积极与民进中央、民进四川省委会、资阳市政协、中共资阳市委统战部思想宣传（信息宣传）部门进行汇报工作、沟通对接，争取对资阳民进思想宣传和信息宣传工作的关注、关心和支持。2023年，中国民主促进会官网用稿7条；民进四川省委员会官网及微信公众号用稿30余条；资阳市政协官网用稿20条；中国共资阳市委统战部（“资阳统战”微信公众号）用稿12条。资阳民进声音不断拓展，会员风采不断展现。

【参政议政】 围绕推动成渝地区双城经济圈建设、成资同城化发展、“三件大事”、“三大会战”和“N项改革”等国省战略部署和中共资阳市委、市政府中心工作，深入调研，通过党派协商、政协协商，积极建言献策。2023年，民进资阳总支共撰写社情民意22篇，提交省委会16篇，提交市政协4篇，提交区政协2篇，其中吴承祥《关于小学生书包重量的调查》、袁媛《浅谈减轻小学生书包重量的探究》、彭佳慧《关于进一步加强消防安全工作的建议》和《为加快中小城市发展，建议推动中小学生在校午餐》4篇被省委会采用。民进资阳总支共撰写提案19篇，其中市政协立案6篇，区政协5篇，2篇提案转市级相关部门进行办理，1篇提案获得市政协优秀提案表彰。市总支主委刘林在市政协常委会上作题为《关于站位国省战略发挥交通优势勇担成渝中部崛起先行官的建议》的发言，转市委、市政府专题研究，其牵头起草的《关于推动城东新区“店开门、房住人”行动的调研报告》获市委常委、区委书记焦杨肯定性批示，转区委、区政府和相关部门研究吸纳，提出的30余条建议中，10余条已转化落实；副主委谭昶围绕做大资阳制造业出口在市政协联组会上作口头发言，受到中共市委书记元方肯定性书面批示。参政议政部赴遂宁市船山区、重庆市大足区就社会保障体系中基本养老保险事业发展情况深入调研，形成《关于基本养老保险事业发展情况的调查报告》。通过座谈、走访、调研等形式，形成《关于推动资阳高校与地方经济社会融合发展的建议》调研报告，在市委统战部组织的党派协商会上进行建议发言。联动资阳市雁江区各民主党派就资阳食品饮料产业发展开展调研，并形成《关于推动企业用工及原材料本地化，助力雁江“三化联动”协调发展的建议》，强力助推当地经济发展。

【社会服务】 2023年，民进资阳市总支通过不断丰富社会服务内涵，创新方式，充分发挥会员的自觉能动性，开展送温暖送服务等多种形式的社会服务。2023年春节，民进资阳市总支走进乐至县高寺镇清水村开展“春联万家·奔赴新征程”活动，现场为村民书写春联、“福”字200余副（幅）；走进雁南社区举办“唱响爱国之歌　声乐课堂进社区”公益培训，丰富社区居民业余文化生活；前往雁江区堪嘉镇弥陀村开展“慰问送温暖、关爱助成长”志愿服务活动，向村小学生送教育、送学习用品，前往乐至县高寺镇清水村，慰问家庭经济困难的学生，让其感受社会温暖，鼓励其回报社会；走进雁江区公路机械化应急保通中心，组织开展“夏日防中暑、送清凉宣传培训”主题活动，为公路保通中心一线职工送降温解暑品，为其进行“夏日防中暑”知识培训；走进雁江区小院镇李子村共同开展“普法宣传进乡村”活动。

农工党四川省委直属资阳市总支

【思想建设】 按照统一战线要求，全年把开展“凝心铸魂强根基、团结奋进新征程”主题教育贯穿工作始终。组织农工党员举办学习中共二十大和农工党十七大精神心得体会演讲比赛；参加农工党省委举办“同心跟党走·奋进新征程”主题演讲比赛；精心排练《牢记“五一口号”，坚定信念跟党走》诗朗诵等文艺节目，参加市委统战部举办的纪念中共中央发布“五一口号”75周年大型文艺演出活动；组织骨干党员到德阳市中江县所在的中国农工民主党四川革命活动史料陈列馆暨中国农工民主党党史学习教育基地、黄继光纪念馆参观学习。农工党资阳总支主委、市政协副主席倪勋组织举办“主委讲党课”活动，组织参加以“风雨同舟守初心　砥砺前行展风采”为主题的系列讲座。邀请农工党四川省委原专职副主委、一级巡视员夏华祥开展党史学习教育专题辅导。7月11日，农工党四川省委会主委、省人大常委会副主任何延政调研农工党资阳市总支“凝心铸魂强根基、团结奋进新征程”主题教育工作。

【组织建设】 农工党资阳市总支的直属关系由直属农工党四川省直工委提升为直属农工党四川省委。2023年2月，农工党资阳市总支雁江区支部成立，建立“农工党之家”。截至2023年底，农工党资阳市总支共设一、二、三、雁江支部4个支部，新发展6名党员，共有农工党员120人。医疗卫生单位62人，人口资源、生态环境界别8人，机关行政事业单位26人，经济界别7人，教育界别9人，新的社会阶层人士8人。四川省政协委员1人、资阳市人大代表2人（其中常委1人）、市政协委员13人（其中市政协常委2人）。

【参政议政】 倪勋在市委党外人士协商座谈会上就《关于全面构建科技人才体系推动资阳创新驱动发展的建议》作交流发言。总支在市政协五届二次全会上作题为《关于借势聚力，打造资阳市艺体特色品牌高中的建议》大会发言，提交集体提案8件，其中《关于规范档案整理外包服务提升档案管理水平》被市政协评为优秀集体提案。参加市政协城建资环委资观监督，提交《关于规范城区二手家具经营的建议》等监督性意见3篇。田芳撰写的《进一步优化民主党派在人民政协履职的要素保障浅析》获农工党省委理论与党史研究优秀成果三等奖，蔡娟撰写的《浅析做好新市民统战工作的方法和路径》获农工党省委理论与党史研究优秀成果优秀奖。

【信息宣传】 向农工党中央、四川省委，中共资阳市政协、市委统战部报送各类信息稿件26篇。其中倪勋主委撰写的《继承优良传统　携手奋进新征程》获农工党中央《前进论坛》“风雨同舟向前进　团结奋进新征程”主题征文优秀奖，《何延政调研农工党资阳市总支“凝心铸魂强根基、团进奋进新征程”主题教育工作》在省委统战部主题教育简报第15期专题刊发，《迢迢大凉山　浓浓支教情——农工党资阳市总支雁江支部党员张艳彬的支教故事》等6篇信息被农工党四川省委网站采用，《农工党成都市委会、农工党资阳市总支联合开展乡村振兴调研》等8篇信息被资阳市委统战部采用，《关注居民身心健康　爱心义诊进社区》等8篇新闻稿件被资阳市政协网站采用。

2023年，农工党资阳市总支在重阳节开展送健康进社区活动（农工党资阳市总支　供图）

【社会服务】“五一”节前夕，副主委程蔚然带领市第一人民医院党员到基层开展“粉红丝带，关爱女性，乳癌筛查”义诊及健康宣讲活动。三支部组织市精神病院的党员医生到雁江区资溪街道雁南社区开展“关注居民身心健康 爱心义诊进社区”公益活动。端午节，二支部组织市疾控中心的党员赴莲花街道办事处观音阁社区，开展以“浓浓端午情 健康进社区”为主题的健康知识普及活动，捐赠药品价值5000余元。环保日，雁江支部组织开展“乐享雁江 低碳骑行”活动，宣传绿色低碳的健康生活方式。中秋节，党员张平安向资阳市福利院老人送去价值5000元的爱心物资。九九重阳节，总支与市政协办公室联合，组织第一人民医院、市社会福利院、市疾控中心的党员到书台雅居小区为社区老人开展义诊健康服务活动。慈善日，农工党员参加市委、市政府组织的公务人员慈善一日捐活动，捐资8000余元。

【荣誉奖项】农工党资阳市总支一支部被农工党四川省委表扬为“2023年度先进集体”，田芳、张莉、蔡娟被农工党四川省委表彰为“2023年度先进个人”。杨天林被资阳市政协评为2023年度“同心共建现代化·资政有为”专项行动成绩突出委员，田芳、张平安、戴传强被资阳市政协评为“书香政协·文润资阳”委员读书活动“读书之星”，文雯、蔡娟被资阳市政协评为“优秀履职委员”。

九三学社资阳市委员会

【概况】2023年，九三学社资阳市委会按照社省委、市委统战部的安排部署，抓实思想政治建设，认真履行参政党职能，完成“乡村振兴实践基地”“社员之家”两个活动基地和阵地建设；全年发展新社员12人，全市社员总数增至156人，社员年内职务职级职称晋升16人、19次，获得各级表彰34人、68次，其中：丁雪获得社中央“九三学社组织工作先进个人”表彰，舒洁获得“四川省三八红旗手”表彰，游文盛获得2023年度“同心共建现代化四川”先进委员表彰。

【主题教育】按照社中央统一部署，开展主题教育工作，邀请社省委领导到资阳作主题教育宣讲1次，组织集中学习10次，文艺演出2次，辩论赛1次，开展考察活动6次，撰写并报送简报信息12篇，被省、市采用12篇，主题教育取得丰硕成果。

【参政议政】围绕省、市中心工作，组织召开各类课题项目专题研讨会4次，向社省委报送并被采用社情民意信息共8条，主委刘廷安撰写的《持续优化“大”“小”企业竞争环境 提升中小民企发展信心》建议获省委副书记、省长黄强肯定性批示，并被中共中央统战部《零讯》采用。邀请九三学社中央组织建设研究中心主任戴晓雁一行到资阳开展调研；各基层组织开展调研活动5场次；5名社员荣获市政协“2022年度履职优秀委员”称号，6名社员获评市政协“助力脱贫攻坚、助推乡村振兴”先进个人。社市委主委、副主委多次代表社市委参加党外代表人士座谈会、重要人事协商会、情况通报会等，提出了高质量的意见建议。市政协五届二次会议集体提案立案7件，委员个人或联名提案立案24件，提出个人高质量意见建议27条，其中集体提案《关于加强中心城区立体过街设施规划建设的建议》被确定为市政协2023年度重点提案和全市唯一主席会议督办提案；2件个人提案被市政协评为优秀提案；丁雪获市政协“金点子”表彰。主持（参与）完成课题5个，其中国家级课题1个，省级课题3个，被市社科联立项1个；课题论文获得国家级征文奖励2个；在核心期刊发表10篇，被九三学社四川省委会采用4篇。

【社会服务】开展慈善捐赠、志愿服务等志愿服务活动13场次，捐款捐物总值3万余元，参与社员200余人次。联合四川省资阳强制隔离戒毒所开展系列禁毒宣传活动8场次，派发宣传资料一万余份、宣传品500余份，受众师生达12000余人，2篇禁毒工作报道被《团结报》刊载。

【长江流域生态环境保护民主监督】 组织市、区两级相关社员专家召开专题学习讨论会1次，参加全市全覆盖农业面源污染防治督导1次，发现问题2个，并整改到位；开展化肥农药减量培训12场次。在九三学社中央长江流域环境保护监督工作视频推进会上作交流发言。经验信息《“125”分步走 创新资阳长江生态环境保护民主监督工作新方法》被市委统战部和社省委网站采用。

【新闻宣传】 全年撰写报送人物通信、工作简讯、经验信息等60篇，其中国家级纸媒刊发8篇、国家级媒体网站采用7篇、省级媒体网站采用信息54篇、市级媒体网站采用信息40篇。社市委网站被九三学社中央评为“全国（地级市）十佳网站”。

资阳市工商业联合会

【概况】 2023年，资阳市工商业联合会（商会）坚持以习近平新时代中国特色社会主义思想为指导，认真贯彻落实中央、省委、市委和省工商联决策部署，紧扣“两个健康”工作主题，按照“4321工作法”和“四聚焦四促进”工作思路及年度工作要点，建立责任清单，月度跟进问效，各项工作取得了较好成效，先后获得全国民营企业调查点先进单位、省政协“同心共建现代化四川”专项行动先进单位等国省市荣誉9项，获得省工商联和市委、市政府主要领导肯定性批示5次。截至2023年末，有直属商会4个、异地商会10个，全市工商联系统有会员4378个。市工商联（商会）有执委69名、常委29名、副会长10名、副主席12名、主席（会长）1名。

【政治引领】 组建市工商联“联心向党”宣讲团，到商（协）会、民营企业开展宣讲110余场次。建立党建联络员制度，推行民营企业家党员积分制管理，指导所属商（协）会开展党建联建共建活动11次。在“资阳观察”APP开设“资商风采”栏目，刊发商（协）会和民营企业家先进典型事迹18期，3名优秀民营企业家荣获四川省第四届优秀中国特色社会主义事业建设者称号。深入实施“万企兴万村”行动，全市有705家民营企业、商（协）会与333个村结对共建，实施兴村项目743个，累计投入到位资金18.09亿元，解决就业2172人。

【促进民营经济健康发展】 开展市委统战部部长与民营企业家沟通协商“面对面”6次、“民营企业之家”接待日活动4次，累计接待民营企业家230余人次，收集交办问题诉求及意见建议42条。对接拜访省工商联副主席（副会长）企业13个、行业商（协）会3个，成功引进浙江玉安康瑞脑健康软件生产项目和成都标杆电器电力装备智能制造基地落户资阳。联合宣传解读《中共中央、国务院关于促进民营经济发展壮大的意见》和省促进民营经济发展“1+2”政策体系等内容，推送支持民营经济发展政策及解读46批次，覆盖民营企业家7300余人次。制定《市工商联关于大兴调查研究的实施方案》，组织开展上规模民营企业、绿色发展、品牌价值、社会责任、用工情况等调研，撰写调研报告6篇、社情民意13篇、大会发言2篇。

【促进民营经济人士健康成长】 举办“民营企业家大讲堂”5期，荣获“川商云课堂”第一学年优秀班级，1名民营企业家被评为学习标兵。健全完善民营经济代表人士数据库，制定企业家副主席、副会长述职办法，动态掌握履职情况。深入实施市工商联企业家执委关爱行动，在生日、因病住院和特殊困难时，送关爱、送温暖，累计慰问58人次。制定统战部、工商联领导班子与民营经济人士联谊交友制度，与市工商联企业家常委开展全覆盖谈心谈话。深化四方联动机制，建立健全涉案企业合规第三方监督评估运行机制，联合开展民营企业法治体检20余次，送法进企业30余次，企业个案维权3件。

【自身建设】 召开商（协）会工作座谈会，成立市鞋服产业商会，市口腔医疗产业协会、安岳鞋服商会被认定为全国“四好”商会，指导成都、北京资阳商会做好换届工作。完善市领导联系商（协）

会制度，5名市领导对14个商（协）会开展常态化联系，对成都、重庆两个异地商会进行调研走访。指导雁江区、安岳县、乐至县成功创建全国“五好”县级工商联，实现全市全覆盖。大力发展直属会员，全市工商联有会员4378个。举办读书班、开展调查研究、检视整改问题，深入开展学习贯彻习近平新时代中国特色社会主义思想主题教育。接受市委五届三轮常规巡察，24个巡察反馈问题已全部整改到位。与吉林市、双流区、旺苍县等地工商联开展互动交流，与眉山市工商联开展互学互促活动，定期开办“微党课人人讲”“工商联干部微讲堂”，举办“民营经济专题讲座”，切实提高工商联干部的能力水平。

群众团体 >>>

资阳市总工会

【工会组织建设】 资阳市总工会强化互联网思维，完成“川工之家”APP资阳频道一期建设，搭建了区县频道、普惠活动、便民服务等多项功能模块，6月29日正式上线运行。利用“川工之家”APP资阳频道推动工会业务上网、服务上网、活动上网，发布信息1749条，累计阅读量737万人次，开展网上活动149个，活动浏览量近597万人次。搭建驻外商会建会平台，通过与属地工会、商会构建三方联动体系，助力市本级10个驻外商会建立工会组织，工作经验信息获省委常委、省总工会主席赵俊民肯定批示。持续推动新就业形态劳动者建会入会工作，新就业形态劳动者会员达到5.12万人。实施外资企业建会专项行动，推动单独建会3家，建立行业工会联合会1个，覆盖外资企业1家，通过“兜底建”覆盖外资企业10家，构建建会入会全覆盖组织体系。深化百人以下25人以上企业建会专项行动，百人以上企业建会率97%，社会组织建会率85.5%。培育推荐省级职工之家阵地4个，培育命名市级十佳模范职工之家10个、市级职工之家示范单位10个。加强工会领导班子和干部队伍建设，深化工会干部教育培训，举办工会干部综合培训班2期，开展大讲堂1期。实施工会干部大学习、大调研、大蹲点三大行动，选派18名工会干部深入基层蹲点，工会领导干部带头到基层调研20余次，全面加强工会干部创先争优机制建设，打造一支“用心、尽责、高效、争先”的干部队伍。组织召开资阳市工会第五次代表大会，市委书记元方和省总工会党组书记、副主席宋开慧出席大会开幕式并讲话，选举产生了新一届市总工会领导班子。加强工会财务收支管理，开展财务资产监督管理工作，全面推行小额缴费企业工会经费返还政策，市县两级总工会预算绩效管理覆盖面超省总工会下达目标任务的10%。开工建设资阳市工人文化宫，督促推动县（区）工会阵地建设。统筹做好工运研究、资产管理、工会统计、工会信息、信访稳定、老干部服务、联系社区（村）等各项工作，实现工会工作全面协调发展。

【工会品牌建设】 坚持“围着企业转、盯着项目干”，策划举办“十万职工大练兵、大比武”劳动和技能竞赛市级活动34个、县级活动70个、基层活动1000余个。其中，承办红色文化创意传播省级一类活动1个，协办成渝中线高铁、成达万高铁、成德眉资轨道交通、川渝1000千伏特高压交流省级一类活动4个，主办潼资高速、鞋服产业、快递行业双城圈同城化市级重点活动3个，做到服务重大战略、重大项目、重大产业和重点企业。制定《资阳市劳模和工匠人才创新工作室评级标准》，实施创建市级劳模和工匠人才创新工作室倍增计划，培育命名31个。推荐评选全国五一劳动奖状、奖章、工人先锋号全国级2个、省级5个、市级143个。实施资阳工匠培育倍增计划，联合市人社局举办第四届“资阳工匠杯”职业技能大赛，选树命名“资阳工匠”37名。组织开展五一巾帼争创活动，推荐评选全国五一巾帼标兵1名，通报表扬五一巾帼标兵（岗）60个。牵头筹备召开全市产业工人队伍建设改革推进会2次，督促各县（区）和各成员单位一项一项画句号、交答卷。基本完成首批1家省级、14家市级试点工作，推荐确定第二批10家市级试点企业，纳入台账管理。省总工会《四川产业工人队伍建设改革专报》刊发信息2次、《四川工会信息》刊发信息2次，《资阳安岳县总工会突出劳模和工匠人才创新工作室“联盟”建设为产改工作增效赋能》获得省委常委、省总工会主席赵俊民的肯定性批示。

【职工权益维护】 广泛学习宣传贯彻新修改的《中华人民共和国工会法》《中国工会章程》等，纳入工会干部教育培训课程，多形式多渠道多层次开展宣传培训。坚持协调劳动关系三方会议制度，大力推行“两书”制度，联合开展企业用工管理、工资拖欠等专项检查。开展女职工普法宣传月活动，发放宣传册和宣传品3500份，接待咨询3000人次。邀请工会专家顾问律师到企业，举办女职工权益维护知识专题讲座3场。

全市国有（集体）企业、事业职代会（职工大会）、厂务（事）公开率达100%，建制率达100%，全市非公有制有制企业职代会（职工大会）、厂务公开建制率达97%。组织开展2023年资阳市集体协商“集中要约季”集中签约活动，雁江突出网约送餐行业集体协商，安岳、乐至突出快递行业集体协商。签订企业职工集体合同或专项集体合同560份，覆盖企业866家，覆盖职工（农民工）6.4万人，其中覆盖新就业形态劳动者总数2.7万人。深入推进“法院+工会+N”劳动争议多元化解工作，成功调解145起，帮助203名受援人，追回赔偿金700万余元。深化“城际联动、部门协作、上下贯通、线上线下结合”的维权服务体系，通过城际联动机制，依托驻外商会共建立农民工法律维权工作站11个。市总工会以“安康杯”竞赛为载体，统筹推进安全生产监督检查、“工具包”试点等群众性安全生产活动，规模以上企业参与率达90%以上。“工具包”试点工作在全省劳动保护工作推进会上作经验交流发言。线上线下持续开展“尊法守法·携手筑梦”服务农民工系列活动50场次，覆盖10万余人次。组织实施参与根治欠薪、平安返乡返岗等服务保障农民工七大行动。把维护劳动领域政治安全作为底线任务，党组会研究审定年度工作重点、签订目标责任书，组织全方位开展职工队伍稳定风险隐患专项排查化解，坚决落实“五个坚决”要求，努力做到“五个不发生”。组织召开领导小组会议1次、跨部门专班会议4次、机关内部“1+1+N”工作专班3次，协助成功处置“成都大运会”期间网约车司机舆情等事件。总体来看，全市职工队伍总体稳定、风险可控。联合网信、公安、人社、国安等部门，召开4次跨部门工作专班会议分析研判职工舆情。开展职工队伍稳定风险隐患专项排查化解工作，通过省总工会专项调研检查。

【困难职工解困脱困】 牵头承担省级民生实事，新建户外劳动者服务站点100个，实际新建158个，累计建成服务站点260个，提前超额完成任务，其中获评全国级最美站点2个，省级最美站点19个。拓展户外劳动者覆盖范围，打造筑友之家37个，快递小哥之家8个，司机之家5个。整合社会资源，策划推出了以“资工普惠　阳光实惠”为主题的系列普惠活动。坚持线上线下互动融合，实施普惠项目倍增计划，累计举办普惠出行—加油满减、普惠生活—工惠有约、普惠购书、助力乡村振兴直播带货、线上清凉礼包、关爱职工口腔健康知识讲座等80个活动，全市共投入资金338万余元，“川工之家”APP普惠活动浏览量共计390万余人次，同比增长49%。联合市人社局、市经信局等8个部门举办2023年“春风行动暨就业援助月”现场招聘会，举办线上线下招聘会31场次，发布岗位5.4万个，参与人数8.8万人，实现精准就业8000余人。争取到省总工会就业创业服务项目9个，到位资金53.64万元，覆盖全市460名转岗待岗职工、农民工等。坚持应建尽建，分层分类精准建立困难职工档案，实现动态管理。开展9349户已解困脱困职工动态监测，实施帮扶服务专项行动，通过动态监测，发现返贫10户，存在返困风险20户，临时困难3户，已及时更新建档并制定帮扶措施。争取到央财、省财、省总、市财等资金444.542万元，加大帮扶力度。广泛开展“金秋助学”系列活动，发放助学金69.4万元，同比增长113.5%，帮扶300名受助对象，同比增长143.9%。组织开展“放飞希望·绽放微笑”职工子女系列关爱活动，集中慰问200名新就业形态劳动者子女，开展各类慰问、主题活动等12场次，覆盖1000余人次。开展庆“三八”女职工慰问活动，组织开展女职工送关爱、送法律等活动覆盖女职工40万人次。组织开设职工子女公益托管班18期，服务职工子女7000余人次。做好职工婚恋交友服务，加强红娘队伍建设，开展单身联谊活动10场，其中规模达百人的2场。

共青团资阳市委员会

【青少年思想政治引领】 共青团资阳市委员会坚定以习近平新时代中国特色社会主义思想武装青年头脑，以基层团支部为单位扎实推进团员和青年主题教育，“4+1”学习全覆盖，“青年大学习”网上主题团课每周参学突破10万人次；创新打造“青马筑梦”理论宣讲品牌，50名青年讲师聚焦重大会议精神和青年成长奋斗开展主题宣讲140余场次，制作学习党的二十大等微视频60余条次，探索用“青言青语”宣传党的理论、讲好青春故事。联合《四川日报》资阳分社、资阳融媒体中心打造“新资Young·青力量”主题宣传、“红领巾小记者”主题实践品牌，围绕市委关注的重点领域创作推出《我在资阳造火车》《跨越十年的青春接力》《汇聚青春智慧，构建新时代宜居宜业的“幸福之城”》等原创宣传产品16期，《中青报》和“川报观察”APP每期刊播推送，全网点击量超过1000万人次。成功选树四川青年五四奖章获得者秦宝星、全省优秀少先队员钟一瑁、全国五四红旗团委宝莲街道团工委、全国优秀青年突击队国网资阳供电公司“大运保电”青年突击队等国省先进典型20余个。

【《青年发展规划》实施】 扎实推动《青年发展规划》落地实施，市县青年工作联席会议机制常态运行，青年发展政策逐步完善，资阳获批纳入“全省全域建设青年发展型市州”。系统打造服务青年成长发展的“青”字号品牌，建设运行留守儿童关爱“童伴计划”项目点83个，争取团省委支持30万元实施流动青少年宫项目，市县“七彩托管”成长营服务青年职工未成年子女2300人，“逐梦扬帆计划”提供大学生实习岗位2600个，“青创计划”为创业青年发放免息（优惠）贷款360万元，“青恋计划”服务青年人才交友联谊400余人次；“希望工程”成功争取中国青基会捐赠资阳市农村小学生运动装备2400万元、助学金100万元，“青聚计划”吸引2000余名青年参加第一届市直机关青年职工运动会，“创青春”川渝青年创新创业大赛荣获省级决赛铜奖1个、优秀奖2个，青年文明号、青安岗、青年岗位能手等作用持续彰显。试点建设未成年人心理驿站，提供心理咨询260余人次，深入学校举办心理辅导讲座14场次。

【服务大局】 围绕“三件大事、三大会战、N项改革”，联合发改、经信、国资等部门，在各领域组建70支青年突击队举办立功竞赛，近2000名青年骨干立足岗位，开展安全生产、岗位练兵、技术攻关、业务比武、劳动竞赛、创新创效等建功活动。聚焦乡村振兴，争取团中央青年志愿服务中心支持实施“凤栖资阳”、大学生“三下乡”志愿服务等项目20个，招募“西部计划”大学生129名赴乡村振兴重点乡镇志愿服务1—3年，开展“青耘中国”直播助农5场，组织300余名农村青年参加团中央“乡村伙伴计划”创业培训，组织参评四川省“我们村的年轻人”短视频征集大赛，获1个集体奖、2个优秀作品奖。助力基层社会治理，在全省率先建立市级“青年志愿服务培训基地”和高校志愿服务联盟，深入实施“青春志愿”五大品牌，注册青年志愿者突破20万人、服务时长累计达76万小时，青年志愿服务的贡献度和影响力显著提升。

【共青团基层组织建设】 持续推进县域共青团基层组织改革，县（区）团委按期规范换届，改革后团的编外工作力量增加1倍，组织密度增长51.4%，全国试点工作获省委目标考核加分，入选“中国改革2022年度地方全面深化改革典型案例”。聚焦“生存资源社会化”改革深化团企合作，借鉴产业招商思路举办2023年全市共青团重点项目（活动）推介会暨签约仪式，与邮储银行、中交地产等签约一批青少年发展项目，协议引资86万元。一体推进青联改革、青年志愿服务制度改革等重点改革，自我加压推动全覆盖成立县级青联，研究制定《资阳市全面推进青年志愿服务制度改革实施方案》，在非试点地区首次挂牌成立市级“青年志愿者行动中心”。认真落实“全团带队”政治责任，全面推进少先队改革，落实少工委“双主任”制度，系统推进“红领巾争章”“分批入队”“少先队社会化发展”等重点工作，持续打造党、团、队一体化育人链条，引领全市16.3万名少先队员学习中共二十大精神、争做好队员。

【共青团组织及团员】 2023年，全市共有14—35岁青年87.26万人，其中14—28岁青年55.79万人。全市有团员10.98万人，团青比19.68%。共青团资阳市委下辖县（区）团委3个、市直属团组织58个。全市共有基层团组织8203个，专职团干部24人，基层团干部10849人。

资阳市妇女联合会

【妇女思想政治引领】 开展巾帼大宣讲和“巾帼微宣讲”活动60余场次，发挥“巾帼风采”宣传团作用，宣传宣讲党的二十大精神，《习近平走进百姓家》《习近平关于妇女儿童和妇联工作论述摘编》和省委、市委全会精神等，线上线下覆盖群众30余万人次。开展“三八”国际妇女节系列活动，以市委、市政府名义发布“致全市妇女同胞的慰问信”，联合举办“共聚三八·共话幸福”主题女性素质大讲堂，市直机关举办庆“三八”女职工全民健身联赛活动等20余场次。深化“悦读·女性读书会”品牌，组织开展各类主题读书会，吸引10万余人次线上线下参与，活动信息陆续被“学习强国”学习平台、“中央广电总台国际在线”、“书香天府全民阅读”等10余家中央、省、市官媒宣传报道。创新实施“巾帼志愿阳光行动”项目，开展巾帼“助老护童”、生育关怀、未成年人保护等志愿服务活动20余场次，充分引导、调动巾帼志愿服务组织在关爱“一老一小”中发挥作用，助力全国文明城市创建。培育、挖掘、宣传各条战线、各行各业的妇女先进典型和优秀群体，查玉春获评全国三八红旗手，萧軼获评全国巾帼建功标兵，市人社局综合服务窗口等4个集体获评全国巾帼文明岗，于亚灵等5人获评省“三八红旗手”，朱红琳被追授为省“三八红旗手”，资阳市车城佳美物业有限公司亮剑团班组等2个集体获评省“三八红旗集体”。联合开展第五届“资阳妇女十杰”评选活动，高晓芳等10人评为第五届“资阳妇女十杰”。

【“乡村振兴巾帼行动”】 实施“乡村振兴巾帼示范基地”建设项目，在广泛征集和实地调研的基础上，确定8个基地为首批创建的资阳市“乡村振兴巾帼示范基地”，向省妇联申报并成功创建2023年度“四川省巾帼现代农业科技示范基地”1个。

【妇女创业就业】 实施“保用工、促就业、助发展”行动，将全市25家女性用工需求较大企业纳入重点联系清单，明确专人联系服务，组织妇女群众到企业参观，搭建用工企业和就业妇女沟通交流平台，服务企业用工需求，促进妇女就业增收。联合开展“春风行动”，主办、承办现场招聘会、直播带岗等活动30余场次，“线上＋线下”相结合为有就业需求的女性搭建就业渠道，解决妇女就业再就业难的问题。联合市场监管部门举办“女性和知识产权”主题培训，提升女性知识产权从业人员自主创新能力。深入高校举办“春蕾绽放　铸就梦想”女大学生创业就业服务活动、“星之火”女大学生就业综合素质提升精品班，引导女大学生树立正确择业观和价值观。深入家政企业、社区开展调研，了解资阳市家政行业发展现状，摸清家政服务行业发展中存在困难和问题。组织20名优秀家政企业负责人赴成都开展参观学习交流，提升企业经营管理能力。举办家政人员能力提升班，培育高层次家政服务人员。联合人社部门举办“送技能·促就业”巾帼家政培训班18期，培训800余人次，帮助困难女性提升就业技能。

【“美资美家”家庭教育】 举办“美资美家·星火传承”家庭教育提能培训班，邀请省内知名教育专家对近100名家庭教育指导师、心理咨询师、妇联干部、社会组织人员等进行提能培训。在安岳县青少年校外活动中心举办“关爱孩子成长　构建幸福家庭”大型家庭教育公益讲座，线上线下累计达20万人次参与观看。充分发挥市级家庭教育专家智库及幸福使者、晓柠姐姐、柠聚力女童保护、儿童管家、巾帼宣讲团的积极作用，深入村（社区）、学校、机关等举办“好的家庭教育从爱心开始”等中小型家庭教育讲座13场次，为有需求的家庭提供“一对一定”制服务。在端午、七夕等重要节点举办“粽香情浓”“金婚话回忆　爱要说出来”等家庭文明建设活动8场次，惠及500余个家庭。

【家庭教育公益服务】履行未成年人家庭保护牵头职责，协调相关单位报送月任务清单。启动资阳市家庭教育研究会的成立工作，完成组织构建和班子搭建，举办家庭教育公益讲座。组织召开资阳市未成年人家庭保护调研座谈会，共商优化未成年人家庭保护工作的策略措施，引导全社会注重未成年人保护和家庭教育。联合市中级人民法院、市民政局对一起涉及未成年人抚养费执行复议案件中的父母双方开展家庭教育辅导，指导父母履行监护责任。

【家风培育】用好陈毅元帅故里红色资源，开设红色研学路线，举办“陈毅家风故事”演讲比赛，创新开展红色诵读活动，在家庭中深入开展革命传统教育和红色家风教育，把对党忠诚融入家庭家教家风建设，引领广大家庭厚植家国情怀、传承红色基因。开展寻找“最美家庭”活动，评出市级“最美家庭”20户，文从珍家庭获评全国最美家庭，樊怀树等7户家庭获评四川省“最美家庭”。联合成都妇联开展“探寻廉洁家风·聆听耕读传承”家庭教育亲子研学活动，联合市纪委监委机关开展“清风相伴　见贤思廉”好风传家活动，引导党员干部廉洁修身、廉洁齐家。

【妇女儿童合法权益维护】在九曲河门户网设立“建设法治资阳　巾帼在行动”专栏，专栏浏览量达401.49万人次。将《中华人民共和国妇女权益保障法》纳入市政府常务会议会前学法和基层党校学习内容，督促相关单位履职尽责共同维护妇女合法权益。以宣传新修订的《中华人民共和国妇女权益保障法》为重点，举办“三八”维权周系列宣传活动、法律知识讲座等活动20余场次，覆盖1万余人次。联合开展“拒绝校园欺凌·我们一路同行”反校园欺凌主题直播暨视频教学课活动，线上线下覆盖20余万人次。争取“中央专项彩票公益金”法律援助项目，对相关案件补贴法律援助办案经费。充分发挥资阳市妇女儿童维权服务中心“李红梅”工作室的作用，帮助女职工维护其在劳动、生育等方面合法权益。做好婚姻家庭矛盾纠纷及安全隐患排查，主动排查发现线索隐患9条，其中涉及未成年、精神智障、残疾等特殊群体女性4条，妇联干部参与调解处置婚姻家庭纠纷60件次，联动处置婚姻家庭矛盾纠纷15件次。召开资阳·大足一体化推动边界地区妇女儿童维权工作专题会，两地妇联签订一体化推进妇女儿童维权工作合作协议并为首批川渝两地妇女儿童维权站授牌，维护边界毗邻地区社会和谐稳定。联合成德眉妇联开展“成德眉资同城协作　巾帼维权共创平安”行动，分享解读妇女儿童维权优秀案例，并签订合作意向书。

【妇女儿童关爱帮扶】做好“两癌”防治救助工作，实施低收入妇女“两癌”救助项目，为128名符合救助条件的患病妇女每人发放1万元的中央专项彩票公益金。协调厦门万泰沧海生物技术有限公司捐赠价值约100万元的国产二价HPV疫苗，分3年实施，为困境妇女和困境高中生免费注射。顺利完成农村适龄妇女免费“两癌”筛查任务2万名。协助卫健部门实施在校适龄女孩HPV疫苗接种项目，完成在校初中女生接种。争取中国妇女发展基金会项目500万元，为安岳县妇幼保健院争取到“母亲健康快车”1辆（含车载设施设备共价值25万元），极大地方便基层医疗机构深入偏远农村地区为留守妇女儿童提供更加专业化的健康服务。在全市摸排唇腭裂患儿37名，纳入中国妇基会“母亲微笑行动”救助计划。做好关爱慰问工作，举办女性健康知识专题讲座、义诊、发放健康包等活动30余场次，增强女性健康管理意识。开展走访慰问，为贫困妇女、女农民工、留守儿童、困境儿童、老党员等送去慰问品和慰问金。在寒假、暑假期间联合团市委、市总工会、市教体局、市机关事务管理局共同实施“七彩假期”少年儿童公益托管，解决职工后顾之忧。

【妇联改革和建设】持续深化妇联组织建设改革“破难行动”，

召开资阳市妇女第五次代表大会，选举产生市妇联新一届领导班子，指导雁江、安岳妇联完成换届工作，配齐配强市、县（区）妇联班子。持续推进“两新”组织和新业态、新领域妇女组织建设，“两新”领域妇女组织覆盖率达90%，与快递员、外卖员、货车司机、网约车司机的行业主管部门联系协作，以“党建带妇建”延伸妇联组织手臂，实现“有形”和“有效”双覆盖。利用“妇女之家”“妇女微家”面向广大妇女群众举办普法宣传、亲子活动、阅读活动、手工制作、才艺展示、健康知识讲座、志愿服务等群众喜闻乐见的活动，充分用活基层阵地。广泛宣传发动全市党政机关、事业单位、国有企业以及有关行业协会、企业等推荐女性经营管理人才、女性专业技术人才和女性农村致富带头人3类优秀女性，成功建立拥有2685人的女性人才库，为妇联组织精准引领服务各类女性人才奠定基础。深化与“学习强国”学习平台（四川学习平台）、资阳融媒体中心、九曲河门户网等主流媒体、新兴媒体的合作，持续扩大妇联“朋友圈”。着力加强网上妇联建设，强化“正能量”引导传播，市妇联全年共发布微博、微信318条，累计阅读量达105.22万余人次。省妇联幸福女性、《资阳日报》、资阳网等媒体报道相关信息30余条次。

资阳市科学技术协会

【概况】2023年，资阳市有科协组织4个，其中市级科协组织1个，县级科协组织3个。全市建有省级专家站1个、市级专家站20个；省级科普共享基地28个、市级科普教育基地13个。全市有学（协）会、高校科协、企业科协等涉及自然科学、技术科学、工程技术类等众多基层组织。有智慧科普传播员队伍、科普志愿者队伍、科普报告团、“科技之梦”宣讲团、农民科普讲师团、畜牧科普专家队伍、青少年科技辅导员队伍等各层面科技工作者3000余人。2023年，市科协先后被中国科协评为“2023年全国科技工作者日活动科学家精神弘扬优秀组织单位”“第三十七届全国青少年科技创新大赛基层赛事优秀组织单位”；被省科协评为“2023年全国科技工作者日活动优秀组织单位”“首届科创会示范科创项目优秀组织单位”“第三届天府科技云服务大会成效突出组织单位”。

【科普队伍建设】持续开展“全国科技工作者日”系列活动，评选蒋再文等10名资阳市“最美科技工作者”，召开新闻发布会及慰问座谈会。组织科技工作者参加音乐思政课；举办青年科技工作者沙龙、青年科技工作者联谊。围绕科学家精神进校园主题，市县区联动举办科普讲座、公益编程课课程分享、创客教室捐赠等活动24场。培育科技人才，推动设立“资阳市青年科技人才奖”“资阳市青年科技人才托举工程”。联合医学会开展医学科学课题项目申报，推荐科技工作者参加全国全省学术活动，组织优秀人才申报2023年“天府青城计划”；举办第七届资阳市乡土人才创新创业大赛，表扬乡土人才15名，推荐长寿柑橘协会入选全国百强农技协、蒋坪平入选2023年中国农技协百强乡土人才。引入四川省机械工程学会理事长办公会暨装备制造产业转型升级研讨会在资阳召开，扩面宣传推介资阳产业，促进科技产业集聚融合发展。

【助力创新驱动】瞄准装备制造、智能制造、电子信息等战略性、关键性领域，在创新资源链接、科创项目推广上持续发力。2023年，天府科技云累计注册科技工作者4.2万人、企业4044家，累计提供“保姆式”服务1.07万单，发布企业需求1.3万条，促成项目合作1554单；委托科研项目98项，实现承接成交25项。组织企业参加“科创会”，遴选614个科创项目参会，入选省级发布11项，通过云展厅、举办资阳市重点科创项目路演2场，进行线上线下推介。5家省市级媒体对中车资阳机车、雁江区人民医院、希晨再生资源公司、资阳市人民医院、乃康科技公司等进行专访。大会集中签约8项，现场达成合作意向8项，后续跟进促成5项。中车资阳机车“中国首列齿轨列车（电客车）的科学研究”获首届“科创会”示范项目，2项成果入选“天府大道科创走廊十大科技成果”。联合市委组织部开展“院士（专家）问诊团·科技赋能资阳行”活动，邀请41位专家团队为77家企业“问诊把脉”，开展校企座谈25场，提供科创服务89项，促成合作签约11项。举行高质量发展大会，邀请陈维荣等3位院士及20余位专家教授、110余位成都资阳企业家代表参会，3位院士聚焦资阳市产业发展作主题报告，12家单位签署产学研合作协议。加强院士（专家）工作站建设和管理，授牌第七批市级站，组织第八批市级站申报评选命名，建立省级专家站1个、市级院士（专家）工作站20个。

【科普宣传阵地建设】 推进省级试点，主动承接省科协智慧科普传播体系建设试点工作，建立健全乡镇（街道）科协89个、配备基层“三长”398名、村（社区）智慧科普传播员1229名，完成晏家坝村、拱桥社区、431社区智慧科普阵地打造，推动全省智慧科普工作推进会在资阳召开，试点工作得到省科协肯定。8名智慧科普传播员被评为2023年度省百佳智慧科普传播员，天府科技云累计精准科普服务群众250.3万人，精准科普服务量1665.8万人次。认真落实《全民科学素质行动规划纲要（2021—2035）》《四川省全民科学素质行动实施方案》，牵头制定资阳市全民科学素质行动任务分工表，以市政府1号文件形式印发。召开全市全民科学素质工作领导小组2023年联席会议，研究部署工作。聚焦全国科普日等节点，举办首届“典赞·科普资阳”“科技创新、强国有我”互动体验、柠檬种植技能大赛、口腔健康知识讲座义诊等活动80余场次，线下惠及群众5000余人，线上累计浏览人数达百万人次，7项活动、2个单位获评中国科协2023年全国科普日优秀活动、优秀组织单位。“资阳市科普游学”品牌入选10个具有影响力的四川科普品牌活动，5件作品入选科普创作行动百佳作品。加强科普基地、示范学校、社区（农村）科技馆等阵地建设，向安岳县龙台镇等5个全国文明村镇捐赠一批科普器材、科普书籍，指导打造5个市级科普教育基地，有省级科普共享基地28个、市级科普教育基地13个。推荐资阳中学入选中国科协2022年“科创筑梦”助力“双减”科普行动优秀单位，资阳市应急消防科普教育基地入选10个工作成效突出的四川科普共享基地，乐至僵蚕科普教育基地被认定为2023—2027年中国农村专业技术协会科普教育基地。

【青少年科学教育】 第37届四川省青少年科技创新大赛、第21届青少年机器人竞赛两项省级大赛落地资阳，全省21个市（州）的5000余名青少年、科技辅导员等齐聚资阳，进一步扩大了资阳城市影响力。省青创赛中19个科创项目获奖，全国青创赛中2个项目喜获科技辅导员一等奖、“全国十佳优秀科技辅导员”和学生作品二等奖；省机器人竞赛85项获奖，其中一等奖29个、二等奖33个、三等奖22个、单项奖1个。举办第6届资阳市青少年机器人竞赛，5235名学生参赛，1050名学生获个人奖，3个单位获优秀组织奖；3所学校获最佳训练团体奖，11名教师获优秀裁判奖；14名教练员获优秀教练员奖。组织第24届资阳市青少年科技创新大赛，340项作品参赛，39个作品参加终评答辩，推荐30个作品参加省青创赛、20个作品参加省科学体验调查活动。举办第6届青少年科技创新成果市长奖颁奖典礼，邀请陈鲸、付小兵2位院士视频寄语，乐至中学吴睿等61项作品（个人）和20家单位获得“市长奖”，给予获奖作品25.4万元奖励，现场直播观看43.44万人次。组织科技教师参加专题培训，举办机器人教练员培训会、科技创新培训会等活动。邀请“两弹一星”功勋科学家黄玮禄之女、中国科协科学家精神报告团主讲成员黄道群，科幻世界想象力课程编辑、省网络作家协会泽泽老师，电子科技大学软件学院双创中心主任李贞昊教授，第37届全国青科创“十佳优秀科技辅导员”叶智老师等“科普大咖”走进校园，举办科普大篷车、科学家精神进校园、科普游学、高校科学营、科普讲座等活动20余场次，5000余名师生受益。

资阳市归国华侨联合会

【区域合作】 2月23日，在重庆市大足区召开2023年大足资阳侨务部门联席会议，市侨联与重庆市大足区侨办、侨联，共同开展干部培训交流活动，助推双城经济圈建设。5月26日，承办2023年成德眉资侨联主席联席会议，四地侨联继续在共办活动、共享资源、共建平台等方面深入交流合作，共促同城化发展。5月30日，成德眉资侨联在简阳共同举办“侨见双城·共享机遇”主题活动，与一批海内外侨商侨领及兄弟市（州）侨联及新侨联谊会负责人建立友好联系。10月20日，市侨联主席江雄赴重庆市参加2023年川渝侨联联席会议并作交流发言。12月19日，成德眉资侨联在成都市新津区共同举办“侨胞之家”建设现场会暨非遗文化交流活动。

【服务发展】 印发《资阳市侨办、侨联助推经济发展七条措施》，从助企维权、涵养侨务资源、助推重点产业发展等7个方面优化营商环境，助力资阳经济高质量发展。承办2023“一带一路”华商峰会侨商资阳行活动，推出重点投资项目74个，邀请来自31个国家和地区的侨商侨领赴资阳开展项目投资考察。助力1.2亿元的侨资项目“四川正大（雁江）凤凰种猪场建设项目”签约落地。

【为侨服务】 开展“走基层送温暖”活动，慰问困难归侨侨眷、重点侨界人士125户，发放慰问金、慰问品价值5.58万元。安岳县侨联组织侨界志愿者服务队联合岳城街道城南社区卫生服务中心和相关爱心企业到安岳县白石村开展“侨心有爱”义诊志愿服务活动。乐至县侨联组织5位医生到石佛镇荣家沟村开展“同心送健康　助力乡村振兴”义诊活动。市侨联与市检察院共同印发《关于建立“检侨合作”常态化联络机制切实维护涉侨权益的通知》，建立资阳市县两级“检侨合作”工作机制。雁江区侨联组织陈华科中医诊所到九曲河社区开展义诊活动，为居民普及中医保健知识，提供免费中医诊疗服务。在雁江区向阳社区和四三一社区侨胞之家组织开展“粽情端午·乐满侨家”专题活动。市侨联指导侨企资阳精工机械有限公司获四川省第三届“汇侨兴川”贡献奖科技创新奖。

【组织建设】 2月16日，资阳市侨联被四川省侨联表彰为2022年度选树典型基层侨联组织，雁江区向阳社区“侨胞之家”被四川省侨联评为2022年度选树典型基层“侨胞之家”。市侨联指导雁江区召开第二次归侨侨眷代表大会，选举产生新一届区侨联领导班子。同日，召开市侨联二届四次全委会议，学习传达中央、省、市系列重要会议精神，总结2022年工作，研究部署2023年工作。市侨办、市侨联、市人大民宗外侨委、市政协民宗外侨委召开“四侨”联席会议，共同建立“四侨联动”机制。雁江区向阳社区“侨胞之家”成功申报中国侨联侨胞之家建设项目，雁江区四三一社区“侨胞之家”、安岳县奎安社区“侨胞之家”、乐至县南街社区“侨胞之家”成功申报四川省侨联“侨胞之家”建设项目，雁江区向阳社区“侨胞之家”成功申报四川省侨联“连心侨·维护侨益”建设项目，争取建设资金4万元。9月1日，在全国第十一次归侨侨眷代表大会上，雁江区侨联专职副主席李康远被中国侨联表彰为“全国侨联系统先进个人”，乐至县侨眷谢北燕被中国侨联、国务院侨办表彰为“全国归侨侨眷先进个人”。

【联络联谊】 市侨联邀请省侨商投资企业协会副会长李蓉一行到乐至陈毅故里“中国华侨国际文化交流基地”开展文化交流考察。邀请省侨商联合会副会长杨丽参加2023年“资阳乡情”恳谈会，为资阳建设建言献策。接待资阳籍香港同胞何俊英和美籍华人杨迪，开展海外联谊。

资阳市文学艺术界联合会

【概况】 2023年，市文联及市

级各文艺家协会团结引导广大文艺工作者始终坚持以人民为中心的创作导向，组织举办展现资阳“新征程、新气象、新变化”采风创作系列活动、“秋韵资阳·诗意雁江”文学采风创作活动、“礼赞新时代　奋进新征程——‘新华文轩杯’资阳市第四届书法篆刻刻字展览暨教师书法篆刻展览”、资阳市“爱在资阳　美在文明”主题摄影比赛、“资阳市第二届中青年美术作品网络展”等专题文艺采风创作和赛展演活动，涌现出歌曲《信念》《这里花开等你来》、舞蹈《梦霓裳》《放歌新时代》、小品《王二娃的家事》、文艺评论《对时代的深情表达和现实回响》、组诗《九曲河谷》、书法《欧阳修〈秋声赋〉》、美术《通灵大峡谷》、摄影《云端喜闻稻花香》《幸福农家》《家乡如画》《抛捧花》、川剧小戏《少年陈毅》等一批思想性和艺术性俱佳的文艺精品。

【采风成果】 开展资阳市文联展现资阳“新征程、新气象、新变化”采风创作系列活动，拍摄纪录片2部，出刊一期纪念特刊，形成一批融媒体产品，《星光资阳》《星耀普州》《这里花开等你来》等文艺作品一经推出全网阅读点击量迅速达到200万余人次。出刊《资阳人》第二期纪念特刊，刊登高质量原创文学作品40余篇，鼓舞、凝聚加快建设成都都市圈现代化产业新城和成渝地区中部崛起示范区的信心和力量。

【摄影大会】 与四川省摄影家协会共同主办四川省第二十届摄影大会，四川省21个市州摄影家协会会员130余人齐聚资阳，通过学术交流、线上线下摄影展、摄影采风创作、摄影培训、摄影比赛等形式，聚焦成都都市圈现代化产业新城和成渝地区中部崛起示范区建设中资阳经济社会发展取得的历史性成就、发生的历史性变革，展现资阳人文风貌。高效务实、暖心细致的大会受到省文联、省摄协和市州摄影家的广泛好评，给大家留下深刻的印象。

【文艺组织延伸】 建强机关、企业、高校、乡镇、社区文艺组织，在公安、住建、城管、电力、移动、高校等系统建立工作委员会和机关艺术团，向市公安局、市住建局、资阳移动、资阳天立学校等18个首批成立的文联工作委员会单位授牌，组织各系统工作委员会和艺术团参加工作业务培训会，指导各系统工作委员会和艺术团开展各类文艺活动，受到广泛好评。

【文艺培训】 精心举办资阳市文联中华优秀传统文化艺术传承系列培训开班仪式，举办音乐、舞蹈、摄影、美术、剪纸培训等50余期，邀请国省名家举办中国画的写生与创作、二胡专题讲座等专题提升培训，要求参训学员把培训成果转化为创作成效，积极探索资阳文艺精品创作新思路。5名会员成功加入国家级协会，国家级会员总数已达67人。丁鲁川草书《欧阳修〈秋声赋〉》入选四川省文联2022年度“百佳推优”工程。

【文艺创作展示】 组织开展“秋韵资阳·诗意雁江”文学创作、采风、改稿活动，邀请《剑南文学》《草地》《贡嘎山》3家四川文学杂志社主编、编辑对资阳34名作者近百篇（首）小说、散

2023年12月21日，资阳市文联中华优秀传统文化艺术传承系列培训（21期）之中国画的写生与创作活动举办（资阳市文联　供图）

文、诗歌、文学评论中部分作品进行现场重点点评，加强编辑者和创作者面对面的沟通交流，更好激发基层文学创作的积极性，更好提升文学爱好者的创作水平。与市教体局联合主办“礼赞新时代 奋进新征程——‘新华文轩杯’资阳市第四届书法篆刻刻字展览暨教师书法篆刻展览”，展出优秀作品25件、入展作品87件、特邀作品8件。举办“资阳市第二届中青年美术作品网络展”，激励青年艺术家积极投身于美术创作，为培养美术新人、搭建艺术平台。与市文明办共同举办资阳市“爱在资阳 美在文明”主题摄影比赛，评选出32幅入选作品，助力全国文明城市创建。

【文艺活动】 举办“百花绽芳华·礼赞二十大”文艺宣讲进社区暨迎新春文艺惠民志愿服务活动，向居民赠送春联、“福”字，学习宣传贯彻党的二十大精神，赠送春联1000余副，传递党的声音，营造浓厚节日氛围。主办“五粮春”杯首届迎春艺术摄影展，展出74件获奖入展作品，吸引1万余名市民观展。承办“一起向未来”资阳市与四川音乐学院临空经济区校区（美术学院）画展，线上线下展出100幅美术作品，以美术的形式展示资阳城市变化，深情表达对家乡的热爱，点击量超9万人次。承办2023年资阳市党的二十大精神进万家广场文化活动周戏曲文艺展演专场、民间文艺展演专场，以舞龙舞狮、剪纸、杂技、戏曲、音乐、舞蹈等艺术形式开展文艺演出，吸引5000余名市民观看，一经上线直播点击量达86万余人次。

资阳市残疾人联合会

【乡村振兴】 配合相关部门针对“两类监测”对象开展帮扶救助工作，顺利通过巩固脱贫成果评估、巩固拓展脱贫攻坚成果同乡村振兴有效衔接等考核评估。协助民政部门完成重度残疾人护理补贴提标及补发工作。为45.11万人次的困难残疾人发放生活补贴4511万余元，为53.53万人次的重度残疾人发放护理补贴4141万余元。投入资金124.51万元为830名农村困难残疾人提供免费实用技术培训服务，对历年农村实用技术培训项目落实情况开展专项督查，针对存在的问题进行通报。持续跟踪督查历年股权量化项目落实情况。采取实地考察、入户抽查等方式对实施主体生产经营情况和残疾人分红领取情况进行督查。

【残疾人康复服务】 市政府常务会会前学习《四川省〈残疾预防和残疾人康复条例〉实施办法》，进一步健全残疾预防和残疾人康复工作部门协调联动机制。各残工委成员单位贯彻落实《四川省残疾预防行动计划（2022—2025年）》，协作配合，扎实开展残疾预防与残疾人康复工作。组织开展“爱耳日”“世界孤独症日”等宣传活动20场，开展听力、视力残疾筛查、义诊等志愿服务惠及6000余人次。贯彻落实残疾儿童康复救助制度，为321名有需求的0—6岁残疾儿童提供康复手术、康复训练和辅具适配救助服务；全市有残疾儿童康复救助定点机构6家，2023年培育、新增肢体、智力残疾儿童及孤独症儿童康复救助定点机构3个。持续开展残疾人基本康复服务，为10795名有需求的残疾人提供基本辅具适配、家庭医生签约增值服务、困难精神残疾人服药救助等基本康复服务，服务覆盖率100%。

【残疾人教育帮扶】 联合教育和体育局印发《关于完善2023年资阳市残疾人教育资助台账的通知》，开展2023年资阳市残疾人接受教育情况摸排，针对全年龄段残疾儿童建立专项台账。联合教育和体育局、民政局、财政局出台残疾人专项教育资助政策《资阳市残疾人教育资助金管理办法》，投入资金153万元，资助1355名困难残疾人及残疾家庭子女，争取相关部门教育资助项目向残疾人倾斜。联合教体部门安排艺术类、体育类等专业教师到特殊教育学校挂（兼）职任教，组织特教学生参与各项职业技能培训211人次。联合教育和体育局、民政局举办残疾人及残疾人家庭子女高考志愿填报线上线下同步公益讲座，为残疾人及残疾人家庭子女提供专业化、个性化高考志愿填报服务，惠及4.1万余名有需求的人员。

【残疾人就业创业】 市残联、市人社局联合印发《关于开发公益性岗位安置残疾人就业的通知》，开设适合残疾人的公益性岗位，兜住困难残疾人就业底线，实现残疾人公益性岗位就业1066人。市残联、市委组织部、市编办等部门联合出台《资阳市市级机关、事业单位、国有企业带头安排残疾人就业工作方案》政策性文件，落实按比例安排残疾人就业，2023年，机关、事业单位、国有企业新增残疾人就业48人。持续开展标准化盲人按摩机构创建，对5家盲人按摩机构进行等级评定，并发放扶持资金2.55万元。累计举办残疾人就业招聘会4场，15户企业为残疾人提供工作岗位650余个，促进20余名残疾人实现就业。组织举办残疾人职业技能培训班3期，助力残疾人提升职业技能、适应就业市场需求。2023年，残保金征收4491万元，同比增长21%。

【残疾人权益维护】 结合重要节日节点，通过入户宣传、集中宣传、发放宣传资料等方式，开展涉残法律法规普法宣传；实施残疾人尊法学法守法用法专项行动，增强残疾人及亲友依法维权意识；依托专业律师队伍，免费为残疾人提供法律咨询、法律服务。全面完成市级民生实事——困难重度残疾人家庭无障碍改造402户。结合创文及老旧小区改造等工作，进一步推进无障碍环境建设。市本级和雁江区建立无障碍环境督导队，开展无障碍环境督导4次。落实信访工作，受理来电来访、信访系统转访和“12345”政务服务热线转办358件次，回复率、办结率、满意率均达100%。

【残疾人文化体育】 实施“全民健身助残工程”，联合体育、教育等部门，开展竞走、棋牌、飞镖、乒乓等一系列集科学、健身、趣味于一体的残疾人体育竞技活动。踊跃参与体育赛事。组织61名残疾人参加全省第十届残运会暨第五届特奥会，获得11枚金牌10枚银牌7枚铜牌。积极组织53名运动员参加四川省第四届全民健身运动会残疾人运动会并取得优异成绩。成功承办全省全民健身运动会残疾人棋类比赛、举办2023年全国残疾人社会体育指导员培训班（四川），全省200余名运动员、社区体育指导员参加活动。作为在全国第十一届残疾人运动会暨第八届特殊奥林匹克运动会上为四川省获得优异成绩做出突出贡献的集训单位被省人民政府通报表扬。

【残疾人思想引领】 开展慰问宣传，制发《关于全市残联系统认真学习宣传贯彻党的二十大精神的通知》，结合“温暖万家行”慰问开展入户宣传。投入资金78.79万元深入基层一线慰问残疾人2548户并开展宣讲。开展活动宣讲，首次组织涵盖残疾人就业帮扶、展能活动、作品展示、志愿服务等全业务板块的第三十三个全国助残日等系列活动8场次，民政、教体、人社等七部门进行涉残政策宣传，展出残疾人文化文艺作品200余幅，开展义剪、义诊、残疾预防筛查等志愿服务覆盖2000余人次。开展典型宣传，评选10个“最美残疾人”、20个“最暖心助残单位（个人）”，拍摄30个宣传视频对

2023年11月23日，资阳市中华优秀传统文化艺术传承二胡专题讲座暨“有爱资阳　共享阳光”助残公益演出举行（市文联　供图）

先进典型的感人事迹进行线上宣传，浏览量达20.6万人次。

【残联组织建设】 实现全市1229个村（社区）残协全覆盖并有效发挥作用，有力推动各项涉残服务下沉到基层一线，直接惠及残疾人。通过各级“党的二十大精神”学习贯彻专题培训班、涉残业务培训，做到全市残联系统干部参训全覆盖，有力推动党的二十大精神落地落实。协助县（区）党委选配县（区）残联党组书记1名。加强协会工作。市盲协组织开展“文化助盲 阅读无碍”第四十届国际盲人节系列活动；市聋人协会组织听力残疾人参加第四届全国听力残疾人朗诵大赛活动，获得优秀组织奖。2023年，全市共有持证残疾人12.5万名，新办证4219件，其中跨地（市）、跨省通办108件（含川渝通办5件）。

资阳市红十字会

【基层组织建设】 到2023年，全市基层组织从原来的30个跃升至356个，在全省率先实现全市乡镇（街道）红十字基层组织全覆盖，雁江区、安岳县实现学校建立基层组织全覆盖。与应急管理部门合作，整合红十字应急救援力量与政府应急救援力量，新组建资阳市红十字救援队；优化完善志愿服务，有效整合全市12支优秀志愿队力量，新组建资阳市红十字志愿服务联盟。服务领域涵盖急救援、应急救护培训、人道救助、医疗服务等多个方面。

【成资同城化建设】 组建成德眉资红十字志愿服务联盟，联动开展重大赛事救护保障等志愿服务。实现心理援助热线、应急救护培训系统的共建共享。畅通“线上线下”办理渠道，服务彩票公益金大病儿童救助项目异地办理15人次。雁江、安岳、乐3个县（区）分别与成都、眉山、宜宾、泸州等地县（市、区）签订结对合作协议，在资源要素、项目合作、开放交流等方面优势互补、共同发展。

【项目建设工作】 争取得到省红十字会的支持投入资金40万元，在乐至县南塔街道第一社区卫生服务中心建成乐至县红十字应急救护培训基地，解决救护培训场所。争取中国红十字基金会资金45万元在安岳县龙台镇滑狮村实施乡村博爱家园项目。硬化避难广场710平方米，修建文化橱窗6组，安装便民桥安全护栏24米，更换提灌站不能使用的闸阀3个，改建厕所1座。购买应急救援头盔、救援包等抢险救灾物资及教学AED除颤仪、心肺复苏模拟人等应急救护培训物资。成立柠檬产业融合服务中心，向安岳县龙台镇滑狮村股份经济合作社发放生计金10万元，用于柠檬产业发展，助力滑狮村柠檬产业振兴。

【救灾工作】 与应急管理部门合作，整合红十字应急救援力量与政府应急救援力量，新组建资阳市红十字救援队；优化完善志愿服务，整合优秀志愿队12支，新组建资阳市红十字志愿服务联盟。应对安岳2023年7月27日洪涝灾害，组织干部职工和红十字救援志愿服务队员出动车辆2台，工作人员和队员10人，开展抗洪救灾行动，争取省红十字会家庭包100个，向3个受灾严重乡镇、108户受灾家庭发放应急救灾款物价值3.26万元，帮助受灾群众战胜灾害。

【救助工作】 开展“5·8人道公益日”“腾讯99公益日”网络募捐活动，聚焦白血病、先心病患儿、“三献”志愿者家属、受灾群众等，争取并募集捐赠款物117万元，深入开展“红十字天使计划”“红十字博爱送万家”活动，救助困难群众4400余人次。与市卫生健康委、市妇联合作，接受厦门万泰沧海生物技术有限公司价值36.5万元的宫颈癌疫苗捐赠，定向用于困难女性。

【应急救护培训】 举办资阳市首届红十字应急救护师资技能大赛，邀请省红十字和成都市红十字会专家观摩点评。邀请四川省、成都市资深专家到资阳开展应急救护师资业务培训。组织人员参加第二届四川省红十字应急救护大赛，不断提升全市师资授课技能。广泛开展应急救护培训进机关、进学校、进企业、进农村、进社区活动，向市民群众普及应急救护知识和技能，已培训持证救护人员2651名，普及培训近2.3万人次。

【“三献”工作】 开展“爱心相髓+生命教育”“生命接力+生命教育”等大型宣传活动5场次，新增570人登记成为遗体、器官捐献志愿者，121人加入中华骨髓库。实现成功捐献造血干细胞2例，捐献器官6例，捐献眼角膜5例，捐献遗体6例。

法 治 >>>

法治政府建设

【概况】2023年，资阳市深入学习贯彻习近平法治思想，坚决落实党中央、国务院和省委、省政府决策部署，《政府工作报告》对法治政府建设示范创建、优化公共法律服务供给等法治政府建设重点工作进行系统安排。开展《资阳市法治政府建设实施方案（2021—2025年）》任务落实情况中期评估。召开全市法治政府建设工作领导小组会议、法治政府建设示范创建工作推进会议及各类专题会议，研究法治政府建设重点工作。印发法治政府建设年度重点工作安排，细化明确9个方面具体任务。严格落实法治政府建设年度报告制度，将政府系统主要负责人履行推进法治建设第一责任人职责情况列入年终述职内容，优化依法行政考核指标，逗硬考核评价，倒逼责任落实。成功创建第一批全省法治政府建设示范市，被省委依法治省办推荐参与第三批全国法治政府建设示范创建。乐至县创新的“懂了么”普法服务网络成功创建第一批全省法治政府建设示范项目。

【服务型法治政府建设】推进政府职能转变，提升政务服务效能，打造人民满意的服务型政府。加快推动线上“一网通办”、线下“全程代办”提质扩面，全面深化农村居民办事不出村、城镇居民办事不出社区、入园企业办事不出园区“三不出”机制，政务服务事项全程网办率提升至95.38%，即办率提升至75.64%，时限缩短率提升至91.81%。加快数据资源中心建设，建成全市统一的政务云安全运营平台，智慧治理中心接入114个系统，公安“天网”、政法“智慧城管”等160余个系统建成投用。全力提升数字化治理能力，成功举办“第四届数字四川创新大赛（2023）”数字城市赛道大会。深化跨区域合作，与重庆渝中、云南普洱、新疆和田等七地签署“跨省通办”战略合作协议。不断拓展跨域通办事项清单，241项事项实现成德眉资同城化无差别办理，311项服务事项实现“川渝通办”，263项服务事项实现“省内通办”，148项服务事项实现“西南地区通办”。落实《资阳市人民政府关于加强政务诚信建设的实施意见》，建立公务员诚信档案，将不履行人民法院判决、裁定等生效法律文书所确定义务的政府机构纳入失信名单。加强政府采购、招商引资等重点领域政务诚信建设，构建“亲”“清”新型政商关系。

【法治保障】制定市政府2023年立法计划，联合成立成德眉资政府协同立法工作推进小组，推动《资阳市优化营商环境条例》《资阳市生活垃圾分类管理办法》出台，《资阳市天府国际艺术城建设与管理条例（草案）》提请市人大常委会审议。推进合法性审查标准化建设，研究制定财政奖补、地方税收等高频审查领域合法性审查要点指南。持续加大合法性审查力度，审查各领域决策草案918件，加强行政规范性文件管理，按要求和程序向省政府和市人大常委会备案行政规范性文件13件，报备率、合法率均为100%。健全法律顾问制度，发挥公职律师作用，为征地拆迁、招商引资、政府投资项目等重大决策事项等提供精准法律服务。全面落实行政执法“三项制度”，加大食品药品、公共卫生等关系群众切身利益的重点领域执法力度。持续完善行政执法标准化制度体系，推行“一目录、五清单”精准高效监管执法，在全省率先出台《资阳市行政执法证据收集与运用指引（试行）》，经验做法获司法部宣传。持续开展人民群众最不满意行政执法突出问题承诺整改行动，全面提升行政执法质量和效能。坚持把权力运行纳入法治轨道，接受市人大法律监督和工作监督、市政协民主监督以及社会各界监督，办结人大代表建议96件、政协提案163件，满意率达100%。落实法治督察与纪检监察监督协作配合机制，扎实开展全市道路交通安全和运输执法领域突出问题专项整治。坚持“标准化规范化”深化政务公开，走好网上群众路线，为民服务办实事29万余件，满意率达99%。

【基层治理体系能力建设】推进治理体系和治理能力现代化，提升基层服务群众能力和水平。顺利通过“八五”普法中期督导评估，深化拓展“法律七进”，推动落实“谁执法谁普法”责任制，组织开展“全民普法·一月一主题”活动，健全村（社区）“两委”班子成员集中学法制度，推动2023年度国家工作人员学法考法，实现法治宣传、法律服务、依法治理一体贯通。完成市级公共法律服务中心建设入驻，打造集法律援助、仲裁、公证等法律服务于一体的“5+8+N”市级公共法律服务综合体。“公证助力化解国企改制遗留难题”案例入选四川政法“五年百佳”案例，“果园欠薪　法援解纷”农民工维权案例入选四川省第三届农民工维权十佳优秀案例。制定完善系列突发事件应急预案，扎实推进重大事故隐患专项排查整治2023行动、安全生产隐患大排查大整治、防灾减灾避灾专项行动等，牢牢守住安全底线。液化石油气“瓶改管”“瓶改电”创新做法在全省推广。坚持和发展新时代“枫桥经验”，深化“调解+”多元解纷机制，督促建立行政调解委员会4个。学习贯彻《四川省行政调解工作暂行办法》，加强消费者权益保护、治安管理等方面行政调解，妥善化解矛盾纠纷。坚持和发展新时代“枫桥经验”的做法被《民主与法制》刊用。扎实开展行政复议质量提升年活动，持续深化府院、府检及多部门良性互动，召开府院、府检联席会议，加强对重点领域、复杂案件的研究探讨，探索标准统一的行政复议规范化流程及行政执法尺度。着力破解“告官不见官”难题，2023年行政机关负责人出庭应诉率达100%。“某公司不服市城市管理行政执法局行政处罚行政复议案”被评为全省“行政复议服务民营经济优化法治化营商环境十大典型案例”。

政法委与综治

【概况】 2023年，市委政法委完成年度各项目标任务，统筹推动法检公系统年度目标考评均进入全省第一方阵，平安四川建设年度考评位列全省第7名，“反邪教明白人”“小镇法官”等40多项工作经验获中省领导肯定性批示或在全国和全省交流推广。

【社会稳定】 推动出台社会稳定风险评估三个配套管理办法，保证应评尽评，完成备案134件，预防化解风险266起。成功举办首届环资阳地区平安建设边际协作交流会，探索形成边际协作“五联”模式，为共建川渝大平安、助推川渝大发展提供资阳实践，工作经验入选《平安中国年鉴》（2023卷）。出台婚恋家庭纠纷联动化解处置机制，形成“七线搜集”“三色管理”“四环联施”闭环工作体系，推动“民转刑”命案源头治理。健全矛盾纠纷多元预防调处化解机制，全市98%以上矛盾纠纷妥处在镇村一线，新时代“枫桥经验”资阳做法被《民主与法制》周刊刊载，“小镇法官”赋能基层社会治理经验被中央政法委收录。统筹整合法院、住建、信访等多方力量，灵活运用首席法律咨询专家、府院联动等机制，攻坚化解重大涉稳风险，48个问题楼盘全部清零，保交楼快办证经验做法获住建部高度肯定。圆满完成重点时段安保任务。出台全省首个行政执法证据收集与运用指引，涉党政机关案件同比下降30%，行政机关负责人出庭应诉率提升至100%。常态化开展案件检查评查和执法司法态势分析，推动政法单位统一执法办案程序和标准，跨部门办案平台单轨制流转率、涉案财物网上流转率位居全省前列，5件案例入选四川政法“五年百佳”，以公益诉讼检察助推环境污染整治，促成最高检挂牌督办的安岳姚市河水质提前3年达到国家Ⅲ类标准。成功创建全省首批法治政府建设示范市。

【服务经济发展】 推动新出台政法机关服务保障经济发展具体措施51条，构建起全链条法治服务保障机制。部署开展“政法护企行”活动，健全政法机关挂联帮扶企业制度，建立知识产权案件集中管辖机制，打造全国首家跨域5G“车载巡回法庭”，跨行政区域企业投诉处理机制入选《四川法治蓝皮书（2023）》，司法护航柠檬产业发展入选四川优化营商环境经验汇编，“自助快办”“一窗通办”等一批新举措，让政法服务更合民意、更暖民心。扎实开展政法系统服务保障高质量发展中存在问题专项整治，建立完善法治化营商环境制度机制12项，10个重点涉法涉诉信访问题全部化解，群众对行政执法突出问题整治满意率达99%。

【保障安居乐业】落实“谁执法谁普法”普法责任制，组织开展“全民普法·一月一主题”、法治文化基层行等活动，全面提升群众法治素养。深化落实资阳禁毒“十条措施”，坚持每月研判一次毒情形势、每月一周不定期查缉毒品，实现全市各县区无“戴帽”情况，常态化推进扫黑除恶斗争，“打防管控”质效多项指标居全省前列，刑事、治安案件发案数同比分别下降37.71%、52.45%，打击传统盗抢骗战果位居全省第一，滞留缅北涉诈高危人员核减率保持全省前三，“护校安园”获评全省先进。完成市综治中心整体搬迁，与市智慧中心资源共享，实现纵向五级互联互通，横向与相关部门系统集成，试点打造19个乡级“多中心”融合示范阵地。

公　安

【概况】2023年，资阳市公安局以标准化、科技化、专业化“三化建设”赋能提质，全力做好全国两会、成都大运会、杭州亚运会等安保工作，坚决维护全市政治社会安全稳定。刑事治安警情6712起、刑事案件立案3109起、治安案件受理6295起、交通事故389起、交通事故死亡99人，同比分别下降45%、37%、49%、4%、15%，移送起诉案件1725起、公诉案件1148起、公诉人数1704人，同比分别上升18%、3%、8%。成功侦破全国首例组织他人转道偷渡赴美暨部督2023—060专案和发起全国集群战役的部督“3·22”组织、领导传销活动案等一批大要案件。在全省率先采用AI机器人对预警对象账户进行保护性止付，累计预警42万余次，止付金额约1.1亿元，核减滞留缅北涉诈高危人员715名。

【风险防控】依托“1+4+N”“一站式”矛盾纠纷调处机制，做好教育稳控和源头化解工作，成功化解多起突出风险隐患。建立涉校案事件市、县（区）两级“五长”“报告—研判—处置—复盘”闭环处置机制，实现涉校严重暴力案事件“零发生”、涉校舆情“零失控”，荣获全省公安机关“护校安园”专项工作成绩突出集体。常态化推进扫黑除恶，侦办恶势力组织案件1件，斗争获九类涉恶案件114件。侦破7起命案，侦破7起命案积案，成功抓获一名潜逃27年的跨国命案逃犯。全市盗窃立案同比下降53%，接触性诈骗立案同比下降62%；传统侵财整体破案率提升至33%，四类侵财案件起诉人数同比上升141%。查处治安案件4131起，成功破获“9·9开设赌场案”“5·22组织介绍卖淫案”等一批部省督大要案件。侦破黑客攻击案、侵犯公民个人信息案等涉网刑事案件177件，打击助考犯罪工作经验得到公安部、省公安厅的充分肯定。破获电诈及各类关联犯罪案件373起，抓获各类涉诈犯罪嫌疑人628人，解救被骗到缅北人员13人，境外人员核减率保持全省前3名。

【道路交通安全管理】全年发生一般程序处理的道路交通事故389起，死亡99人，同比分别下降4%，15%，事故指标保持“双下降”，实现单次死亡3人以上较大道路交通事故“零发生”。184处各类公路隐患按期完成整治，动态消除高风险运输企业（仅剩5家），全市重型货车检验率、7—9座小型客车检验率均超过95%，精准推送道路安全提示短信100万余条，开展阵地宣传300余场次。构建“重点管控、智慧巡控、整体联控”的巡防体系，城区设置“1、3、5”快反点8个、接处警队12支、街面屯警点（机动队）12支、环蓉环川卡口4个、自设市本级卡点7个、无人机巡防点7个、交警片区勤务组8个，加强对党政机关、闹市街区、治安乱点等重点区域巡逻防控，检查各类行业场所1.5万余家次，发现整改各类安全隐患480处。组织召开森林防灭火工作专题会议10次，协同林业、应急等部门和乡镇开展森林火险隐患排查和野外火源管控，发放宣传资料4.2万份，巡查检查重点部位548处，排查火险隐患104处，形成“见烟就查、见火就罚”的森林防灭火高压严打态势。

【护航经济社会发展】 全市侦办各类经济犯罪案件55件，移送起诉29件、62人，公诉11件、22人；成功侦破了部督“3·22”传销活动案，发起全国集群战役；侦破省督“万庆达骗取出口退税案”，发起全国集群战役和全国会战；侦破假币行政案件6件，破获全国云端刑事案件1件，假币破案收缴率（62%）排名居全省前列。与相关主管部门开展涉企案件执法监督联合检查20余次，发现并处置风险3处（非法集资案件），实现非法集资存量案件办理率100%，排名全省并列第1。严厉打击食药环侦类犯罪，抓获犯罪嫌疑人162人，移送审查起诉案件数72件，移送审查起诉人数121人。破获部督“4·15”生产销售伪劣产品案、部督“5·18”米小圈系列盗版图书侵犯著作权案、省督“5·29”污染环境案等一大批大要案件，有效维护食品、知识产权、生态安全。狠抓“放管服”改革，建立健全“四长”联系机制，坚持市局分管副局长、分局局长、派出所所长、警务工作站长“四长”联系机制，对规模以上企业持续开展警企挂联结对，实施“公安+企业+行业主管部门”每月会商研判，出台维护稳定、优化服务、提升效能、规范执法等6个方面20条举措，持续营造法治化营商环境。继续实行“全开放、零门槛”的城镇落户政策，逐步将工作重心转移到推动户籍制度改革配套措施落实上来。全市办理川渝两地户口迁移“一站式”业务1204起、“一次性办结”成资迁移业务6270起，开具跨省通办户籍类证明17个。按照“一个窗口一次办理”原则，试点推进5个公安政务“一窗通办”窗口，2个派出所“一窗通办”窗口；设立联办窗口实行外国人工作许可、居留许可“一窗联办”，申请人办理“两证”的流程压减50%，AB类外籍就业人员达65人。

【公安队伍建设】 围绕侦查、夯基、赋能、保障四大基础版块，开展18项标准化建设，提升工作效率。雁江分局破解“社区民警单打独斗调解矛盾纠纷”难题工作经验被省委政策研究室、省委改革办刊载；高新分局打造“全警联动标准化追逃技战法”成功抓获网逃人员64名，同比上升146%；乐至县局建立“百警千案一把尺”案件评查制度，受到行政诉讼数量同比下降80%。围绕规划建设、应用生态、运营保障3个薄弱环节，实施科技兴警战略，开展14项科技化建设，提升工作质效。构建具有资阳公安特色的“1+1+4”公安科技创新体系（即成立1个工作专班，打造1个“无人机器警务应用示范单位”，推进4项公安科技创新工作），举办“智慧公安我先行”资阳公安首届科技创新十大项目选塑活动，公安应用“视图智能多维聚档引擎”已在省科技厅、公安部科信局成功立项。在全省率先成立“蜀警飞鹰”资阳警务航空队，飞手数量位居全省公安机关第1，构建“警航队伍+合作企业+实战应用”警用无人机建设应用体系，与中国移动（成都）产业研究院合作成立全省首个“5G网联无人机应用实验室”。围绕执法素养、警务技能和体能、心理素质3项短板，开展10项专业化建设。制定实行《资阳市公安局领导干部带头办案工作规定》，市县（区）局科级以上领导干部参与办案67起，为全面提升全市公安民警执法办案水平起到表率和引领作用。探索“校局互动”新模式，与西南政法大学、中国人民公安大学等高校签订校局合作协议，信息互联、资源共享、成果共用；购买发放法律业务类书籍1200余本，解决当前队伍中存在的“视野不宽、办法不多、专业不精、规范不够”等问题，提升队伍专业素质。

检　察

【概况】 2023年，全市检察机关认真落实最高检、省检察院部署，在为大局服务、为人民司法、为法治担当中，履行检察之责、书写检察之为，为资阳高质量发展提供了有力的司法保障。市检察院在全省检察机关绩效考评中获评一等，9项工作在全省作经验交流，9个集体、11名个人受到省级以上表彰表扬。

【刑事检察】 办理各类刑事案件3148件，无捕后不起诉、撤回起诉、判无罪等案件，刑事案件质量居全省前列。贯彻宽严相济刑事政策，不捕不诉917人，认罪认罚从宽适用率90.5%，对856名累犯、再犯提出从严惩处的量刑建议，兼顾打击犯罪与保障人权。切实强化刑事诉讼全过程监督，监督立案79件、撤案82件，追捕追诉200人；提出抗诉10件，采纳率达90%；纠正看守所监管执法、社区矫正违法和财产刑执行不当等158件，2个派驻看守所检察室被评为省级规范化检察室。推广非羁押轻刑案件“一站式”办理机制。

【民事行政检察】 受理各类监督案件544件，对生效裁判提出（提请）抗诉、发出再审检察建议11件，对审判程序、执行活动提出检察建议130件，采纳率达92.9%。创新行政检察机制，联合人大、司法行政机关开展行政执法协同监督，与公安共建行政检察监督与协作办公室，助推法治政府建设，经验获省人大采用转发。深化探索强制隔离戒毒检察监督，参与起草全省强制隔离戒毒人员管理办法，资阳被省检察院、省司法厅确定为试点地区，全省专题工作推进会在资阳召开，研究成果被《人民检察》刊用。

【公益诉讼检察】 立案办理公益诉讼检察案件149件，办案质效稳居全省前列。聚焦生态环境和资源保护、国有财产保护等领域公益损害问题，持续开展“公益诉讼守护美好生活”专项监督，督促修复被污染、破坏、违法占用的耕地林地607亩，督促挽回养老基金、医保基金、耕地占用税等国有财产损失1.13亿元，督促收回国有土地使用权出让金236万元。以磋商、检察建议等方式促使行政机关依法及时履职，97%的公益损害在诉前得到解决，以最少的司法投入获得最佳社会效果。会同四川省资阳生态环境监测中心站，成立全省首家联合实验室，助力提升公益诉讼办案质效。

【知识产权保护】 与法院、公安联合会签《关于知识产权刑事案件集中统一管辖的实施意见》，建立全市知识产权刑事案件集中管辖制度和沟通协调机制，有效解决管辖、法律适用、司法衔接等问题，成功办理1起中宣部版权管理局、最高检知识产权检察办公室等六单位联合挂牌督办的重大侵犯著作权案，1件案件入选四川省知识产权保护十大典型案例。

【“未检侠”工作品牌】 指导乐至县检察院建成全省首个集案件办理、观护帮教、法治教育等功能于一体的未成年人检察中心，推动未成年人检察业务融合履职，全省未成年人检察工作会在乐至召开，工作经验在会上交流。

【大数据法律监督】 参与全国、全省大数据法律监督竞赛，2件模型在全省竞赛中分获二、三等奖，1件模型被推荐参加全国竞赛；开发的公租房大数据法律监督模型，在全市推广应用，挖掘监督线索近2000条，办理系列行政公益诉讼案，督促相关部门腾退违法租户115户，追缴拖欠租金58.8万元，重新与低收入家庭签订租房协议62份，经验做法获省检察院肯定。

法 院

【概况】 2023年，资阳市审判工作围绕“努力让人民群众在每一个司法案件中感受到公平正义”目标，紧扣“公正与效率”主题，一体推进强质量、提效率、重效果，实现整体工作全面提升，全年受理各类案件38245件，审执结36375件，同比分别上升4.41%、3.47%。

【行政审判】 监督、支持依法行政，审结一审行政案件192件，判决撤销行政行为及确认违法案件32件。办结涉成达万高铁、成资大道等行政征收案件20件，审慎适用强制拆迁，竭力做到胜败诉皆服，助力临空经济区实现和谐拆迁。联合市司法局出台全省首个《行政执法证据收集与运用指引》，推动将行政诉讼纳入政务目标考核，形成《行政执法分析专报》为市委、市政府决策提供参考，获市委主要领导肯定性批示。健全司法白皮书、府院联动、行政机关负责人出庭应诉“三项机制”，开展行政审判提质增效“三巡回”活动，行政机关负责人出庭应诉率100%，行政案件数量同比下降18.84%，助推创建全省首批法治政府建设示范市工作。

【民商事审判】 坚持案结事了、定分止争，审结一审民事案件18456件。聚焦群众感受最深、关切最重的行业领域，妥善审理教育、医疗、住房等民生案件3369件，化解老旧小区加装电梯纠纷案件18件。推动雁江书台苑、乐至龙湖半岛等楼盘复工续建、陆续交房，助力全市48个“问题楼盘”基本清零，尽最大努力让购房者产权有保障。加强新业态从业主体权益保障，判决外卖平台公司承担“外卖小哥”工伤赔偿责任。完善家事调解、家事调查、心理辅导等机制，加大对家暴案件依职权取证力度，审结婚姻家庭案件4202件，签发人身保护令14份、家庭教育令141份，全力守护“小家”和谐、“大家”安定。加强老年人权益保护，健全适老型诉讼服务机制，审结支付赡养费、履行赡养义务等案件9件。呵护少年儿童健康成长，选派28名法官担任法治副校长。对严重侵害未成年人权益的，全面适用从业禁止制度，织密未成年人防护网。创新“抚养费给付计算公式”，为200余名儿童确认抚养费2000余万元。乐至法院依法撤销宋某恶意转移财产、逃避支付亲生子女抚养费的行为，该案入选全省法院典型案例。

【案件执行】 保持执行工作高水平运行，执结案件1.44万件，执行到位62.7亿元，执行到位率排名全省第3，执行完毕率排名全省第5。巩固深化综合治理和源头治理体系，推动将“切实解决执行难”工作纳入市委目标绩效考核，得到省法院主要领导高度肯定，经验在全省推广。创新执行方式，通过以物抵债，促成兴荣公司2.8亿元标的案件达成和解，入选全省“十佳创意执行案件”。开展“百日攻坚”“雁城薪风暴”等专项执行，督促3616名被执行人主动履行债务，兑付劳动报酬、损害赔偿等案款2.57亿元。强化信用监管和联合惩戒，限制高消费6786人、司法拘留142人、打击拒执犯罪9人，营造惩戒失信、促进守信的社会氛围。

【诉讼服务】 规范跨域诉讼服务标准，市中院联合川渝四地法院签订跨域诉讼服务协作协议，雁江法院会同简阳法院在全国率先明确“跨域通办”工作标准，全市法院与毗邻地区法院开展跨域立案141件、委托协助执行10734次。提升诉讼服务水平，打造高标准诉讼服务中心，提供诉讼咨询、档案查询等20项事务一站通办，推出在线调解、“云上庭审”等举措，推进无纸化办公办案，网上立案5400件，电子送达23510次，诉讼服务质效保持全省第1位。优化“有信必复”工作机制，切实提升信访化解法治化水平，综合运用判后答疑、释法说理等方式，推动信访数量在全省法院持续处于低位。市中院获评全省法院维稳安保工作先进集体。

司法行政

【概况】 2023年以来，资阳市司法行政系统以习近平新时代中国特色社会主义思想为指导，持续聚焦“改变、突破、跨越”工作思路，坚持以政治建设为统领，以现代化建设为牵引，以“质效提升年”为主题，奋力推进司法行政整体工作乘势跃升，行政复议、法律援助、公证案例分别获评“全省行政复议服务民营经济优化法治化营商环境十大典型案例”“四川省第三届农民工维权十佳优秀案例”“四川政法五年百佳案例”，坚持和发展新时代“枫桥经验”、全面贯彻落实习近平法治思想、行政执法证据收集与运用指引、商会调解助力企业发展、招商引资审查规范等5项工作经验被中央政法媒体刊载宣传。

【法治建设】 开展“两规划一方案”中期评估，扎实抓好“1+8”示范试点成果推广应用。编发典型经验专刊，持续开展“知荟法治大调研”课题研究，《资阳市问题楼盘化解处置工作取得实效》被省委依法治省办专刊采用，川渝毗邻地区执法司法跨域协作工作经验被《法治四川》采用，资阳市跨行政区域企业投诉处理协作联动机制入选《四川法治蓝皮书（2023）》，《地方政府招商引资类行政决策合法性审查规范研究》被司法部《中国法治》刊用。从严抓好依法治市绩效目标考评，“日常督导＋专项督察”推动全市法治建设工作扎实开展，领导干部年度述法制度全面落实。

在全省率先出台《资阳市行政执法证据收集与运用指引（试行）》，经验做法获司法部宣传。严把合法性审查关口，重点领域合法性审查要点指南编制试点工作获省法治政府建设工作领导小组办公室通报表扬。扎实开展行政复议“质量提升年”活动，持续深化府院、府检及多部门良性互动，探索标准统一的行政复议规范化流程及行政执法尺度。持续加大重点领域执法监督力度，开展全市道路交通安全和运输执法领域突出问题专项整治，助力化解沱江新城项目、胜威驾校信访等历史遗留问题，行政机关负责人出庭应诉率从2021年79%提升至100%。2023年，办理行政复议案件231件，调解结案47件，调解率20.35%；依法办理行政应诉案件342件，其中一审238件，和解51件，和解率21.43%。

【法治服务】 联合成立成德眉资政府协同立法工作推进小组，《资阳市优化营商环境条例》《资阳市生活垃圾分类管理办法》出台，《资阳市天府国际艺术城建设与管理条例（草案）》已提请市人大常委会审议。健全法律顾问制度，“组团式”服务保障中国牙谷口腔产业园等省、市重点项目23个。为临空太阳能电池片研发项目等重大行政决策和政府规范性文件出具合法性审查意见814件，提出修改建议意见778条；向市委、市政府报送专项法律分析报告16份。与成都市涉外商事与法律服务中心签署战略合作框架协议，开展“律企携手同行”专项行动，组建中小投资者权益保护调解员队伍，为151家民营企业开展审查劳动合同等“法治体检”服务。推动15家律师事务所与工商联及所属商会建立合作关系，资阳市浙江商会被首批命名为全省十个“枫桥式商会”之一，其调解助力企业发展经验做法被司法部《人民调解》刊载。

【平安建设】 深化“调解＋”多元解纷机制，指导新建行政调解委员会4个，深入开展“矛盾纠纷大起底大排查大化解”专项活动，2023年共调处9853件，调解成功9800件，成功率99.4%。2人被司法部表彰为全国模范人民调解员，坚持和发展新时代“枫桥经验”的做法被《民主与法制》刊用。健全安置帮教“4343”工作机制，扎实抓好安置帮教信息核查、教育管理、跟踪衔接、社会救助等工作。创新推进“1234”社区矫正工作模式，聚力“智慧矫正中心”和“队建制”两个建设，乐至县智慧矫正中心建设研究在全省司法行政系统信息化“技能大比武”活动中获信息化理论调研文章评比一等奖。深化中心镇司法所运行机制试点，参与基层法治建设、协助开展合法性审核、指导村规民约制定，成功创建第四批省级“枫桥式司法所”4个，获评省级“法律明白人”实践工作站21个，成功创建省级民主法治示范村（社区）5个。

【社会治理】 顺利通过“八五”普法中期督导评估，深化拓展“法律七进”，调整完善重点部门普法责任清单，制定村（社区）“两委”班子成员集中学法制度，出台“法律七进”提档升级57项具体指标，开展“一月一主题”普法活动3400余场次，推动全市536个部门（单位）36704人参加在线学法考法，创建省级“法律明白人”实践工作站21个，省级法治宣传教育基地5个。乐至县创新“懂了么”普法服务网络工作获评第一批全省法治政府建设示范项目，被列为公民法治素养提升全省试点地区、被推荐参评全国普法守法示范县。完成市级公共法律服务中心建设入驻，打造集法律援助、仲裁、公证等法律服务于一体的“5+8+N”市级公共法律服务综合体。推进成德眉资都市圈公共法律服务同城化，创新开展电子公证平台办证700余件，成立资阳市知识产权公证、仲裁服务中心，雁江区打造“互联网＋法律援助”服务新模式，受到省委、省政府民生实事专项督察组肯定，乐至县法律援助中心成功帮助刘某某等22人追索拖欠劳务费案例被《四川工人日报》

刊登。2023年解答群众法律咨询2.6万余人次，办理公证7136件，司法鉴定1213件，仲裁68件涉案标的额5.02亿元，法律援助件4123件（完成省下达民生实事目标的174.87%），涉农民工讨薪案件803件，追回欠薪900余万元。构建区域法律服务协作机制，联合重庆市两江新区、成都市天府新区司法行政部门共谋法律服务行业协同发展。强化法律援助、公证、仲裁等法律服务队伍监管，联合派驻纪检监察组开展专项检查督导，全覆盖推进律师行业意识形态“五张清单”管理，圆满完成国家统一法律职业资格考试2022年、2023年两个年度组考工作，规范市级人民监督员履职经费管理。

军 事 >>>

资阳军分区

【思想政治建设】 2023年，军分区党委坚持以习近平新时代中国特色社会主义思想为指导，围绕学习贯彻中共二十大精神这条主线，坚持第一时间、第一议题学习领会习近平主席重要讲话和指示批示，固化“每周一学”机制，集中组织“学讲话、学理论、学法规、学文件、学通报”，采取专题研学、集中领学、个人自学等方式，常态学好必读书目和辅导教材。注重实效搞教育，将主题教育和党委理论学习中心组学习以及“学习强军思想、建功强军事业”教育实践活动结合起来抓，5个专题融合贯穿，形成一张“总表”统学习、一个“清单”统进度、一份“明细”统节奏、一本“台账”统整改，开展“基层治理大家谈”“我为改革献良策”“矢志强军、建功岗位”等群众性活动，组织领导作大课辅导、普通官兵谈学习感悟。浓厚氛围激动力，深入开展唱响省军区之歌创排活动，举办士兵退役暨晋升军衔仪式，选送人员参加院校培训，安排换岗锻炼。

【备战打仗】 向“战”聚焦练兵，以省军区“动员精兵——天府2023”大比武为牵引，配套开展“资阳精兵2023”大比武，分层级组织参谋人员和基干民兵强化训练，有效激发全区军事训练热情。向“实”发力备战，作战值班室完成应急视频指挥系统引接、作战室完成信息系统引接，制作和更换军事用图，补充战备物资，定期组织战备值班抽查，圆满完成大运会安保备勤任务，高效完成“7·27”安岳、乐至防汛救灾。向“严”发力研战，集中攻关研究修订市县两级“1+4+N”作战方案和“1+7”应急预案，会同市国动办完成“资阳援战2024”国防动员演练脚本撰写，厘清军地各自职能和工作关系。

【国防动员】 依令落实国防动员体制改革，撤旧立新，调整市国动委，组建市国动委联合办公室和政府国动办，建立协调运行机制，召开国动委全会，部署“十四五”国防动员重点工作，国防动员体制机制运行更加高效顺畅。聚焦优质兵员抓好征兵工作，军地联合出台提高大学毕业生入伍和现役军人立功受奖家庭奖励金标准，优化升级量化定兵软件，利用融媒体APP开设宣传专栏，完成征集新兵任务。整合地方功能场所资源，细化规范民兵基层建设标准要素，打造红色主题青年民兵之家，按照“干什么训什么、缺什么补什么”原则，区分4个专题24个课目，组织专武干部封闭式集训，基层武装建设水平显著提升。

【纪律建设】 认真学习贯彻全军党的建设会议精神，深化政治整训，从严规范组织制度、严肃组织生活、强化组织管理，落实双重组织生活，坚持“三会一课”，搞好帮带指导，不断提高党组织的领导力、组织力、执行力。扎实搞好巡视巡察反馈问题整改，研究形成58条整改措施，举一反三查找具体问题5个，全部完成整改。开展纪检监察干部队伍教育整顿，贯通结合搞好学习教育，组织线索清查和个人自查。强化惩戒震慑，以典型案例通报、忏悔录等为教材常态开展“以案释纪”活动，集中观看《铁纪强军》《忏悔与警示2》和“五涉”(涉政、涉密、涉网、涉酒、涉枪弹)问题等警示教育片。

【双拥共建】 协调召开市委议军会，落实军地“双清单”意见46条，参与新时代军民共建社会主义精神文明活动，与地方20余部门签订双拥共建协议。深入驻地党政机关、院校企业、乡镇街道和对口帮扶村讲授国防教育课程20余期，邀请国防大学教授进行专题辅导授课，组织雷锋精神进校园图片展6场。积极参与乡村振兴，投入资金改善乡村基础设施、带动产业发展、精准消费帮扶，军民关系更加融洽。组织民兵参与“7·27”暴雨抢险救灾工作，出动民兵排除险情142处，转移受灾群众357人。

武警资阳支队

【概况】 2023年，支队坚决贯彻上级党委决策部署，推进长期、中期、近期衔接展开，坚持“稳中求进”工作基调，紧扣“蓄底蕴、创先进”发展定位，确立并聚力“能力锻造、品牌塑造、风气营造”三场攻坚；坚持重硬件补齐与重软件补短同行并进，重机关帮建与重基层自建同向发力、重安全靠建与重管理要严同频共振；专机警卫首战告捷、集训比武榜上有名，支队干成事官兵渐成队伍主体，拼担当、拼能力、为支队拼荣誉精神渐成思想主流。

【思想政治建设】 深入学习宣传贯彻中共二十大精神，跟进学习习主席重要讲话，精心组织开展第二批党内主题教育，融合推进党史军史和军委主席负责制学习教育，压茬推进习近平主席向武警部队授旗致训词5周年学习教育、“稳心尽责、奉献有为”经常性教育。踩深走实教育关键环节，坚持在守正创新中探索政治教育新模式，守牢政治教育课堂主阵地，不断让老传统焕发新生机。注重以文化人、以文育人，书香军营建设任务高质量完成，与“爱读书、读好书、善读书”活动相得益彰，新建军史长廊、荣誉墙、荣誉室，组建绘画分队，为基层中队“量身定制”文化墙，不断提升文化软实力。

【战备训练】 深入贯彻新时代执勤安保规范化集训精神，稳步推进执勤信息节点融合建设项目，广泛开展“一讲五清”岗位练兵和“学用执勤法规、整治执勤隐患”活动。高标准完成成都大运会天府国际机场专机警卫任务。贯彻全军基础训练现场会网上集训精神，严密组织执勤分队分批轮训、机动中队野外驻训等活动，高标准承办总队侦察干部骨干集训并取得优异成绩。

【基层建设】 坚持“一队一策、精准抓建”，注重在标准制度上统一，在抓建招法上丰富，一系列品牌文化正逐步成型，基层底蕴更加厚实。坚持把经常性基础性工作作为抓建重点，结合“三会一线”“四不两直”等载体狠抓执勤战备、政治教育、伙食保障制度落实，有力确保基层按纲运转、依法抓建。积极为基层排忧解难，召开恳谈会面对面听取基层官兵意见建议，现场办公制定整改措施，有力解决官兵急难愁盼问题。

【后勤保障】 持续优化保障模块功能，“后勤变前勤”的综合服务保障能力得到进一步提升。严密组织本级后装专业比武竞赛，有效提升后装专业兵技术水平和业务能力。坚持经费投入向基层倾斜，工作重心向基层倾斜，顺利完成机关停车场改扩建、支队机关室内训练馆改造、综合图书室和廉政文化长廊修建工作；推动支队军械库建设、公寓住房室内标准化装修和资阳中队新营区建设问题整改，协调西部战区总医院为支队官兵进行健康体检，严格标准组织官兵评残工作。坚持每月开展医疗巡诊和心理巡诊，将“暖心工程”做到官兵心坎上。

【中共武警资阳支队党委三届八次全体（扩大）会议胜利召开】 1月17—18日，资阳支队召开党委三届八次全体（扩大）会议。会议总结分析2022年部队建设形势，研究部署2023年工作任务。会议审议表决通过党委工作报告、纪委工作报告、2023年工作要点，讲评基层党支部和干部队伍，并对支队党委委员进行民主评议，为2022年度受表彰的先进集体和个人代表颁奖。

【资阳支队召开党委三届九次全体（扩大）会议】 8月29日，资阳支队召开党委三届九次全体（扩大）会议，传达学习总队党委五届十三次全体（扩大）会议精神，总结分析支队上半年建设形势，研究部署下半年工作任务。

人民防空

【概况】 2023年，资阳市国动办围绕“深化改革、健全机制、开创新局”，强化“观念转变、职能转变、作风转变”3个转变，推动“国动工作开创新局面、人防工作取得新突破、应急支援取得新实效、全面从严治党向纵深发展”4项重点工作。修订完善《应急通信保障预案》《抗震救灾应急预案》和《防汛应急预案》，常态化开展机关和保障中心训练，全年开展短波电台报务值守、视频会议通联和机动指挥所专项训练，开设全要素指挥所保障演练，完成成德眉资跨区域拉动演练、重庆市国动指挥通信集中综合组网联训、全省国动办装备展演示等演练任务，通信保障队伍专业技术能力得到加强，装备设施运行能力得到有效检验。指导县（区）人防通信专业队伍进行日常训练，提升人防机动指挥所使用运行维护水平。

【指挥体系建设】 机动指挥所逐步完善，人防机动指挥平台升级改造项目大力推进。基本指挥所建成投用，由军地联合地下指挥所和地面应急指挥中心组成，是市委、市政府、军分区战时指挥国防动员、防空袭斗争，平时应急救援的信息化组织指挥场所，与机动指挥所构成“三位一体”指挥体系。全市基层人防工作站建成，达到“四有、三能、三开展”的总体要求；围绕推进成渝双层经济圈建设，为落实川渝人防建设人民防空疏散地域（基地）共建共享合作协议，在安岳县石羊镇、龙台镇建设人民防空疏散场所，争取到省补助资金。预警报知系统日趋完善，多媒体警报系统有序推进，9月18日举行防空警报试鸣活动，分别试鸣预先警报、空袭警报和解除警报。

【防护工程】 将《资阳市人民防空（民防）建设规划（2019—2035）》纳入《国土空间规划》，加强专项规划的实施路径传导，累计批建人均掩蔽面积超过国家规定标准，在成都平原经济区城市中居第3位。轨道交通兼顾人防工程，已完成90%；市人民医院、市第一人民医院、市妇幼保健院各建设有医疗救护站1处，完成主体结构验收。开展安全检查100余次，发现问题10个，督促整改到位。切实抓好防汛减灾工作，健全预警叫应机制，及时传递预警信息，开展拉网式排查，重点督查基坑防护、排水管网、工棚营地等安全风险点，完成3个风险点督办整改。对竣工人防工程开展质量普查，对竣工人防工程使用维护情况开展调研，健全维护管理制度，推行办理人防工程使用证管理办法。人防行政审批办结时间提速73%，应收材料压缩25%；围绕“资阳市人防工程使用维护管理问题与对策”这一课题深入基层摸清底数，交流座谈收集问题、归纳分析提出对策，形成调研成果。

退役军人事务

【移交安置】 按照《安排工作退役军士和义务兵服现役表现量化评分办法》最新政策要求，按照从高分到低分依次选择的方式选岗，完成省下达的安置转业军官、集中移交的由政府安排工作退役士兵和退出消防员接收计划。拿出多个事业编制岗位专门用于符合条件的退役大学生士兵定向招聘。为全市退役士兵举行欢迎仪式，发放政策宣传资料，举行座谈会29场次，化解返乡退役军人困难14件，帮助退役士兵了解安置政策、报到程序、就业形势等。

【就业创业】 以高质量统计数据为重点，有序推进就业创业统计调查工作，为精准服务退役军人奠定坚实基础。开展“戎耀归蜀”等退役军人及军属就业招聘活动12场，提供岗位3000余个，达成就业意向1264人次。协调就业部门在办理创业担保贷款时优先为退役军人提供服务，为9名退役军人办理贷款共计130万元。与市税务局签署退役士兵涉税事项合作备忘录，贯彻落实税收优惠政策，支持和扶持退役士兵创业就业，全年办理减税户数53户，减税金额215万元。深入调研，了解自主就业退役士兵等重点群体培训需求，有序推动退役军人就业培训，有针对性地设置电工、焊工、计算机、驾驶、物流、电商等培训科目共50余种，全年组织退役军人参加职业技能培训，组织自主就业退役军人参加全员适应性培训。大力选树退役军人就业创业典型，寻找到10名资阳市第三届退役军人就业创业之星。

【双拥工作】 常态开展“送健康进军营”“送文化进军营”“送法律进军营”“送科技进军营”“送网络知识进军营”等活动60余场。召开军地“双清单”工作推进会，收集双清单事项54件，全部办理到位。组织开展“纪念延安双拥运动80周年——开学第一课”主题宣讲活动150余场次，受教师

2023 年 5 月 18 日，资阳市双拥文艺会演活动举行（市退役军人事务局　供图）

生 3 万余人。为现役官兵送立功喜报到家，全年送达二等功 8 人、三等功 169 人，发放奖励金共计 30.68 万元。聚焦官兵“三后”问题，2023 年市本级预计发放随军未就业家属生活补助 2 人 1.632 万元，所有军人子女全部按政策入学入托。打造和改造双拥主题公园、双拥文化广场、双拥示范街、双拥长廊等，全市设立永久性双拥标志 1044 处。举办资阳市“纪念延安双拥运动 80 周年”双拥文艺会演，全网直播，14 万人同步观看。7 月 12—14 日，迎接四川省第十二届双拥模范城创建考核验收工作，资阳市、安岳县、乐至县获评四川省双拥模范城（县），雁江区获四川省双拥先进区荣誉称号。

【优待抚恤】 在全省率先推出全国现役军人、退役军人及优抚对象资阳全域（含县区）公交车免费、资阳全域景区景点免费政策，全市推出 44 条双拥示范公交线 351 辆双拥示范公交车。面向军人军属、退役军人及其他优抚对象，市优抚医院推出住院自费部分最高全免、市人民医院推出体检 5 折等各类优待措施 50 余项。全市发放抚恤补助资金约 2.5 亿元。做好优抚对象身份认定，上报省厅评调残资料 12 份、补证换证资料 14 份、伤残抚恤关系转移资料 28 份，审批带病回乡退伍军人 70 名、参战参试退役军人 11 名。落实军休干部政治和生活待遇，举办四川省退役军人事务系统西南片区第二届军队离退休干部门球邀请赛。坚持抚恤补助自然增长，不断加大本地财政投入，在国家规定的抚恤补助标准基础上实行地方自然增长机制。春节期间全覆盖走访军休干部、1—4 级残疾军人和烈士遗属，及时送去关心和节日祝福。

【褒扬纪念】 持续提高烈士纪念设施管护水平，持续推进烈士陵园改扩建和提质改造项目。开展丰富多彩的缅怀英烈活动，有序组织举办向烈士敬献花篮仪式、清明祭英烈、英烈精神进校园等活动。宣传、推广中华英烈网、四川英烈网，组织发动广大干部职工和社会各界群众参与网上祭扫活动，致敬英雄烈士。组建英烈事迹讲解员队伍，开展红领巾讲解员培训，深入开展英烈故事进机关、进校园、进社区、进企业、进军营、进社会团体的“六进”活动 30 场次。开展“我为烈士种棵树”“开学第一课”“弘扬爱国精神　传承红色基因”英烈事迹展等弘扬红色文化实践活动 60 场次，为 300 余个团体，1 万余人次讲好英雄的故事。开展烈士寻亲工作，通过实地走访等方式，全年共为 15 名烈士寻找到亲人，为 1 名烈士寻找到安葬地。

【关爱帮扶】 按照《资阳市本级退役军人关爱帮扶基金管理办法》，全年开展两批次帮扶工作，以提升服务温度为中心，实行困难精准帮扶。结合“八一”、春节开展走访发现实际困难家庭，第一时间了解掌握退役军人实际困难。全年市级对 62 名困难退役军人进行关爱帮扶，发放关爱资金 41.74 万元。

【示范引领】 优化整合市域原退役军人志愿服务队伍，全域组建四级“戎阳”退役军人志愿服务队伍，按照市、县（区）、镇（街道）、村（社区）四级架构组建，服务内容从单一的纠纷调解、文明创建等发展成 7 个方面 36 个小项。全市“戎阳”退役军人志愿服务共有1328支队伍，其中市级队伍5支、县（区）队伍5支、乡镇（街道）89支、村（社区）1229支，有序开展红色宣讲、纠纷调解、保护粮食安全、高考、夏季安全检查等志愿服务活动1382场17000余人次。建立退役军人先进典型资源库，常态化培养、挖掘、宣传全市各领域、各行业退役军人先进典型1000余人，基本实现“乡乡有先进、村村有典型”。引领退役军人做乡村振兴“领头雁”，在基层治理和乡村振兴中发挥中流砥柱作用。1347名“爱我中华”红色宣讲成员，深入社区、学校、企事业开展红色宣讲411场次，受众人数达6000余人次。

【服务体系】 印发《资阳市2023年退役军人服务站建设与运行管理提升行动实施方案》，将乡镇（街道）退役军人服务站、中心村退役军人服务站及一般村（社区）退役军人服务站全部纳入行动实施范围，持续推进规范化建设与运行管理。开展劳动镇“红色服务站”、六石包村退役军人就业创业、金龙村党建引领、拱城社区基层治理、白山社区“老兵盖碗茶”等特色品牌打造。设立白山社区退役军人服务保障工作示范圈，27家企业（商户）面向全国现役军人、退役军人和其他优抚对象提供超市、培训、餐饮、汽修、寄递、医疗、美发等众多领域的优待、优先、优质、优惠、优享服务。坚持“利于安全管理保障，方便退役军人办事”原则，启动雁江区、安岳县退役军人人事档案室建设，推进档案数字化。

经济管理 >>>

宏观经济管理

【概况】2023年，在市委、市政府坚强领导下，全市上下坚定以习近平新时代中国特色社会主义思想为指导，深入学习贯彻党的二十大精神和习近平总书记到四川视察重要指示精神，坚持以项目和企业为中心组织经济工作，突出抓好“三件大事”、打好“三大会战”、深化“N项改革”，全力以赴拼经济、搞建设，奋力推动高质量发展，现代化资阳建设迈出坚实步伐。

【经济体制改革】四化同步改革不断深化，成功培育高仙机器人、博祥科技、九天中创、秒针信息等企业升规入库。新建5G基站863个，累计建成5G基站3795个，实现城区和重点乡镇、工业园区5G网络全覆盖。政务外网终端“一机多用”方案作为“四川省唯一试点单位”成功纳入2023年国家试点项目。全力推进川渝区域数据标准应用、四川省政务数据一体化目录、涉税涉费共享专区建设等全省试点工作。乐至国家县城新型城镇化建设示范不断深化，报送11个项目争取城镇化建设试点省级预算内投资等支持，完成79个10216户老旧小区改造。建成省（市）级工业园区5个、省特色产业基地2个，在全省率先实现农业国省星级园区县县“双覆盖”，雁江区晏家坝、高洞等“5+3”农旅融合示范项目进展加快，宝森柠檬旅游区成功创建国家AAAA级旅游景区。聚焦“6大提升工程”“5项改革措施”，16个中心镇累计启动项目58个，总投资250.75亿元，完成市政基础设施及公共服务设施等建设投资202.23亿元，落实建设用地指标1271.46亩。五区共兴发展体制机制不断健全，与大足区联合推动资大示范区成功纳入四川省文化产业和旅游产业融合发展示范区创建名单，作为川渝唯一跨区域合作平台申报国家文化产业和旅游产业融合发展示范区。制定Ⅱ、Ⅲ类医疗器械注册申报流程图，涵盖二、三类医疗器械所有产品，实现注册申报服务事项清单化、简便化、条目化。2023年新增Ⅰ类证34张、Ⅱ类证33张、Ⅲ类证2张，Ⅱ、Ⅲ类口腔产品注册证数量居中西部第2位、全国第5位。中国牙谷鸿政博恩口腔种植体系统，菲娅正畸颊面管和正畸金属自锁托槽等6个产品入选省际联盟集中带量采购清单，实现中国牙谷产品集采突破。在全省创新建立按月提示指导符合条件的失信主体信用修复工作机制，鼓励不良信用主体主动纠错、积极修复。全市通过“线上＋线下”辅导方式成功办理企业行政处罚信息信用修复273件。全市5.9万户纳税人全量切换至新电子税务局办理涉税业务，提前完成新电子税务局全域全量上线任务，成为全省首个全域全量上线的地级市。

【经济调研与监测预测】*经济调研*　三次产业支撑不断夯实。工业增加值217.7亿元，同比增长6.8%，规模以上工业增加值增长2.7%，排全省第19位，食品轻纺、能源化工产业增加值同比分别增长11.4%、12.4%。工业投资同比增长109.6%，高于全省87.3个百分点，居全省第1位，高仙机器人、九天中创等46户新入库规模以上工业企业实现产值11亿元，对工业增长的拉动作用增强。建筑业增加值82.1亿元，同比增长4.1%，建筑业总产值122.4亿元，同比增长1.2%，增速排全省第17位。新入库企业21户、新培育一级资质企业5户，库内一级资质企业数量同比提升62.5%。服务业增加值522.9亿元，同比增长6.6%，排全省第16位。公路运输、邮政业、装卸搬运和仓储业、软件信息、租赁商务、文体娱乐6个规模以上行业增速分别高于全省0.1个、5.1个、69.8个、147.1个、14.9个、77.6个百分点。纳入统计核算的37户重点规模以上服务业企业营收增长40.3%，高于全省25.2个百分点。第一产业增加值196.6亿元，同比增长3.8%，排全省第17位。粮经作物产量保持较快增长，粮食、蔬菜产量同比分别增长3.6%、7.1%，分别高于全省1.2个、1个百分点。出栏生猪290.8万头，同比增长1.5%。林业产值同比增长15.2%，高于全省5.3个百分点。固定资产投资322.2亿元，同比增长2.5%，排全省第19位，其中建安投资同比增长5%，排全省第14位。12个省级重点、170个市级项目、104个产业大会战项目完成投资分别超目标进度27.4个、1.7个、4.8个百分点。累计新签约高效太阳能电池片、星河动力等重大项目193个、协议投资额532.7亿元。社会消费品零售总额470.9亿元，同比增长5.4%，排全省第18位。石油及制品类同比增长19%，网络零售额682.1亿元，同比增长12.7%。全年游客接待625.5万人次，同比增长40%。全市影院综合票房收入同比增长51.7%，较2019年增长0.28%。进出口总额首次突破50亿元，达到51.8亿元，同比增长30.6%，排全省第9位。一般贸易进出口同比增长5.9%，占进出口总额比重达41.5%。有进出口实绩的民营企业同比增加10户，总数达62户，实现进出口同比增长56.3%，占进出口总额比重达31.1%，同比提高5.1个百分点。地方一般公共预算收入70.3亿元，同比增长15.3%，排全省第8位，税收收入37.3亿元，同比增长23.5%，税收占比53.1%。全市存贷比70%，为近五年最高，排全省第9位，工业贷款余额78.2亿元，同比增长26.6%、排全省第7位。全社会用电量同比增长2.0%，工业用电量同比增长4.4%，受理新装增容同比增长28.9%。全年净增市场主体1.9万户，同比增长12.9%。就业规模稳步扩大，城镇新增就业2.1万人，完成全年任务110.8%。居民消费价格指数同比下降0.1%，比全省低0.1个百分点。

监测预测　国省将继续在2023年基础上保持稳中求进的发展态势，实施更加积极的财政政策和稳健的货币政策，出台规模更大、范围更广的扩大投资促进消费的政策，将带动资阳市加快拼经济搞建设。但全市经济运行仍面临许多不确定性，虽然2023年全市地区生产总值仅低于全省平均水平0.2个百分点，但四个季度增速极不平衡，同比分别增长-2.6%、7.2%、10.2%、6.5%，工业总产值、建筑业总产值、固定资产投资等各月度总量占全年比重均与常规年份有较大差异。“凹凸不平”的基数效应对资阳市推动全年经济平稳平滑增长提出更高要求，需要持续衔接省级行业主管部门和省统计局，动态了解和掌握全省经济运行情况，更加科学精准调度，努力推动经济实现“高开稳走”和平稳增长。

【经济运行管理】　支持临空经济区重点发展智能装备制造、电子信息、新材料、军民融合产业，加快产业项目招引落地和投产见效，推动高仙机器人、Keeway电动车、莱斯特等10个以上产业项目建成投产，新签约项目20个以上，推动三草湾片区场平、清泉片区标准化厂房二期建设，形成1.1万亩集中连片产业用地和58万平方米标准厂房集群；支持高新区重点发展医疗器械、交通装备产业，培育壮大骨干企业、集聚中小企业，推动中车资阳机车、现代商用车、百威啤酒、爱齐医疗等重点企业拓展市场，启动中国牙谷口腔产业园二期建设，口腔医疗企业注册达200户以上，新增投产企业10户以上，新引进企业50户以上，确保科创园、口腔孵化园满企入驻；支持安岳县聚焦天然气、柠檬、石窟产业延链补链强链，加大天然气勘探开发力度，加快高石梯南区净化厂、资阳燃气电站一期、安岳石窟数字展示中心（一期）等项目建设。推动资大文旅融合发展示范区建设提速成势，培育“资足常乐”品牌，启动川渝石刻文化公园规划编制，推进川渝石刻文创公园、大足安岳粮药合作示范园区等项目建设，打造川渝粮仓。支持乐至经开区创建全省“5+1”特色产业园区，培育壮大蚕桑、食品医药、现代装备制造等产业。支持雁江区以预制菜、酒水饮料、航空食品为主攻方向，加快打造成渝绿色食品加工配送基地。加快重点项目建设，推动毗河供水二期、临空经济区总部基地等45个重点项目开工建设，加快中华优秀传统文化科技创新示范园、川渝1000千伏特高压交流工程等125个重点项目建设进度，确保成自宜高铁等49个项目竣工投用。精准对接国家投向和发展重点，加强重大项目编研储备，做深做实项目前期工作，推动转换一批前期工作实、引领带动性强的储备项目，按照未来五年储备项目总投资不低于当年投资10倍的原则，滚动储备项目总投资7000亿元以上。强化项目调度和督导通报，完善项目推进、工作晾晒、问题督办、考核奖惩等机制，开展“红黑榜”通报、“金鹰”“树懒”项目评选和重大项目竞进拉练。推进批而未供土地、闲置土地、园区低效用地清理和整治，建立市级“土地池”，统筹指标保障重点项目落地建设。推动重点项目市场化融资，积极开展融资对接和综合金融服务。

【经济结构调整】 产业结构情况 2023年三次产业结构为19.3∶29.4∶51.3，其中第三产业占比较2022年提高2.4个百分点，第一产业占比较2022年下降1.2个百分点，第二产业占比较2022年下降1.2个百分点。

区域结构情况 2023年雁江、安岳、乐至、高新、临空地区生产总值占比为30.2∶33∶23.8∶10.3∶2.7，其中安岳地区生产总值占比较2022年保持不变，雁江、临空占比较2022年分别下降0.4个、0.1个百分点，乐至、高新占比较2022年分别上升0.2个、0.3个百分点。

消费结构情况 2023年社会消费品零售总额470.9亿元，同比增长5.4%。分经营地来看，城镇消费品零售额339.4亿元，同比增长5.4%，占比72.1%，与2022年持平；乡村消费品零售额131.5亿元，同比增长5.6%，占比27.9%，与2022年持平。分消费类型来看，商品零售额397.4亿元，同比增长5.5%，占比84.4%，与2022年持平；餐饮收入73.4亿元，同比增长5.3%，占比15.6%，与2022年持平。

投资结构情况 2023年全市全社会固定资产投资完成322.2亿元，同比增长2.5%，建安工程投资占比85.5%，同比提升0.2个百分点，分产业来看，一、二、三产业投资占比分别为2.6%、24.3%、73.1%，其中工业投资占比24.3%，同比提升8.6个百分点，交通运输业占比3.7%，同比下降9个百分点（受跨区域项目剔除影响）；分构成来看，房地产开发投资占比25.6%，同比提升3.9个百分点。

能源结构情况 2023年规模以上工业能源消费29.02万吨标准煤，同比下降14.1%，其中轻工业占比23.3%，同比下降2个百分点，重工业占比76.7%，同比上升2个百分点。从主要能源消费品种来看，煤品消费占比14.1%，同比下降2个百分点，用电量占比27.5%，同比上升4.9个百分点，天然气占比37.9%，同比下降2.9个百分点。

【固定资产投资管理】 2023年，全市固定资产投资同比增长2.5%，增速较上半年、前三季度分别提高7.5、1.5个百分点，与全省的差距较上半年、前三季度分别缩小6.4、2.2个百分点，呈现低开高走、逐月回升的态势。分县（区）看，增速不断回升。雁江区、安岳县、乐至县、高新区、临空经济区同比分别增长1.9%、2.5%、2.1%、2.7%、3%，各县（区）增速极差为1.1个百分点，较上半年缩小8.6个百分点，较前三季度缩小0.3个百分点。分产业看，三次产业呈现两升一降。三次产业投资占比由2022年同期的1.9∶12.3∶85.8调整为2.6∶24.3∶73.1。其中，第一产业投资在畜牧业的高增长带动下，同比增长45%，较上半年提高39.4个百分点；第二产业投资在临空经济区标准化厂房及配套设施、安岳县周礼薯业产业融合示范园等项目带动下，同比增长110.4%，较上半年提高46.4个百分点；第三产业投资受房地产业、教育等行业影响，同比下降9.7%。高新区、临空经济区成为全市投资“增长极”。2023年，高新区、临空经济区新入库项目68个，总投资216.5亿元，分别占全市的24.3%、40.1%，分别较2021年提高7.7、11.5个百分点。两区投资增速居全市前两位，对全市投资增长的贡献率为40.9%，拉动全市投资增长2.5个百分点。两区完成固定资产投资占全市的44.7%，较2021年（31.5%）提高13.2个百分点，其中，工业投资占全市的42.4%，较2021年（16.7%）提高25.7个百分点，对全市工业投资增长的贡献率为49.6%，拉动全市工业投资增长54.4个百分点。工业投资增速、占比实现“双提升”。在安岳县川投燃气电站等存量项目加快建设、临空经济区创兴标准化厂房等新入库项目支撑下，3月以来，全市工业投资增速和增速排位持续回升，全市工业投资增长109.6%，高于全省工业投资增速（22.3%）87.3个百分点，连续两年居全省第1位。工业投资占全部投资的比重达到24.3%、同比提高12个百分点，低于全省1.2个百分点，差距同比缩小11.7个百分点。国有经济控股项目提供“新动能”。在临空经济区标准化厂房（二期）、高新区中国牙谷口腔专科医院等项目带动下，国有经济控股投资增速达15.3%，高于全市投资增速9.3个百分点（同口径比较），完成投资占全市的66.8%，同比提高5.4个百分点，对全市投资增长的贡献率为155.8%，拉动全市投资增长9.4个百分点。全市完成投资量前10位项目中，8个是国有经济控股项目，国企“排头兵”作用有力发挥。产业投资赢得“新突破”。在临空经济区九天中创、乐至县奋安铝业等项目支撑下，全市产业投资实现翻番，同比增长164.2%，其中，增速前三的电力生产、采矿业、制造业分别同比增长436%、243.5%、187.1%。产业投资占全市投资的比重达到21%，同比提高12.6个百分点，与民生事业、房地产开发、基础设施共同构成了资阳市投资的四大支柱，占比均超过20%。

【重点项目建设】 统筹推进重点项目建设。开展“三大会战”项目现场会暨重大项目竞进拉练活动；在奋安铝业西南建设基地项目、四川九天中创高端智能装备制造产业项目现场与全省同步开展第一季度、第三季度现场推进活动；成立市级领导联系重大项目工作专班，帮促协调解决项目推进具体问题；开展全市重大项目督查4次，通过“发点球”“两书一函”等形式督促责任单位抓好问题整改落实，强力推动省市重点项目加快建设，2023年，全市12个省独立考核重点项目完成投资96.9亿元，完成年度目标任务的127.4%，170个市重点项目完成投资456.3亿元，完成年度目标任务的，101.7%。

【营商环境优化】 结合上级安排、对标创新、自主创新、常态坚持4个方面，制定《资阳市2023年创建全省一流营商环境攻坚突破工作方案》明确178项年度重点任务。对标国省改革创新举措印发《资阳市贯彻〈国务院办公厅关于复制推广营商环境创新试点改革举措〉任务分解清单》《资阳市贯彻落实四川省营商环境对标创新行动方案责任分工清单》，明确80条重点突破工作举措。建立覆盖全市的帮办代办体系，配备帮办、代办专员3000余名，实现76项高频事项办理“不出村”“不出社区”，高新区医疗器械产品备案等651项事项、临空经济区560项事项及雁江区274项涉农服务事项办事“不出园区”，累计开展帮办代办服务20万余人次。推进用电报装低压“三零”（零上门、零审批、零投资）和高压“三省”（省时、省力、省钱）服务，改造合表小区24个、商业转供主体13个，降低终端用户用电成本14.6万元；服务“三零”用户7680户，为用户节省电力接入工程投资1242.05万元。

财 政

【概况】 2023年，全市地方一般公共预算收入实现70.3亿元，同比增长15.27%；一般公共预算支出255.22亿元，同比增长1.47%，保障乡村振兴、民生改善等重大工作部署落地见效。

【资金统筹】 保障市委、市政府工作部署，市级财政支持市属国企资金52.53亿元，支持国企转型发展。其中运行补贴3.17亿元、工程款14亿元、注册资本金2.7亿元、倾斜安排新增债券32.66亿元；深挖政府采购信用融资业务潜力，全年“政采贷”融资2.62亿元，较2022年同期增长3倍，市属国企贷款额度占比83.2%，缓解市属企业资金平衡压力。对高新、临空两区转移支付补助额度3.1亿元，安排两区新增债券资金25.72亿元，占市级债券额度的75.6%。依托各类产业基金，以股权合作的形式招引投资，通过资本并购、基金投入、投资新设等方式开展多元化战略投资，成功引进星河动力、高仙机器人等一大批战略引领性优质产业项目。兑现工业发展资金0.36亿元，出台《资阳市支持智能电动两轮车产业发展政策》支持新兴产业发展。选取市住建局、市卫生健康委、市民政局和市经信局4个部门作为试点单位开展部门绩效指标标准体系建设，形成部门整体清晰、项目明确的分层次的核心绩效指标903条。开展重点绩效评估项目15个，涉及金额0.86亿元，取消项目5个，金额0.51亿元，压减项目4个，金额0.09亿元；开展2023年市级财政重点评价工作，评价涵盖“四本预算”，涉及10个部门11个项目，金额6.96亿元，共发现问题84条，提出整改建议84条。在市人大预算监督联网系统建设中将市级重点评价结果及整改情况纳入系统挂号管理。

【民生保障】 持续加大对民生领域资金支持，民生保障支出171.57亿元，占一般公共预算支出的67.22%。实施失业保险稳岗返还、扩岗补助等稳岗扩就业政策，投入就业创业补助资金0.68亿元，支持高校毕业生、返乡农民工等重点群体就业创业，发放创业担保贷款1.09亿元，直接扶持自主创业617人，带动（吸纳）就业1325人。推动实施医疗救助统收统支市级统筹，医疗救助投入2.4亿元，确保兜底救助特殊群体。落实困难群众救助补助资金7.06亿元，惠及14.6万名困难群众。安排资金47.48亿元支持教育优先发展，实施新改扩建学校项目20个，新增学位1.6万个，市本级投入17.56亿元。

税　务

【概况】 2023年，资阳市税务局组织税费收入258.03亿元，其中，税收收入73.41亿元（含市县级税收收入38.14亿元）；社会保险费收入64.31亿元；非税收入119.92亿元；其他收入（工会经费）0.36亿元。全市工业实现税收20.17亿元，其中，制造业实现税收14.94亿元，贡献率居全行业首位，成为全市第一大支柱税源。

【落实税费支持政策】 落实一系列延续、优化、完善的税费优惠政策，通过“政策找人”“精准推送”等工作机制，帮助经营主体及时享受优惠政策，为企业发展添底气、增信心。税费优惠政策落实成效得到市人大领导调研肯定。2023年，全市税务系统实现退税减税降费35.28亿元，其中，办理留抵退税2.57亿元，减免税收31.65亿元，减免其他收入1.06亿元。政策红利“真金白银”助力资阳涉税市场主体不断壮大，截至2023年底，全市涉税经营主体达7.18万户，同比增长27.21%，新办涉税经营主体1.85万户，同比增长124.47%，增幅高于全省平均值35.38个百分点，工作成效得到市委书记元方高度肯定。

【税收征管改革】 推进“全国统一规范电子税务局”上线推广，2023年6月下旬实现“新电局”全量上线，为全省首个全域全量上线的地级市，在7月、10月大征期，申报率均在96%以上，网上申报率均在99%以上，排名居全省前列。“全面数字化电子发票”去专印纸质、去专用设备、去固定版式的去“三专”试点工作，去“三专”实现纯数电2.14万户，“纯数电率”达93.46%。创新农村建房占地耕地占用税管理新模式，实行先税后证、源头管控，在用地审批环节同时缴纳耕地占用税，在全省率先实现“一次都不跑”，办税流程压缩至10分钟以内。探索推进跨区域建安项目“一体化”管理，梳理形成《跨区域涉税事项“一体化”管理指引1.0（试行）》，从业务描述、日常管理、纳税服务、风险提示、岗位职责5个方面明确各事项的标准，相关做法在税收服务成渝地区双城经济圈建设第四次联席会议上作经验交流发言。

【优化税收营商环境】 制定营商环境纳税指标提升、纳服质量提升工作方案，推动税费服务方式转型升级，在全市深化“放管服”改革打造一流营商环境中展现税务担当。持续提升纳税人缴费人满意度，2023年纳税人满意度在税务总局和省税务局的测评中均居全省第2位。在全市营商环境建设工作考核中，市税务局排名居全市第2位，较上年提升7位，在市政府常务会上就“深化‘放管服’改革打造一流营商环境工作指标推进情况”作经验交流发言。落实“全省通办”“川渝通办”“成德眉资”四市无差别办理等要求，获评四川省政务服务“一网通办”工作先进集体。积极打造“四位一体”税费服务新体验，有关经验做法入选《四川省优化营商环境经验做法（第九批）》。

【税收监管】 组建税费任务统筹中心，对各类税收风险应对任务、疑点核实任务和其他税费任务实施分类统筹，探索发起风险任务“双推送”方式，强化数据赋能，简并任务数量，不断提高税收监管的精准性，工作做法在全省税务系统税费任务统筹专题会议上做交流发言。抓实税务稽查工作，与本地公安、检察、法院、海关、人民银行、外汇管理等部门联合打击虚开骗税，联合公安部门成立并实体化运行“资阳市涉税案件合成作战研判中心”。税务稽查实现首次查获骗取出口退税案、首次查获亿元大案、首次适用《中华人民共和国民法典》《中华人民共和国个人独资企业法》追缴税款的“三个首次”突破。

【以税资政服务发展】 聚焦社会热点焦点和经济发展重点，高频次开展经济运行分析和政策效应分析。2023年向地方党委政府和省税务局报送《从税收看全市经济运行情况》《一季度主要经济指标涉税情况》《一季度房地产市场税收情况》《全市鞋服产业税收留存情况分析》等20余篇税收经济分析报告。以税收协定护航本地民营企业“走出去”为题材制作《鞋子的故事》短视频，荣获第五届“一带一路”百国印记短视频大赛“丝路Z世代”奖，是全国唯一行政职能部门获奖作品。在市委、市政府相关重要会议上，围绕全市推动“三大产业”“三件大事”“N项改革”战略举措落地落实，积极建言献策，从税收视角对全市相关产业进行多维度、多层次的分析，为地方党政科学决策提供必要的参考意见，发挥以税资政的积极作用，有力服务资阳经济社会高质量发展大局。

粮食与物资储备管理

【概况】 2023年，资阳市严格执行国家粮食储备政策，对发现的问题，现场指导储粮企业进行整改，切实加强粮食购销领域监督管理，确保收购临储粮数量真实、储存安全、管理规范。

【粮食和物资储备】 2023年省、市、县（区）三级政策性粮食储备总规模达到148049吨，完成各级政策性粮油储备任务131849吨，其中原粮119590吨、小包装大米5200吨、小包装菜油800吨、散装菜油6259吨，年度储备和轮换任务全面高质量完成，实现将全市粮食应急保供能力提升至60天左右。

【粮食应急保供】 按照每个乡镇、街道均建设一个粮食应急供应网点的原则，补充完善现有粮食应急保障队伍。2023年，有粮食应急保障企业158家，其中粮食应急加工类型企业5家、应急供应类型企业138家、应急储运类型企业5家、应急配送类型企业9家、应急保障中心1家。

价格收费管理

【概况】 2023年，资阳市切实减轻城乡居民负担，维护居民的合法权益，进一步规范供水供气收费和价格行为，确保全市重要生活物资价格平稳，着力解决群众反映强烈的问题，有力维护消费者合法权益，平稳实施保障性住房销售价格定价工作。

【减负降费】 依法校核市主城区自来水供水价格，平均水价降低0.10元/立方米，供水价格降至成德眉资遂内最低水平、全省低水平，每年为用户减轻用水负担300万元以上。在上游气源价格大幅上涨情况下，主动为企业服务，协调争取增加非居合同气量540万立方米，减少合同外气量，保持主城区非居工业用气价格居全省最低水平和非居商业用气价格、CNG销售价格不上涨，减轻非居用气负担1100万元以上。全面实施小微企业和个体工商户水电气“欠费不停供”、免收6个月滞纳金。核准25户经营性集中式新能源汽车充电站执行大工业电价、免收基本电费，每年减免基本电费777万元。开展教育、水电气、行业协会商会等领域违规收费专项整治，督促整改问题3个，清退转供电环节违规收费6万元。督促安岳县降低过高的供水供气安装收费，乡镇天然气安装费降低200—1220元/户，自来水安装收费降低300—500元/户，取消乡镇供水设施及入户管网统筹改造费850元/户。全面实施水电气行业收费清单制度、安装收费按月公示制度，公示水气安装收费情况12期。

【价格调控】 做好重要生活物资市场价格监测、报告，加强市场巡察，发布预警信息2期，有效引导和调节猪肉、蔬菜等重要生活物资供求关系，确保重要生活物资价格平稳、供应充足。1—12月CPI同比涨幅-0.1%，超额完成省下达目标任务（3%左右）。着力完善调控机制。定期召开全市保供稳价工作会及调控机制联席会议，梳理保供稳价工作开展情况，分析问题、短板，安排部署保供稳价重点工作，强化部门协作，形成工作合力。强化储备调节，完成政府储备冻猪肉收储286吨。

【价格监管】 依法核定四川希望汽车职业学院、乐至机电职业学校中等职业教育学费、住宿费。会同市教育体育局、市市场监管局查处资阳天立学校违规收费问题，回应群众关切，解决群众反映强烈的问题，督促安岳县、乐至县取消高中阶段学校收取学生空调使用费，每年减轻学生负担500万元以上。规范住房前物业服务收费标准，推动校核市主城区普通住房前期物业服务收费标准，各物业服务等级基本物业服务费降低10%—30%、机动车停放服务费降低50%、装修期间服务费降低50%，装修建筑垃圾清运费提高12.5%，依法对“非机动车停放服务费”作出规定，有力维护消费者、物业企业双方合法权益。核定保障性住房销售价格，平稳开展市主城区5个项目529套保障性住房销售价格定价工作，兼顾房地产市场行情、房屋建成时间、购买群体等各方面因素，保障保障房购买者、开发商双方的基本利益。

市场监督管理

【概况】 2023年，资阳市市场监督管理局坚定贯彻落实市委、市政府决策部署和省局工作安排，坚持以习近平新时代中国特色社会主义思想为指导，持续优化法治化营商环境，服务“中国牙谷”建设，推进“放管服”改革，推行企业简易注销一件事办理，推动公平竞争政策实施，加强重要工业产品质量安全执法，制定产品质量技术帮扶“提质强企”行动实施方案，加强知识产权执法，加强依法行政制约监督，围绕经济发展中心工作和市场监管重点任务，以法治思维和法治方式推动市场监管工作创新发展。

【服务“中国牙谷”建设】 构建三类医疗器械注册快审快评工作机制，设立国家器审中心医疗器械创新四川服务站资阳分站，成为全国首家市州级分站；将省药监局行政审批处资阳工作站前移至高新区行政审批窗口，设立四川省食品药品审查评查及安全监测中心资阳分中心，实现二类产品注册企业不跑路、快速办；中国牙谷新增产品注册（备案）证书70张，较2022年度增长1.3倍，235个“资阳造”产品投入市场，二、三类口腔产品注册证数量居中西部第2位、全国第5位。川渝药械化审评检查能力建设合作联席会议在资阳召开，为“中国牙谷”建设发展把脉问诊。市食药中心以98.1分的高分通过省级重点实验室年度考核，新增医疗器械检测参数83个，累计286个，位居全省第三，可为65个品种口腔产品提供检验检测服务，覆盖中国牙谷无源产品的50%。

【培育壮大经营主体】 持续优化开办企业程序，细化出台年度工作方案，修订《电子营业执照应用事项清单》，线上线下导办服务纳入全省市场准入服务改革创新事项库，全年净增经营主体1.93万户，总量达16.87万户，同比增长12.91%，高于全省平均增速3.76个百分点，市局窗口位列市级部门绩效考核第一名。创新执法模式，在全省率先出台市场监管领域行政执法“一目录”“五清单”，探索编制经营主体“一业一册”合规经营指南，深化“学法考法免罚减罚”制度，法治账图得到依法治省办和市委、市政府肯定。探索行政执法“智慧裁量”平台建设，成德眉资运用平台裁量案件883件，计算误差小于2‰，案件回访正面评价率达97.2%。倾情服务助企，清理清退违规涉企收费191万余元，培育省级商业秘密保护创新试点基地6个，指导南骏汽车制定省内首个商业秘密管理企业标准，企业年报率排名全省第一。举办“3·15”宣传活动暨首届“有资有味”百店千品进万家消费促进活动，新发展放心舒心消费示范单位193家，累计365家，线下无理由退货承诺单位102家，累计175家，消费投诉调解成功率超全国平均水平22.3个百分点，全市“12315”工作效能排名全省第四，市消委会连续十年被评为全国消费维权先进集体。

【质量强市建设】 在全省率先举办质量大会暨“首届资阳市质量奖”颁奖仪式，表彰7家获奖企业，兑现奖补资金110万元。举办成德眉资2023“世界计量日”主题宣传活动，联合发布《加油站诚信计量建设规范》《汽车公用充电设施诚信计量建设规范》，推进跨区域计量监管、技术合作。深化质量基础设施“一站式”服务，4个技术机构通过“川质通”平台服务企业300余家，完成订单2877单。实施“提质强企”行动，组建专家团队帮扶24家生产企业建立健全质量管控制度，开展质量共性难题攻关，全市工业产品省级抽查合格率达96.7%。制定标准化奖励项目管理办法，组建专家库，规范标准立项、审查，累计兑现奖励资金140万元。实施“标准化+”行动，全市企事业单位累计主导或参与制（修）订国际标准2个、国家标准23个、行业标准37个、地方标准34个，获批32个国家级、39个省级农业标准化示范项目，资阳强制隔离戒毒所获批成为国家级社会管理和公共服务综合标准化试点。推动中车资阳机车制定全国唯一山地齿轨车辆企业标准，成功下线全国首列齿轨列车。

【知识产权保护】 全年新增注册商标2322件，累计注册有效商标1.99万件，增速11%，位列全省第二；专利授权997件，增速13%，位列全省第一。“安岳柠檬”申请外观设计专利2件、商标注册2件、版权登记2件，品牌价值达190.86亿元，位居全省水果类第一、全国柑橘类第三，纳入全省地理标志助力乡村振兴典型案例。组建资阳市知识产权公证服务中心，“知识产权+公证”“行政调解+司法确认”机制被省上推广运用。建成口腔装备材料产业专利导航，专利数据库收集数据4万余条。四川弘晟石油创建国家级知识产权优势企业，中车资阳机车“变频交流辅助系统”荣获四川专利奖二等奖。

【“三品一特”安全监管】 建立“三品一特”安全风险研判会商制度，分行业、分领域制定突发事件应急处置操作手册6本。建立“两个责任”包保督导十项制度，实行“一人一册一指南”，领导干部包保督导完成率100%，问题整改率98%，打造示范单位80个。学校食堂“互联网+明厨亮灶”建设覆盖率达92.7%。在全省首创制定《散装食品经营管理规范》《夜宵食品摊贩食品安全管理办法（试行）》。深化成德眉资同城化食品安全风险预警区域协作机制，探索保健食品“良币驱逐劣币”沙盒监管。完成食品33类

2023年10月24日，2023年四川省较大药品安全突发事件应急演练在资阳举行（市市场监管局 供图）

7729批次抽检，省级评价性抽检合格率98.8%。严格药品、医疗器械许可（备案）管理，检查连锁公司、零售药店换证、新办及变更151家，清查一类医疗器械生产企业备案产品130个。抽检药品、医疗器械、化妆品317批次，查处违法案件260件，获评全省药品监管创新工作突出单位。加强不良反应监测上报，药品、医疗器械、化妆品任务完成率分别为125.7%、155.3%、232.2%。与荣昌区、内江市建立药品安全监管一体化发展合作机制，实现监管信息、舆情处置、风险监测等联动互通。举行2023年四川省较大药品安全突发事件应急演练，得到省药监局和市政府主要领导高度肯定。建立特种设备安全工作联席会议制度，完善“三单一书”工作机制，督促1031家生产、使用单位落实“两个责任管理规定”，检验特种设备1.12万台，定期检验率达100%。制定工业产品企业落实质量安全主体责任指导手册，81家企业建立并落实“日管控、周排查、月调度”工作制度。创新组织实施“除隐患、保安全、促发展”百日攻坚行动，累计排查并全面整改问题隐患1545处，深入开展“春雷行动2023”，捣毁制假售假窝点4个，查办违法案件1327件。

国土资源保护

【概况】 资阳市土地总面积5747平方千米，地势西高东低，地形地貌以低山、丘陵、河流冲积坝三种类型为主，平均海拔400米，属浅丘地貌形态。其中，全市耕地面积351.13万亩，永久基本农田保护面积308.70万亩。

【矿产资源利用规划】 划定矿产资源划定勘查规划区块1个，为地热普查，开采规划区块23个，其中砖瓦用页岩矿区块12个、建筑用砂岩矿区块11个。全市有探矿权1个、为地热探矿权；有效采矿权35个，其中砖瓦用页岩33个、矿泉水1个、建筑用砂岩1个。

【土地供应管理】 坚持“西进优先”空间发展策略，增量资源向临空高新聚集，上报建设用地12个批次5233.23亩、单独选址项目7个11151.16亩，其中临空经济区7个批次2775.13亩，单独选址项目3个954.03亩。坚持分类施策、先易后难，通过供应处置2009—2022年批而未供土地20533.53亩，通过批文撤销处置30亩，处置率32.8%；处置闲置土地29宗1588.92亩，处置率22.62%。编制161宗9041亩闲置低效存量土地手册，引导招商引资企业使用闲置低效用地。落实拟出让清单公告制度，供应土地23916.58亩，其中工业用地47宗2360.09亩。深化“亩均论英雄”和工业用地“标准地”改革，细化亩均投资强度、亩均税收、容积率、环境标准等指标，高新技术产业园区居全省“亩均论英雄”评价产城融合型开发区第1位，全市省级以上园区工业用地实现100%“标准地”供应，全年出让“标准地”20宗578.15亩。

【耕地保护】 推进“田长制”，设立市、县、乡、村四级田长和基层网格员3269名，实现耕地保护网格化监管。研究制定田长制运行规则等6项配套制度，统一编印巡田工作手册1500册、巡田记录本2万册。建立田长制与日常动态巡查相结合工作机制，发现并处理“非农化”“非粮化”问题线索400余条。建立常态化恢复补充机制，创新“五个一批”措施（粮经复合套种、林地恢复、园地改造、坑塘水面整改、草地复耕），建立定期调度通报机制，充分调动基层积极性，因地制宜探索创新多元主体参与、多渠道资金投入等恢复模式，全年完成恢复补充耕地并通过省级审查9.51万亩，总量居全省第6位，耕地净流入5.55万亩，居全省第3位。推进97个土地整理项目整改，15个离任（任中）审计项目已全部完成工程整改，14个已通过省整理中心技术复核并发放新增耕地验收证书，找回新增耕地3320亩。已竣工并开展技术核查项目6个。2023年，立项51个开发复垦项目，推进增减挂钩等项目。

【土地督察执法】 综合运用专题调度、实地督导、发函提醒等措施，分类采取立案查处、拆除复耕、完善用地手续和调查追责等方式进行整改，2022年督察反馈问题完成整改102个，整改率97.14%，排全省第3位；2023年督察反馈问题完成整改13个，整改率81.25%，高于全省平均水平。紧盯国家重大项目违法用地突出问题，专班推进查处整改，在全省率先以市级直接处罚方式完成成达万高铁违法用地查处，用地报征获国务院批准，2023年违法占用耕地面积从2494亩降至127亩。推进存量违法用地整改，2018—2021年卫片执法违法占用耕地整改完成7052.77亩，整改率80.52%，在全省率先完成省级下达的70%整改任务。持续保持对新增农村乱占耕地建房行为“零容忍”高压态势，全市新增问题全部整改销号。

【营商环境优化】 提前介入项目前期工作，深度参与联合选址选线项目8个，提前化解成达万高铁220千伏开关站进出线等矛盾。明确不须申请办理用地预审“5+1”种情形，申请办理用地预审同比下降45%。将用地预审与选址意见书、规划条件合并，对建设项目用地预审与选址意见书、建设用地（含临时用地）规划许可证，实行一次申请、合并办理。用地预审承诺时限压缩至4个工作日，平均办件时间较承诺时限再减少25%。启用国土空间用途管制监管系统，设置智能审批规则200余条，建立“报件数字模型”，市级审查压缩至3个工作日。

【城乡规划】 构建三级三类国土空间规划体系，支撑保障资阳市建设成都都市圈现代化产业新城和成渝中部崛起示范区。编审完成市、县两级国土空间总体规划并报省审批，其中，首部“多规合一”的市级国土空间总体规划成果质量得到肯定，自然资源厅技术预审排名第6。围绕“工业强市”战略，大力实施城市规划建设大会战，完成临空经济区控制性详细规划、轨道交通资阳线TOD综合开发规划等重点区域、重点领域规划编制，落实总体规划“西进优先”空间策略，保障临空经济区、成资协同开发走廊等重大平台和Keeway等重点项目落地。推进农村宅基地“两项试点”，以片区为单元编制镇级片区规划18个、实现市域全覆盖，完成24个试点村村级片区规划编制。坚决维护规划权威性和严肃性，落实“三条控制线”，严格耕地、林地、建设用地用途管制，严把建设项目规划选址、用地用林报批审查、矿权出让关。2023年城区规划维护调整事项同比下降72.72%。

国有资产监督管理

【概况】 2023年，资阳形成“党建引领、市场转型、质量并重、风险可控”的工作思路，聚焦“两降两提两做”持续用力，坚定推进国有企业市场化、实体化转型发展，进一步明确功能定位、完善治理结构、发挥“头雁”效应。市属国企完成投资173.5亿元，同比增长40.2%。资阳发展集团取得AA+信用评级，入围“川企百强”，累计6家市属国企取得AA信用评级。

【国有企业改革】 印发《资阳市属国有企业构建“雁阵格局”改革总体方案》，配套形成“1+29”深化市属国企改革政策体系，市属国企资产总额1127.3亿元，同比增长18.7%，营业收入116.8亿

2023年2月10日，2023年“国企资阳行”合作项目签约仪式在资阳举行（市国资委 供图）

元，同比增长78.9%，利润总额3.43亿元，同比增长116.5%，全年实现“两个突破一个翻番”（资产总额突破千亿元，营业收入突破百亿元，利润总额翻番）发展目标。资产总额增幅居全省第4位，营业收入增幅居全省第3位，利润总额增幅居全省第4位。构建以资阳发展集团为头雁的“1+N”雁阵格局，将资阳发展集团定位为国有资本投资运营集团，市城建集团、市高投集团、市港投集团定位为产业集团，实行集团化管控、实体化运营。修订市国资委授权放权清单，将经营管理决策权、财务集中管控权等23项权限授权资阳发展集团，统筹放活与管好相统一。在资阳发展集团组建战略发展、资本运营、风险合规、财务管理、融资管理“五大中心”，配备“五大中心”总监5名，集聚专业人才32名，做到人事管理、经营管控、资金统筹、财务管控、风险管控等“五个到位”。

【资本布局管理】 围绕“资本+伙伴+生态”主线，联合中金资本、金拓资本、毅峰资本等合作组建产业基金，已组建3只母基金、4只产业基金，总规模140亿元，工银资本出资3亿元入股市高投集团，中银投资出资2亿元入股市港投集团，资阳成为中西部地区中行、工行入股地市级国企的唯一城市。聚焦国防科技、医疗器械、清洁能源等五大领域，签约引进星河动力、高仙机器人等股权投资项目22个，投资金额51.1亿元，落地项目总投资152亿元，加快推动资阳市战略性新兴产业布局。举办“国企资阳行”项目合作会议，在四川央企、省属国企与资阳市企业围绕基础设施建设、产业发展、能源开发等领域集中签署重大项目合作协议18个，投资金额约476亿元。市城建集团与中铁二院合资成立资阳分公司并挂牌运营，资阳发展集团出资5.5亿元入股四川农商联合银行，推动开放合作呈现新成效。

【项目建设】 市属国企在高新区、临空经济区投资占全年固投的81.78%，围绕智谷、艺谷、牙谷投资建设项目22个，完成投资46.16亿元。三草湾智能制造产业园区一期32万平方米标准厂房已全面开工建设，清泉智能制造产业园61栋、40万平方米标准厂房全面竣工投用，牙谷医疗器械产业园11.2万平方米已完工，中华优秀传统文化科技创新示范园已完成总体工程量的60%。市属国企承担的77个大会战项目有力有序推进，三贤路及雷音大桥、十里江湾幼儿园等项目开工建设，资阳职业教育培训基地即将交付使用。市属国企在城建、市政、教育、生态、医疗等社会民生板块发挥“主力军”作用，承接老旧小区改造、市政路网建设、开办教育机构、沱江生态保护等，完成总投资22.16亿元。主动承担“问题楼盘”化解任务，有力推进东临、东福、书台苑等长达17年的“烂尾楼”建设，近500户业主陆续喜迎新居；毗河供水一期项目完成主体工程建设，向工程沿线旱区供水达1.1亿立方米，保障都江堰灌区200余万名群众生活用水；投建“托幼一体”幼儿成长中心，新增普惠性幼儿学位120个、托位138个；资阳市体育馆全年免费和低收费接纳健身人数约30万人次，充分体现市属国企的担当。

安全生产监督管理

【防范重大风险】 聚焦重大风险强化研判预警，市安办专班及时汇总气象、水文信息，结合各地区各行业特点、重点企业实时监控数据和国省市有关事故信息，每日发布安全风险防控预警信息，每月发布安全风险提示函，提出安全防范建议，全年发布预警信息179期、提示函60期，开展工作调度26次。聚焦重点行业强化专项整治，坚持周通报、旬分析，推动重大事故隐患专项排查整治，截至10月17日，累计排查重大事故隐患327处，完成整改305处，整改完成率93.27%，排全省第5名；深刻汲取凉山州金阳县“8·21”山洪灾害事故教训，开展安全生产隐患大排查大整治，全面完成56处问题隐患整改销号，8月底以来排查发现各类问题隐患1887项，完成整改1787项，持续整改100项。聚焦重大隐患强化挂牌督办，2次提请市安委会挂牌督办重大隐患19个，发出提醒敦促函23份。聚焦重点时段强化安全监管，在“五一”、端午、成都大运会及中秋、国庆期间，坚持市县领导暗访督导、各级安办综合督查、行业部门专项检查，层层传导工作压力，防止事故发生。

【安全监管】 强化安全服务，围绕“三件大事、三大会战、N项改革”，深入开展重点项目重点企业安全服务行动，在市级以上重点项目和重点企业分别组建安全专班开展服务指导，特别是积极指导安岳化工园区开展申报认定并顺利通过应急管理厅审核同意。强化教育培训，分地区分行业分领域组织开展重大事故隐患判定标准专题培训118场次，培训党政干部、部门监管人员、企业从业人员1.2万余人次，提升发现问题解决问题的强烈意愿和能力水平。强化监管责任，对非A级旅游景区、新能源发电等16个新兴行业领域行业监管责任进行明确，对文化旅游、建筑工程、娱乐、服务、教育医疗等5类28个行业领域监管职责进行明确，杜绝监管盲区。强化执法检查，深入开展“强安2023”监管执法专项行动，聚集重点行业和重点企业，发现违法行为2321项，立案查处60件，实施行政处罚261.46万元，形成打非治违高压态势，推动企业主体责任落地落实。

【安全生产标准化建设】 新增三级标准化达标企业13家，累计创建88家三级、3家二级、1家一级标准化企业。推进安责险推广，1—9月实现保费收入360万元、保额39.2亿元，与2022年同期相比实现翻番。抓好安全社区建设，雁江区资溪街道成功创建省级安全社区，乐至南塔街道等5个乡镇（街道）通过复评，全市累计建成省级安全社区15个。

【应急救援处置】 修订完善《资阳市防汛抗旱应急预案》《资阳市森林防灭火应急预案》，出台《基层防汛抗旱应急预案基本要素指南》，成功举办资阳市“应急使命2023”防汛综合实战演练和“人民至上·守护青山2023”森林防灭火综合实战演练，带动基层开展各类应急演练1100余场次。出台《资阳市综合应急救援支队管理办法》，建强以驻资部队、消防救援队为主力，市综合救援支队、市应急救援队为骨干，县区综合应急救援大队、乡镇街道应急救援队、村社应急救援分队为基础，社会应急救援力量为补充的市县乡村四级应急救援队伍体系，设立各类专业队伍112支4116人、兼职队伍1319支15317人。依托“1+3+89+N”（1个市级中心库+3个县级库+89个乡镇物资储备库+消防、武警、民兵物资仓库等N个单位物资储备点）物资储备体系，全年累计储备各类救灾救援物资41.17万件（套）、价值3392万元，基本满足中风险地区抢险救灾物资储备需要。严格落实领导带班和24小时值班值守制度，坚持提级响应、靠前指挥，妥善处置应急突发事件，特别是面对资阳有气象记录以来441.3毫米的日降雨量极值和部分河流100年一遇最大洪水，果断转移受威胁群众2994户7114人，成功应对“7·27”特大暴雨洪涝灾害，确保“零伤亡”“零失踪”。

审　计

【概况】 2023年，完成项目42个，查出主要问题和管理不规范金额48.71亿元，核减投资额1.47亿元，向纪检监察机关等移送问题线索16件，提出并被采纳建议116条。

【财政审计】 审计2022年度市级财政预算执行和决算草案编制、部门预算执行、工业发展资金等，查出问题121个，提出审计建议28条。

【农业农村审计】 审计2021—2022年财政衔接推进乡村振兴补助资金、种粮农民收益保障情况等，查出问题65个，提出审计建议15条。2022年度实施的全市耕地保护政策落实情况审计获得四川省优秀审计项目三等奖（市级），实现市本级近十年省级优秀审计项目“零的突破”。

【民生审计】 审计公立医院收费和采购管理情况，查出问题24个，提出审计建议3条，督促清退违规资金2132.05万元，推动建立完善相关制度136项；审计就业补助资金和失业保险基金，揭示问题35个，涉及问题金额436.05万元，提出审计建议3条。2021年度实施的困难群众救助补助资金审计综合情况上报后，揭示的48个问题被审计署全国报告采用，获得多位中央领导的肯定性批示。

【资源环境审计】 审计全市大气污染防治情况，查出问题24个，提出审计建议4条，促进被审计单位建章立制、出台规范管理方案等14项，督促拨付环保资金186.02万元；组织和指导3个县（区）分别对1个乡镇开展领导干部自然资源资产离任（任中）审计。

【金融和国企审计】 审计市级部分国有企业资产闲置情况，查出问题5个，促进企业加强资产管理，防范国有资产流失风险，提升经营效益；开展清理拖欠企业账款专项审计，对发现的拖欠企业账款问题，联合经信等部门，督促其全面整改，相关工作情况经审计厅综合采用后，获得黄强省长、郑备副省长肯定性批示；开展保交楼专项审计，报送的专项审计情况获得市政府领导肯定性批示。

【经济责任审计】 审计5名领导干部落实经济责任情况，查出权力行使不规范等问题48个。研究制定《资阳市市管领导干部经济责任审计对象分类管理办法（试行）》，相关经验做法在《中国审计报》刊发。提请市委常委（扩大）会议专题观看领导干部履行经济责任学习教育片，教育引导党政领导干部树立和践行正确政绩观，依法依规履行经济责任。牵头修订《资阳市市本级重大经济事项决策实施细则（试行）》，经市委常委会审定后，以市委办、市政府办名义印发，进一步规范权力运行，促进领导干部履职尽责、担当作为，防范重大经济事项决策风险，提升重大经济事项决策管理水平。安岳县妇幼保健计划生育服务中心（妇幼保健院）主任（院长）任期经济责任审计被评为四川省优秀审计项目一等奖（县级）。

【政府投资项目审计】 审计资阳职业教育培训基地等22个政府投资项目，揭示多计工程款等问题71个，提出审计建议44条，其中国外贷援款项目审计在全省国外贷援款项目审计视频培训会上作交流发言，并获得时任审计厅领导的肯定性批示。

【审计查出问题整改】 压紧压实审计整改“六方责任”，大力推进2022年度市级预算执行和其他财政支出情况的审计报告反映问题整改，整改问题金额12.99亿元，制定完善制度88项，追责问责58人。开展审计整改“清零行动”，发出整改督促函17份，现场检查5个单位，约谈有关责任人5人次，推动整改销号问题249个，整改问题金额2亿元，督促有关单位、地方完善制度规定20个。

【审计调研】 运用审计成果，撰写审计专报14篇次。提炼高质量审计信息，编发审计简报52期。落实学习贯彻习近平新时代中国特色社会主义思想主题教育和在全党大兴调查研究之风相关要求，形成调研成果8篇。

统　计

【概 况】 2023年，资阳市统计局以习近平新时代中国特色社会主义思想为指导，深入贯彻党的二十大和二十届二中全会精神，聚焦源头数据质量问题，确保数据有据可信，全面落实第五次全国经济普查工作保障，加强经济运行监测分析，务实开展统计课题研究，为资阳高水平的经济发展提供优质、精准的统计服务。

【统计专项治理行动】 以市委办公室、市政府办公室名义印发《统计造假屡禁难绝专项治理行动实施方案》，明确总体目标、行动举措、时间安排、工作要求，扎实推动专项治理走深走实。联合各相关行业主管部门，细化制定工业、能源、投资等9个专业自查自纠方案，聚焦源头数据质量问题，对执行国家统计调查制度、一套表调查单位入退库、统计数据失实等情况深入开展全覆盖自查自纠。累计核查各类企业（项目）2400余户，发出“两书一函”11份，清理30个项目调减计划总投资，对不符合要求的48户工业企业、141个投资项目予以退库处理。切实加强和改进统计执法检查工作，建立健全常态化统计数据核查机制，报表期间坚持“即报即审即查询即反馈”，对新增或变动的调查对象以及总量较大、数据波动异常的调查对象和地区进行重点实地核查，发现问题及时整改，确保数出有据、真实可信。1—10月，有效回复国省查询1200余条次，下发查询450余条次。

【“五经普”工作】 资阳市政府印发关于做好第五次全国经济普查的通知，组建市第五次全国经济普查领导小组及其办公室，制定细化办公室组成人员及内设机构职责分工，全面落实普查工作保障，市、县两级落实2023年度“五经普”预算经费1118.4万元，全市选聘普查“两员”3676名，稳步推进“五经普”各项工作高效有序开展。坚持条块结合、以块为主，全力组织开展“地毯式、拉网式”清查，确保市场主体捞干筛尽、应统尽统。向省经普办上报单位31215个（法人单位27217个、产业活动单位3998个），其中，二三产业法人单位25373个，比“四经普”增加13219个，同比增长108.8%，企业法人18145个，比“四经普”增加12217个，同比增长206.1%；个体户183598个，比“四经普”增加79788个，同比增长76.9%。

【统计监测服务】 落实“周监测、月调度、季盘点”工作机制，加强对重点行业、重点企业运行监测，密切关注关键指标走势，对经济运行中出现的苗头性、趋势性问题和情况进行预警预判，及时为市委、市政府提供决策参考；紧紧围绕市委、市政府中心工作和全市经济社会发展中的热点、重点和难点问题，深入开展相关课题研究，积极为资阳高质量发展建言献策。年内完成“资阳在成都都市圈区域中的发展比较分析研究”“2022年成都都市圈民营经济发展分析”等重点课题，《全市6岁以下婴幼儿照护情况调查分析》获市委主要领导肯定性批示。改版升级《统计月报》《统计台账》等统计产品，做好统计数据发布和解读，如实反映发展趋势，正确引导社会预期。针对统计工作中存在的短板弱项和问题不足，主动与行业部门加强业务沟通，凝聚统计合力，为全市高质量发展提供更优质统计服务。

社会调查与监测

【概况】 2023年，组织开展辖区内的居民消费价格调查（即CPI）、工业生产者价格调查（即PPI和IPI）、住户收支与生活状况调查、农民工监测、主要畜禽监测、农产量与播种面积调查、劳动力调查、企业采购经理调查等10余项调查任务及2022年度县级党委政府、市级部门社会评价调查、文明城市创建等一系列重大专项调查。全市住户、畜禽、粮食、劳动力等国家调查补贴新增预算124.9万元，为市、县（区）调查队常年经费预算予以保障。组队参加总队第二届统计建模比赛，获得“优秀奖”。连续14年进行“县（区）、市级部门（单位）目标绩效群众和社会评价”，参与文明城市创建摸底测评和督导。

【居民收支调查】 研发居民收支调查数据比对审核程序，将行政记录和住户调查平台数据进行对比，提高源头数据真实性。进一步加强居民收支调查电子记账和“E调查”工作，推进“线上监管”与“线下督促”相结合。推进商超扫描数据和网络交易价格在CPI调查中的应用，将商超电子扫描数据直接应用于采价，大幅提高采价效率和准确度。推广无人机遥感测量技术应用，广泛应用多光谱测产仪、台式图形工作站等，配备配齐测产仪、测规等测产工具，提高粮食面积、产量数据的科学性和精确性。工业生产者价格调查全面实行电子台账，切实提升数据审核的及时性和准确性。

【统计调查制度建设】 修订完善《资阳市住户调查网点星级评定考核办法（试行）》《资阳调查队企业调查工作职责》《资阳采价员考核管理办法（试行）》等30余项制度，加强事前事中事后全流程数据质量管理，为数据质量管控、辅助调查员管理提供规范框架。强化星级网点建设，加强劳动力、居民收支、粮食产量和畜禽监测网点建设，定期到点位开展调研指导，将星级评定结果用于日常管理考核，不断提高源头数据质量。

【统计调查研究】 2023年，撰写工作交流、统计文化等各类文章301篇，被总队采用189篇，被国家统计局采用74篇；发布新媒体27篇，被总队采用13.5篇；编发报告简报181期，被市委、市政府领导批示23篇次，其中被市委书记市长签批9篇次，被国家统计局采用5篇次，被《中国信息报》采用7篇次。注重统计调查科研工作，申报的“川中丘陵区农业生产要素保障对粮食安全的影响研究”被列为四川调查队系统2023年度重点课题，“资阳市建设‘中国牙谷’的调查研究”被列为省市调研课题，《成渝地区双城经济圈建设背景下川中丘陵区乡村振兴研究》入选四川国家调查优秀报告集，《国货“崛起”方兴未艾·品牌发展未来可期——国产品牌消费情况调查报告》获2022年度四川调查队系统青年报告类三等奖。与市直机关工委联合开展资阳市直机关干部职工工作学习生活状态调查研究，及时反映干部职工急难愁盼问题。

【统计法治宣传】 推动地方党委政府及相关部门学习贯彻《监督意见》精神，联合市统计局推动市委、市政府印发《关于更加有效发挥统计监督职能作用责任分工方案》。创新普法方式，协助总队执法监督处原创设计“四川统计法治宣传卡通形象”，并制作系列表情包通过新媒体平台广泛推广，获得国家统计局的认可；连续两年协助总队举办统计法治网络有奖问答和统计开放日网络有奖问答活动，2023年参与人数累计超过48万人次；结合“中国统计开放日”、“12·8”统计法颁布纪念日等重要节点，开展普法宣传活动。加大执法力度，分季度开展统计执法检查，推动执法检查与专业常规检查融合开展，实现主要专业全覆盖，2023年检查单位24个，立案处罚1个，给予警告并罚款6000元；坚持统计法治人才培养和队伍建设，新增加持证人员1名。

农业和农村 >>>

综　述

【概况】2023年，围绕建设丘陵地区农业强市，以创建省级乡村振兴先进市为主线，突出抓好粮食安全、耕地保护、防止规模性返贫等底线任务，扎实推进现代农业、乡村建设、乡村治理等重点工作，着力打造新时代更高水平"天府粮仓"丘陵示范区、成都都市圈特色农业集聚区、全省农村综合改革试验区，加快推进乡村全面振兴、农业农村现代化。2023年，全市实现第一产业增加值196.6亿元，同比增长3.8%；农村居民人均可支配收入同比增长6.5%。

【农业农村改革】稳慎推进宅基地制度改革"两项"试点，夯实改革试点基础，探索创新"跨区配置"推进宜居优居、"城乡共营"盘活闲置资源等5种模式，承办全省宅基地改革现场推进会，全市经验做法获农业农村厅肯定推广。发展壮大村集体经济，总结推广产业发展型、资源盘活型、生产服务型等11个集体经济发展典型案例，争取中省集体经济扶持资金6710万元，乐至县清水村集体经济发展模式入选全省"12

2023年资阳市农业指标完成情况统计表

表5

指标类别		2023年	
		总产量	增速
第一产业增加值		196.6亿元	3.8%
粮食	合计	167.8万吨	3.6%
	其中：水稻	51.7万吨	1.3%
	玉米	66万吨	9.2%
	小麦	2.8万吨	22.3%
	大豆	12.1万吨	14.3%
	红苕	22.8万吨	−6.3%
	洋芋	8.5万吨	−8.4%
	豌胡豆	3.5万吨	−6.9%
	高粱、绿豆等	0.4万吨	33.3%
油料	合计	29.7万吨	−0.8%
	其中：油菜	24.7万吨	−1.9%
	花生	5万吨	5%
蔬菜		188.8万吨	4.8%
水果		101万吨	7.9%
猪		290.8万头	1.5%
牛		1.979万头	0.6%
羊		130.9万只	−0.4%
小家禽		2404.5万羽	−1.6%
水产品		8.3万吨	4%

大案例”。全市农村集体经济总收入3.4亿元，有经营性收益的村（社区）达1047个。加快构建“县农业社会化服务中心+乡镇农业社会化服务站（点）+村农业社会化服务协管员”三级服务体系，成立县级服务中心3个，乡镇服务站84个。培育种粮大户1384户，同比增长85.5%，全市第一产业市场主体净增2250户。以创新推广丘区“农业共营制”为抓手，加快构建“土地股份合作社+农业职业经理人+农业综合服务体系”的现代农业经营体系，组建土地股份合作社23个，评定职业经理人127个，带动农户增收3295户。

【宜居宜业和美乡村建设】 学习浙江“千万工程”经验，以农村人居环境整治为抓手，推进宜居宜业和美乡村建设。持续推进农村“厕所革命”，争取农村“厕所革命”整村推进示范村建设项目资金3126万元，项目实施村63个，完成新（改）建户厕17187户，全市农村卫生厕所普及率达94.2%。雁江区“一种基于原粪池改建三个化粪池的无害化户厕改造方式”被四川省农业农村厅、重庆市农业农村委员会评为成渝地区双城经济圈农村人居环境整治十大典型案例。以“三清两改一提升”为重点，常态化开展村庄清洁行动，1125个村69.6万户群众参与“六顺六干净”院落整治，清除农村垃圾5.18万吨，农村“脏乱差”现象得到遏制，村庄环境卫生得到有效治理。

童家镇桑园基地（资阳融媒体中心　供图）

【农业示范园区】 贯彻落实全省“天府粮仓·千园建设”行动要求，落实财政奖补政策，整合涉农项目资金，梯次推进园区建设。加快建设成渝高效现代农业带合作示范园区1个，成德眉资都市现代农业园区2个，成功创建国家现代农业园区1个、省星级园区7个，全市获评全省现代农业园区建设工作推进典型市。按照三统筹一主体、融合发展、成片推进、集成示范工作思路，采取竞争立项方式确定“1+3”示范园区，安排涉农项目4500万元，整合县级涉农项目资金2.5亿元，撬动社会资本7.3亿元，高标准推进“1+3”示范园区建设，着力打造更高水平“天府粮仓”丘陵地区示范典型。

【农作物保护】 2023年，全市病虫草鼠害发生面积1080.2万亩次，防治面积1452.3万亩次，挽回粮食损失53498.8吨，实际粮食损失7082.7吨，病虫为害损失率0.42%。成功创建2个省级农资经营示范门店、1个“五有五好”植保社会化服务组织。全年完成省间和省内调运检疫182批次，产地检疫面积1.66万亩，其中种子57218公斤，果树苗木108万株。开展以蜜蜂授粉、杀虫灯、色板、稻渔综合种养、昆虫天敌、生物农药等为主的绿色防控，安装杀虫灯3610盏，悬挂诱虫色板120.15万余张，安装性诱装置3.95万套，释放生物天敌赤眼蜂、捕食螨等2000万头。建立农药包装废弃物回收点2190个，农药包装废弃物回收74.6吨，处理52.2吨，农药包装废弃物回收率达79%。主要粮食及果蔬绿色防控面积296.3万亩，覆盖率达到52.7%。主要粮食病虫害统防统治面积606.27万亩次，统防统治覆盖率达56.38%，平均防治效果达到93.2%。

【种子管理】 征集入库合格农作物种质资源样本76份。开展“资阳香橙”种苗的筛选和鉴定，确定资阳华农农业有限责任公司繁育的种苗为标准株。伍隍猪通过全国畜禽遗传资源委员会新品种命名审核，发布四川省（资阳市）《伍隍猪》（DB 5120/T15—2023）地方标准。备案水稻、玉米、大豆等品种476个（次），登记油菜等品种148个（次），总体备案率99.0%。引进主要农作物新品种60个，实施优质稻、粮经兼用玉米、专用大豆和“双低”油菜等新品种示范36点次，展示与示范2.45万亩，带动专用优新品种推广60.0万亩以上。开展大、小春种子市场检查，开展巡查检查630次，出动检查人员938人次，出动检查车辆352台次，检查城区种子经营商61家，检查摸排农资经营门店（网点）1089个，检查680余个水稻、玉米、油菜等作物品种备案、品种登记、品种授权经销情况，确保农业用种安全。

【经济作物】 推进蔬菜标准化、集约化生产，临空蔬菜园建成工厂化、智能化育苗大棚2个，年育优质蔬菜苗500余万株；乾龙镇设施蔬菜示范点新建玻璃温室大棚13424平方米、连栋薄膜温室大棚75309平方米、连栋薄膜育苗棚1606平方米，雁江区蔬菜现代产业园认定为省三星级园区。实施蔬菜“千人指导　万人培训”农技提升行动，通过邀请专家授课、举办线上线下培训班、农技人员进棚等方式，累计培训指导农户等经营主体198户（次），发放宣传明白纸等技术资料3405张（条）。建成柠檬苗木良繁基地120亩，年供优质苗木50余万株，建成出口注册果园2.5万亩；新建柑橘标准化集成技术示范基

2023年资阳市粮食生产情况统计表

表6

类别	面积（万亩）	产量（万吨）
水稻	103.23	51.75
玉米	169.45	65.96
小麦	10.80	2.84
高粱	0.5	0.13
大豆	79.72	12.07
绿豆	2.31	0.32
豌胡豆	27.75	3.47
红苕	76.29	22.76
洋芋	31.66	8.5
合计	501.71	167.8

2023年资阳市油料作物生产情况统计表

表7

类别	面积（万亩）	产量（万吨）
油菜	137.1	24.72
花生	28.54	4.95
合计	165.64	29.67

资阳市临空经济区蔬菜现代农业园区（黄智微　摄）

加快建设产业深度融合发展粮经示范园区，示范带动乡村产业振兴。全市 2023 年粮食产量 167.8 万吨、生猪出栏 290.8 万头、蔬菜 188.8 万吨，已建成优质柠檬基地 49.75 万亩、柑橘基地 33.24 万亩、蚕桑基地 14.4 万亩，形成以粮油、生猪、蔬菜为主导，以柠檬、柑橘、蚕桑为特色的农业产业体系。

地 2000 亩、冷链仓储设施 7 万立方米。

【粮油作物】 坚决落实粮食安全党政同责，围绕新时代更高水平“天府粮仓”丘陵示范区建设，坚持“稳面积、扩大豆、攻单产、增效益”的工作思路，抓实耕地保护、农业科技推广、培育粮油主体、农业防灾减灾等工作，为保障粮食安全工作做出应有贡献。粮食种植面积 501.7 万亩，同比减少 5 万亩，同比下降 1%；总产 167.8 万吨，同比增长 3.6%，其中小春粮食实现总产 10.7 万吨，同比增加 0.3 万吨；大春粮食实现总产 157.1 万吨，同比增加 5.5 万吨。油料作物种植面积 165.6 万亩，同比增长 5.8%；实现总产 29.7 万吨，同比下降 0.8%。其中，油菜总产 24.7 万吨，同比减少 0.5 万吨；花生总产 4.9 万吨，同比增加 0.2 万吨。大豆玉米带状复合种植模式示范效果明显，大豆面积增长 3.8 万亩、产量增加 1.5 万吨，大豆面积产量持续稳居全省第一。兑付耕地地力保护、稻谷目标价格、实际种粮农民一次性、种粮大户等惠农补贴 3.9 亿元，粮食适度规模面积 17.7 万亩。

【粮经统筹】 围绕推进粮油作物与特色产业“双稳双保”，推动农业种植园地优化升级改造，因地制宜地抓实粮经统筹发展。坚持“以粮为主、粮经统筹、融合发展”，积极发展“菜粮”“果粮”“稻渔”等粮经统筹模式，同时优化粮油产业发展布局，推动粮食与经济作物全产业链开发，

【水产畜牧业】 2023 年，水产品总量达 8.26 万吨，同比增长约 4.03%，渔业经济总产值达 18 亿元。全市 3 个县区均纳入四川省鲇鱼、鮰鱼、白乌鱼产业集群项目建设。安岳县成功创建国家级水产健康养殖和生态养殖示范区；开展“鱼米之乡”项目建设，建成稻渔综合种养基地 20483 亩。全市 50 亩以上池塘养殖尾水治理率 85.1%。全面完成外来入侵水生动物普查工作数据审核上报。

全市生猪存栏 169.32 万头，同比下降 7.5%，累计出栏生猪 290.8 万头，同比增长 1.5%，完

佛山橘海（资阳融媒体中心　供图）

雁江区中和镇干沟村小龙虾养殖基地（资阳融媒体中心　供图）

成省下达280万头年度目标任务的103.9%。建立国省级生猪产能调控基地51个（国家级13个、省级38个），能繁母猪存栏14.9万头。持续培育温氏、正大、新希望三大生猪生产集群发展，已建成的9个种猪场年产仔猪能力达到120万头以上，引领带动规模猪场209个，规模猪场493个，规模养殖比重达到65%。培育四川柠刚牧业有限公司、四川普洲高文牧业有限公司2个现代化智慧奶牛场；新建雁江区百草园年出栏8000只乐至黑山羊种羊场，新改扩建雁江富乐、乐至肉牛育种基地、金龙、绿洲4个肉牛标准化养殖项目。全市牛存栏3.97万头，出栏1.98万头；羊存栏65.72万只，出栏130.9万只。

【农业机械】 全市有49个农机专业合作社，社员667人，其中省级“全程机械化+综合农事”服务中心3个（安岳岳翔农机专合社，蜀乡农业投资开发有限公司、乐至县助农粮油专业合作社联合社）。农机购置补贴使用资金1579余万元，补贴机具9795台，受益农户6633户。主要农作物耕种收综合机械化水平达到63.55%，较2023年提升2.38个百分点。农机总动力194.97万千瓦，拥有拖拉机1495台，耕整机1.7万台，微耕机1.7万台，联合收割机1675台，植保机械1.2万台，秸秆粉碎还田机2852台等。新建提灌站65座，改造提灌站192座，提灌站灌溉面积达172.5万亩。

林　业

【概况】 2023年，资阳市林业局深入贯彻落实习近平新时代中国特色社会主义思想和党的二十大精神，全面推行林长制，严格落实林地定额分级管控制度，野生动植物保护监管得力，国土绿化按期保质完成，发展林下产业，推动传统林业逐步向绿色生态高效林业发展，筑牢森林防火安全屏障，扎实推进各项工作，促进全区林业事业迈向新台阶。

【林业资源保护】 全面建立市、县、乡、村四级林长责任体系，划分1141个巡管责任单元，配置“一长两员”3424人，专职护林员在线巡护率99%。全面推行“三单一函”制度，各级林长巡林12.6万人次，督促协调解决重点难点问题241个。创新推进“林长制+”，建立资阳大足联席会议制度，探索建立安岳大足“林长+检察长”协作机制，试行村级林长“六步巡林法”。严格落实林地定额分级管控制度，审核审批使用林地100宗3360.31亩，其中永久使用林地35宗669.04亩。严格落实森林采伐限额制度，办理采伐许可证5.63万份，批准采伐蓄积量1.18万立方米。严格野生动物人工驯养管理，申请使用野生动物标识166.86万枚，立破陆生野生动物行政案件10起。出台《关于加强古树名木保护管理工作的通知》（林长令3号），完善“一树一档”数据库，乐至报国寺1410余年古榕树“树抱佛”入选“全国百佳古树”和省级“百佳古树名木”，安岳紫竹公园纳入全省古树保护公园建设范围。持续深化林业行政执法与刑事司法公益诉讼生态损害赔偿衔接机制，扎实开展“打击毁林”“清风行动”“平安寄递行动”等专项行动，办理生态环境损害赔偿案件

10件，办结2022年国家森林督查交办案件99件，查处整改率和入库率均为100%。

【国土绿化】 制定《资阳市落实〈四川科学绿化示范省建设实施方案（2023—2025年）〉工作方案》，提出十项重点任务。落实《资阳市国土空间总体规划》，启动编制《资阳市国土绿化总体规划（2023—2030年）》。大力推进国家储备林建设，完成集体林权流转4000亩，实施黄柏集约示范栽植1000亩。实施省级财政国土绿化项目，完成新造林0.55万亩。制定《资阳市国家森林城市建设提升期实施方案（2023—2026年）》，完成城区公园、街旁、防护绿地等绿化及提质131.79亩、道路绿化及提质25千米、重要河道沿岸绿化63千米和城市重要水源库区绿化2291.7亩，实施中幼林抚育4000亩、低产低效林改造2225亩，新建滨水体验型绿道廊道0.6千米、步行专用绿道2千米。深化“线下示范、线上联动”机制，发布义务植树点位5个，全年义务植树391.84万株。

【林业产业发展】 巩固提升木本粮油、林下种养等优势产业，开拓发展木本中药材、动物药材等新型“林粮”，新建（提质）核桃、青花椒等1万亩，试验引进山桐子等油料树种0.1万亩。因地制宜发展大头菜、羊肚菌、黄精等种植1.1万亩，家禽、蜜蜂等养殖12.6万亩。开拓壮大林业中药材产业，发展枳壳等木本中药材0.6万亩；人工繁育黑熊800余头，养殖户数、产值排全省第2位，规范养殖蛇、蟾蜍等药用动物3万余条（只）。创新“储备林＋平台”“储备林＋融资”“储备林＋项目”等模式，规划发展木本中药材3.5万亩、林下经济3.45万亩、木本油料0.6万亩。依托乐至国家林业科技示范园等3个园区抓示范推广，转化实施林业高新技术7个，标准化发展青花椒、枳壳、羊肚菌等“林粮”1.12万亩。依托“N”个产业基地辐射发展多样化“林粮”，新建核桃等木本粮油基地0.2万亩，累计建成木本粮油、森林蔬菜、森林药材等基地18.03万亩。

【森林安全防护】 组建森林防火巡回宣讲队91支2000余人，国有林场等重点区域设置宣传点1274处，发放宣传单100万余份，推送公益短信43万余条次。深入开展森林火灾隐患排查整治和查处违规用火行为专项行动，排查并整治销号隐患点709个，清理“五周五缘”林下可燃物312吨、输配电线路497条。全面推行“一长两员”制度，1100余名护林员全员上岗，监测即报护林员系统上线率稳定在95%以上。深化资阳·大足林业有害生物联防联治协作，悬挂松褐天牛诱捕器20套，集中除治濒死木等松树7673株，“即死即清”死亡及濒死松树761株，松材线虫病疫情实现“动态清零”。实施蜀柏毒蛾等无公害防治近23万亩，其中飞机防治6万亩。全面完成“两项普查”，摸清林草湿外来入侵物种和草地有害生物家底。推进“强安2023”“扫非治违”等专项行动，排查林业园区、林木加工企业、野生动物繁育场所、种苗生产单位等700多家，巡视配

雁江区工业原料林基地（资阳融媒体中心　供图）

电线路20余千米，排查整改一般林业安全隐患113个。

水 利

【概况】2023年，资阳市水利系统坚持以习近平新时代中国特色社会主义思想为指导，水利工作不断取得新进展，注重民生水利项目，坚实水安全保障，全面实施河长制乡村网格化管理，加强饮水安全工程建设，做好人畜饮水抗旱保供工作，全力落实防汛抗灾部门责任，以高水平安全保障高质量发展。

【水利建设】2023年，资阳市建成水库332座，其中雁江区84座［中型2座、小（1）型34座、小（2）型48座］、安岳县144座［中型4座、小（1）型26座、小（2）型114座］、乐至县104座［中型3座、小（1）型29座、小（2）型72座］。在产水电站5座，其中雁江区有5座［其中小（1）型2座、小（2）型3座］、安岳县有0座、乐至县有0座。建成泵站1346座，其中雁江区584座［小（1）型21座、小（2）型563座］、安岳县547座［小（1）型6座、小（2）型541座］、乐至县215座［小（1）型13座、小（2）型202座］。已建成水闸82座，其中雁江区6座［小（2）型6座］、安岳县76座［中型9座、小（1）型9座、小（2）型58座］。建成机电井383964处，其中雁江区137783处（规模以上370处、规模以下137413处）、安岳县156557处（规模以上197处、规模以下156360处）、乐至县89624处（规模以上97处、规模以下89527处）。建成塘坝19719处，其中雁江区4463处、安岳县8300处、乐至县6956处。建成窖池39407处，其中雁江区18354处、安岳县14151处、乐至县6902处。全市区域内总供水能力137067.32万立方米，其中跨区域供水工程供水能力31815万立方米，全市水库供水能力63152.14万立方米，其中雁江区20661.79万立方米（中型10057.32万立方米、小型10604.47万立方米）、安岳县25593.51万立方米（中型14954万立方米、小型10639.51万立方米）、乐至县16896.84万立方米（中型8088万立方米、小型8808.84万立方米）。全市塘坝和窖池工程供水能力13108.08万立方米，其中雁江区5693.86万立方米、安岳县6067.81万立方米、乐至县1346.41万立方米。全市河湖取水泵站工程供水能力22404.49万立方米，其中雁江区16439.18万立方米、安岳县4304.86万立方米、乐至县1660.45万立方米。全市机电井工程供水能力5901.61万立方米，其中雁江区3204.4万立方米、安岳县1859.36万立方米、乐至县837.85万立方米。

【供水】全市全年城乡供水工程实际年供水量16529.35万立方米。其中雁江区6059万立方米，安岳县6967.5万立方米，乐至县3502.85万立方米。水利工程供水类型：城市自来水厂供水8315万立方米，农村集中式供水6018.7万立方米，农村分散式供水工程实际供水2195.65万立方米。城乡集中式供水工程处数335处，其中城镇自来水厂5处（雁江区1处、安岳2处、乐至县2处），农村集中式供水工程330处（雁江区3处、安岳县21处、乐至县306处），农村分散式供水工程76374处（雁江区26298处、安岳32576处、乐至县17500处），城乡供水工程设计覆盖受益人口229.15万人，其中城乡集中式供水工程受益215.84万人，农村分散式供水受益人口13.31万人。年末农村集中供水工程管网到户人口128.94万人，农村自来水普及率91.36%。

【水利灌溉】2023年，资阳市灌溉面积142.193千公顷，其中雁江区54.623千公顷、安岳县51.21千公顷、乐至县36.36千公顷；耕地灌溉面积115.873千公顷，其中雁江区43.543千公顷、安岳县46.09千公顷、乐至县26.24千公顷。资阳市规模以上灌区73处，其中雁江区39处，安岳县13处，乐至县21处，耕地灌溉面积46.69千公顷，其中雁江区18.29千公顷，安岳县20.60千公顷，乐至县7.80千公顷。渠道长度1818.38千米，其中雁江区721.39千米，安岳县584.09

千米，乐至县512.9千米；防渗渠道1359.88千米，其中雁江区524.19千米，安岳县437.39千米，乐至县398.30千米。

【防洪除涝】 截至2023年，已建成堤防63.75千米，其中雁江区20.11千米、安岳县28.34千米、乐至县15.3千米。达标堤防48.06千米，其中雁江区20.11千米、安岳县16.25千米、乐至县11.7千米。2023年新增达标堤防6.22千米，其中安岳县新增达标5级堤防1.51千米，乐至县新增达标5级堤防4.71千米。堤防保护人口43.41万人，其中雁江区15.46万人、安岳县22.41万人、乐至县5.54万人。堤防保护耕地9.28千公顷，其中雁江区1.16千公顷、安岳5.09千公顷、乐至县3.03千公顷。防洪除涝面积0.03千公顷，在雁江区境内。

【水土保持】 2023年，完成257.79千公顷水土流失治理面积，其中雁江区74.739千公顷、安岳县116.198千公顷、乐至县66.853千公顷，新增11.654千公顷水土流失治理面积，其中雁江区3.702千公顷、安岳县4.951千公顷、乐至县3.001千公顷。新增小流域综合治理面积7.2千公顷，其中雁江区2.4千公顷、安岳县2.4千公顷、乐至县2.4千公顷；已实施小流域综合治理条数45条，其中雁江区14条、安岳县17条、乐至县14条。

乡村振兴

【概况】 2023年，贯彻落实党中央和省委、市委决策部署，不折不扣地抓好乡村振兴各项政策和工作落实。督促建立健全帮扶机制，巩固脱贫攻坚成果，发挥镇村、驻村干部帮扶力量，通过劳务输出、公益岗位设置、加大就业政策支持，精准分析脱贫群众，严格管理项目资金管理，利用结对共建，促进消费帮扶，坚持用产业带动作为乡村振兴的治本之策，增强脱贫户“造血”功能。

【防止返贫监测帮扶】 全年新增监测对象3656户9167人，落实针对性的帮扶措施。建立完善县乡村网格管理体系，逐级落实1.5万余名网格力量，市级对乡（镇）、县级对村（社区）、乡镇对村民小组开展网格力量提级培训并逐人进行业务知识测试，确保每名排查人员业务精湛、政策熟悉。实行每周一指导、每月一调度、每季一考评，对出现“漏测失帮”“体外循环”的严肃追究责任，压紧压实各级各相关部门责任。每月开展常态排查，对每户农户全覆盖发放防止返贫监测对象申报政策明白纸，发挥镇村干部、驻村帮扶力量、网格员作用，随时监测风险线索信息。抓实协同联动核查，落实县级部门信息推送比对机制和市级部门协同联系指导机制，全年推送各类风险线索8.9万条（次）。抓实集中排查，统筹乡村干部、网格力量采取入户面访、电话核实等方式，对全市90.5万户农户全覆盖开展排查。坚持开发式和保障性帮扶结合，分类动态管理，对家庭有劳动能力的，落实开发式帮扶措施，引导勤劳致富；对无劳动能力的，做好兜底保障；对弱劳力半劳力的，创造条件探索开发式帮扶措施。全年对监测对象落实各项帮扶措施共计2.3万余条。

【助推脱贫群众增收】 2023年，脱贫人口人均纯收入实现1.6万元以上，增速15.5%以上，超额完成目标任务。通过外出务工输送、公益性岗位安置、帮扶车间吸纳、以工代赈促进、自主创业带动等方式，实现7.88万名脱贫劳动力就业，完成年度任务的107.04%，加大就业政策支持力度，落实1438.17万元，对3.77万名脱贫劳动力就业给予交通、培训等补贴补助。紧盯295个脱贫村和乡村振兴重点帮扶村，精准制定“一村一策”，大力推进“村集体经济+”“农户+”等模式，鼓励脱贫群众深度参与产业发展，支持脱贫家庭发展庭院经济，实现脱贫家庭有1—2项增收产业，4.6万户脱贫群众通过产业带动实现增收。精准分析脱贫群众2022年收入状况，重点针对“收入在8000元以下、8000—9400元（全省农民人均可支配收入的50%）、2022年收入较2021年下降”三类群体，逐户分析研判，制定“一户一策”增收台账，分类落实产业、就业、兜底帮扶措施，每季度分析研判收入形势，及时落实政策、补齐短板，带动引导收入实现较快增长。启动防返贫保险工作，将监测对象中未消除风险的农户和已消除风险的脱贫人口作为保障对象，在对因病因灾给予赔付的基础上，创新推出“对监测对象发展产业和务工就业给予救助”的保障内容，激发监测对象内生动力。截至2023年，已投保9389人，赔付兑现160余万元。

【资金项目管理】2023年，资阳市到位各级财政衔接资金7.52亿元（其中中央、省级3.97亿元、市县3.55亿元），同比增长9.46%。坚持财政衔接资金重点用于农村产业发展、基础设施、能力提升等方面，严禁用于负面清单事项。加大产业发展支持力度，2023年中央、省级衔接资金用于产业发展比例分别达到65.33%、56.84%，均高于上年度占比。严格工作流程，组织开展项目入库市级前置审查，实行全过程规范化监管，确保资金安全、项目高效。严格落实项目实施和资金支出推进机制，734个项目已全面开工、有序推进，截至11月底，拨付各级衔接资金7.10亿元，支付率94.38%（中央95.38%、省级93.54%）。严格监督监管，开展资金项目专项大调研、衔接资金政策落实情况自查等工作，对发现的59个问题均已整改完成。严格落实“周提醒预警+月通报督促+适时约谈”制度，坚持每月深入项目现场解决具体问题，累计调度研究15次，现场督导20余次，对发现的问题现场交办，立行立改，对工作滞后的县（区）开展约谈3次，发出工作提醒函7份，全力推进财政衔接资金项目管理责任落实落细。

【帮扶平台搭建】市、县部门（单位）全覆盖结对帮扶295个脱贫村和乡村振兴重点帮扶村，选派856名新一轮驻村干部下沉一线、吃住在村，助推乡村提质振兴；实施驻村干部培训提能行动，全覆盖开展3天以上的集中培训，提升驻村工作队宣传政策、引导群众、助力增收、解决问题的能力，进一步提高群众的认可度和满意率。资阳、旺苍双方党政领导共同召开党委常委会、政府常务会议和领导小组会，研究部署年度工作，深化全领域交流合作。全年到位帮扶资金1830万元，实施帮扶项目15个，完成第一批帮扶干部期满考核和新一轮帮扶干部轮换，吸纳旺苍劳动力到资阳就业，开展推动京东方健康、京东方艺云和“皓齿工程”向旺苍拓展，消费帮扶向旺苍延伸等特色创新工作。2023年，以“资旺携手·共同富裕”为主题的对口帮扶工作7次被《人民日报》、人民网等媒体宣传报道。推进“万企兴万村”行动，705家民营企业、商（协）会与333个村结对共建，实施项目743个。持续开展“以购代扶”消费帮扶，搭建机关干部、企业与脱贫村、脱贫户购销平台，切实提高农副产品销售率，有效带动脱贫群众增加收入。培育“天府乡村”产品304个，“资味”特色品牌运营工作在全省推广，积极探索“品牌”益农、“数字”消费带富之路，实现销售收入1.38亿元。

工　业 >>>

综　述

【概况】2023年，资阳市工业发展取得显著成就，工业增加值和投资方面强劲增长，重点产业和新兴产业发展、企业服务和政策支持等方面取得重要进展，推进实施“工业强市”战略，推动经济结构转型升级。

【工业经济运行】全市规模以上工业总产值245.7亿元，规模以上工业增加值同比增长2.7%，排全省第19位，较全年最低点回升27.9个百分点。全部工业增加值217.7亿元，同比增长6.8%，增速排全省第5位。全市工业投资完成78.1亿元，同比增长109.6%，高于全省平均87.3个百分点，增速连续两年排全省第1位。其中，制造业完成45.9亿元，同比增长187.1%，增速排全省第1位。全市技改投资完成8.3亿元，同比下降4.9%，增速排全省第14位。全市工业税收实现20.2亿元，同比增长13.9%，占全市税收比重较2022年提升2.4个百分点。工业增值税8.97亿元，同比增长14.9%，增速排全省9位。工业用电量11.8亿千瓦时，同比增长1.99%，占资阳全社会用电量的29.7%，增速排全省第17位。工业企业贷款余额78.2亿元，较年初增加16.3亿元，同比增长26.7%，增速排全省第7位。

【工业结构调整】对全市工业产业体系进行再次优化，将原七大产业调整为五大特色优势产业，分别为医疗器械产业、装备制造产业、清洁能源产业、电子信息产业、食品轻纺产业。其中，医疗器械产业28户，年度产值规模25.9亿元；代表企业有爱齐科技、盈纬达医疗、贵均卫材、正美齿科。装备制造产业71户，年度产值规模78.6亿元；代表企业有中车机车、南骏汽车、现代商用车、石油钢管。电子信息产业13户，年度产值规模5.9亿元；代表企业有高仙机器人、捷邦精密。清洁能源产业122户，年度产值规模62.7亿元；代表企业有安岳天然气净化厂、中节能环保、皇冠制罐。食品轻纺产业94户，年度产值规模72.6亿元；代表企业有安井食品、百威啤酒、加多宝饮料、联友纺织、鸿星尔克。

【工业要素保障】2023年，全市工业贷款余额78.2亿元，较年初增加16.3亿元，同比增长26.3%，增速排全省第7位，总量占全市贷款比重5.3%。其中，制造业贷款余额34.4亿元，占全市工业贷款比重为44%；全市新签约工业项目141个，协议引资445.33亿元，同比增长12.6%，其中雁江区签约项目13个，协议引资27.8亿元；安岳县签约项目27个，协议引资116.03亿元；乐至县签约项目31个，协议引资73.9亿元；高新区签约项目45个，协议引资63.34亿元；临空经济区签约项目25个，协议引资164.06亿元；出台《资阳市关于支持电力事业高质量发展九条措施》《资阳市经济和信息化局等七部门关于进一步加强电力通信基础设施保护工作的通知》，加强电力设施保护。持续推进“三零”“三省”服务，累计服务“三零”用户8637户，为用户节省电力接入工程投资1427.3万元。对供电市政接入工程涉及的建设工程规划许可、绿化许可等推行全程在线并联办理，对符合条件的市政接入工程审批实行告知承诺管理，办结时间压缩至1个工作日；建立全市重点工业企业人才清单，编制成渝地区工业企业紧缺人才目录，启动民营企业急需紧缺人才网络招聘专场活动，解决企业急需紧缺岗位招聘难问题。举办工业强市战略专题研讨班培训，培训企业经营管理人才、工业经济干部60余人。完善人才评价体系，评审专业技术职务任职资格152人；开展高级职称申报工作，报送副高级以上12人。安井食品张少华等4名企业高管荣获第五届资阳市“领军人才计划”创新型企业家称号，高新产业技术园区认定为高端人才产业技术园。

【工业投资项目建设】2023年，全市工业投资完成78.1亿元，同比增长109.6%，高于全省平均增速87.3个百分点，居全省第1位，分县（区）来看，雁江区完成12.7亿元，同比增长80.8%，安岳县完成22.4亿元，同比增长74.4%，乐至县完成9.9亿元，同比增长117.7%；高新区完成16.0亿元，同比增长90.3%；临空经济区完成17.2亿元、同比增长283.4%。分行业来看，采矿业完成2.2亿元，同比增长243.5%，制造业完成45.9亿元，同比增长187.1%，电力、热力、燃气及水的生产和供应业完成30.0亿元，同比增长45.4%。技改投资完成8.3亿元，同比下降4.9%，低于全省平均增速11个百分点，居全省第14位，其中，雁江区完成1.6亿元，同比增长56.9%；安岳县完成2.1亿元，同比下降6.3%；乐至县完成2.2亿元，同比增长7.7%；高新区完成2亿元，同比下降30.8%；临空经济区完成0.3亿元，同比下降30.2%。2023年实施产业项目大会战重点工业项目48个，总投资778.8亿元，年度计划投资115.1亿元，其中，新开工项目23个，总投资104.9亿元，年度计划投资34.6亿元；续建项目25个，总投资673.9亿元，年度计划投资80.5亿元。48个项目完成投资118.3亿元，占全年“挂图作战”目标任务的102.8%，应开工项目23个，完成开工项目19个，应竣工10个项目，完成竣工项目17个。

【市场主体培育】 全市“第四上”民营企业1032户，其中，第二产业407户（工业298户、建筑业109户）、第三产业625户（规模以上服务业75户、限额以上批住零550户）。截至2023年，全市民营市场主体数量达到16.46万户，同比增长12.93%，其中私营企业2.34万户，同比增长13.11%，个体工商户13.78万户，同比增长13.14%，农民专业合作社3448户，同比增长3.95%；全市新设立民营经济经营主体数3.07万户，其中，私营企业4154户，个体工商户2.63万户，农民专业合作社241户；全市注销民营经济经营主体数1.19万户，其中，私营企业1458户，个体工商户1.03万户，农民专业合作社111户。2023年，全市升规入库规模工业企业46户，新增规模以上服务业企业20户，新增限额以上单位147户，新增“个转企”509户；全市民营高新技术企业121户，同比增长73%；民营科技型中小企业360户，同比增长66%。

【电力工业】 建立落实“一班三制”，成立工作专班完善全市电力基础设施项目推进工作联席会议机制，联合市发改委、市农业农村局、市供电公司制发《关于开展资阳市“村网共建”电力便民服务工作的通知》，丰富乡村供电服务内涵，助力建设宜居宜业和美乡村。举办直购电场外撮合活动降低交易电价，全市292户大工业企业进入市场直接交易，入市比例82.95%，同比增长7.88%，直购电签约价格较上年平均下降0.03元/千瓦时。

资阳市国省企业技术中心基本情况一览表

表8

序号	企业名称	级别	认定年份	县（区）
1	中车资阳机车有限公司	国家级	2009年	高新区
2	四川南骏汽车集团有限公司	省级	2011年	高新区
3	资阳中车电气科技有限公司	省级	2012年	高新区
4	现代商用汽车（中国）有限公司	省级	2017年	高新区
5	资阳石油钢管有限公司	省级	2018年	高新区
6	资阳晨风西铁机械有限公司	省级	2015年	临空经济区
7	资阳晨风天勤科技有限公司	省级	2020年	临空经济区
8	四川省特丽达实业有限公司	省级	2011年	安岳县
9	四川华通柠檬有限公司	省级	2020年	安岳县

续表 8

序号	企业名称	级别	认定年份	县（区）
10	四川省乐至贵均卫生材料有限公司	省级	2011 年	乐至县
11	四川通世达生物科技有限公司	省级	2011 年	乐至县
12	四川超迪电器实业有限公司	省级	2011 年	乐至县
13	四川弘晟石油工程技术服务有限公司	省级	2022 年	乐至县
14	四川安井食品有限公司	省级	2023 年	雁江区
15	百威（四川）啤酒有限公司	市级	2023 年	高新区
16	四川贝利福医疗器械有限公司	市级	2023 年	高新区
17	四川贝纳吉液氮生物容器有限公司	市级	2023 年	高新区
18	四川恩斯特医疗器械有限公司	市级	2023 年	高新区
19	四川共享铸造有限公司	市级	2023 年	高新区
20	四川和鉴检测技术有限公司	市级	2023 年	高新区
21	四川护家卫士生物医药科技有限公司	市级	2023 年	高新区
22	四川华刚电力建设工程有限公司	市级	2023 年	高新区
23	四川华柚医疗器械有限公司	市级	2023 年	高新区
24	四川华资口腔护理用品有限公司	市级	2023 年	高新区
25	四川理德泰克科技有限公司	市级	2023 年	高新区
26	四川乃康科技有限公司	市级	2023 年	高新区
27	四川启源药业有限公司	市级	2023 年	高新区
28	四川起光汽车配件有限公司	市级	2023 年	高新区
29	四川省菲娅医疗器械有限公司	市级	2023 年	高新区
30	四川省风和日丽门窗有限公司	市级	2023 年	高新区
31	四川省四通车辆制造有限公司	市级	2023 年	高新区
32	四川涞爽医疗用品股份有限公司	市级	2023 年	高新区
33	四川旺刚金属制品有限公司	市级	2023 年	高新区
34	四川秀顿斯医疗器械有限公司	市级	2023 年	高新区
35	四川雅齐医疗科技有限公司	市级	2023 年	高新区
36	四川翼源通用设备有限公司	市级	2023 年	高新区
37	四川羽佳模塑有限公司	市级	2023 年	高新区
38	资阳保安有限责任公司	市级	2023 年	高新区
39	资阳大正东智车用管路有限公司	市级	2023 年	高新区
40	资阳联耀医疗器械有限责任公司	市级	2023 年	高新区
41	资阳市广鑫机械制造有限责任公司	市级	2023 年	高新区
42	资阳市建彬机械有限责任公司	市级	2023 年	高新区
43	资阳市希晨再生资源回收利用有限公司	市级	2023 年	高新区

续表 8

序号	企业名称	级别	认定年份	县（区）
44	资阳中工机车传动有限公司	市级	2023 年	高新区
45	资阳建工建筑有限公司	市级	2023 年	高新区
46	四川星光熠机电设备有限公司	市级	2023 年	临空经济区
47	四川自立机械有限公司	市级	2023 年	临空经济区
48	资阳蜀达科技有限公司	市级	2023 年	临空经济区
49	四川嘉承食品有限公司	市级	2023 年	雁江区
50	四川金辉药业有限公司	市级	2023 年	雁江区
51	四川旺鹭食品有限公司	市级	2023 年	雁江区
52	安岳瑞鑫橡塑制品有限公司	市级	2023 年	安岳县
53	四川北彩印务有限公司	市级	2023 年	安岳县
54	四川东普建设工程有限公司	市级	2023 年	安岳县
55	四川佛都药业有限公司	市级	2023 年	安岳县
56	四川君安盈创科技有限公司	市级	2023 年	安岳县
57	四川朗特鞋业有限公司	市级	2023 年	安岳县
58	资阳市尤特薯品开发有限公司	市级	2023 年	安岳县
59	乐至县明新门窗有限公司	市级	2023 年	乐至县
60	四川福兴杭萧建设有限公司	市级	2023 年	乐至县
61	四川丽元达电器有限公司	市级	2023 年	乐至县
62	四川龙乐电器有限公司	市级	2023 年	乐至县
63	四川默森药业有限公司	市级	2023 年	乐至县
64	四川省天翔食品有限公司	市级	2023 年	乐至县
65	四川外交家酒业有限公司	市级	2023 年	乐至县
66	四川星马重工机械有限公司	市级	2023 年	乐至县
67	四川子茂电气有限责任公司	市级	2023 年	乐至县
68	资阳众诺诚塑料制品有限责任公司	市级	2023 年	乐至县

主导产业发展

【概况】 2023 年，资阳市以装备制造产业、医疗器械产业、电子信息业、食品轻纺业、清洁能源产业作为主导产业，主导产业的发展不仅推动资阳市经济的快速增长，还促进产业结构的优化和升级。加快构建以新型工业化为主导的现代化产业体系，打造特色鲜明质量优异的产业发展新高地。

【装备制造】 全市 71 户装备制造企业实现产值 78.6 亿元。其中，中车资机实现产值 25.82 亿元，同比增长 14.4%；资电公司实现产值 13.87 亿元，同比增长 44.4%；现代商用车实现产值 4.43 亿元，同比增长 72.2%；南骏汽车实现产值 5.38 亿元，同比下降 55.2%；中车电气实现产值 1.21 亿元，同比下降 31.7%；羽佳模塑实现产值 1.02 亿元，同比下降 3.8%。

推动中车资机完成最大一笔土库曼斯坦15组30台内燃机车订单并全面交付；推动土库曼斯坦铁路用户3000余万美元的机车备件合同的签订及交付，这是中土建交31周年以来双方签订的最大一笔机车备件合同；通过“云签约”方式与刚果民主共和国业主签署6台窄轨交流传动内燃机车设计制造及10年维保服务合同，这是国内交流传动内燃机车首次出口中非地区。推动现代商用车获得沙特阿拉伯500辆创虎重卡订单并交付，推出首款4.5吨氢燃料电池轻卡产品并完成102辆订单的交付；四川南骏汽车集团有限公司“中型纯电动自卸渣土车开发”项目获得2023年省级工业发展专项资金200万元。

安岳天然气净化厂（资阳融媒体中心　供图）

【医疗器械】 全市28户医药健康企业实现产值25.9亿元。产业试点累计签约项目110个，产业链条涵盖口腔设备4个类、材料5个类，产业链条完整度位居全球第一。已建成中国牙谷科创园，口腔孵化园入驻企业20户。举办全省医药行业统计工作会，开展中国医药统计网业务指导培训。推动企业创新研发，全市共有30个品种43个品规通过仿制药一致性评价。缩短医疗器械注册（备案）证审评认证周期，为企业节约时间成本，45户企业已取得235张医疗器械注册（备案）证。联耀医疗等15户医疗器械企业获评市级企业技术中心。

【电子信息】 全市13户电子信息企业，实现产值5.9亿元，同比增长231.6%。高仙机器人、越海科技、九天中创等企业相继投产升规，其中高仙机器人新升规产值超2亿元，以智能机器人产业为代表的电子信息产业实现突破发展。

【食品轻纺】 全市94户食品轻纺企业实现产值72.6亿元，同比增长2.2%。培育省级专精特新企业5户，新创建省级企业技术中心1户、市级企业技术中心5户。重点龙头企业安井食品产值首次突破10亿元，达到10.4亿元，同比增长9.8%；百威啤酒产值9.84亿元，同比增长13.96%；季茜鞋业产值2.84亿元，同比增长82.3%；联友纺织产值2.1亿元，同比增长4.9%。29家企业、2个农产品加工园区纳入四川省预制菜重点培育名录，外交家科技有限公司的青梅桑葚酒获中国果酒挑战大奖赛金奖。参加第二届中国（成渝）美食工业博览会、“资味资造”年货节等展销会，举办首届川渝时尚鞋服消费节活动，帮助企业促消费拓市场。

【清洁能源】 2023年，共产天然气61.92亿立方米，同比增长6.6%，净化原料气45亿立方米，同比增长1.3%，实现税收约8.06亿元。全市先进材料产业有规模以上企业95户，营业收入33.42亿元，开工项目7个，完成投资8.7亿元。

商贸流通和服务业 >>>

商贸管理与运行

【商贸体系建设】 2023年，资阳市推动县域商业建设，安岳县、乐至县被纳入全省县域商业建设行动县范围，获得中央财政资金补助1000万元。安岳邮政分公司物流配送体系、四川省鑫柠乐果业有限公司等5个项目完成建设，乡镇农贸市场改扩等项目在建设中。资阳供销老邻居连锁超市向乡镇延伸网点，已设开业门店26家，年内销售额约4700万元。临空经济区邻里中心一期、南山智慧农贸市场、劳动民胜农贸市场等一批流通项目竣工投用。加强重点商贸流通项目跟踪服务，29个市级服务业重点项目完成投资58.25亿元，占年度目标任务的106.2%。促进物流加快发展，印发《资阳市现代物流业发展规划》，开展成渝铁路成都到隆昌扩能改造资阳站场设置与南向通道专题研究，资阳市高铁快运发展研究，侯家坪站物流设施扩能改造工程、成都都市圈多式联运国际物流港一期工程（公路集货中心）项目前期研究工作。完成鑫柠乐果业冷链集配中心、维记果品柠檬商品化处理中心、聚贤仓储物流园等项目建设，资阳低碳数字现代物流港、京东乾石（安岳）中国柠檬交易中心暨京东物流供应链基地等项目成功签约落地。完善县、乡、村三级快递物流体系建设，全市有城乡快邮驿站1188个。强化安全生产管理，通过向社会购买服务，引进成都久远恒立安全咨询服务有限公司协助开展商贸流通领域日常安全生产监管，协助开展企业检查督导79家。开展自建房安全整治、城镇燃气安全专项整治、有限空间作业专项整治和“迎大运·保安全”集中整治专项行动、重大事故隐患专项排查整治等10余项专项整治活动，紧盯商业综合体、商场超市、餐饮住宿、酒吧洗浴、仓储配送等高风险场所安全防范；保障春节、“五一”、国庆、全国两会、省两会、成都大运会等重要节点商贸流通，确保全市商贸流通领域安全生产形势稳定有序。

【进出口贸易】 资阳市进出口总额创历史新高，实现51.84亿元，同比增长30.6%，增速居全省第9位，其中出口增速居全省第6位、进口增速居全省第11位。贸易新业态增长明显，设立“四川市场采购贸易方式资阳精品馆”，年内市场采购额实现18.4亿元，同比增长261.1%，开展市场采购企业突破5户，安岳县获评全省首批市场采购贸易“一县（区）一品”特色县（区）。落实促进外贸稳增长发展若干政策等专项政策，“政银企”多方联动开展政策宣讲10次。进口保税仓、出口监管仓“两仓”运营，带动企业发展对外贸易，全市外贸实绩企业数达到88个，新增10户企业入选第二批全省“千户重点外贸企业”名单。国际市场持续拓宽，组织企业参加“川行天下”“资阳造全球行”系列外经贸展会活动150余户（次），融入RCEP区域合作和参与共建“一带一路”，贸易红利持续释放。对RCEP贸易伙伴进出口15.5亿元，对共建“一带一路”国家和地区进出口41.5亿元，全市企业与143个国家和地区建立贸易联系，较上年增加23个，蜜柑、二手车、榴莲、电解铜等多个外贸单品实现“零的突破”，安岳柠檬成为四川首个“出口破亿元”新鲜果品。

【电子商贸】 2023年，资阳市实现网络交易额687.2亿元，同比增长13.77%，全省排名第5位；网络零售额62.18亿元，同比增长12.76%，“牙易在线”被评为全省电商百强企业之一。搭建营销平台，对接电商平台、省电商协会、直播基地等资源，促成宝莲、旺鹭等企业与电商直播基地合作开通旗舰店，农发集团与抖音合作搭建直播基地。组织举办“电信杯”直播大赛、资阳数智生活消费节、第十九届西部博览会“直播资阳”、第四届“资阳工匠杯”职业技能大赛电商板块等线上线下融合活动1400余场，并组织企业参加“川货电商节”等活动。推进京东乾石（安岳）中国柠檬交易中心项目、安岳帽石村大自然露营基地等城乡消费新场景建设。开展电商进农村整改，安岳国家级电子商务进农村示范县项目建设进度80%。拱城、洗墨池等社区直播间成功培育“网红”4人，销售额2000万元；韵达（乐至）电商快递物流园农特产品直播中心开展线上业务；推动抖音、全搜索、汽车学院合作共同培养直播达人，利用各级资源培训电商人才2300余人次。加强主体培育，成立中共资阳市电商行业党委，初步摸排全市电商行业党员50人。开展电商“五经普”摸排，查找电商主体企业1950户、个人网商200户、网络达人2044人，核实重点企业数据100户。开展网络市场监管促发展保安全专项行动。

【促消费活动】 实现全市社会消费品零售总额470.9亿元，同比增长5.4%。出台消费促进相关政策，汇聚省市县三级财政资金撬动社会资金上亿元，联动金融机构、国企、供应链企业等举办2023年“有资有味·嗨购资阳”系列消费活动约120场次，拉动本地消费回升。发展新型消费模式，举办资阳市首届“电信杯”新电商促销大赛，统筹谋划2023年资阳第二届数智生活消费节，韵达（乐至）电商快递物流园农特产品直播中心上线运营，推动城乡消费市场联动互补。多元化创新消费场景，推进安岳爱琴海城市商业广场、乐至一品天下城市会客厅等消费场景建设，雁江圣高广场、乐至万贯国际广场等商业区初步形成夜间消费集聚区，圣高商业广场、安岳中央时代广场、乐至秋千王国等主题消费场景带动商圈迭代升级，“有资有味”地方特色消费品牌培育初见成效。

招商引资

【概况】 2023年，贯彻落实省委、市委全会决策部署，围绕高质量发展首要任务，坚持“以投行思维选择项目、以客户思维服务企业、以工程师思维解决具体问题”“盯着项目干，围着企业转”，以“三大会战”为抓手，全市新签约项目193个，投资额532.66亿元。

【重大项目引进】 新签约投资100亿元的苏州SJ（临空区）高效太阳能电池片研发生产项目，是资阳建地设市以来引进的唯一百亿元级制造业项目，实现百亿元产业项目“零的突破”。引进明略科技、万邦和盛等10亿元以上的重大产业项目11个。

【外商投资引进】 通过“早餐会”等方式与部分外资企业家座谈交流，了解企业生产经营现状，协调解决问题困难，进一步提振外资企业经营信心。全年外商直接投资（FDI）完成3.14亿美元，位居全省第二，超额完成省下达目标任务，连续三年位于全省前列。

【招商引资活动】 参展西博会，精心组织举办“一展两会一活动”；主题展馆面积1500平方米，组织50余家企业参展，精选200件“资阳造”产品集中亮相。西博会期间，在西博城、成都地铁1号线等关键位置设置15个资阳城市宣传广告，播放资阳形象宣传片，各媒体平台刊载报道资阳420余篇，推出短视频、新媒体产品230余件，全网阅读量累计超1亿人次。资阳展馆“直播资阳”组织18名主播共直播120场，总观看70余万人次，产生交易人数7970人8116单。成德眉资四市签订成都都市圈机器人智能制造产业合作协议，新石器等企业与资阳签订项目合作协议，上海高仙机器人公司与深圳市速腾聚创科技公司等6户企业签订采购合作协议。

【产业链招商】 围绕医疗器械、装备制造、电子信息、清洁能源、食品轻纺产业链开展招商工作，紧盯重点区域、重点目标企业，开展精准招商、专业招商、产业链招商，推动产业补链延链强链发展，签约医疗器械产业链项目36个，投资额16.1亿元；装备制造产业链项目45个，投资额120.81亿元；电子信息产业链项目11个，投资额18.5亿元；清洁能源产业链项目12个，投资额216.8亿元；食品轻纺产业链项目19个，投资额36.03亿元。

【对外交往】 接待尼泊尔众议院议员、财政委员会主席桑托斯·查理斯先生一行，拜会以色列、泰国、巴基斯坦、新加坡驻成都总领馆，参加2023年四川“一带一路”国际民间友好组织交流会，持续扩大对外交往。到新加坡、越南开展经贸活动，深化与东南亚国家市场主体合作。

【助力企业发展】 争取多方力量帮助高仙机器人、百威啤酒、安井食品、中车资阳机车、越凡机器人、明略科技等企业拓展市场，提升市场占有率。促成高仙机器人参与安逸酒店，百威啤酒、星河动力、明略科技与五粮液间的业务合作。

供销合作商业

【概况】 2023年，市供销系统坚持党建引领深化改革，以为农服务综合平台建设为重点，深化供销综合改革，从建强服务网络、提升服务能力、完善合作机制三个方面，提出16条具体措施，明确现在和未来一个时期深化供销改革抓手路径。会同市委编办修订市社“三定”方案，强化联合社政策协调、行业指导、教育培训、资产监管职能。全年实现经营服务总额53.3亿元，同比增长4.4%，新增土地托管（流转）面积24.9万亩，水稻一体化服务得到省委领导肯定，供销云平台建设得到工行总行肯定。

【基层社建设】 通过社有企业下沉、龙头联合带动、实施开放办社等方式，加快恢复重建“服务空白”基层社，新建培育基层示范社13个，全市有基层供销社82个，实现基层示范社中心镇服务全覆盖。建设为农服务中心1个，争取全国供销系统农民专业合作社示范社1个，与集体经济组织、农民合作社、村“两委”建立合作关系。积极探索供销社和“农业共营制”融合发展模式，新建村级供销社5个，开展产前、产中、产后系列社会化服务。

【供销服务】 全年开展配方施肥6.6万亩次、统防统治7.3万亩次，土地托管（流转）、撂荒地整治等农业社会化服务面积达24.9万亩。打造乐至县“乐滋乐味”区域公共农产品品牌，与工行资阳分行联合打造“乐滋乐味”供销云平台，建设展示中心200平方米、销售中心1200平方米，在“老邻居”超市、成都益民超市新建展示柜4个。与省监狱管理局续签“以购代扶”采购协议2年，年销售农产品1200余万元。与成都市文轩宝湾供应链有限公司、成都市益民生鲜供应链有限公司签订菜篮子战略合作协议，在乐至县大佛镇流转土地230余亩，种植豇豆等蔬菜110亩，产值50余万元，基地农民务工人员实现收入7000元。整合社有资产，在安岳县发展供销超市6个，实现销售收入约1038万元。

烟草专卖

【概况】 2023年，烟草专卖实现卷烟销售收入21.63亿元，实现税利5.84亿元，同比增幅4.69%；查获涉烟案件219起，其中5万元以上案件24起，查缉“三烟”519.82万支、非法电子烟11.87万个，保持市场净化率始终在99.5%以上，居全省前列。推进乡村振兴和慈善捐赠，实施帮扶项目17个，3名驻村干部荣获地方、行业表扬，6篇事迹获央媒报道，市局（公司）获四川慈善爱心会员单位表彰。组建专班自制《烟火人间》微视频首次入围国家局优秀网评作品。

【企业现代化建设】 推进“1+3+N”营销现代化策略，畅通批零数据应用，升级“基于市场状态驱动的货源智能投放平台”，货源满意度提升至91.4分。主动承接、全面完成全国统一专卖监管平台四川省级专卖监管子系统试点任务，形成《全省内训师省级专卖监管子系统课程设计要点》，完成全省培训工作，助力系统落地推广应用；完成公安烟草打假打私情报研判室项目建设，引入公安大数据检索分析系统2个、手机取证设备1套，形成规范化管理制度4个，数字化转型技术设备支撑进一步夯实。深化“12345”创新体系运行，条线创新活动向纵深推进，科技项目在研1项、申报4项，全年获得软件著作权4项，实用新型专利2项，1项发明专利申报成功受理，营销QC成果“基于市场状态的货源智能投放模型”、财务微创新课题“基于资产配置标准应用的智能化管理探索”获全省行业三等奖，审计优秀项目

“培训费管理专项审计”获全省行业三等奖，“物流卷烟分拣提质职工创新工作室”获资阳市总工会、省局（公司）授牌。

【烟草营销】“采数、管数、用数”数字营销框架逐步形成，全年建成数字门店902个，打造农网示范终端170个，现代终端占比达20.90%。选育25个重点发展品规，协同开展各类主题营销，工商零共育新模式初见成效，重点品牌、行业共育品规销量比重分别提升至90.85%、71.97%。搭建企业微信服务平台，以“政府牵头、烟草搭台、多方融合”形式，优化“扶优扶重”企业和客户服务，客户满意度提升至93.3分。

【市场监管】全年共破获网络案件4起，其中涉案金额千万元以上电子烟网案2起；锚定终端市场突出问题，开展日常监管与专项整治；综合施策推进许可控量，坚守新办证“总量+间距”控制要求，分类分步推动许可证集中换发，依法清退失格市场主体；开展案卷评查，评查行政处罚案卷139份，评查率为52.06%，发现问题88项，形成工作通报4份。

【企业管理】优化高质量发展评价体系，形成“重点工作+协同任务”“正向激励+负面清单”指标体系，协同业务综合施策，销量、销额、结构、税利与财务预算吻合度均达到100%，成本费用利润率同比增长1.26%，卷烟三项费用率同比下降0.31%，排名全省第4。整合物流送货线路1条，单箱物流人工费用同比下降10.57%，单箱物流费用同比下降6.49%，物流费用率同比下降8.7个百分点，降幅排名分居全省第2、第3、第4。

交通运输

【概况】2023年，完成交通固定资产投资105.41亿元，同比增长46.71%；完成公路运输总周转量36.19亿吨千米，同比增长7.21%；完成邮政业务总量9.66亿标准量，同比增长21%。围绕“构建外联内畅、多网协同综合交通网络，提升资阳发展战略位势”目标，推进25个交通建设大会战项目，年内完工11个。资阳市“交商邮供”合作典型案例在交通运输部推进农村客货邮融合发展电视电话会议上展播推广，安岳县成功创建“四川省乡村运输金通工程样板县”。

【道路建设】加快成达万高铁、成渝中线高铁建设；完成西南地区首条跨城轨道交通资阳线5个资阳站点命名工作，完成票制票价意见征求并进行社会风险稳定评估；12月26日，成宜高铁正式开通运营，资阳正式迈入“双高铁”时代。资中至铜梁高速公路资阳境内实现全线开工；成渝高速扩容项目控制性工程开工，推进全线用地组卷工作。娇子大道西延线（高速路口至科创大道）建成通车；成资大道两座涉铁桥梁和产业大道（骏兴路）开工建设；推进东西城市轴线资简段（董家坝至蜀乡大道段）建设。省道401线乐至石湍至通旅改建工程开工建设，完成省下养护工程76千米；推进乡村振兴产业路旅游路、撤并建制村畅通工程、

娇子大道西延线（资阳融媒体中心　供图）

建设中的轨道交通资阳线临空经济区站与成资大道（资阳融媒体中心 供图）

较大人口规模自然村通硬化路等专项工程建设，新改建农村公路385千米，实现撤并建制村全部通4.5米硬化路。

【公交服务优化】 开通运行高新区、城东新区公交环线，优化6路、7路公交运行线路，更新氢能源公交车20辆，为中心城区154辆公交车安装LCD导乘屏，全部城区公交车配备文字和语音导乘功能。改造中心城区公交站台盲道、缘石坡道100个，改造22个站棚式、37个灯箱式和80个公交电子站牌。调整优化中心城区至天府机场公交运力，开行安岳何家湾至大足中敖第二条川渝城际公交，全市有跨省（市）公交线路4条（资阳—成都跨市公交线路2条、资阳—重庆跨省公交线路2条）；开通资阳城区、乐至县至成都，资阳城区至成都天府机场，安岳至重庆江北机场定制客运班线4条。

【交邮合作】 深化“金通工程”，建成“金通·邮快驿站”963个，实现建制村全覆盖。拓展县乡客运站物流服务功能，开行交邮合作路线，实现乡村客车代送邮件快件常态化。探索与邮政、商务、供销等部门协同机制，构建完善“一点多能、一网多用”乡村运输发展新模式，推动交商邮供融合发展，统筹解决群众幸福出行、寄递服务、物流配送等“最后一公里”问题。

邮政快递

【概况】 2023年，资阳市完成邮政行业寄递业务6852.47万件，同比增长31.89%，其中，完成快递业务4405.8万件，同比增长52.89%。邮政行业业务收入（不包括邮政储蓄银行直接营业收入）完成9.61亿元，同比增长19.92%，其中，快递业务收入完成3.89亿元，同比增长33.9%，占行业总收入40.48%，比上年提高4.28个百分点。全市有邮政营业网点247个，其中雁江区74个、安岳县102个、乐至县71个，快递法人企业14家、快递企业分支机构36个、快递末端网点372个。办理行政许可申请核查1起，许可变更15起，快递末端网点备案申请166起，指导14家快递法人企业完成许可年报，全面完成快件处理场所分支机构代码申报工作。

【邮政快递市场产业发展】 电商协同发展 组织市商务、交通、农业农村、乡村振兴等部门召开全市“资货寄递”联席工作会，联合印发《关于高质量推进“资货寄递”工程的通知》，推进“川货寄递”工程在资阳全面贯彻落实，推动与电商产业融合发展。指导符合条件的企业申报2022年度支持快递企业与电商融合发展政策资金，申报市县两级补助资金共计78万元。

助力乡村振兴 推进农村寄递物流体系建设，优化农村邮政快递网络，“县乡村”三级农村寄递物流体系基本建立，基本实现“县县有中心、乡镇有节点、村村有驿站”。截至年底，全市建成县级邮件快件共配中心3个，乡镇快递物流运营中心80个、村级寄递物流综合服务站点928个，建制村服务站覆盖率87.75%，基本满足农村群众寄递服务需求。推进“资货寄递”工程，组织市商务、交通、农业农村、乡村振兴等部门召开全市“资货寄递”联席工作会，联合印发《关于高质量推进“资货寄递”工程的通知》，将村级寄递物流综合站点建设、川货寄递工程纳入县（区）党政推进乡村振兴战略实绩考核，将村级寄递物流综合站点建设纳入2023年度乡村振兴先进乡镇、示范村考核。年内全市寄递柠檬1122.26万件，寄递柑橘380.12万件，寄递口腔材料147.49万件，寄递牛奶饮料104.69万件，寄递鞋服192.37万件。打造特色产品寄递千万元级金牌项目1个、百万元级项目4个、十万元级项目2个，较上年增加金牌项目1个、百万元级项目2个、十万元级项目2个。

服务制造业发展　挖掘快递服务制造业项目，培育快递服务雁江口腔产业发展、本地鞋服生产项目，指导企业通过驻厂服务、直配专线等模式服务本地制造业。申报“快递业与制造业融合发展”项目1个。

【农村寄递物流体系建设】　完善县乡村三级寄递物流体系，邮政企业牵头建设县级处理中心3个、乡镇运营中心84个、村级综合服务站点819个，村级站点覆盖率85%。农村邮路汽车化进展迅速。全市有农村投递车辆89辆，其中年内新增55辆，自有车辆44辆，建制村汽车化率76.7%，农村段道覆盖率94.6%。全市邮快合作代投业务量1338.28万件、“小黄车”代运代投邮件40.33万件，实现快递进村率100%，实现“一地一品”县（区）全覆盖，新培育的本地农特产品寄递项目件量均超过10万件。

【快递员群体权益保障】　联合市总工会新建“快递小哥之家”等户外劳动站248个，慰问快递从业人员949名，发放慰问金及慰问品价值46.65万元。实现全市快递员群体工伤保险参保率100%，集体协商实现区县全覆盖，协同总工会为工作1年以上的快递员等新就业形态劳动者购买职工人身意外伤害保险。与市气象局联合为全市邮政快递企业开通气象预警及时短信免费服务。联合总工会、人社等部门举办快递员技能提升培训及职业技能竞赛，覆盖全市2000余人次，1名邮递员获评“资阳工匠”。开展2023年度“最美快递员”评选，9名快递员获评“最美快递员”。

【邮政普遍服务监管】　召开邮政普遍服务工作联席会、专题座谈会等会议，多形式研讨、推进邮快合作、邮政三级物流体系建设等工作。开展《癸卯年》《中华人民共和国第十四届全国人民代表大会》《毛泽东“向雷锋同志学习”题词发表六十周年》《成都第31届世界大学生运动会》等纪特邮票销售专项监督检查，检查9人次，走访调查消费者24人，无违法违规现象。发挥社会监督力量，组织邮政特邀监督员开展社会监督，出动监督人员184人次，查看网点184个（其中普服网点72个、快递网点101个、邮票网点11个），提交报告184份，走访消费者486人，无相关问题反馈。

【邮政执法检查】　规范县以下快递末端投递服务工作，印发《关于进一步加强快递末端网点管理的通知》。按照《邮政市场监管随机抽查工作规程（试行）》制定《2023年邮政市场监管随机抽查计划》，开展日常“双随机”检查4次，抽查比例40%。开展快递业务经营许可合规集中治理及专项督查，指导京东、德邦2个品牌在5天内完成资阳市分支机构增设工作。开展跨区域经营揽收整治，查处相关案件2起。通过开展线上集中辅导及日常检查一对一现场指导等方式，督促企业落实安全生产规范化建设。畅通一线投诉、信访渠道，通过基层调研、“12305”线索办理、信访跟踪等举措了解一线消费者及快递员诉求，处理“12345”等渠道转办的投诉402件，为消费挽回经济损失4.1万余元。加大联合执法监管力度，联合市委政法委等13个部门召开资阳市寄递渠道安全管理工作联席会议，并印发《进一步加强邮件快件寄递安全管理工作的实施方案》《资阳市平安寄递专项行动工作方案》。统筹市县部门及寄递企业资源，推动将行业安全管理纳入地方平安治理体系。与烟草部门联合开展集中打击寄递环节涉烟违法活动专项行动、年末卷烟市场专项行动，举办专题培训4次。与环保相关部门开展快递包装循环使用检查、指导。加强涉枪、涉爆、涉毒、涉危化品等禁限寄物品管控与治理，举办禁毒专题培训4次，带领邮政快递企业到大专院校开展寄递禁毒宣传，到禁毒工作定点包片地区雁江区松涛镇开展寄递渠道禁毒工作“三方”调研座谈。年内获评“全市禁毒管理工作先进集体”，并在省、市禁毒工作会上作经验交流。

【邮政应急保障】 完善应急管理体系建设，成立资阳市邮政业安全和应急工作领导小组。联合市、县两级消防部门在雁江区、安岳县组织企业负责人、安全员及末端企业人员开展消防救援应急演练以及快递问题处置应急演练2场，参与及观摩演练200余人。指导安岳县邮政业服务中心组织安岳县邮政快递企业开展消防安全演练、防汛演练、快件应急处置演练1场，参与演练60余人。督促指导辖区内邮政、快递企业建立完善各类应急预案，做好人员、物资、装备等应急储备，结合企业实际开展各类演练。与市气象局对接，建立行业气象预警信息传播常态化合作机制。通过现场查看、监控视频巡查等方式动态监测企业运行情况，畅通投诉申诉渠道，确保行业运行安全畅通。做好“两会”“成都大运会”“杭州亚运会”等重大活动期间寄递渠道安保工作。

【行业绿色治理】 *法规标准政策体系建设* 开展“邮来已久·绿动未来”主题宣传活动。通过张贴宣传海报，开展街头宣传，发放宣传资料、环保安全手提袋，向群众宣传《中华人民共和国固体废物污染环境防治法》《邮件快件包装管理办法》“六必须六不准”等行业绿色发展知识。组织开展2023年邮政快递业生态环保专题培训，宣贯行业生态环保法律法规，讲解生态环保统计报表，安排部署生态环保重点工作。

推动快递包装绿色转型 开展行业塑料污染和快递过度包装治理，通过广泛宣传、教育培训、督促指导等方式指导快递企业及末端网点包装采购、封装规范化和包装回收等。年内全市电子商务类快件不再二次包装率92.1%，使用可循环快递包装的邮件快件31.38万件，回收复用瓦楞纸箱89.92万个，125个邮政快递网点设置包装废弃物回收装置。

开展生态环保监督管理 将邮政业生态环保工作作为重点抽查事项纳入邮政市场监管随机抽查工作计划，于第四季度检查2家企业生态环保工作开展情况。督促指导寄递企业依法履行协议客户自备包装应符合规定的书面告知义务，检查辖区内各主要品牌企业履行情况。8月，牵头组织市发改委、市生态环境局、市市场监管局、市城市管理执法、市交通局等部门对雁江中通、雁江德邦等企业开展快递塑料包装制品专项检查。

旅游业 >>>

产业发展

【旅游规划】 围绕建设成都都市圈近郊游目的地、配套中华优秀传统文化科技创新示范园、打造天府艺谷，先后到成都、德阳、眉山、中央美院、清华美院、四川美院、景德镇，以及厦门方特、赣州方特等地开展调研，与临空经济区、市住房和城乡建设局等部门进行座谈。完成《天府艺谷建设规划》初稿，形成《资阳市打造成都都市圈近郊游目的地研究报告》。

【项目建设】 2023年，资阳市8个产业大会战项目完成投资30.57亿元，完成年度投资计划的119%；完成固定资产投资20.5亿元，同比增长405%，完成年度目标任务70%。安岳石窟数字展示中心、晏家坝乡村振兴示范园2个项目纳入2023年省级文旅融合项目支持名单，分别获得1000万元资金支持。

【旅游管理】 通过深入学习宣传贯彻《质量强国建设纲要》，助力全市文化事业和文旅产业高质量发展，先后6次组织各类文旅经营主体开展提升服务质量培训，大力弘扬企业家精神和工匠精神，切实增强从业人员质量意识。印发《关于开展2023年度全市旅游行业“首席质量官”“标杆服务员”遴选推荐工作的通知》，确定2名“首席质量官”和3名“标杆服务员”，通过树立质量标杆，带动全市旅游行业提升质量竞争力。积极开展星级酒店创建评定工作，推动安岳县“铭仕·芷熙”酒店、安岳县西美酒店创建国家四星级旅游饭店，全面推进柠檬花精品酒店、维也纳酒店安岳南山店创建三星级旅游饭店，推进千吉酒店、东和酒店创建二星级旅游饭店。印发《加强导游（讲解员）队伍建设和管理提升旅游服务质量工作方案》，组织举办资阳市2023年导游（讲解员）选拔赛，积极派员参加2023年全省导游大赛，获得“组织工作优秀单位”“优秀导游员”等称号。印发《2023年文明旅游工作实施方案》，结合资阳市创建全国文明城市，指导各县（区）开展文明旅游系列活动暨“石刻颂”诗词文化季、文明旅游倡议活动30余场次，营造文明旅游、诚信服务良好行业氛围。推荐陈毅故里景区、圆觉洞景区参评省级文明旅游示范单位。《“内培训 外劝导”全面强化文明出游意识》入选全国第一批文明旅游宣传典型案例。

【市场开发】 市场主体发展壮大。雁江区雁投文旅、安岳县景扬文旅、安岳县普州文化传媒、乐至四川乐欢天农业开发有限公司4家企业实现升规入统，规模以上企业数量同比增长100%。年度规模以上文旅企业营业总收入5504.2万元，同比增长93%，远高于全省平均水平。文旅行业劳动工资同比增长15.9%，高于全省平均水平。

旅游业态

【乡村旅游】 积极参与第三批天府旅游名牌推荐申报，卧佛村被评为“天府旅游名村”。万年村、

资阳市星级酒店情况一览表

表9

序号	名称	星级	地址
1	蜀亨大酒店	四星级	高新区
2	金迪大酒店	三星级	雁江区
3	东方假日酒店	二星级	雁江区
4	银都大酒店	二星级	雁江区
5	安岳宾馆	三星级	安岳县

资阳市星级农家乐（乡村酒店）情况一览表

表 10

序号	名称	类别	星级	地址
1	水龙灵度假村	乡村酒店	五星级	雁江区
2	青莲谷	乡村酒店	四星级	安岳县
3	雾里水乡休闲农庄	农家乐	四星级	雁江区
4	悦缘花谷	农家乐	四星级	安岳县
5	道台休闲渔庄	农家乐	四星级	安岳县
6	敬祥轩农家乐	农家乐	四星级	安岳县
7	马鞍山农家乐	农家乐	四星级	乐至县
8	蔡家大院	农家乐	三星级	安岳县
9	绿山缘农家乐	农家乐	三星级	安岳县
10	古房子渔家乐	农家乐	三星级	安岳县
11	磨滩河桃源水鲜农家乐	农家乐	三星级	安岳县
12	鑫粮仓·桂莲岛	农家乐	三星级	安岳县
13	楠三里观光花园农家乐	农家乐	三星级	乐至县
14	湖畔小院农家乐	农家乐	三星级	乐至县
15	烽火村农家乐	农家乐	三星级	安岳县
16	道台坝乡村酒店	农家乐	三星级	安岳县
17	唐家生态农家乐	农家乐	三星级	安岳县
18	李氏家庭农场	农家乐	三星级	安岳县

油坪村、清水村被评为第四批省级乡村旅游重点村。乡村旅游活动丰富多彩，宝森柠檬旅游区、四季果乡等景区结合实际推出迎春灯会、时令赏花、民俗体验、果蔬采摘等活动，备受游客青睐。晏家坝乡村公园、卧佛院等景区乡村的民宿、文创、研学等业态日臻完善。天府花溪入选“2023发现四川新旅游·乡村新景”。串联精品乡村旅游资源，分季节推出“乡村四时好风光”资阳四季乡村旅游线路16条。

【红色旅游】 陈毅故里德胜广场、新游客中心建成投用，红色研学基地、帅乡劳动林、真红巷等项目加快推进。补齐医疗救护、纪念品及旅游商品销售等多项服务功能。陈毅故里项目入选四川省

宝森农林旅游区（安岳县融媒体中心　供图）

文旅融合发展示范项目。启动核心景观提质一期建设、游客中心配套设施建设及国防教育综合训练基地一期建设、管网及配套设施建设3个项目。推出莲洁书签、多功能笔筒、乐至元素文化产品、台历等系列文创产品，进一步丰富景区产品。

景区介绍

【安岳石刻·圆觉洞】 圆觉洞景区位于安岳县岳城街道云居山上，因景区内有北宋时期雕刻的十二圆觉菩萨像而得名，是国家AAAA级旅游景区，2006年5月被国务院公布为第六批全国重点文物保护单位。圆觉洞的摩崖造像巧夺天工，历经盛唐、五代、宋朝3个朝代，历时400余年完成了山上1933尊佛像雕刻，时代特色鲜明，充分体现安岳石窟“古、多、精、美”的特点。其中，北岩造像中的释迦牟尼、净瓶观音、莲花手观音展现北宋抛去程序化、开放、自由的生活态度；南岩造像中的毗沙门天王、十六罗汉代表五代时期人们对于美好生活的期望。圆觉洞一佛二菩萨等石刻造像是中国石窟宝库中的精品，极具艺术欣赏价值和历史研究价值。景区内还有陈抟墓、秦九韶纪念馆、恐龙化石展示馆等景点。

【陈毅故里景区】 陈毅故里景区位于乐至县劳动镇，距县城8千米，为全国红色旅游经典景区、国家AAAA级旅游景区、全国爱国主义教育基地、国家国防教育基地。陈毅故里景区人文景观极具文化和历史价值，有陈毅故居、陈毅生平事迹陈列馆、陈毅纪念馆、御风台、德馨园、七塘映月等景点40余处，其中，陈毅故居始建于清代乾隆初年，为木质穿榫结构的三重堂四合院，建筑面积750平方米，共有大小房屋36间，院落总面积1026平方米，为全国重点文物保护单位。陈毅生平事迹陈列馆于1987年建成并对外开放，2011年维修改造并重新布展，2021年再次提质升级，展厅面积1895平方米，共展出文物、照片、战役示意图等500余件，场馆分为“漫漫求索　追求真理”“参与创建人民军队”“受命整编抗日铁军”“挥师逐鹿华东中原”“主政上海　恢复建设”“殚精竭虑　领衔外交”“坚守初心　风范永存”7个部分，通过翔实的史料、丰富的文物、生动的模型等多种形式，采用场景复原、幻影成像、多媒体等声、光、电高科技展陈手段生动形象地展现陈毅光辉伟大的一生和崇高的革命精神、家国情怀，营造一个全天候、立体式、多维度的宣传教育场景。

【宝森柠檬旅游区】 宝森柠檬旅游区位于成渝两地直线中点城市——资阳市安岳县，距渝蓉高速安岳收费站500米、安岳县城10千米、资阳市80千米、遂宁火车站70千米、天府国际机场80千米、成都市130千米、重庆市区125千米，区域优越，交通便捷。景区以柠檬为主题，按照“三产互动、融合发展”思路，结合农耕文化、石刻文化、研学体验、特色民俗等元素，规划面积3.2平方千米，累计投资超3亿元，完成生态农业、旅游休闲和健康养老三大板块的基础建设，打造集生态农业、休闲度假、健康养老、科普教育等于一体的主题旅游目的地。建成森林氧吧1000亩，整合柠檬资源6000亩、建成优质水果采摘园150亩、园艺花卉苗木观光基地200亩、种植名贵中药材铁皮石斛40亩、水生蔬菜与水产种养示范基地200亩、绿化景观200亩；在度假设施方面，建成27栋近2万平方米康养度假基地，休闲蒙古包营地1200平方米，建成占地约4000平方米的多功能服务大厅；在旅游产品方面，打造儿童游乐园、水上游乐基地、野餐烧烤区、露营基地、露天茶室、音乐广场、直升机基地、森林氧吧、森林休闲木屋等设施。

【晏家坝乡村公园】 资阳市雁江区晏家坝乡村公园位于保和镇晏家坝村，距资阳城区7.5千米，地处成资渝高速“紫薇”互通、文龙互通之间、两河之口，交通便利，区位优势显著，晏家坝先后获得全国文明村、全国美丽宜居村庄、天府旅游名村、四川省乡村旅游重点村、四川省乡村旅游示范村、四川省百强名村、四川省四好村等众多荣誉称号，是国家AAA级旅游景区—生态保护旅游区的重要组成部分。项目围绕人、产、村的问题，着力打造成为党建引领的乡村振兴示范村、村民共创共享的新家园。项目以修造当地村民老旧村居为基础，充分利用历史遗迹，以古宅文化、牌坊文化、河流文化、历史源流、民俗文化为载体，恢复打造三崇堂、马家院子、张家牌坊、古渡口遗址等景点，并结合时代特征，与当地成规模的农业产业融合发展，引入东峰剪纸等非物质文化遗产和印染、陶艺、草编等特色手工艺制作等文创元素。

2023年资阳市国家A级旅游景区一览表

表11

序号	名称	所在市州	所在区县	等级	地址
1	资阳市陈毅故里景区	资阳市	乐至县	AAAA	资阳市乐至县劳动镇旧居村
2	资阳市安岳石刻·圆觉洞景区	资阳市	安岳县	AAAA	资阳市安岳县岳城街道陈抟路西段
3	安岳县宝森柠檬旅游区	资阳市	安岳县	AAAA	资阳市安岳县文化镇燕桥村
4	晏家坝乡村公园	资阳市	雁江区	AAA	资阳市雁江区保和镇晏家坝村
5	魅力柠海景区	资阳市	安岳县	AAA	资阳市安岳县岳阳镇水观村
6	悦缘花谷景区	资阳市	安岳县	AAA	资阳市安岳县文化镇隆恩村
7	安岳县千佛寨旅游景区	资阳市	安岳县	AAA	资阳市安岳县岳阳镇贾岛村
8	乐至县四季果乡景区	资阳市	乐至县	AAA	资阳市乐至县高寺镇清水村
9	佛山橘海·橘乐田园景区	资阳市	雁江区	AAA	资阳市雁江区丰裕镇高洞村
10	安岳石窟·卧佛院	资阳市	安岳县	AAA	资阳市安岳县卧佛镇卧佛村
11	五彩林乡	资阳市	乐至县	AAA	资阳市乐至县东山镇孔雀寺村
12	天府花溪景区	资阳市	雁江区	AAA	资阳市雁江区保和镇黄谷村
13	桑都桑海景区	资阳市	乐至县	AAA	资阳市乐至县东山镇方广村
14	资阳乐至龙门报国寺	资阳市	乐至县	AA	资阳市乐至县龙门镇报国寺村
15	资阳市乐至县慈恩寺旅游景区	资阳市	乐至县	AA	资阳市乐至县南塔街道办幸福社区
16	雁江区临江寺·川味源文化旅游景区	资阳市	临空经济区	AA	四川省资阳市雁江区临江镇柏树桥村

通信业 >>>

中国移动

【概况】 2023年，中国移动资阳分公司向四川移动争取投资，用于5G新基建、千兆宽带、智能承载网建设，助力打造千兆城市。截至年底，全市基站总数超7800个，5G基站超2200个，实现全市县城及以上区域连续覆盖、重点乡镇区域和大部分行政村良好覆盖。年运营收入超8.4亿元，年投资超3.8亿元，年纳税总额超1000万元，带动就业岗位5000余个。年内公司荣获“全国工人先锋号”“资阳市公共服务业消费者满意度测评优秀企业”等称号。

【信息消费发展】 扩大本地信息消费规模，截至2023年，资阳移动个人客户超126万户，互联网电视客户超43万户，家庭宽带客户超43万户。投入专项消费券补贴活动，参加资阳市商务局组织的“资阳市第二届数字生活消费节”活动，推动客户进行5G消费和家庭千兆宽带升级，年内移动5G网络用户净增18万户。

【信息化服务能力建设】 优化产业和企业客户的网络和信息化服务，为各企业事业单位提供“连接+算力+能力”信息服务体系，助力本地优势产业数字化转型升级。推动资阳移动成渝地区双城经济圈移动云计算中心建设。加快5G赋能企业数字化转型，在资阳召开“数智领航 共赢未来2023资阳市工业企业数字化转型智能化升级推进会”。与百威（四川）啤酒有限公司签署战略合作协议，联合打造资阳首个“5G+智慧工厂”，实现百威啤酒“研、产、供、销、服”全链条5G连接。针对年内安岳县遭受“7·27”特大洪灾，迅速组织人力、物资进行抢险工作，保障新型信息基础设施正常工作。

【社会责任】 参与“资阳市第二届数字生活消费节”活动，投入专项资金1.64亿元，参与人数11.2万人次。深化“平安资阳”建设，增加感知源5814路，截至年底，全市感知源接近1万路，实现感知源数量翻番；推动智慧社区试点示范建设，将感知源建设延伸到社区一级；推进“慧眼工程”，打造示范试点区3个，助力数字乡村建设。

中国联通

【概况】 2023年，中国联通资阳市分公司下设本部部门9个、区县分公司3个，营服中心13个，服务站29个，收入份额由2020年末全省第3名提升到2023年末全省第2名，客户服务考核居全省第1名。

【网络通信能力建设】 贯彻“网络强国、数字中国、智慧社会”部署，落实“新基建”战略决策，加快高速泛在、云网融合、智能便捷、绿色低碳、安全可控智能化综合性数字信息建设。实现5G精品网城区、县城及乡镇5G全覆盖，宽带精品网覆盖率93.41%、区县城区住宅覆盖率100%、乡镇覆盖率82.56%，政企精品网故障处理及时率100%，城区Peotn汇聚区域已全部覆盖，算力精品网正在建设骨干云池“一市一池”。

【数字发展能力建设】 加快专精特新能力研发，推进基于“互联网+”的大数据、人工智能和实体经济深度融合，在政务、文教、医疗、环保、交通、金融、能源、物流等领域实施重点智慧项目380余个。在智慧政法方面，完成市级、雁江区、安岳县公安天网项目建设并开展运行服务，其中市天网四期项目升级改造原一、二、三期平台及整合前端设备，前端设备在线率97.9%以上；在智慧城市方面，雁江区智慧停车项目建设智能化停车位泊位4000个，便于城市管理；在智能工厂方面，打造中石油安岳天然气净化厂5G+UWB（超宽带）示范应用项目，建设资阳范围内第一个5G全连接智能工厂；在智慧教育方面，按照教育信息化2.0标准，完成雁江区平安校园和三通两平台建设；在智慧医疗方面，建设全市人口健康信息平台，覆盖全市200余家医疗机构，实现全市医疗大数据互通。强化科技创新成果转化，完成“IPower智能节能平台”研发立项，实现场景化分级节能。

【社会责任】 利用数村平台赋能农业农村现代化，体系化组织“联通数村”平台理论知识培训和现场模拟演练，开展插旗帮扶，分级拜访市县镇村，在党建管理、政务服务、现代农业、产品销售、环境监测、平安乡村等功能方面助力农业农村数字化建设，“联通数村”平台签约248个镇村。加快智慧社区建设，打造“易管理+慧应用+快服务”创新型未来社区。

中国电信

【概况】 中国电信股份有限公司资阳分公司（简称中国电信资阳分公司）承担本市普遍电信服务、党政机要通信、国防通信、保密通信、应急通信等任务，切实推动党中央关于建设网络强国、数字中国和维护网信安全等重大决策部署落地实施。截至2023年，公司固定电话用户40.87万户、移动用户87.77万户，宽带用户41.47万户、IPTV用户41.77万户。

【垃圾短信、骚扰电话治理】 建立市场部与IT及业务管理支撑中心、销售及渠道拓展部联动机制，共同参与客户通信行为、客户维度、渠道维度、销售维度分析；出台对低档资费、同一证卡多张新入网号卡的管控要求；对举报清单号码进行入口渠道深度分析，对存在集中、批量、蓄意办理风险号卡，做高危预警提示。骚扰电话发生举报11个，申诉12个，最终认定举报量8个；骚扰电话与垃圾短信指标均管控在允许阈值范围内。

【网络和信息安全】 完善公司网络信息安全管理、考核和人才队伍建设制度。建立与上级部门的接口机制，组织指导区（县）分公司及市级各部门进行责任分解、任务承接、监督检查、培训学习等，落实反诈、K项目等专项工作。通过定期召开例会和开展应急演练等方式查漏补缺，优化公司网络信息安全治理体系。

【实施“网络强国”战略】 持续夯实网络基础，累计投资10117万余元，实施工程项目189个，助力政府经济转型升级，提供优质通信基础网络。推动智慧城市、园区、社区发展，满足人民群众信息化服务需求。打造农村数字乡村，助力乡村振兴。

【提速降费】 执行提速降费的部署和要求，持续推进提速降费工作。落实承接宽带提速工作，针对存量套餐速率不匹配的用户，精准开展宽带提速活动，改善用户网络感知，对光猫老旧不匹配速率的用户提供免费更换服务。严格按照提速降费要求执行，持续降低宽带单价，提升宽带产品性价比。

【基础设施建设】 2023年，累计完成投资11856万元，累计完成35420个光纤端口建设，新增覆盖人口124009人，行政村通达率达到99.3%。千兆光网累计完成2520个千兆PON端口建设，其中建制乡镇完成26个，新增覆盖人口56.9万，无线网络累计完成623个800兆4G基站，168个5G基站建设，4G全市覆盖率98.62%，5G各区（县）城区、乡镇实现全覆盖。

金融业 >>>

综 述

2023年，资阳市银行业金融机构本外币各项存款余额2097.6亿元，同比增长11.19%，增速排全省第10位；全市贷款余额1467.89亿元，较年初新增164.23亿元，同比增长12.6%，增速低于全省平均水平1.92个百分点，排全省第16位，其中企业贷款余额844.71亿元，同比增长23.66%，超全省平均水平5.55个百分点；存贷比为69.98%，排全省第9位。保费收入50.28亿元，其中财产险保费收入13.44亿元，同比增长10.48%，增速排全省第4位。

金融监管及货币执行

【金融信贷】 2023年，辖内银行机构本外币各项贷款余额1467.89亿元，排全省第15位，余额同比增长12.60%，排全省第16位，均高于地区生产总值排名。全年新增贷款164.23亿元，排全省第17位。存贷比70%，连续5年同比增加，再创历史新高。优化信贷结构，年末全市工业贷款余额78.22亿元，较年初新增16.28亿元，余额同比增长26.28%。向高新、临空区分别投放贷款43.60亿元、79.04亿元，贷款余额分别为97.09亿元、175.11亿元；向7家市属国有企业及其下属企业投放贷款82.85亿元，贷款总余额126.61亿元；投放重点项目贷款115.47亿元，贷款总余额424.32亿元。全市普惠小微企业贷款余额228.45亿元，同比增长7.36%；个人消费贷款（不含住房贷款）余额79.49亿元，同比增长57.36%；绿色贷款余额104.15亿元，同比增长58.21%。降低综合融资成本，全面完成8.56万笔225.82亿元存量首套房利率调整，减少居民利息支出27.1亿元，减轻居民房贷利息负担。落实利率市场化改革措施，综合运用支农、支小再贷款等货币政策工具，引导降低实体企业融资成本。全市再贷款限额26.55亿元，运用余额25.11亿元，限额使用率94.58%，同比提升3.2个百分点；年内全市贷款累计加权平均利率4.87%，同比下降40个BP（基点）。

【金融风险防范化解】 处置不良贷款21.45亿元，全市不良贷款率1.41%，为2011年以来最低水平，全辖区无高风险机构。市中级人民法院等制定《关于建立涉金融案件执行工作机制的实施办法》，推动涉金融案件执行890件，结案786件，执行到位金额11.28亿元。市住建局等出台《促进房地产市场平稳健康发展若干措施的通知》等政策文件，推动保交楼专项借款13.9亿元，使用率达到71.65%，配套融资5.28亿元，纳入全省“白名单”项目。

【金融服务】 优化征信服务，天府信用通平台注册企业1908户，成交金额179.96亿元。推进国库惠民服务平台创建，深化成渝地区双城经济圈、成德眉资国债市场一体化发展，国债下乡取得新突破。落实小微企业及流动就业群体银行账户简易开户服务，推动银行减费让利1831.25万元。开展反诈“资金链”治理，全年涉案账户同比下降49.92%。推进拒收人民币现金专项整治工作，优化现金使用环境。打击治理洗钱违法犯罪三年专项行动取得成效，推动5起洗钱案立案、7起洗钱案判决。开展打击假币违法犯罪专项治理，安岳县成功摘帽假币重点整治地区。

银保监管

2023年，国家金融监督管理总局资阳监管分局全面推进党中央大政方针和省局党委、资阳市委市政府各项工作部署的贯彻落实，资阳市银行业保险业持续稳健经营，风险整体可控。年内，全市银行业存贷款分别为2100.28亿元、1473.96亿元，各项贷款连续3年保持增长势头。原保费收入50.28亿元，同比增加0.35亿元，连续5年实现增长，为稳定资阳宏观经济大盘，巩固拓展经济社会发展成果提供有力金融支撑。

服务经济社会发展 引导辖内机构向“双圈”建设清单内41个重点项目新发放贷款77.77亿

元，提供风险保障4925.9亿元，工业贷款增速显著高于各项贷款增速22.10个百分点，累计为46户国、省级专精特新企业发放贷款8.42亿元；开展“走万企 提信心 优服务”活动，银企对接91场，达成意向融资103亿元，已发放贷款44亿元，其中，发放全省首笔“节水贷”，助力企业改造升级。印发普惠金融服务工作指导意见，出台支持绿色发展13条措施，联合制定《“资易贷”普惠金融风险补偿基金管理办法（试行）》，督促辖内法人机构实现普惠型小微企业贷款“两增”目标。年内，全市普惠小微贷款占比18.65%，累计为企业减费让利1.07亿元，是上年的2倍。指导城乡居民大病保险成功落地资阳，解决了资阳连续五年无公司承保难题，惠及全市225万人。大病保险、“资惠保”、老年人意外伤害险原保费收入分别为2.57亿元，1300万元，1824万元，累计覆盖群众超300万人；安责险保费收入同比增长71.74%，累计提供风险保障38.8亿元，同比增长15%；生猪保险保费收入同比增幅达39.5%。工程险、企财险分别同比增长327%、87.7%，累计为572家相关承保单位或企业提供风险保障38.8亿元。

金融风险防控化解　指导3家法人农商行18亿元延期还本付息贷款平稳处置，平稳度过政策到期风险高位。全辖累计处置不良贷款17.11亿元，不良贷款核销金额高于上年同期，重点机构资阳农商银行、安岳农商银行不良率分别控制在3.79%和2.57%。积极协同市住建局、公积金中心加快推进保障性租赁住房、首套房利率下调、带押过户等政策落地，推动农行、工行组成银团，配套融资支持全市唯一省级“白名单”项目落地，指导办理房地产“带押过户”业务57笔、0.41亿元。印发非现场提示单12份，推动将坚守定位情况与监管评级、高管履职评价挂钩，全年辖内法人农商行坚守定位6项核心监测指标中5项持续统计达标。

主要金融企业

【中国农业银行资阳分行】2023年，中国农业银行资阳分行下辖一级支行3个、营业网点36个。年末全行贷款余额174.6亿元，净增29.4亿元；不良贷款余额5156万元，不良贷款率0.3%。

支持经济建设　项目服务方面，新增授信乐资铜高速、成达万高铁、资阳发展集团等项目及主体150.8亿元；年度累计投放项目贷款19亿元，同比增加12亿元，项目贷款余额首次突破百亿元至105亿元。支持普惠小微方面，新增普惠贷款5.6亿元，是上年增量的2.3倍，普惠有贷客户年增1421—3040户；普惠贷款增量及客户服务数量均创历史新高。支持“保交楼”方面，率先落地四川农行首笔暨全市银行业首笔“保交楼”专项配套融资2.1亿元。服务扩内需促消费方面，年度新增个人贷款7.2亿元，增量连续3年保持四大行第1名。

助力乡村振兴　巩固脱贫攻坚，派出6名干部持续开展驻村帮扶；精准帮扶贷款净增612万元，至2.7亿元；购买、协助销售扶贫产品超840万元。投放涉农贷款19亿元，贷款余额再创历史新高；县域贷款余额年增长14.2亿元，同比增长8.2亿元；农户贷款余额年增长3.2亿元，增量同比翻番。

防范化解风险　资产质量持续向优，年末不良余额5156万元，不良率0.3%，资产质量排名四大行第1名。保持平安稳定运营，常态开展安全隐患排查整治、安全知识宣讲培训，推进酒驾醉驾专项治理，第八轮安全评估排名全市银行机构第1名。夯实合规基础，内控评价保持一类行；做好资金监测、身份识别、分类管控，人行综合评价、反洗钱评价均保持A级，获评“2023年度移动支付工作先进单位”。提升服务质效，网点服务投诉量为辖区四大行最低，点均投诉量0.61笔，排全省农行系统第3名。

服务民生　到社区、乡村开展征信维权、防范非法集资等普惠性金融知识宣讲100余次，覆盖10余万人次。优化消保工作，获评资阳市“2023年银行业保险业消保工作先进单位”。助力文明创建，打造最美工会驿站7个，为军人、学生及行动不便人员等特殊人群上门服务100余次，覆盖6000余人。

【中国建设银行资阳分行】2023年，建行资阳分行有营业网点11个，员工202人。全口径存款余额118.6亿元，各项贷款余额98.2亿元。较年初新增6.7亿元，为近3年新高，同比增加2.5亿元。账面利润首次突破2亿元，达到2.1亿元，增速9.16%。实现中间业务净收入1575万元。

服务实体经济发展　围绕全市“三件大事”“三大会战”“N项改革”靠前服务，加大信贷投放力度，全年支持地方重点项目建设、重点企业发展给予信贷投入26亿元，包括成渝扩容、中交锦上、医院、机车公司、四川现代等重点项目和企业。全年对公贷款新增5.24亿元，同比增加4.17亿元。普惠科创类贷款授信余额4591万元，较年初新增1581万元；贷款余额3580万元，较年初新增960万元；客户数25户，较年初新增12户。

推进新金融行动　年内普惠贷款余额（银保监口径）15.11亿元，较年初新增3.45万元，余额排四大行第1名；普惠有贷客户数2970户，客户数排四大行第2名。涉农贷款余额22.15亿元，较年初新增1.1亿元。信用卡专项分期业务取得新成效，个人消费贷款同比增长98%。携手市文化广电旅游局发放“文旅惠民·玩转资大”电子消费券3000余万元；依托“建行生活”平台发放消费券86万张，拉动消费近2亿元。成功办理全省首笔数字人民币退税业务。分行企微好友8.8万户，企业微信新增4.59万户，直营综合评价排名提升7位；上线5个单位智慧食堂项目，为近千名人员工提供高效、智能、快捷的支付体验。个人养老金账户新增8400户，“强基建网”任务完成率位居全省第5；信用卡新增活跃客户2265户，新客活跃率72.48%，排市（州）第2名。

助力乡村振兴　在全市各乡镇建立1215个建行“裕农通”服务点，年内通过服务点征收医社保费14万笔，排全省第8名。“裕农通”站长推荐办卡4550张，裕农站长批量拓客排全省第5名，“裕农通”巡检完成率100%，排全省第1名。分行服务乡村振兴案例在建行总行乡村振兴会议上做分享交流。投放系统内首笔“土地流转经营权”抵押贷款；安岳“强农贷”产品授信额度及客户数均居全省第1名；乐至支行成功培育一名“明星站长”。在“一县一品”考核中，安岳排名提升4位、乐至提升5位。

【中国银行资阳分行】2023年，中国银行资阳分行推进支持实体经济、金融服务民生、防范化解风险等重点工作，全行人民币时点存款余额160.6亿元，时点贷款余额113.2亿元。

服务实体经济　为临空、牙谷等资阳市重大项目提供投放贷款超30亿元，投放金额居当地金融机构第2名。工业企业融资余额9.83亿元，较年初新增2.72亿元，增幅38.26%；民营企业贷款余额16.88亿元，新增5亿元，增速42.05%，累计投放民营企业贷款17.91亿元，同比增幅42.03%。为乐至东方广厦投放乐至支行首笔自身独家大公司贷款0.36亿元，为川能投放贷款2.64亿元。普惠金融贷款余额13.12亿元，较年初新增4.62亿元，增速54.35%，普惠金融考核位列同组第2名。多种产品实现全市首笔投放：为民基森威玻璃投放首笔“制惠贷”，为顶呱呱饲料投放首笔“天府粮仓贷”，为嘉裕农产品投放首笔“新农通贷”。县域项目贷款累计获批超6亿元，是贷款获批最多的一年，为县域重点项目川能垃圾发电和天瑞污水处理项目投放贷款0.84亿元；为川投燃气发电项目获批授信总量2.54亿元。为两县一区35户国有企业提供授信27.72亿元，其中为发展集团及其子公司核定信用总量25亿元，已投放10.69亿元，较年初新增3.67亿元；为资阳建工建筑、联港等5户国企取得贸易融资产品额度13.88亿元，现已投放6.88亿元；上报三草湾标准产房、云上产业园、光为并购贷8.7亿元；联动中银资产，为港投集团完成4亿元增资扩股，实现中行西南片区首笔债转股基金投资业务落地，助力债务问题解决和改革发展。为乐资铜高速投放中行系统内首笔贷款2.74亿元。

金融服务民生　持续支持民生项目，在独家推动安岳县域医共体基础上，进一步为安岳人民医院、安岳县第三人民医院批准1.95亿元授信总量，实现投放9000万元。提升便民服务场景建设水平，落地资阳首笔数字人民币职工社保缴费业务、资阳首笔数字人民币代发业务，目前已打通多个企事业单位如资阳发展莪睿、翰云律师事务所、乐至东方广厦、安岳骨科医院等数币通道并成功实现缴费，实现数币缴税1.12亿元，占四大行市场份额97.8%，数币累计交易额达1.2亿元，居当地金融机构之首。改造资阳蓝海长城11家门店收银系统，推进雁江区占道停车、乐至时代百盛连锁超市的数币收费场景建设；开展人民银行员工食堂满减优惠活动、出资参与人行牵头的2023年政府消费券活动，带动数币及快捷支付交易；持续开展信用卡一分钱停车活动，打造万达、圣高2个信用卡商圈，提高存量及新增信用卡客户活跃度和交易额，助推全行快捷支付交易额市场份额及变动均居同组第1名。

【中国农业发展银行资阳市分行】2023年，中国农业发展银行资阳市分行辖安岳、乐至2个县支行，有在职员工70人。年内投放支农贷款42.22亿元，同比增加9.26亿元；年末贷款余额132.74亿元，较年初增加32.39亿元，增幅32.03%。

服务国家粮食安全　投放各类粮油贷款5.94亿元，支持粮油轮换7.69万吨、收购6.54万吨，保障粮油收购资金链稳定。因地制宜向全市高标准农田建设、全域土地综合整治等领域投放农地类贷款8.79亿元，支持“天府粮仓”资阳片区建设。

服务生态文明建设　投放贷款6.68亿元，支持雁江区农村全域供水工程、安岳污水处理等项目。投放贷款1.5亿元，推动安岳县城南教育园区项目落地；向乐至县医疗综合服务体等项目投放贷款11.5亿元，推动资阳地区医疗等基础设施建设。

服务文旅项目建设　立足资阳“成渝之心”区位优势，投放3.26亿元，支持安岳红色文化拓展交流中心等4个文旅农旅项目建设，推动安岳革命老区、乐至“元帅故里”振兴发展。

服务产业建设　开展为小微企业减费让利工作，主动减免不动产评估费、登记费，降低企业融资成本超过10万元，投放普惠小微贷款0.32亿元，满足小微企业资金需求。推进资阳产城一体化建设，支持周礼薯业产业融合示范园、安岳县返乡创业孵化产业园、资阳市三草湾伟天标准化厂房及配套设施、资阳市保税物流中心（B型）等项目建设，投放贷款5.06亿元。

【四川农商银行资阳办事处】2023年，四川农商联合银行资阳办事处下辖资阳、安岳、乐至3家农商银行。各项存款余额698.08亿元，较年初净增61.17亿元，市场份额33.36%；各项贷款（不含贴现）余额393.31亿元，较年初净增27.04亿元，市场份额27.79%，存贷比58.43%，存贷规模突破1000亿元，排全市同业第1名。

支持农村金融　四川农商银行（资阳）所辖3家农商行有在岗员工1400余人，营业网点197个，承担辖内50%以上的金融基础工作，发放80%以上的“三农”贷款、95%以上的助学贷款和近100%的脱贫小额贷款。建成农村金融综合服务站（点）700余个，布放近300台自动存取款机、500余台POS机、1500余台助农小额取款机，手机银行用户超97万户，打通农村金融服务“最后一公里”。代发资阳惠民惠农“一卡通”项目100项，代发财政补贴资金3265万笔，金额84.45亿元，实现“日常金融不出户、基础金融不出村、综合金融不出乡（镇）”。

支持地方发展　支持国资企业发展，支持成渝地区双城经济圈8个重点项目建设、支持安岳蔬菜示范基地建设等重点项目，支持地方重点国企改革。紧扣资阳“6+3+1”现代农业产业体系建设，支持碑记佛山橘海、安岳柠檬、乐至蚕桑等现代农业园区，支持柑橘种植、稻渔综养等农业产业发展。支持“资味”农业区域公用品牌，围绕“资味”全产业链研发“资味贷”系列产品。运用“园保贷”“科创贷”“制惠贷”等产品，支持小微企业升级，全方位助力地方经济高速发展。截至年底，全辖区普惠型小微贷款余额137.37亿元，惠及23931户小微企业，普惠型涉农贷款余额102.03亿元，支持民营及小微企业约20955户，申贷获得率达98%以上。

【中国人民财产保险股份有限公司资阳市分公司】 2023年，中国人民财产保险股份有限公司资阳市分公司完成保费收入5.14亿元，同比增长10%；承担风险保障8471.34亿元，同比增长1.29%，累计赔款3.53亿元。为本地创造税收3135.2万元。服务“健康资阳”，全市城乡居民大病保险覆盖228万人。为乐至县18.96万名60岁以上老年人提供风险保障42.7亿元。落地防返贫保政策，在全省首创产业救助、就业救助防返贫保险，为全市监测户提供防返贫保险。服务绿色发展，全年共承保新能源汽车2183辆，提供风险保障56.15亿元；环污险提供风险保障700万元。服务区域发展，通过联保方式参与宁西高速、天眉乐高速等项目。年内承担农业生产风险保障16.42亿元，农险覆盖农户16.49万户次。探索新科技使用、新工具运用，在全市推动养殖险3S系统建设，推行种植大户无人机测绘、种植险散户土地确权数据比对试点，实现4.75万亩播种作物地块绘图“画像”、39户养殖大户养殖场精准定位和10.8万户次农户大春确权数据比对。推动农田IDI落地，为3个县（区）3.31万亩高标准农田提供建管保障。推广特色农险，支持当地经济发展，承保柑橘、柠檬地方特色品种6.76万亩，承保生猪、黑山羊38.28万头。

【中国平安财产保险股份有限公司资阳中心支公司】 2023年，中国平安财产保险股份有限公司资阳中心支公司下辖2家支公司，覆盖安岳县、乐至县。全年实现保费收入2.29亿元，为资阳市经济发展提供16076亿元风险保障，为客户提供1.25亿元保险补偿，自缴税金742万元，代扣代缴税金1819万元。向慈善总会捐赠200万元，用于正大集团生猪防疫洗消中心设备购置；通过“乡风文明100行动”向资阳市慈善总会捐赠3万元，用于乐至县大楼湾村党群服务中心建设；向安岳县乾龙镇罐子河村捐赠党建资金4万元，助力乡村振兴；在乐至县金顺镇管家沟村、乐至县中天镇大楼湾村、资阳市雁江区先锋村等地落地“以购代扶”“乡村振兴”项目。以党建共建为纽带，累计在全市9个乡镇106个村设立“党建+保险”“三农”保险中心服务站。

【中国人寿保险股份有限公司资阳市分公司】 2023年，中国人寿保险股份有限公司资阳市分公司实现总保费6.15亿元，同比增长26%，增幅居全省第1位。其中，首年期交1亿元，预算完成率91%，同比增长0.5%，增幅居全省第12位；首年标保3284万元，预算完成率98%，同比增长11%，增幅居全省第7位；大短险6534万元，预算完成率102%，同比增长7%，公司总体创费660万元，同比减少6568万元。推动“资惠保”上线，为全市22万余人提供保险保障；中标2023—2025年城乡居民大病保险项目；承保安岳籍老年客户34.17万，保费规模833万元。派驻帮扶干部3人，消费帮扶3.4万元。开展适老化服务，协助临柜老年客户办理各类业务563件次，为19位老弱残客户提供上门服务。

【华西证券股份有限公司资阳广场路证券营业部】 2023年，华西证券股份有限公司资阳广场路证券营业部设总经理1名、部门经理3名、运行管理服务人员6名，业务拓展人员12名。正式实施全面注册制改革、印花税与交易经手费下调、公募费率改革、“827”股权融资新政等一系列改革措施。年内实现收入681万元，利润18万元，向地方缴纳、代扣各种税费93万元，客户开户数35600户，证券交易量1418969万元，客户资产97106万元。

【天风证券股份有限公司资阳广场路证券营业部】 2023年，天风证券股份有限公司资阳广场路证券营业部设总经理1名、部门运营总监2名、运行管理服务人员5名、投资顾问1名、财富顾问10名。营业部聚焦实体经济发展和居民财富增长需求，提供高效高质综合金融服务，全年实现收入1038万元，利润236万元，客户总户数32085户，证券交易量3182330万元，客户资产195350万元。

城乡建设 >>>

城乡建设与规划

【城建规划编制】2023年，资阳市自然资源和规划局构建三级三类国土空间规划体系，编审完成市、县两级国土空间总体规划并报省审批，其中首部“多规合一”的市级国土空间总体规划成果质量得到肯定。重点规划加快编制，围绕“工业强市”战略，实施城市规划建设大会战，完成临空经济区控制性详细规划、轨道交通资阳线TOD综合开发规划等重点区域、重点领域规划编制，进一步落实总体规划“西进优先”空间策略，保障临空经济区、成资协同开发走廊等重大平台和Keeway等重点项目落地。推进农村宅基地“两项试点”，以片区为单元编制镇级片区规划18个，实现市域全覆盖，完成24个试点村村级片区规划编制。坚持规划管控刚性约束，落实“三条控制线”，严格耕地、林地、建设用地用途管制，严把建设项目规划选址、用地用林报批审查、矿权出让关，2023年城区规划维护调整事项同比下降72.72%。

【城市重点项目建设】推进规划建设大会战，城区雨污分流、熊出没主题酒店等52个项目按期开工，新城南路、中国牙谷产城融合发展等38个项目竣工。推进民生实事，老旧小区改造新开工91个1.2万户，完工213个1.7万户；实施既有住宅增设电梯185部、完成121部，超省下达目标任务的21%。乐至县入选省级海绵城市建设示范城市并获批省级生态园林城市，金科集美天悦等6个小区成功创建省级节水小区。

【村镇建设】推进农村低收入群体危房改造，改造危房546户。开展农村自建房排查整治，排查710524户，初判存在安全隐患24644户，采取管控措施16040户，工程措施8604户，隐患整治率100%。开展农房安全隐患排查整治，排查农村房屋693961户，初判存在安全隐患39596户，其中经鉴（评）定为C级17139户、D级21291户，通过封闭停用、挂牌警示等应急防控措施处置33859户，通过维修加固、拆除、重建等工程措施消除危险4548户。加强农村建设从业者管理，通过线上培训考试提升农村建设从业者操作技能和从业素质，培训农村建筑工匠693名、镇村巡查管理人员227名；建成农村建筑工匠名录库，登记2299名农村建筑工匠信息，建立完善农村住房质量安全保障体系，全面推行记分管理机制，实现农村建筑工匠系统管理，保障农房建设质量安全。石羊镇、中和镇创建第二批“省级百强中心镇”，卧佛村等4个村（社区）入选全省首批传统村落名录，围绕乡村振兴、美丽宜居镇村建设要求，编印推行《农房建设风貌图集》，规范提升乡村建房风貌。

【公共基础设施建设】打通沱一桥东侧匝道、凤园路等5条“断头路”；4座人行天桥完成规划设计，2座实现开工，1座地下通道建成投用，完成城南大道等11座山体绿化，实施电信公园等5个“口袋公园”项目。强化公园广场管理，维修硬质地面500余平方米，维修（更换）护栏、灯具、电线线路、座椅等200余处，维修花台树池、水沟盖板、水管、水篦子100余处，安装护栏240米、座凳47张。推进园林绿化管护，栽植银杏50株，更换小叶榕44株，补植乔木110余株、地被灌木1.8万余平方米，修剪大小乔木2300余株、草坪及绿化带约25万平方米，防治病虫害约300次，冲洗、抗旱浇灌用水约20万吨。开展市政设施维护，维修人（车）行道1.6万余平方米、树池157平方米、路缘石1120米，维修检查井、水篦子、水沟盖板等980处，维修路灯及景观灯800余盏，安装隔离桩1210根。推进燃气安全整治，汲取“6·21”银川液化石油气爆炸事故教训，深入调研、座谈征集燃气安全重点风险隐患，印发燃气安全十大专项整治行动方案，推动全市落实城镇燃气安全隐患排查整治，完成城镇老旧燃气管道改造1309千米，于全省率先出台液化石油气商业用户“瓶改管”“瓶改电”优惠政策，得到省委常委、副省长普布顿珠高度肯定，相关做法经验被全省推广，截至年底，全市递交申请566户，完成改造117户。制定完善《防汛排涝应急抢险预案》，完成滨河东路一段等

12处内涝点整治，排查疏通中心城区雨水管网71千米、污水管网110千米以及雨污水检查井、雨水篦、排水管道入口等设施，排查整改问题394余处。

【房地产管理】 成立由市政府主要领导任组长的房地产业平稳健康发展领导小组，研究出台“改签+房票”安置、税费缴纳缓减免等27条政策举措，健全“银政企”对接和首套房利率动态调整机制，开展房地产代理销售乱象、规范停车2项专项整治行动。开展春节房交会、精品楼盘西北行等活动，全市新建商品房网签186.8万平方米，同比增长7.3%；二手房网签97.3万平方米，同比增长23.6%；地下车位网签销售41.4万平方米，同比增长49.2%，其中乐至县地下车位销售14.7万平方米，增幅605%。完成问题楼盘处置，坚持专人专班、一盘一策、分类化解，全市48个问题楼盘实现清零，春天半岛、鑫鹏国际等22个楼盘实现复工，东福、书台苑等20个楼盘实现交房，全年交房2.4万套、办证3.7万套，惠及群众6.1万户、约16.5万人，做法经验两次被住建部全国推广。超额完成保交楼任务，利用保交楼专项借款13.9亿元，推动27个保交楼项目全面复工复建，累计交房1.2万套，交房率86.48%，超额完成省下达“保七争八”目标。加快安置房返迁，全市新返迁政府性安置房项目16个，项目面积92.5万平方米；新竣工项目5个，项目面积27.7万平方米。近年来全市体量最大、历时最长的棚改安置房项目——幸福家苑成功竣工返迁。全市住建领域信访量同比下降45%，省厅信访总量中资阳占比不到1%，到市委、市政府信访量同比下降64.2%。4月，全省住建领域信访维稳现场会在资阳召开。在全省率先推进物业管理全覆盖，中心城区483个无物业小区基本实现物业管理全覆盖。

【建筑市场管理】 完成建筑业总产值122.4亿元，同比增长1.2%，其中18户国有企业完成产值70.2亿元。全市城建经济税收贡献22.3亿元，占全市税收的29.3%；建筑业增加值对地区生产总值贡献8.06%，同比增长7.32%。落实建筑业稳增长促发展“十二条措施”，新培育一级施工总承包企业5户，同比增长62.5%；新入统企业21户，同比增长20%。市本级沱西滨江景观带项目获得“国家优质工程奖”，安岳置信·丽府（二期）项目入选“天府杯”名单，高新区马鞍九义校初中部（一期）等5个项目获得省结构示范工程奖项，临空区中车棚改安置房等7个项目获评省标化工地。

市容综合管理

【概况】 2023年，资阳市城市管理行政执法局紧抓中心城区环境卫生突出问题综合整治，持续解决环境卫生、占道经营、户外广告、便民摊区、共享单车等重点难点问题，实现集中整治与常态化管理并举，依法监管与主动服务并重，各尽其责与齐抓共管并行，签订环境卫生和市容秩序主体责任书120份。

【运输车辆管理】 开展禁止脏车入城专项行动20次，教育整改处罚车辆36辆、当场处罚2件，排查受理城区道路扬尘污染141件，纠正133件、处罚8件，建筑施工扬尘处罚1件、乱倾倒建筑垃圾处罚17件。开展渣土运输管理巡查约1500次，分别向建设方、施工方和运输方送达履职告知书75份。

【建筑行业管理】 制订《2023年建筑工地及燃气企业执法抽查工作方案》《2023年中心城区燃气专项执法抽查方案》，开展文明施工、施工安全、燃气生产等专项执法抽查，对在建工地、燃气方面进行执法抽查200余次，发现督促整改问题23个，制作现场勘验（检查）笔录74份，办理部门移交、巡查发现等案源立案17起，发出处罚决定13份，发出免于行政处罚决定书9份（房地产中介公司轻微违法行为），申请法院强制执行2件。依法严查不经审批清运建筑垃圾和渣土抛洒行为，督促施工方落实“六必须、六不准”要求，召开建筑垃圾处置企业工作例会9次，约谈建筑工地4次，项目工地《建筑垃圾处置方案》备案25个，办理城市

2023年7月20—21日，资阳市城管行政执法局承办2023年全省城市管理执法处级干部业务培训会（市城管行政执法局 供图）

建筑垃圾处置核准89批次、入城证266个。针对房地产市场乱象，召开部分房地产中介公司约谈会，配合市房地产管理局、市场监管局等部门开展商品房销售代理乱像联合检查，通过实地检查、书面检查等方式实施全覆盖检查，依法查处涉嫌违法行为的房地产经纪机构12家。

【占道执法管理】 规范占道堆放6700余次，规范占道装修500余次，规范乱开挖41处。劝导外卖员、快递行业违规停放非机动车555次，疏导规范流动摊点4.6万余处，规范夜市经营7000余处。在已设置20个便民摊区的基础上，按照“三定、五不”标准，灵活增设便民摊区13处。

【违建物治理】 制止新增违建152处，拆除违法建设94处7900余平方米，拆除破损、脏污影响市容的示范街公示牌32处，拆除户外广告46处225.25平方米，拆除乱牵乱挂2550余处。开展沱江新城周边市政道路建设项目、新老国道321线连接线项目、胜威驾校等项目摸底调查工作，涉及10户征收主体房屋共12936.69平方米。

生态环境保护 >>>

生态监测

【空气监测】 资阳市空气质量综合指数为3.6，连续5年达标。细颗粒物（$PM_{2.5}$）平均浓度35.0微克/立方米，同比上升6.7%；臭氧（O_3）浓度152.6微克/立方米，同比下降3.4%；优良天数295天，同比减少19天；优良天数率80.8%，同比下降5.2个百分点。空气质量在全省排第8名，同比上升4个位次；在168个城市排第37名，同比上升19个位次，在成都都市圈排第1名。安岳县细颗粒物（$PM_{2.5}$）平均浓度34.5微克/立方米，首次达标；乐至县细颗粒物（$PM_{2.5}$）平均浓度30.2微克/立方米，第五（核）年达标。空气中γ辐射和气溶胶放射性核素检测无新增种类，电离辐射水平处于本底涨落范围内；沉降物和碘活度均处于本底水平。

【水环境监测】 水环境质量方面，国省考核断面水质优良率连续两年100%，沱江干流水质保持II类。39个集中式饮用水水源地达标率100%。土壤环境质量方面，保持安全、稳定、可控，农用地和建设用地安全利用率100%。饮用水源地的总α和总β活度低于国家标准。

【声环境监测】 主城区各类声环境功能区昼间、夜间达标率均为100%。城市区域昼间平均等效声级53.5分贝，质量等级为二级；夜间平均等效声级43.5分贝，质量等级为二级；道路交通噪声昼间平均等效声级68.7分贝，声强度等级为二级；夜间平均等效声级59.7分贝，声强度等级为二级。监测城区各类功能区声环境昼间20点次，达标20点次，达标率100%，同比上升5个百分点；夜间监测20点次，达标20点次，达标率100%，同比上升10个百分点。

生态治理

【大气污染治理】 推动10家砖瓦企业创建C级企业。强化重点时段应急减排，创新“电眼看环保”监管模式。调整高污染燃料禁燃区和高排放非道路移动机械禁用区，新建投用空气质量组分站1个、声环境功能区国控站点7个，建成“黑烟车”遥感遥测设备19套。

【水污染治理】 实施水质巩固提升“五大行动”，落实14个重点流域水质巩固提升管控措施。探索“生态沟渠+”农村污染治理新模式，治理经验被新华社等权威媒体报道。有城镇生活污水处理厂82座，污水处理能力25.8万吨/天，城区污水管网建设约650千米，城市生活污水集中收集率59%。

【土壤污染治理】 依法开展土壤污染状况调查，完成47个建设用地土壤污染状况调查。城市生活垃圾处理能力1800吨/日，焚烧率93.2%。在全省率先实现农村生活垃圾收转运处置体系行政村全覆盖，实现原生生活垃圾“零填埋”，农用地安全利用率100%。对13家土壤重点监管企业开展隐患排查，完成年度自行监测，及时消除土壤污染环境风险。强化建设用地监管，开展“一住两公”建设用地评估，完成47个地块土壤污染现状调查，建设用地安全利用率100%。“减量化、资源化和无害化”基本原则防治固体废物污染，危险废物安全处置率100%。土壤中天然和人工放射性核素浓度与历年持平，无明显变化。

【问题整改】 前两轮中央、省环保督察和自查长江生态环境反馈问题789个，其中第一轮央督和回头看反馈55个、第一轮省督反馈348个、第二轮央督反馈9个、第二轮省督反馈25个、省自查长江生态环境问题14个、交办信访件338件，完成整改788个，剩余1个第二轮央督反馈问题达到整改序时进度（2025年到期）。

【环保执法】 发现环境问题589个，下达行政处罚案件65件，处罚金额253万元，其中不予处罚案件9起（免罚金额90万元）、移送公安行政拘留线索3起、刑事犯罪线索3起。执法大练兵工作纳入县（区）党政目标考核，比武排名全省排第6名。

环保宣传与研究

【环保宣传】 组织开展“六五环境日”、“全国低碳日”、资阳市首届青少年环保创意大赛、环保金点子知识普及、五个工业园区专题宣传、环保设施开放、环保宣传“七进”等系列宣传活动40余场次，拍摄制作“秸秆禁烧为哪般”“美丽乡村生态环保推介员”等宣传科普短视频20余个，发放各类宣传资料、普法读物4万余份，在中央电视台、光明网、《人民日报》、《四川日报》等刊发、播报资阳市生态环境新闻20余篇，宣传生态文明、应对气候变化、绿色发展理念。帮扶园区3个，帮扶企业199家，帮扶在建项目27个，事后执法回访企业20家，发放环保法律法规汇编资料14337份，开展法规政策宣传进企业活动12场次，帮扶指导企业解决环境问题49个。

【环境科研】 新增134个资质参数，检测能力提升90.5%，补齐饮用水水源地109项、地下水93项短板。申报科研院所单位和资阳市新污染物示范性重点实验室，市级科研项目“资阳市小濛溪河流域水华暴发成因及预警预测研究”顺利结题，“保护沱江流域水生物多样性的基础调查与研究”等5项科研项目持续推进。21人448项次技术人员换证考核和39人714项次持证考核全部通过，1人获得全省技能大比武岗位能手称号。进一步完善大测管协同机制，与市人民检察院成立全省首家“公益诉讼技术支持联合实验室”。

教育·体育·科技 >>>

教育

【基础教育】 学前教育 2023年，公办园在园幼儿（包含附设幼儿园）28164人，公办园在园幼儿占比54.74%；普惠性民办幼儿园在园幼儿13987人，普惠性幼儿园覆盖率81.92%。开展2023年全国学前教育宣传月活动，围绕基层幼儿园保育教育实践中的专业难点和困惑问题，召开资阳市学前教育宣传月活动推进会，引导幼儿园深入聚焦保教实践的薄弱环节，将科学观察了解幼儿作为转变教师观念、促进教师专业成长的重要抓手，提高广大教师的专业能力。年内组织举办全市幼小衔接专题培训，将身心准备、生活准备、社会准备和学习准备深刻落实到幼儿一日活动当中，与小学形成联动机制。组织开展规范幼儿园名称专项排查、幼儿园违规使用教材和境外课程专项排查，重点针对幼儿园名称使用情况、办园行为和保教活动进行全面排查，指导幼儿园规范办园行为，实施科学保教，树立“游戏化”教学理念，逐步提高幼儿园整体保育教育水平。与成都、德阳、眉山三市共同组建国家级都市圈中首个由教育行政部门牵头成立的成都都市圈学前教育联盟，6所幼儿园进入联盟成员单位。12月，接受省级示范幼儿园等级评估。

义务教育 2023年5月，组织召开学校“双减”工作推进现场会，邀请成都市高新区芳草小学副校长梁艳作《“双减”背景下学校课程提质增效的“守”与“变”》专题报告。11月，开展小学语数和初中语数英等学科“三环五学”(“先学、后教、再思”三个学习环节，“独学、对学、群学、班学、固学”五种学习形式）课堂教学展评活动，3名教师荣获四川省课堂教学展评一等奖，1名教师代表四川省小语专委会到西安执教示范课。12月，印发《关于全面落实学校教育教学管理，促进学生健康成长的通知》，进一步规范中小学校课程实施、校园文体活动管理等。丰富课后服务供给，打造出“创客”、书法、武术、剪纸、竹编、川剧等一大批课后服务特色课程，不断优化课后服务形式和质量。组织参加全省作业设计大赛，全市62个作品获一等奖，汇编18项作业设计优秀成果报告成册，在全市推广运用。安岳县被教育厅评选为首批成渝地区城乡义务教育一体化发展试验区。

普通高中教育 2023年3月，邀请市外专家进行品牌学校建设专题培训。5月，组织全市高中学校负责人到成都部分学校学习创建经验。组织参加全省作业设计大赛，全市12个作品获一等奖。新建标准化考场523个，全市所有高中学校均配建标准化考场。采取招考和培训结合的方式补充高中教师182人，70%以上的高中学校正式实施选课走班，学校开齐开足课程，探索制定课程实施方案。推进学生综合素质评价，开展专题培训。组织市、县（区）教育主管部门负责人和高中学校负责人赴山东、上海等地学习学校高考综合改革先进经验。印发《关于加强普通高中基础学科拔尖创新人才早期培养工作的实施意见》《资阳市普通高中基础学科拔尖创新人才早期培养重点任务清单》，启动实施基础学科拔尖创新人才早期培养工作。

【职业教育】 2023年，对口高职本科上线113人，较2022年增加62人。参加全省职业院校（中职组）技能大赛，中职学校21人获奖，参赛人数和获奖人数创历史新高。2月，联合成都市教育科学研究院开展职业教育现状调研并召开职业教育高质量发展和现代职业教育体系建设研讨会；3月，牵头举办成渝地区双城经济圈中部区域职业教育联盟和成德眉资雅乐阿职业教育联盟德育工作研讨会，来自成渝地区17个市（县）的170余人参加会议。4—5月，分别组织到重庆、眉山和乐山等地考察学习职业教育改革、产业学院建设以及产教联合体建设工作。6月，组织市域内中等职业教育学校参加成渝地区学生技能大赛，分获一、二、三等奖各1、2、3项。12月，成立由资阳高新技术产业园区等部门（单位）牵头，市级有关部门、企业、行业协会、职业院校和科研机构参与的资阳市“中国牙谷”产教联合体；成立由中车资阳机车有限公司等部门（单位）牵头的资阳市“智能制造+”产教融合联盟。

2023 年资阳市基础教育校（园）统计表

表 12　　　　单位：所

	合计	城区	镇区	乡村
幼儿园	383	89	166	128
义务教育	303	22	135	146
小学	143	12	71	60
初中	160	10	64	86
初级中学	74	2	42	30
九年一贯制学校	86	8	22	56
职业初中	0	0	0	0
高中	33	6	23	4
完全中学	25	3	18	4
高级中学	6	2	4	0
十二年一贯制学校	2	1	1	0
特殊教育学校	3	1	2	0
专门学校	0	0	0	0

2023 年资阳市幼儿园园长、专任教师学历情况统计表

表 13　　　　单位：人

	合计	博士研究生	硕士研究生	本科	专科	高中	高中以下
总计	3544	0	3	1094	2047	400	0
园长	320	0	2	108	201	9	0
专任教师	3224	0	1	986	1846	391	0
城区	1187	0	3	357	743	84	0
镇区	1831	0	0	650	1005	176	0
乡村	526	0	0	87	299	140	0

2023 年资阳市小学分课程专任教师学历情况统计表

表 14　　　　单位：人

	道德与法治	语文	数学	外语	其中			体育与健康	科学	艺术	其中		综合实践活动	信息科技	劳动	其他
					英语	日语	俄语				音乐	美术				
博士研究生	0	0	0	0	0	0	0	0	0	0	0	0	0	0	0	0
硕士研究生	0	5	7	2	2	0	0	5	2	7	1	6	0	0	0	0
本科	177	2006	1757	324	324	0	0	355	183	561	275	286	69	136	70	30
专科	155	865	989	84	84	0	0	239	168	308	174	134	56	93	75	20

续表 14

	道德与法治	语文	数学	外语	其中			体育与健康	科学	艺术	其中		综合实践活动	信息科技	劳动	其他
					英语	日语	俄语				音乐	美术				
高中	2	10	7	0	0	0	0	9	6	5	2	3	3	1	1	0
高中以下	0	0	0	0	0	0	0	0	0	0	0	0	0	0	0	0

2023 年资阳市初中分课程专任教师学历情况统计表

表 15　　单位：人

	道德与法治	语文	数学	外语	其中			科学	物理	化学	生物学	地理	历史	体育与健康	艺术	其中		综合实践活动	信息科技	劳动	其他
					英语	日语	俄语									音乐	美术				
博士研究生	0	0	0	0	0	0	0	0	0	0	0	0	0	0	0	0	0	0	0	0	0
硕士研究生	11	14	17	30	30	0	0	0	12	13	6	7	7	13	7	2	5	0	3	0	0
本科	323	1132	1000	978	978	0	0	0	397	272	222	203	288	339	339	175	164	38	120	42	31
专科	81	150	231	139	139	0	0	0	123	72	57	63	66	111	83	35	48	26	36	29	4
高中	0	0	0	0	0	0	0	0	0	0	0	0	0	0	0	0	0	0	0	0	0
高中以下	0	0	0	0	0	0	0	0	0	0	0	0	0	0	0	0	0	0	0	0	0

2023 年资阳市普通高中分课程专任教师学历情况统计表

表 16　　单位：人

	思想政治	语文	数学	外语	其中			历史	物理	化学	生物学	地理	技术	其中		体育与健康	艺术	其中		综合实践活动	劳动	其他
					英语	日语	俄语							信息技术	通用技术			音乐	美术			
博士研究生	0	0	0	0	0	0	0	0	0	0	0	0	0	0	0	0	0	0	0	0	0	0
硕士研究生	22	50	54	79	76	1	2	24	20	45	36	24	3	2	1	11	8	3	5	0	0	4
本科	188	546	550	534	509	15	10	199	298	273	227	182	92	66	26	140	88	48	40	2	1	16
专科	2	5	2	2	2	0	0	0	8	2	4	1	6	6	0	5	7	2	5	0	0	0

2023年资阳市幼儿园专任教师年龄、职称情况统计表

表17　　　　　　　　　　　　　　　　　　　　　　　　　　单位：人

	24岁以下	25—29岁	30—34岁	35—39岁	40—44岁	45—49岁	50—54岁	55—59岁	60岁及以上
正高级	0	0	0	0	0	0	0	0	0
副高级	0	0	0	3	17	21	38	13	0
中级	0	14	97	71	32	37	36	7	0
助理级	40	293	156	25	7	14	4	0	0
员级	56	100	8	3	2	2	1	0	0
未定职级	592	654	354	191	127	100	107	2	0
城区	236	430	214	101	54	32	31	4	0
正高级	0	0	0	0	0	0	0	0	0
副高级	0	0	0	0	2	1	15	1	0
中级	0	1	13	30	8	7	9	2	0
助理级	3	81	58	10	0	2	0	0	0
员级	8	28	5	0	0	1	0	0	0
未定职级	225	320	138	61	44	21	7	1	0
镇区	420	522	320	142	80	93	96	6	0
正高级	0	0	0	0	0	0	0	0	0
副高级	0	0	0	3	15	18	19	5	0
中级	0	11	76	38	18	24	22	1	0
助理级	36	179	87	9	4	3	0	0	0
员级	41	55	2	3	0	0	0	0	0
未定职级	343	277	155	89	43	48	55	0	0
乡村	32	109	81	50	51	49	59	12	0
正高级	0	0	0	0	0	0	0	0	0
副高级	0	0	0	0	0	2	4	7	0
中级	0	2	8	3	6	6	5	4	0
助理级	1	33	11	6	3	9	4	0	0
员级	7	17	1	0	2	1	1	0	0
未定职级	24	57	61	41	40	31	45	1	0

2023年资阳市中小学专任教师职称、年龄结构情况统计表

表18 单位：人

	24岁以下	25—29岁	30—34岁	35—39岁	40—44岁	45—49岁	50—54岁	55—59岁	60岁及以上
小学	340	1164	1510	1504	1523	1211	953	617	0
正高级	0	0	0	0	0	1	5	2	0
副高级	0	0	1	36	207	384	555	485	0
中级	0	41	298	755	1017	750	359	121	0
助理级	83	809	1131	682	292	69	26	8	0
员级	47	135	30	19	2	0	0	0	0
未定职级	210	179	50	12	5	7	8	1	0
初中	402	1217	917	671	996	933	1177	873	0
正高级	0	0	0	0	0	0	2	8	0
副高级	0	0	1	20	168	295	726	751	0
中级	0	67	267	374	697	581	405	102	0
助理级	184	917	590	262	125	55	42	11	0
员级	16	67	27	7	1	1	0	0	0
未定职级	202	166	32	8	5	1	2	1	0
高中	441	721	519	383	504	413	405	384	0
正高级	0	0	0	0	0	3	4	14	0
副高级	0	0	0	31	111	183	294	325	0
中级	0	43	216	246	327	194	95	38	0
助理级	103	403	232	71	29	7	4	7	0
员级	0	11	5	0	0	0	1	0	0
未定职级	338	264	66	35	37	26	7	0	0

【特殊教育】 印发《资阳市“十四五”特殊教育发展提升实施方案》，明确到2025年全市特殊教育普及程度、教育质量和保障机制等重点发展指标和九项重点任务。推动安岳县特殊教育学校增办职高班，补齐特殊教育高中阶段教育短板，特殊教育发展体系更加完善。组织召开全市特殊教育学校培智专业课堂教学展评暨教育教学研讨会，广泛实施课程建设和教学质量提升行动计划，组织参加四川省培智优质课展评获三等奖1项，参加四川省盲文阅读和书写比赛获教师组盲

文阅读比赛优秀奖。引进中职院校、企业、专业技能人才等职业教育资源，开展职业技能培训，培训特教学生211人次。完善贫困残疾学生入学救助体系，2023年全市资助义务教育阶段家庭经济困难残疾学生生活补助140.96万元。

【素质教育】 坚持以培育和践行社会主义核心价值观为引领，督促学校开齐开足艺术课程，利用“课后服务”时间开设书法、美术、舞蹈、合唱等各类课程，组织中小学生走出校园开展“追寻红色记忆 传承革命精神”等主题劳动和研学实践教育活动。4月，承办并组织参加第37届四川省青少年科技创新大赛，获省一等奖3个、二等奖6个、三等奖10个。5月，组织全市中小学校210名音乐、美术教师到四川音乐学院成都美术学院进行专项培训；组织3500余名中小学生参加资阳市创新创意成果展评、创意智造赛事活动。7月，启动“新华文轩杯”资阳市第九届中小学生艺术节活动。10月，组织开展资阳市第九届中小学生艺术节展演活动，15个艺术节目、59件艺术作品参展（演、览），充分发挥学校美育育人作用，提高广大青少年的审美能力和人文素养；邀请四川音乐学院成都美术学院2名教师对小学生及小学美术教师代表和高中学生及高中美术教师代表进行示范教学，进一步推动资阳市美育教育高质量发展。11月，举办第六届资阳市青少年机器人创新大赛。组织推进阳光体育示范校、校园足球特色校以及足球、篮球、排球、田径等体育项目特色校创建工作，推进体教深度融合，组队参加2023年四川省青少年锦标赛，获得19枚金牌、19枚银牌、18枚铜牌的成绩。资阳中学女排蝉联四川省第三届“贡嘎杯”校园体育联赛女子排球高中组冠军；安岳中学获全国青年U系列沙滩排球锦标赛第三名和川渝地区沙滩排球精英赛第一名。

【终身教育】 发挥市开放大学的行业引领和办学示范作用，不断完善社区教育体系建设，建有挂牌社区教育学习中心41个。将“三贤”的历史故事、文化内核同中华优秀传统文化相结合，创建全国新时代终身学习品牌项目“童学三贤—资味课堂”，以青少年情商训练营、非遗传承——东峰剪纸、青少年健康成长营、儿童公益读书吧、青春期课堂、蜀人原乡文化大讲堂等活动为载体，立足社区，服务社区，为培养担当民族复兴大任的时代新人营造良好的社会环境。12月4日，举办资阳市全民终身学习活动周，新增社区教育学习中心8个，1人获全国“百姓学习之星”称号，3人获四川省“百姓学习之星”“社区教育先进工作者”等称号，12人获市级“最美志愿者”等荣誉称号。

【项目建设】 2023年，启动实施基础教育设施补短攻坚行动计划项目37个，总投资83.7亿元，年度完成投资20余亿元。雁江区宝莲幼儿园、安岳县第三幼儿园（扩建）、安岳县第六幼儿园、乐至县第二幼儿园和乐至县第三幼儿园5个学前教育项目建成投用，新增学位1710个，雁江区马鞍学校初中部和安岳县工业大道小学（扩建）两个义务教育阶段项目建成投用，新增学位2000个，安岳实验中心城南校区、安岳县秦徐中学和乐至县吴仲良中学综合楼3个高中教育项目建成投用，新增学位8860个。

【教师队伍建设】 制订“卓越校长培养计划”“骨干教师翱翔计划”“青蓝教师引领计划”三大行动方案，分层级、分类别实施校长、教师培养计划。遴选市级学科带头人106名、骨干教师360名，组建资阳优秀教师库。组织6400余名教师参加成都市线上线下名师、名校长学术交流活动。8月，组织开展建市以来最大规模的教师队伍培训，邀请北京外国语大学党委书记王定华等国、省教育名师和专家进行专题授课，全市23000余名教育工作者通过线上线下相结合的方式集中参训。全年招引研究生学历教师94名，同比增长236%。2023年，全市教师获省部级以上奖励同比增加65人次；获省部级以上荣誉同比增加7人次。

【校外教育培训治理】 全市有校外培训机构201所，雁江区105所，安岳县75所，乐至县21所。

其中学科类机构9所，体育类机构31所，科技类机构4所，文化艺术类机构157所。开展寒暑假期巡查督查、“监管护苗”、校外培训治理、“百日攻坚”、“安全自查自纠”等专项治理行动，累计排查各类培训机构232所，从业人员3400人次，培训材料2410份，开展联合执法5次，全覆盖排查4次，排查发现非法机构12所，其中主动关门停业5所，责令停止办学5所，其余2所拟于进一步核查后进行处罚。各行业主管部门派出检查人员320余人次，排查各类培训机构214所，发现并督促整改安全隐患24个，完善升级培训机构消防安全设施32处，指导培训机构开展安全演练300余次。

【教育同城化发展】 推进校校结对，资阳市与成都市校校结对结成126对，组织参加“文翁大讲堂”等交流活动共计83次，开展专题分享、教学研讨等线上线下活动260场次，覆盖师生0.5万人次。选派81名骨干教师、校级干部到成都市优质学校跟岗学习。成都市特殊教育资源中心等发起成立成德眉资特殊教育联盟，资阳市3所特殊教育学校加入联盟。成都市教育局牵头成立成都都市圈学前教育联盟，汇聚成德眉资四市55所示范园联盟成员。主办以“‘双减’背景下智慧育人新实践”为主题的成德眉资绵同城化发展智慧教育联盟第四届论坛活动，约170人参加论坛活动。联合开展三星堆云端研学、大运探馆之旅等研学活动，乐至陈毅故里景区、安岳宝森柠檬科技园、安岳圆觉洞景区共计接待研学实践成渝两地学生2万余人次。

【校园安全工作】 联合公安等十三部门印发《防范校园欺凌专项工作方案》，印发关于加强学校食品安全及食堂燃气安全工作的提示函，《关于进一步加强学校交通安全管理工作》等文件。7月，组织市县两级相关部门开展学校、校外培训机构和体育场馆等场所燃气安全检查；组织召开全市学生防溺水工作视频会和全系统成都大运会期间保安全防灾害视频会。8月，组织市县教育部门开展安全隐患排查整治和秋季学期开校前安全检查。9月，组织市级4个专项督导组对直属学校、驻资高校和县（区）学校开展开学季安全工作检查。10月，组织开展实验室危化品和网络安全暨装备电教应用专项督查。11月，组织全市学校开展“119”消防宣传教育日活动。校园安全管理工作在全省教育系统做经验交流发言。深化校园食品安全守护行动，多次联合市场监管、公安、卫生健康等部门采用集中抽查和“明察暗访”相结合的方式开展执法检查，发现问题及时通报并交属地督促学校整改到位，形成教育和惩戒相结合的高压态势。11月，组织150余人参加全市学校（幼儿园）食品安全与食堂管理培训。

【教育督导】 制订“两项督导”（学前教育普及普惠督导、义务教育优质均衡发展督导）工作方案，组织各县（区）教育督导部门及片区督导组、县（区）教育主管部门有关负责人和部分学校校长集中学习国省“两项督导”的指标体系。2月，邀请成都市教育督导专家，对全市教育督导部门和各督导组人员进行集中培训。10月，完成市督学换届工作，新一届市督学设立5名督学顾问，71名督学，并于12月开展集中培训。11月，组织督导专家对县（区）政府2022年履行教育职责存在的重点问题整改落实情况进行综合督查，推动各县（区）完成教育投入“两个只增不减”、加快实施基础教育课程改革、全面落实“双减”、推进义务教育优质均衡发展等工作。

【教育资助】 全面落实学生资助政策，全年落实国家政策资助家庭经济困难学生10.94万人，资助金额24402.97万元，实现不让一名孩子因贫辍学的目标。其中学前教育免保教费7517人，免除金额830.32万元；义务教育阶段享受家庭经济困难学生生活补助43180人，补助资金3548.93万元（其中寄宿制学生16295人，补助资金2086.02万元，非寄宿制学生26885人，补助资金1462.91万元）；普通高中享受国家助学金13804人，资助资金2758.6万元；享受免学费13804人，免除资金1118.31万元；中职教育享受国家助学金2429人，资助资金508.8万元；中职教育免学费人数16484人，免除金额3335.44万元。中职教育特别资助552人，资助资金27.6万元；本专科特别资助311人，资助资金124.4万元；办理生源地信用助学贷款10890人，贷款金额12119.35万元；享受“滋蕙计划”521人，资助金额31.2万元。社会资助1669人，资助金额113.28万元。

【教育科研】 全市19个市级学科攻坚团队，积极开展大概念统领下的大单元教学设计与实施研究，召开教学研讨会30余次，研制《资阳市深化基础教育课程教学改革工作要点》《资阳市中小学课程实施方案编制说明》《资阳市中小学校本教研工作的指导意见》《资阳市中小学课改示范性教研组、示范性学校培育指南》等政策工具，促进学校探索适宜的课程改革路径；做好过程管理，提高研究质量。立项省级课题14项，其中重点课题2项；市级课题20项。14项获省级优秀课题阶段性成果奖，其中一等奖2项，二等奖5项。承办四川省优秀成果推广系列活动，全市4项成果得到推广。进行2020—2022年省教厅、省教育学会等立项课题年度考核，考核课题70余项。

【资阳开放大学】 资阳开放大学是国家开放大学“两极统筹、四级办学”运行体制一体化办学体系中的市级办学机构，辖市开放大学直属部和安岳、乐至2所分校。2023年3月，乐至、安岳分校被首批授予“达标基层开放大学分校”，为全省14个之一；资阳开放大学被授予全省唯一“系统建设全面达标市级开放大学”称号。全年实现开放教育招生1874人，招生率为万分之8.14，专续本率12.8%，获全省系统“教学质量优秀奖”。强化内部管理，完善学校教师激励考核和学生奖学金政策；强化学位英语辅导，学位获取率1.84%（全省1.01%）。新建社区学校5所、社区教育学习中心10个，“市、县、街道、社区”四级社区教育框架初具雏形。全年开展社区教育培训近30场次，惠及群众超3万人。“童学三贤 · 资味课堂”项目以全省第二的成绩荣获全国终身教育品牌，乐至分校一人荣获全国新时代百姓学习之星称号；宝莲街道社区学校获评全省优秀社区教育院校，3人次获评全省优秀社区教育工作者、全省社区教育最美志愿者称号。参加国家开放大学（国家老年大学）诵读教学成果展，获得二等奖；参加四川省教育厅组织的四川省首届老年文化艺术节“烹燃心动”，获二等奖；参加第三届中华经典诵写讲系列活动，获得社会人员组“诗教中国”二等奖，“诵读中国”三等奖；参加全省老年教育书法类教学成果展，获三等奖。

体　育

【群众体育】 印发《四川省全民健身工作联席会议制度》《四川省“十四五”全民健身重点工作任务分工》。全市培训网球、象棋、太极拳、广场舞等项目二级社会体育指导员500余名，招募群众体育引领员13000余名；举办“三大球”以及网球、羽毛球等群众体育活动30余场次，参与锻炼群众达100万余人次。其中，举办四川省第一届“绿道健身迎新春”全民健身系列赛事活动（资阳赛场）暨2023年资阳市“登高闹元宵”健步走全民健身系列活动，全市2000余名机关、学生、协会、体育爱好者参赛；举办资阳市第四期市直机关职工网球培训班暨2023年网球二级社会体育指导员、引领员培训班，全市260余名机关、企事业单位参赛。举办2023年成渝地区双城经济圈全国气排球精英赛（四川 · 资阳），重庆、陕西、江西、云南、新疆等6个省（直辖市）、86支代表队800余人参赛。举办资阳市第一届市直机关青年职工运动会，全市54个单位1300余名青年职工参赛；承办四川省第四届全民健身运动会残疾人象棋、围棋比赛，全省15个市的代表队参赛；开展2023年资阳市“全民健身日”和“体育宣传周”主题活动，全市超过100万人次参与；承办2023年“五粮液杯”四川“三大球”城市联赛（排球项目）暨第十四届全民健身排球公开赛总决赛（资阳赛区），资阳女排蝉联该项目冠军。全年争取公共体育场馆免开补助资金124万元，完成免开低开任务 50 余万人次。

【青少年体育】 深入推进体教融合发展，全面落实在校学生“每天锻炼 1 小时”，实施资阳市优秀青少年竞技后备人才“选星计划”，推荐 40 名优秀体育后备人才参加省级训练营，为选拔体育后备人才、提升中小学业余训练水平搭建桥梁，为省运会新周期选材提供赛事平台，不断提升训练质量，强化梯队人才培养，突出后备人才输送。3 月，举办 2023 年资阳市中小学田径运动会，全市 60 个学校 1800 余人参加。5 月，组织参加四川省第三届“贡嘎杯”青少年校园体育联赛，资阳中学连续两届荣获排球项目女子高中组“贡嘎杯”冠军。组队参加 2023 年四川省青少年锦标赛，获得 19 枚金牌 19 枚银牌 18 枚铜牌的成绩。11 月，举办全市“奔跑吧·少年”2023 年资阳市青少年校园体育联赛篮球初中组比赛。

【竞技体育】 印发《关于资阳市参加四川省第十五届运动会青少年体育项目布局》等有关文件，布局备战四川省第十五届运动会青少年田径等 22 个项目。资阳举办全国 U17 青少年篮球联赛女子组南北大区赛，来自全国 16 支参赛代表队参加。资阳籍运动员王俊杰代表四川队参加 2023 年全国皮划艇激流回旋青少年锦标赛获得冠军。王俊杰获中华人民共和国第一届学生（青年）运动会（公开组）激流回旋冠军。资阳籍运动员吴俊言代表四川速度轮滑队参加全国速度轮滑锦标赛，分别获得 2 个冠军和 1 个第五名的好成绩。资阳籍运动员吴俊言参加中华人民共和国第一届学生（青年）运动会（公开组）轮滑项目比赛，获得速度轮滑赛 1000 米争先赛冠军。资阳籍运动员吴俊言参加第 19 届亚洲轮滑锦标赛，获得速度轮滑青年男子组 10000 米积分淘汰赛冠军。资阳籍运动员刘峡君参加第二十届亚洲 U20 田径锦标赛，获得 100 米亚军和 4×100 米冠军。刘峡君获中华人民共和国第一届学生（青年）运动会（公开组）田径 100 米亚军和 4×100 米冠军。资阳籍网球运动员蒋欣玗参加成都第 31 届世界大学生运动会，获得网球女子双打亚军。郑建康参加第 35 届“美塑记忆·黄河杯”全国业余围棋 60 岁以上组（老年组）公开赛，获得第二名。

【基础设施】 研究制订《资阳市体育基础设施补短三年行动计划（2023—2025 年）》，投入新、改扩建一批体育健身设施场地，全市人均体育场地面积达到 2.27 平方米，增幅为 36.7%。

【体育产业】 全市有 116 个体育法人单位和体育产业活动单位、6 个较大规模体育制造业企业和 149 个体育个体经营户。体育产业涵盖体育健身、体育用品、体育竞赛、体育表演、体育制造、体育服务六大领域。体育用品业稳定增长，体育服务业比重逐步提升，体育产业呈现多种经济成分并存格局。2023 年，全市体育产业总规模达到 35 亿元，从业人员数超过 16600 人，体育产业对国民经济的综合贡献率明显提升。

科　技

【科技创新主体培育】 强化高新技术企业培育，建立完善高企重点培育库，挖掘 30 户纳入重点培育，通过“一对一”“一对多”开展现场走访工作，邀请技术、财务等专家开展预审预评，提高企业申报通过率。做强科技型中小企业增量，制定《2023 年科技型中小企业培育台账》，建立“动态监测、每日调度”工作机制，全年指导帮助 366 户企业申报科技型中小企业。开展瞪羚企业培育，推动和鉴检测、明新门窗向省科技厅申报瞪羚企业，通过调研摸排推动希晨再生等 5 户企业纳入 2024 年重点培育库。

【科技创新平台建设】 促进创新平台提质增效，推进国家高新区“以升促建”，加快推进“一区多园”发展机制，夯实高新区创建基础。全年由市领导带队，向科技部、省科技厅请示汇报高新区创建工作 5 次，了解最新国、省层面情况，推动高新区创建。建设创新创业平台，深入高仙机器人、九天中创、弘晟石油等企业开展“一对一”服务，并邀请相关专家对申报省级创新平台进行服务指导，推动弘晟石油、口检中心、四川纳克斯分别申报省级工程技术研究中心、新型研发机构、省级众创空间，高仙机器人等企业纳入2024年培育计划库。提升市级创新平台量级，修订《资阳市重点实验室认定管理办法》《资阳市工程技术研究中心认定管理办法》《资阳市农业科技园区认定管理办法》等，认定工程技术研究中心17个，重点实验室15个，市级农业科技园区7个、众创空间1个。

【科技计划项目】 争取省级科技项目，推荐申报科技计划项目8批次56个，申请资金2344.04万元，已争取到位项目资金1415万元。推进市级科技计划项目立项工作，2023年完成两批次市级科技计划项目立项工作，共对49个项目给予636万元资金支持。

【科技成果与应用】 积极申报省级科学技术奖励，举办2023年省科学技术奖拟提名项目辅导培训会，组织全市5个项目申报2023年四川省科学技术奖，5个项目已通过省科技厅形式审查。开展市级科学技术奖励工作，积极组织企业申报市级科学技术奖励，12月12日成功召开2023年度资阳市科学技术奖励大会，对30个项目（人选）给予表扬。推动高校院所科技成果在资阳转化，推动华西口腔医院获省政府科技进步一等奖成果在中国牙谷企业护家卫士落地转化，仅此一项成果可帮助企业2024年实现产值2亿元，新增纳税1000万元以上。

【创新创业环境】 举办科技活动周系列活动，围绕市委、市政府重点工作、前沿科学技术普及、科技创新年度重点工作等中心工作，联合市委宣传部、市科协开展“2023年科学家精神进校园”“科技型企业大调研”等9大特色亮点活动。组织20户企业参加全国创新大赛，其中默森药业、云牙医疗2户企业进入四川赛区决赛。开展科技政策兑现和科技金融服务，全年兑现科技项目资金1774万余元，市级双创奖补资金369.63万元。联合金融机构举办融资对接会5场，帮助企业申请“科创贷”融资7900万元，“善科贷”融资3374万元。推动“包容普惠创新”指标升位，推进重点指标、专场会议等工作，高质量完成2022年度营商环境省级测评工作，推动“包容普惠创新”指标评价结果从“一般”等次上升到“良好”等次，全省排名同比上升3位。

【科技投入】 出台《资阳市“揭榜挂帅”科技项目实施和管理暂行办法》，立项7个“揭榜挂帅”重大科技攻关项目。出台《资阳市激励企事业单位加大研发投入后补助实施办法》，加快推动2022年研发投入统计工作，2022年全市研发投入2.86亿元，研发投入强度0.3%。

文 化 >>>

文艺活动

【川渝春晚资阳分会场】 资阳作为川渝春晚在四川的唯一分会场，以“成渝之心 巴蜀门户”“画卷”“独特‘资’味幸福年”三个篇章呈现资阳内容，通过艺术化的表达方式，将经济发展、地方特色、人文风情等有机结合，展现资阳在贯彻落实成渝地区双城经济圈建设中的担当作为和实践成效。据四川电视台反馈，川渝春晚西南收视第一，融合传播影响力全国第一，总观看量突破2300万次，全平台热搜上榜81次，全网热议15.5亿人次。资阳的全网关注度和传播声量提高，与川渝春晚IP关联声量增长明显，资阳地域的网媒曝光度提升28%，微信曝光度提升23%，微博热议度提升16%；资阳与川渝春晚的关联网媒曝光度提升109%，关联微信曝光度提升188%，关联微博热议度提升4400%。1月16日起，市委宣传部通过制发观看通知、发送短信和倒计时海报、进行灯光秀慢直播等方式，广泛动员干部群众收看川渝春晚。1月20日晚，“资阳观察”首页同步转播春晚，推出川渝春晚资阳专场视频、川渝春晚中的资阳元素、川渝春晚分会场落户资阳特写、群众收看晚会等系列原创图文消息、短视频28篇（条），相关内容组织市县融媒体中心、部门网站、商业网站所属APP、微信、微博、抖音等平台转发推广，通过进圈入群推送至5000余个群组。截至1月21日18时，资阳市各平台刊发的川渝春晚相关原创稿件作品点击量达162万人次。

【“福兔迎春 幸福同行”】 活动时间为2月1—5日，内容包含群众文艺展演专场、雁江区展演专场、登高闹元宵文体系列活动、戏曲文艺展演专场、企业文艺展演专场、民间文艺展演专场。百姓们可以在九曲河广场、市文化馆、凤岭公园观看演出、参与互动文体活动，在家门口就能享受精彩文化盛宴，在活动中收获愉快、感受浓厚元宵节日氛围。

【“一起向未来”画展】 资阳市联合四川音乐学院临空校区美术学院等相关部门（单位）组织举办“一起向未来”资阳市与四川音乐学院临空经济区校区（美术学院）画展。由四川音乐学院临空经济校区（美术学院）、市文联分别组织美术作品进行为期15天的线上线下专场展览。展览地点在市文化馆，并在“资阳观察”APP等本地媒体同步进行网上展览。

【川剧剧目创演申报推荐】 乐至县川剧团的折子戏《劝夫》正式纳入会演活动的首批川剧复排剧目，3月26日通过省委宣传部组织的专家团队验收，于5月6日、7日在四川大剧院展演，荣获四川省首届川剧会演三等奖，市委宣传部荣获优秀组织工作奖。

【全省“青廉说”年轻干部说清廉主题演讲决赛】 决赛于6月6日在资阳市苌弘演艺中心举行。来自全省各系统各部门的13名年轻干部分享自己对清廉的认知、感悟、坚守。本次活动由四川省纪

2023年2月1日，“福兔迎春 幸福同行”2023年资阳市党的二十大精神进万家广场文化活动周举行（市委宣传部 供图）

委、四川省委宣传部、资阳市委主办，资阳市纪委、资阳市委宣传部承办。省直有关单位及相关市（州）纪委监委带队领导、资阳市年轻干部代表、中央和省级媒体记者500余人在现场观赛，比赛通过“廉洁四川”视频号、“川观新闻”APP、“封面新闻”APP、“资阳观察”APP同步全程直播，234.8万人次在线观看，点赞达31.4万次。

2023年央视“五一”特别节目《吉聚欢喜》走进安岳（市委宣传部　供图）

【“七一”清风颂廉洁朗诵】 6月26日，全市机关“清风颂廉洁”诗文朗诵会在资阳口腔职业学院举行。活动由中共资阳市纪委、中共资阳市委宣传部、中共资阳市直属机关工作委员会主办。来自资阳市雁江区、安岳县、乐至县直机关工委及市级机关等15个部门（单位），自编自导自演《手莫伸》《隔空话“廉”》《家风颂》等15个诗文朗诵节目，充分展示全市机关廉政建设取得的丰硕成果，奏响时代主旋律，唱响正气歌，进一步营造出学廉、思廉、倡廉的浓厚氛围。

【《吉聚欢喜》拍摄】 央视“五一”特别节目《吉聚欢喜》走进安岳拍摄活动于4月10日至14日进行。拍摄内容包含新时代交通运输事业取得的成就、文旅风光、风土人情、非遗文化、特色产品等。节目于5月1—5日在中央电视台综艺频道（CCTV-3）黄金时段21:00—22:00播出。

2023年6月6日，全省“青廉说”年轻干部说清廉主题演讲决赛在资阳市苌弘演艺中心举行（市委宣传部　供图）

【“学习新思想　奋进新征程”】 资阳市文艺界将围绕习近平总书记在文化传承发展座谈会上的重要讲话和习近平总书记到四川视察重要指示精神创作文艺作品，创作作品快板《继往开来谱新篇》《总书记到四川乡音“谈”》、四川盘子《新村采花》、微视频《隆恩村的“两块地”》，计划创作“资阳河”流派的川剧小品《临江豆瓣　百年飘香》《刘桃花的婚事》《路边摊》。举办“学习新思想　奋进新征程”——贯彻习近平总书记到四川视察文艺作品展演，汇集各县（区）、相关部门（单位）主题文艺作品，以微视频、非遗技法、传统舞蹈、音乐快板等文艺方式在网络上宣传指示精神，分别在“资阳观察”“资阳文艺范儿”等客户端和视频号展播，展播内容12期，点击量达19.8万次，其中四川清音《资阳是个好地方》、舞蹈《师道苌弘》等5期内容被“学习强国”学习平台刊播。部分节目将走村入社进行巡演，让广大群众在寓教于乐中，学思践悟习近平总书记到四川视察重要指示精神。

公共文化

【设施建设】 推进市博物馆项目建设，资阳市博物馆于2023年底顺利开馆。持续开展“厕所革命”三年行动计划，全市5座新（改）建旅游厕所项目已全面部完成。全面提升公共文化服务效能，启动第三批乡村文化振兴样板镇村建设。

【公共文化服务】 全市公共图书馆顺利通过评估定级，全部保级成功。市图书馆“古籍数据库”“民国文献数据库”顺利建成，大数据智慧墙、视觉盘点系统、客流统计系统陆续投入使用，群众自习室深受好评，市图书馆“悦读·心空间”新型文化空间进入试运营。全市4个公共图书馆、4个文化馆、2个博物馆（纪念馆）和122个乡镇（街道）综合文化站免费开放工作被纳入省、市民生实事，公共文化服务设施错时延时免费开放，持续服务群众，为保障人民群众基本文化权益起到骨干支撑作用。市、县两级图书馆在实现“成德眉资通借通还”的基础上，积极参与“川渝一卡通”平台建设，图书馆数字化应用场景得到显著提升。市文化馆当选公共文化设施学雷锋省级示范单位。市图书馆品牌阅读活动“阅读存银行，书香传万家”获全省首批全民阅读“三个一百”优秀案例。安岳县成功创建省级现代公共文化服务体系示范县，公共文化服务综合水平得到显著提升。“国学经典诵读培训”等3个项目入选文化全省2023年文旅公共服务高质量发展“优秀品牌、优秀案例、优秀团队”、安岳县高万里被国家文化和旅游部评为全国乡村文化和旅游带头人。

群众文化

【群众文化活动】 常态化举办“文化进万家”惠民演出、“戏曲六进”、“非遗传续”等活动220场次，受益群众达11万人次。依托川音美术学院专业优势，联合举办主题音乐会3场、专题展览8场，线下参与群众2万余人、线上点击量超120万人次，走出一条校地合作、全民参与的文化惠民新路。

【创作和推广】 2023年，原创舞台文艺作品52件，在群众文化活动中占比达80%。积极组织参加国省艺术赛事，选送舞台文艺作品18件参加第三届四川艺术节“群星奖”等省级展演比赛，入围决赛比例达94%，其中获二等奖2个、三等奖1个；43件作品入选第三届四川艺术节四川文华奖、美术奖等省级以上艺术展览评比。积极助力区域文旅品牌打造，“资足常乐”文旅品牌“十个一”文艺创作和宣传推广有声有色。创作大型实景剧目《千年普州》并实现首演，推荐51件作品参加“时代光影　百部川扬”主题推优活动，其中《大美乐至》《隆恩村的二块地》等作品获得优秀作品奖。

文物博物

【濛溪河遗址考古发掘】 濛溪河遗址考古发掘成果丰硕，濛溪河遗址入围“全国十大考古新发现”初评名单，入选2023年“中国六大考古新发现”和2023年度川渝地区重要考古发现。建立濛溪河遗址保护利用联席机制，由市委书记元方担任总召集人，前后累计投入1500余万元开展道路、考古工作站、防洪堤、考古大棚等基础设施建设及环境整治。

【重点文物保护】 推动安岳石窟展示利用项目（安岳石窟艺术博物馆）纳入全国文化传承发展专精特新工程项目储备，推荐20余个项目写进《川渝石窟寺（四川区域）国家遗址公园规划》。申报2023年财政支持历史文化遗产保护利用重大工程文物保护重点项目14个，申报2024年财政支持历史文化遗产保护利用重大工程文物保护重点项目10个。雁江区半月山摩崖造像保护修缮（一期）已完成招投标工作并启动施工。安岳县7个历史遗留项目已完工3个，剩下4个按计划推进中；2020年以来，新争取文物保护专项补助资金项目11个（含中央预算内投资项目2个），已完工3个。乐至县睏佛寺摩崖造像保护工程已完成工程量的70%。

濛溪河遗址挖掘现场图（资阳融媒体中心　供图）

【文物宣传和利用】 博物馆展陈工作取得实效，陈毅纪念馆入选省级文化单位文化创意产品开发试点单位，入选首批四川省文博研学基地名单。资阳市博物馆于2023年底全面开馆，“资博小年奇妙会”活动提供的文博产品深受市民喜爱，成为春节期间最受市民欢迎的网红打卡地，累计接待游客2.6万余人次。资阳市博物馆的相关临展、海报及短视频荣获2022年度四川省博物馆精品推介活动“陈列展览优胜奖”“十佳文博海报”和“十佳文博短视频”称号，基本陈列展荣登全国二十大热门跨年新展。安岳石窟研究院和浙江大学合作的3D打印安岳石窟紫竹观音像，被国家博物馆永久收藏。文博队伍建设有序推进，安岳石窟研究院累计引进硕士研究生16名，市博物馆累计引进硕士研究生3名，陈毅纪念馆累计引进硕士研究生2名。省石窟寺保护研究院在安岳设立分院，派出1名青年专家长期驻扎安岳指导石窟寺保护工作。1名基层文物工作者获得全省文物保护及活化利用先进个人称号并记大功，1名解说员代表四川参加全国石窟寺优秀解说员培训。文物博物宣传精彩纷呈，2023年累计向省文物局、《中国文物报》等单位和媒体提供信息稿件70余篇（条），省局通报的每月信息报送数量资阳多次名列前茅。《中国文物报》采用供稿4篇，《中国文物报》视频号采用4个文博题材作品。濛溪河遗址入选2023年“中国六大考古新发现”，中央电视台、新华社等权威媒体作了深入宣传报道。资阳市博物馆春节期间推出的《念资在兹》《“捣练图”仕女探亲记》等短视频，被博物馆头条和中博热搜榜采用推广。

濛溪河遗址鸟瞰图（资阳融媒体中心　供图）

非物质文化遗产

【非遗项目】 新增省级非遗代表性项目4项、市级非遗代表性项目15项、省级体验基地5个，市级非遗工坊6个、县级非遗代表性项目14项，“非遗四川·百城百艺”四川非遗品牌1个（安岳石刻品牌）；组织拍摄资阳新增市级以上非遗项目短视频宣传片20集。

【非遗传承利用】成功举办全市非遗代表性传承人培训会2期，培训学员100余人次；举办2023年资阳市“文化和自然遗产日”非遗宣传展示系列活动暨资阳大足非遗购物节，吸引游客和市民近3万人次参与，非遗产品销售额8万余元，线上观看量累计6万余人次；积极组织参加第八届中国成都国际非遗节，选送1个节目和2个美食项目参加主会场展示，组织各县（区）开展非遗社区实践和非遗展演体验活动3场；开展区域川剧文化艺术交流活动，组织乐至县川剧团节目《劝夫》参加全省川剧会演；在全市范围广泛开展非遗进校园、进社区、进乡村传续活动30场次，戏曲传唱活动10场次，受益群众5000余人次；开展非遗年度人物和非遗进校园优秀实践案例评选活动。持续开展非遗普查工作，深入挖掘传统技艺、民间音乐、传统医药等非物质文化遗存，梳理传承脉络，丰富非遗项目库；国家级代表性项目石雕（安岳石刻）成功争取到国家级非物质文化遗产保护项目资金24万元。

资阳市国家级非物质文化遗产代表性项目一览表

表19

序号	项目名称	类别	申报地区	公布时间
1	石雕（安岳石刻）	传统美术	资阳市安岳县	2008年6月列入第二批国家级名录

资阳市省级非物质文化遗产代表性项目一览表

表20

序号	项目名称	类别	申报地区	公布时间
1	安岳曲剧	传统戏剧	资阳市安岳县	2014年列入第四批省级名录
2	竹编（安岳竹编）	传统美术	资阳市安岳县	2009年列入第二批省级名录
3	临江寺豆瓣传统工艺	传统技艺	资阳市雁江区	2007年列入第一批省级名录
4	两节山老酒传统酿造技艺	传统技艺	资阳市雁江区	2018年列入第五批省级名录
5	四川剪纸（东峰剪纸）	传统美术	资阳市雁江区	2022年列入第六批省级名录
6	石工号子（安岳石工号子）	传统音乐	资阳市安岳县	2022年列入第六批省级名录
7	安岳米卷制作技艺	传统技艺	资阳市安岳县	2022年列入第六批省级名录
8	川剧（资阳河川剧）	传统戏剧	资阳市乐至县	2022年列入第六批省级名录

资阳市级非物质文化遗产代表性项目一览表

表21

序号	项目名称	类别	申报地区	公布时间
1	丹山白塔传说	民间文学	资阳市雁江区	2018年列入第四批市级名录
2	川剧“资阳河流派”	传统戏剧	资阳市雁江区	2006年列入首批市级名录
3	堪嘉红莲高台狮舞	传统舞蹈	资阳市雁江区	2013年列入第三批市级名录
4	小院、堪嘉石雕工艺	传统美术	资阳市雁江区	2006年列入首批市级名录

续表 21

序号	项目名称	类别	申报地区	公布时间
5	苌弘鲶鱼烹调技艺	传统技艺	资阳市雁江区	2009 年列入第二批市级名录
6	老祖太极	传统体育、游艺与杂技类	资阳市安岳县	2013 年列入第三批市级名录
7	安岳武台演战高狮	传统体育、游艺与杂技类	资阳市安岳县	2018 年列入第四批市级名录
8	报国寺传说	民间文学	资阳市乐至县	2006 年列入首批市级名录
9	乐至金顺薅草歌	传统音乐	资阳市乐至县	2018 年列入第四批市级名录
10	乐至仙荷藕粉制作技艺	传统技艺	资阳市乐至县	2018 年列入第四批市级名录
11	乐至外婆坛子肉制作技艺	传统技艺	资阳市乐至县	2018 年列入第四批市级名录
12	乐意窖藏酒制作技艺	传统技艺	资阳市乐至县	2018 年列入第四批市级名录
13	乐至烤肉制作技艺	传统技艺	资阳市乐至县	2018 年列入第四批市级名录
14	乐至县缫丝技艺	传统技艺	资阳市乐至县	2018 年列入第四批市级名录
15	蒋鹅儿美食制作技艺	传统技艺	资阳市雁江区	2022 年 1 月列入第五批市级名录
16	泥塑（安岳泥塑）	传统美术	资阳市安岳县	2022 年 1 月列入第五批市级名录
17	红妙子白酒传统酿造技艺	传统技艺	资阳市安岳县	2022 年 1 月列入第五批市级名录
18	龙氏套套篙箕制作技艺	传统技艺	资阳市乐至县	2022 年 1 月列入第五批市级名录
19	蜀绣（乐至蜀绣）	传统美术	资阳市乐至县	2022 年 1 月列入第五批市级名录
20	安岳粉条传统制作技艺	传统技艺	资阳市安岳县	2022 年 1 月列入第五批市级名录
21	周礼伤心凉粉制作技艺	传统技艺	资阳市安岳县	2022 年 1 月列入第五批市级名录
22	宝莲酒手工古法酿酒技艺	传统技艺	资阳市雁江区	2023 年 12 月列入第六批市级名录
23	蜀雁腊肉制作技艺	传统技艺	资阳市雁江区	2023 年 12 月列入第六批市级名录
24	丹山老奶奶凉粉制作技艺	传统技艺	资阳市雁江区	2023 年 12 月列入第六批市级名录
25	陈松如川菜烹饪制作技艺	传统技艺	资阳市雁江区	2023 年 12 月列入第六批市级名录
26	四川清音	传统戏剧	资阳市安岳县	2023 年 12 月列入第六批市级名录
27	四川金钱板	曲艺	资阳市安岳县	2023 年 12 月列入第六批市级名录
28	木雕（安岳木雕）	传统美术	资阳市安岳县	2023 年 12 月列入第六批市级名录
29	安岳晒醋制作技艺	传统技艺	资阳市安岳县	2023 年 12 月列入第六批市级名录
30	李家滑肉制作技艺	传统技艺	资阳市安岳县	2023 年 12 月列入第六批市级名录
31	坛外婆坛子肉制作技艺	传统技艺	资阳市安岳县	2023 年 12 月列入第六批市级名录
32	四川剪纸（乐至剪纸）	传统美术	资阳市乐至县	2023 年 12 月列入第六批市级名录
33	红旗丝绸蚕丝被制作技艺	传统技艺	资阳市乐至县	2023 年 12 月列入第六批市级名录
34	李晓军麻饼制作技艺	传统技艺	资阳市乐至县	2023 年 12 月列入第六批市级名录
35	乐至县桑都乐桑茶制作技艺	传统技艺	资阳市乐至县	2023 年 12 月列入第六批市级名录
36	乐至资冠双麻饼制作技艺	传统技艺	资阳市乐至县	2023 年 12 月列入第六批市级名录

资阳市县级非物质文化遗产代表性项目一览表

表 22

序号	项目名称	类别	申报地区
1	云白豆腐丝	传统技艺	资阳市雁江区
2	汉云堂艾灸	传统医药	资阳市安岳县
3	王家酸渣鱼制作技艺	传统技艺	资阳市安岳县
4	乐至金顺民谣	传统音乐	资阳市乐至县
5	乐至傩戏	传统舞蹈	资阳市乐至县
6	乐至县传统陈式太极拳	传统体育、游艺与杂技类	资阳市乐至县
7	乐至县峨眉洪拳	传统体育、游艺与杂技类	资阳市乐至县
8	乐至中和场熊老九卤鹅制作技艺	传统技艺	资阳市乐至县
9	乐至县杨氏根雕技艺	传统技艺	资阳市乐至县
10	乐至童家镇周氏粉条手工制作技艺	传统技艺	资阳市乐至县
11	乐至龙溪吕氏坛子肉	传统技艺	资阳市乐至县
12	乐至川龙豆瓣制作技艺	传统技艺	资阳市乐至县
13	乐至县劳动镇陈氏凉粉制作技艺	传统技艺	资阳市乐至县
14	牛草鞋制作技艺	传统技艺	资阳市乐至县
15	管派斫琴技艺——诚意访	传统技艺	资阳市乐至县
16	蟠龙女子龙舞飞扬	传统舞蹈	资阳市乐至县
17	乐至石佛挂面制作技艺	传统技艺	资阳市乐至县
18	乐至宝林傩戏	传统戏剧	资阳市乐至县
19	阿飞杨柳河粉条制作技艺	传统技艺	资阳市雁江区
20	戴氏雕刻（砚台）	传统美术	资阳市安岳县（2023 年）
21	廖氏糖画	传统美术	资阳市安岳县（2023 年）
22	毛线钩花绣花	传统美术	资阳市安岳县（2023 年）
23	木质挖飘制作技艺	传统技艺	资阳市安岳县（2023 年）
24	刘氏土陶瓷倒扑坛腌渍咸菜技艺	传统技艺	资阳市安岳县（2023 年）
25	桃花洞洞藏酒酿造技艺	传统技艺	资阳市安岳县（2023 年）
26	田凉粉制作技艺	传统技艺	资阳市安岳县（2023 年）
27	四川资阳何包子传统制作技艺	传统技艺	资阳市雁江区（2023 年）
28	四川资阳心缘小龙虾传统烹饪技艺	传统技艺	资阳市雁江区（2023 年）
29	四川资阳张妈手撕烤兔传统美食制作技艺	传统技艺	资阳市雁江区（2023 年）
30	四川资阳雁江区恩德酒传统酿造技艺	传统技艺	资阳市雁江区（2023 年）
31	四川资阳刘氏古渡牛肉面传统制作技艺	传统技艺	资阳市雁江区（2023 年）
32	梁草药	传统技艺	资阳市雁江区（2023 年）
33	雁江抬工号子	传统技艺	资阳市雁江区（2023 年）
34	乐至冯鸭子制作技艺	传统技艺	资阳市乐至县（2023 年）

续表 22

序号	项目名称	类别	申报地区
35	乐至雷氏糖画	传统技艺	资阳市乐至县（2023 年）
36	大佛陈氏川剧变脸	传统技艺	资阳市乐至县（2023 年）
37	大佛钟氏东阳木雕	传统美术	资阳市乐至县（2023 年）
38	乐至巧艺堂木雕	传统美术	资阳市乐至县（2023 年）

【非物质文化遗产代表性项目和代表性传承人名录】

石永恩：安岳石刻，2018 年

翁联刚：临江寺豆瓣传统工艺，2008 年

李再碧：安岳曲剧，2021 年

汪尚秀：安岳竹编，2021 年

刘小兵：两节山老酒传统酿造技艺，2021 年

傅　强：堪嘉红莲高台狮舞，2016 年

邓永佳：安岳石刻，2020 年

熊宗强：乐至川剧，2020 年

黄俊荣：老祖太极，2016 年

蒋　宁：蒋鹅儿美食制作技艺，2022 年

刘绪阳：东峰剪纸，2022 年

刘正泽：安岳武台演战高狮，2022 年

石光绪：石雕（安岳石刻），2022 年

李　刚：竹编（安岳竹编），2022 年

谭家文：泥塑（安岳泥塑），2022 年

颜克俊：安岳米卷，2022 年

黄　劼：安岳粉条传统制作技艺，2022 年

丁晓梅：红妙子白酒传统酿造技艺，2022 年

李良国：乐至烤肉制作技艺，2022 年

凌国青：乐至县缫丝技艺，2022 年

蒋秀芳：乐至县金顺薅草歌，2022 年

【四川省非物质文化遗产体验基地名录】

资阳石岭两节山老酒酿造体验基地

资阳临江寺豆瓣技艺体验基地

资阳东峰剪纸体验基地

资阳安岳竹编体验基地

资阳安岳武台演战高狮体验基地

资阳乐至川剧体验基地

资阳安岳石刻体验基地

雁江区振声川剧非遗体验基地

安岳县文化馆非遗体验基地

卧佛书院体验基地

乐至剪纸非遗体验基地

乐至蜀绣非遗体验基地

【资阳市非物质文化遗产传习基地名录】

安岳竹编传习基地——安岳县李家镇初级中学

两节山老酒传统酿造技艺传习基地——四川两节山酒业有限公司

乐至川剧传习基地——乐至县文化艺术中心

东峰剪纸传习基地——雁江区东峰镇初级中学

安岳竹编传习基地——安岳翠竹轩竹编工艺专业合作社

乐至烤肉传习基地——乐至县李良国烤肉店

【资阳市非遗工坊名录】

两节山老酒非遗扶贫就业工坊

翠竹轩竹编非遗扶贫就业工坊

石佛挂面非遗扶贫就业工坊

四川代代传雕塑有限公司

安岳县永佳雕刻店

安岳县滕创艺苑工作室

安岳县红庙子白酒经营部

四川省安岳县双源食品有限公司

乐至县外婆坛子肉非遗工坊

【第一批四川省保护传承基地名录】

安岳县文化馆——安岳石刻

文化市场管理

【市场整治】 全年部署开展为期 10 个月的文化和旅游市场“大整

治大提升”专项行动，结合行动开展电竞酒店、剧本娱乐经营场所、暑期文旅市场秩序监管、社会艺术水平考级管理等10余项专项整治行动，统筹推进市场执法监督和行业恢复发展各项工作，维护文旅市场秩序，激发经济发展活力。

【假日文旅市场监管】 结合春节、“五一”、国庆等重要时间节点，及时转发省文旅厅关于假日工作相关文件，召开全市文化广电旅游行业假日市场工作推进会，印发工作通知，启动旅游安全事件指挥部协调机制，确保假日文旅市场稳定有序。

【文化执法】 召开文旅市场综合机制联席会议，印发《资阳市文化和旅游市场综合监管机制联席会议工作规则（试行）》《资阳市文化和旅游市场联合执法检查制度（试行）》，明确部门职责职能，着力构建“政府主导、属地管理、部门联动、行业自律、各司其职、齐抓共管”工作格局。

【安全整治】 组织开展岁末年初安全生产重大隐患专项整治、预防高处坠物专项整治、“迎大运·保安全”集中整治、重大事故隐患专项排查整治2023年行动、文广旅领域安全生产隐患大排查大整治等安全生产专项整治行动10余次，推动文旅行业防汛减灾、地灾防范、燃气安全、消防安全、食品安全、特种设备安全、森林防灭火等各项工作扎实开展，全年排查文广旅行业各类安全隐患283处，扎实开展应急预案修订工作，以市政府办公室名义印发《资阳市突发旅游安全事件应急预案》，组织开展资阳市2023年突发旅游安全事件综合应急演练，着力防范化解文广旅系统重大突发事件风险，提高全市文化广电旅游系统应对突发事件和抵御风险的能力。

文旅产业

【旅游规划与项目建设】 围绕建设成都都市圈近郊游目的地、配套中华优秀传统文化科技创新示范园、打造天府艺谷，市文化广电旅游局先后到成都、德阳、眉山、中央美院、清华美院、四川美院、景德镇，以及厦门方特、赣州方特等地开展调研，与临空经济区、市住房和城乡建设局等部门进行座谈。完成《天府艺谷建设规划》初稿，形成《资阳市打造成都都市圈近郊游目的地研究报告》。全年全市8个产业大会战项目完成投资30.57亿元，完成年度投资计划的119%；完成固定资产投资20.5亿元，同比增长405%，完成年度目标任务70%。安岳石窟数字展示中心、晏家坝乡村振兴示范园两个项目纳入2023年省级文旅融合项目支持名单，分别获得1000万元资金支持。

【旅游市场开发】 市场主体发展壮大。雁江区雁投文旅、安岳县景扬文旅、安岳县普州文化传媒、乐至四川乐欢天农业开发有限公司4家企业实现升规入统，规模以上企业数量同比增长100%。年度规模以上文旅企业营业总收入5504.2万元，同比增长93%，远高于全省平均水平。文旅行业劳动工资同比增长15.9%，高于全省平均水平。

【旅游行业管理】 通过深入学习宣传贯彻《质量强国建设纲要》，助力全市文化事业和文旅产业高质量发展，先后6次组织各类文旅经营主体开展提升服务质量培训，大力弘扬企业家精神和工匠精神，切实增强从业人员质量意识。印发《关于开展2023年度全市旅游行业“首席质量官”“标杆服务员”遴选推荐工作的通知》，确定2名“首席质量官”和3名“标杆服务员”，通过树立质量标杆，带动全市旅游行业提升竞争力。积极开展星级酒店创建评定工作，推动安岳县“铭仕·芷熙”酒店、安岳县西美酒店创建国家四星级旅游饭店，全面推进柠檬花精品酒店、维也纳酒店安岳南山店创建三星级旅游饭店，千吉酒店、东和酒店创建二星级旅游饭店。印发《加强导游（讲解员）队伍建设和管理提升旅游服务质量工作方案》，组织举办资阳市2023年导游（讲解员）选拔赛，积极派员参加2023年全省导游大赛，获得“组织工作优秀单位”“优秀导游员”等称号。印发《2023年文明旅游工作实施方案》，结合资阳市创建全国文明城市，指导各县（区）开展文明旅游系列活动暨“石刻颂”诗词文化季、文明旅游倡议活动30余场次，营造文明旅游、诚信服务良好行业氛围。推荐陈毅故里景区、圆觉洞景区参评省级文明旅游示范单位。《“内培训　外劝导”全面强化文明出游意识》入选全国第一批文明旅游宣传典型案例。

新闻出版

【概况】2023年，资阳市举办首届全民阅读大会，新华网等20余家媒体宣传报道，全年策划开展全民阅读重点活动110余项，线上线下超410万余人次参与。新华文轩中心店获评全省特色阅读空间，资阳市图书馆、乐至县图书馆案例获评全省优秀案例。编印《资阳市全民阅读活动案例选编》，为全省首个编印此类书籍的市（州）。向省委宣传部推荐申报重点出版选题15个。

【版权管理】举办软件正版化暨版权执法工作专题培训，对市、县（区）软件正版化工作开展专项检查，8家单位接受检查，办公软件、操作系统正版化率均为100%，被省委宣传部通报表扬。

【印刷发行】举行“农民读书月”示范暨全民阅读活动启动仪式，2023年天府书展资阳分展场获评全省“优秀分展场”。采取农家书屋与项目结合、与农文旅结合、与人才结合、与考核结合、与人流聚集地结合等“五结合”模式，开展新华文轩书店服务农家书屋改革创新提升服务效能试点工作。建立严格审核机制，采取多人复核、现场比对等方式，开展全省农家书屋数字管理系统信息填报工作，被省委宣传部通报表扬。

【传媒监管】开展印刷企业、出版物发行单位和内部资料性出版物行政审批工作。开展报纸出版单位社会效益评价考核、新闻单位驻地方机构综合评估、新闻记者队伍现状及对策调研等工作。

【扫黄打非】开展“清源”“固边”“净网”“护苗”“秋风”“夯基”六大专项行动，实施涉未成年人非法绘本（淫秽物品）、全市教学用书等专项整治，开展“绿书签”系列群众文化活动以及文明实践志愿服务活动，强化“扫黄打非”工作站建设。加大案件查办力度，刑事立案5起，其中2起被全国“扫黄打非”办等部门联合挂牌督办。

社会科学

【理论宣讲】持续擦亮“理响资阳”品牌，创新开展基层理论宣讲，开展宣讲3000余场次，直接受众20余万人次，品牌影响力明显提升。资阳市“理响资阳”宣讲团获评四川省第三批基层理论宣讲“一地一品”示范项目。做好“学习强国”学习平台推广运用，供稿工作在全省未建设平台的市（州）中位居前2。推送的《火焰蓝：忠诚于党　不负使命》获评全国县级融媒体中心优秀作品二等奖。

【学术研究合作】围绕“建强成都都市圈，引领高质量发展”“城市国际化营商环境”等主题共同举办研讨会，邀请来自全国的智库专家、高校学者，探寻发展路径，发挥“思想库”“智囊团”的作用，为推动成渝地区双城经济圈建设提供强劲动力和坚实支撑。举办理论研讨活动，整合全市社科专家、理论人才积极参与理论研讨活动，举办学习贯彻党的二十大精神理论研讨会、习近平总书记在文化传承发展座谈会上重要讲话精神研讨会、深化党的创新理论武装工作研讨会、等理论研讨活动。

【社科普及】发挥社科普及基地作用，持续开展党的二十大、省委市委全会精神、哲学社会科学有关知识宣传普及，持续开展社科“播种行动”，举办主题讲座、开展志愿服务、开展专家下基层等多种形式的社科普及活动800余场。开展第三批社科普及基地申报评审工作，市博物馆等5家单位被评为第三批社科普及基地。

资阳市社会科学界联合会

【理论宣讲】 重点围绕学习贯彻习近平新时代中国特色社会主义思想、党的二十大精神、习近平总书记到四川视察重要指示精神和省委十二届三次、四次全会精神，组织开展理论宣讲。

【社科理论研究】 围绕党的二十大、省委十二届三次、四次全会和市委五届七次、八次全会提出的重大理论问题和实际问题，特别是“三件大事”“三大会战”“N项改革”等开展理论研究，为党委和政府科学决策服务，为全市发展提供智力支持和理论支撑。发布立项课题113项，46项课题获准结项。积极协调策划，组织动员社科工作者申报国家社科基金、省社科规划项目和相关部门行业课题，其中“传统农区宅基地制度改革的优化路径——以资阳市整市试点为例”被中央党校作为重点课题立项。围绕思想领航、全媒传播、价值引领、文化繁荣、网络强基五大工程，在全市社科系统开展调查研究，侧重提出对宣传思想、社科工作全局具有参考借鉴意义的对策建议。与成都、德阳、眉山社科联联合签署“成德眉资社科联共建学术研究联盟协议”。

党史和地方志

【概况】 2023年，中共资阳市委党史研究室（市地方志编纂中心）围绕中心、服务大局，充分发挥“存史、资政、育人”重要作用，推进党史基本著作、专题著作以及地方志著作编纂出版。完成《资阳年鉴（2023）》《鉴证资阳（2023）》《资阳市直部门（单位）大事记2022》等书籍编纂工作。围绕相关课题撰写资政文章，形成15项史志资政成果。发挥史志宣传“生力军”和“主阵地”作用，开展史志“七进+”活动35场。

【党史编研】 完成改革开放口述史（第二卷）、地方早期党组织创建资阳部分资料征集报送，形成《资阳设地建市口述史》等特色文献。全面完成《中共资阳市委执政实录（2022）》等著作。市县一体、部门联动推动党史三卷编研，邀请省党史专家作培训指导，完成三卷资料长编。

【志鉴编修】 以市政府名义印发《资阳市扶贫志编纂工作方案》，成立扶贫志编纂委员会。高质量完成《资阳市年鉴（2023）》、年鉴简本《鉴证资阳（2023）》印刷出版。编印《鉴证资阳（2023）》《资阳市直部门（单位）大事记2022》。各县（区）加快推进10部乡镇（街道）、村志编纂工作，3部已形成初稿。有力有序开展专题研究，形成12项专题成果。编撰完成《全面建成小康社会的资阳实践》《资阳历届党代会资料汇编》等专题著作成果6本。

【史志资政研究】 围绕史志资源、三线建设、工业强市、乡村振兴等相关课题开展实地调研和撰写资政文章工作，形成15项史志资政成果，汇编形成《2023年资政理论文章选编》。市委党研室3篇资政报告得到市委领导肯定批示。组织参加“毛泽东诞辰130周年”“湘鄂川黔革命根据地”等学术研讨征文活动，8篇论文入选省级及以上研讨会，其中2篇被推荐至中央党史和文献研究院参评，3篇获中央党史和文献研究院二部主题研讨会优秀奖，数量质量创历史新高。为《巴蜀史志》“第二轮修志增刊”供稿，市、县（区）两级撰写征文共5篇，入选省地方志办理论研讨会2篇。打造“一年一主题”研讨品牌，会同市直机关工委、市农业农村局等部门连续3年开展“本地理论研讨”，安岳县承办2023年研讨活动，参与成都、眉山等地研讨4次，10篇论文入选。

【史志宣传教育】 深挖资阳特色红色资源，编撰出版《四川省红色遗址成果汇编（资阳卷）》。结合史志“七进+”，线上线下开展宣讲35场次，联合县（区）开展史志进机关、进社区、进企业、进学校等活动12场次，赠送史志书籍1000余本。在公园、社区开展“我为群众写春联”方志文化宣传活动，现场书写赠送春联、“福”字100余张，受到群众热情点赞。拍摄《党史月悦讲》《方志青年说》《小柠檬的十年巨变》《走进乐至——陈毅元帅》系列短视频。制发《资阳市史志阅览室建设和管理办法》，规范管理陈毅故里省级党史学习教育基地，新申报省级党史学习教育基地1个，新建史志阅览室10个。

档案管理

【概况】 2023年，成德眉资第四届档案馆联席会议在资阳召开，2件红色珍档首次在全国巡展，3个项目入选“四川档案文化建设百佳案例”，“档案里的优秀家风”专题展被“廉洁四川”报道，市档案馆受到省档案局通报表扬。

【档案接收征集】 编制《档案移交进馆手册》，强化对立档单位各门类档案收集整理、三合一制度编制的指导，明确档案开放审核要求，切实解决“应归尽归”问题。成立档案接收工作领导小组，坚持进馆档案件数全检、页数抽检，完成15个立档单位盒6万多件档案质量检查，接收进馆8个单位1万多件档案。

【档案查阅利用】 推行“互联网+档案”服务便民惠民，依托全国档案查询利用服务平台、四川省异地查档跨馆服务、天府市民云APP等线上查档，实现“群众不跑、档案跑”，提供接待咨询8000人次，查档9200卷（件），受理民生档案异地查档跨馆服务200例，群众满意度95%以上。

【档案保管保护】 开展消防安全培训及应急疏散消防演练，完善档案库房制度建设，加强库房、全宗室消防设施设备管理，创建档案馆消防档案，完成库房缓冲间强电外移改造工程，实现档案安全事故“零发生”。

【档案编研展出】 举办“档案里的优秀家风”专题展，持续开展“资阳市红色珍贵档案进机关、进学校、进社区”活动，组织开展“红色档案研学”活动，接待现场参观20批2000余人次。全市共3个项目入选“四川档案文化建设百佳案例”。

【档案信息化建设】 省档案局150万元专项奖补资金已争取到位。深入德阳市档案馆、遂宁市档案馆开展档案信息化建设交流，与市大数据局、数智公司对接制定数字档案馆建设工作方案。结合《关于推进全市档案信息化建设工作的指导意见》的要求，采取“先库后网再平台”的顺序推进档案信息化建设工作，建成档案电子目录数据库、档案全文数据库和脱贫攻坚档案专题目录数据库馆。

卫生健康 >>>

医疗卫生

【卫生资源概况】 2023年，全市共有医疗卫生机构2686个，其中医院50个（民营医院35个），基层医疗卫生机构2620个，专业公共卫生机构14个，其他卫生机构2个。有床位20551张，常住人口每千人拥有床位9.06张；有卫生技术人员18438人，执业（助理）医师7038人、护士8084人，常住人口每千人拥有卫生技术人员8.13人、执业（助理）医师3.1人、注册护士3.56人。各级医疗机构总诊疗1759.45万人次，其中住院病人66.73万人，次均门诊费用152.32元，次均住院费用5365.94元，卫生总收入67.35亿元，总支出66.94亿元。

【医药卫生改革】 巩固完善分级诊疗制度，全市分级诊疗下转患者8.75万人次，上转患者1.38万人次，同比分别增长10.53%、15.91%。深入推进安岳县紧密型县域医共体建设，集团内全面落实“一盘棋、一家人、一本账”管理模式，选派180余名专业骨干支援基层，建成龙台镇分院ICU、永清镇分院外科等联建科室9个，县域内住院人次占比保持在90%以上，资阳市县域医共体建设经验做法3次在全省刊发。推进医疗服务价格改革，动态调增介入诊疗、手术治疗、中医类等医疗服务价格项目共31项，调减医学影像类1项，调整幅度10.71%。坚持药械集中带量采购，完成国家组织和省际联盟4批次药品和6类耗材集中带量采购落地，实现最高降幅98%，平均降幅62.7%，节约资金1.24亿元。深化医保支付方式改革，DRG支付方式覆盖所有符合条件的开展住院服务的医疗机构，基本实现病种、医保基金全覆盖。严格控制医疗费用不合理增长，全市公立医院门诊次均费用246.46元，同比下降6.37%，排名全省第1位，住院次均费用8061.87元，同比下降14.17%，排名全省第2位，14家公立医院实现川渝检验检查结果互认，市域内互认项目从99项扩展至138项，二级以上公立医院临床检查检验结果互认5713人次，为患者节约费用146.16万元。

【合作办医】 深入推进与四川大学华西医院、省人民医院、成都中医药大学及其附属医院、华西第二医院等省部级医院合作办医，依托市中心医院创建省区域医疗中心，成功立项2个省级临床重点专科和1个川渝共建临床重点专科，通过国家药物临床试验机构（GCP）备案，疑难危重患者救治1.2万人，同比增长10.27%。市人民医院成功创建三级甲等综合医院。市中医医院针灸科立项国家中医优势专科建设单位，建成省级区域中医康复中心。市妇幼保健院建成3个省级妇幼特色专科，辅助生殖机构建设纳入全省筹建规划。“府院合作创新医疗卫生区域协同发展新路径”入选成都都市圈建设探索实践案例，4家市级公立医院门急诊人次、出院人次、三四级手术、微创手术、介入手术同比分别增长11.35%、15.77%、19.10%、17.90%、5.48%。

【中医药】 挂牌设立市中医药发展服务中心，市中医医院升格为正县级。提升中医药服务能力，投入专项资金近2000万元，新增国、省中医优势专科2个、县域中医医疗次中心1个，建成1个省级区域中医康复中心、1个治未病中心，新增市级重点专科4个，在安岳中医医院开展中医经典病房建设。开展中医优势病种按疗效价值付费试点工作，首批遴选12个中医优势病种纳入试点范围。积极开展全国基层中医药工作示范市县建设，雁江区通过全国基层中医药示范创建现场评估。加强基层中医药服务能力建设，新建村卫生室中医阁100个，实施55个基层中医馆能力提升项目，建成基层适宜技术推广培训中心3个。由市中医医院牵头组建中医医联体（专科联盟）3个，覆盖区域人口50%。强化中医强基层“百千万”行动，35个中医药服务团队下沉基层帮扶指导。加强中医药人才培养和科教工作，开展全市第四届名中医表扬活动，新增省级名中医1名、岐黄菁英2名。协同打造中医药全产业链，以乐至桑蚕为主，实施中药材大品种培育，建成市级中医药现代林业园区1个，打造中医精品旅游线路1条，建设中医药展示体验中心1

个，建成市川派中医药文化展览馆并被评为省级基地。

【公共卫生】 成立市、县（区）疾控局，启动市疾控中心三级甲等疾控机构创建，10家三级以上公立医院明确专人担任公卫专员，二级及以上医疗机构公卫科室设置全覆盖，136个医疗卫生机构全部实现传染病直报。强化传染病多病共防，加强冬春季多种流行疾病防治，推进感染科、儿科、呼吸科门诊应开尽开，扩容救治床位到882张，增加1.62倍，增配儿科医护人员到423名，增加1.12倍。全市艾滋病治疗覆盖率97.63%、成功率96.84%，艾滋病新报告病例连续五年下降。推进慢性病综合防治，血吸虫病防治成为全省首批四个消除达标示范市之一，雁江区成功创建省级慢性病综合防治示范区，市人民医院牵头建设全市“癌防一张网”，市癌防中心被评为全省癌防工作先进单位，死因监测和肿瘤随访登记、心脑血管监测数据被国家收录使用。市疾控中心在全国克山病防治技术培训班上作交流汇报。精神卫生综合评价绩效稳居全省第一方阵，建成市级未成年人心理成长指导中心。

【基层卫生】 提升基层医疗卫生机构服务能力，新建2个县域医疗卫生次中心，累计建成13个县域医疗卫生次中心，县域医疗卫生次中心建设位列全省第1。5家基层医疗卫生机构达到国家服务能力基本标准，7家基层医疗卫生机构达到国家服务能力推荐标准，全市基层医疗卫生机构达标率93.2%，2家社区卫生服务中心创成社区医院。稳定乡村医生队伍，招聘大学生乡村医生3人，乡村医生执业（助理）医师占比达31.1%。对全市866名在岗村医和4215名退出岗位村医，全部落实参加保险补助政策和生活补助政策。促进基本公共卫生服务提质增效，建立城乡居民健康档案223万份，电子健康档案建档率97.52%，老年人健康管理率64.27%，高血压患者规范化管理率77.49%，糖尿病患者规范化管理率77.81%。2023年，全市基层诊疗量占比66.6%。

【妇幼保健】 提升妇幼健康服务能力，市妇幼保健院婚前保健、孕前保健、新生儿保健建成省级妇幼特色专科，联合人社、总工会和妇联举办市、县两级妇幼健康职业技能比赛，举办2023年第三届成德眉资妇幼论坛。全力保障母婴安全，全面落实孕产妇五色管理制度，高危孕产妇专案管理率100%，全市户籍人口活产数12602人，孕产妇死亡率7.94/10万，新生儿死亡率1.35‰，婴儿死亡率2.06‰，5岁以下儿童死亡率4.36‰。强化出生缺陷预防，全市自愿免费婚前医学检查率93.01%，免费孕前优生检查率120.33%，新生儿遗传代谢病筛查率99.75%，产前筛查率93%，新生儿先天性心脏病共筛查4858人。办好农村适龄妇女免费“两癌”筛查民生实事，完成适龄妇女筛查2.06万人，完成率103.6%。全力阻断重大传染病母婴传播，全市免费筛查孕妇11184人、产妇8306人，筛查率100%，对4名艾滋病产妇落实孕早期及孕产期用药，连续7年保持孕产妇艾滋病母婴传播“零发生”。

【“一老一小”健康管理服务】 加快多元化托育服务体系建设，实施“国企＋托育”，首家国企办托育院开院运营；探索实施“医院＋托育”医育融合照护模式，安岳县托育指导中心实现对外招生；实施“幼儿园＋托育”模式，推动“托幼一体化”发展，12个幼儿园新增托位775个，全市托育服务机构增加到158家，每千人口托位数提高到3.2个。加强老年人健康管理，为48.3万名65岁及以上老年人建立健康档案，为41万名65岁以上老年人提供中医药健康管理服务，为34.5万名65岁以上老年人提供免费健康体检，为4881名老年人提供免费肿瘤筛查，为1604名老年人提供心理健康促进与干预服务。方便老年人看病就医，累计建成老年友善医疗机构109家，二级及以上综合医院老年医学科设置率90%。开展安宁疗护省级试点，安宁疗护实现县（区）全覆盖。建成2个全国示范性老年友好型社区、市老年护理院成功创建四川省第二批医养服务示范单位。

【卫生应急】 成功处置雁江区一起人感染H_5N_6禽流感疫情，市第一人民医院首次应用ECMO技术全力救治患者成功脱险，对3名密切接触者和6名可疑暴露者开展医学观察、核酸检测，协助农业部门对涉疫市场及上溯的乡镇农贸市场进行溯源检测，排查家禽173万羽，组织开展“大清洗、大消毒、大灭源”专项行动，无后续病例发生。设立紧急医学救援、卫生防疫、中毒处置、心理援助“四支”应急队伍。在全省率先为院前急救工作人员购买职业责任险，完善院前急救医疗风险社会分担机制，上线手机紧急上报位置信息服务系统，缩短院前急救响应时间。成功举办年内全省规模最大、覆盖科目最全、参加人数最多的“卫生应急能力提升培训会暨院前急诊急救技能竞赛”活动，18支队伍200余人参训。

【爱国卫生运动】 成立以市委书记、市长为双指挥长的资阳市巩固国家卫生城市工作指挥部，印发《资阳市巩固国家卫生城市工作实施方案》，资阳市国家卫生城市复审、乐至县国家卫生县复审均通过国家爱卫办现场评估，新创国家卫生乡镇6个，省级卫生乡镇覆盖率89.74%，省级卫生村覆盖率82.87%。在全市范围内开展以孳生地治理为主的病媒生物防制工作，通过省级病媒生物防制达标考核验收。开展城乡环境卫生整洁行动，清理卫生死角3000余处，清理暴露垃圾500余车，清理“牛皮癣”18000余处，提升城区及乡镇环境卫生和市容秩序。开展第35个爱国卫生月宣传活动和秋冬季爱国卫生运动，发布“科学防疫　做自己健康第一责任人”电子海报和“传承爱卫新风　欢度健康佳节”倡议书，引导社会各界和广大市民营造卫生整洁、文明有序、健康祥和的环境。

【互联网+健康】 投入1.2亿元政府专项债，实施“互联网+医疗健康”项目建设，打造“1+1+6+1+N”架构体系，即1个医疗健康大数据中心、1个实时数据交互的全民健康信息平台、6大业务领域、1个便民惠民服务平台（资阳市互联网总医院）和N个医疗大健康生态服务，加快构建全民健康“数字高铁”。联合京东方实施数智康养项目，投入5000万元，建成数字康养平台，配置血压血糖、胆固醇、生命监测等设备合计4.8万套，为社区配置16套“一体化”检测、远程诊疗等设备。建成1家互联网医院、4家智慧医院，22家医疗机构完成“5G+医疗健康”专网接入。大力发展线上便民服务，全市二级及以上公立医院全部实现全流程互联网就医服务，预约服务、移动支付、自助查询等总计992.73万人次，同比增长29.77%。

【重大卫生项目】 编制完成市、县（区）《“十四五”医疗卫生服务体系规划》。完成年度项目投资5.56亿元，乐至县中医医院老年病大楼建设项目竣工投用，安岳县中医医院住院大楼竣工，资阳市第一人民医院区域医疗中心、疑难病症诊治中心、传染病医院改扩建、资阳市人民医院急诊急救能力提升、中国牙谷口腔专科医院、中国西部生育健康服务中心、资阳市雁江区人民医院综合业务用房、安岳县人民医院城南新区医院妇儿大楼、安岳县人民医院城南新区医院建设（二期）、安岳县第三人民医院整体迁建、乐至县精神卫生保健院第二住院大楼、乐至县第三人民医院、乐至县第三人民医院服务能力提升等14个项目主体完工。6月，市卫生健康委被评为全市项目工作先进集体。

【健康教育】 加大网络宣传力度，官网、官微发布各类信息1651篇，同比增长40.51%。深入挖掘卫生健康系统典型事迹，资阳市雁江区妇幼保健院儿童保健科康复师朱红琳生前先进典型事迹受到《人民日报》、新华社、央视新闻等主流媒体关注播报与点评，感动无数网友，被万千网友亲切地称为“天使女孩”。开展“万名医护走基层”志愿服务活动，组建82个志愿小分队，常态化深入基层、服务群众，累计服务群众7.84万余人次。推进健康县（区）创建工作，乐至县通过建成省级健康县，建成健康主题公园5个、健康步道6条、健康街3条。创新科普工作模式，促进健康行为养成，资阳环境职业技术学院110名学生通过剪纸艺术，形象展示烟草对肺功能和身体的危害，资阳川剧“滚灯”艺术和预防流感相结合，制作《皮金戏说防流感》短视频，实现艺术性与科普性的有机统一。承办创建全国中医药先进示范市“中医药深度体验游”网络大V、媒体体验采访行，获得第三届全国医院人文路演大赛“最佳创意奖”，《天使之爱》入选“四川省卫生健康系统文化建设成果展示”。全方位干预健康影响因素，推进实施健康资阳行动17项专项行动，城乡居民达到《国民体质测定标准》合格以上人数比例为91.5%，经常参加体育锻炼人数比例37.2%，全市居民健康素养水平达到27.2%，人均预期寿命达到78.44岁。

疾病预防控制与卫生监督

【疾病消除和能力建设】 血吸虫病防治方面，2023年9月通过省级评审，达到以市为单位血吸虫病消除目标，标志着资阳市自中华人民共和国成立以来重点地方病和重点寄生虫病均已消除达标。资阳市代表队参加全省血吸虫病突发疫情处置竞赛获团体第一名，一人代表四川省参加全国寄生虫病防治技能竞赛荣获综合考核二等奖、理论考核三等奖。血吸虫病实验室成功建立。示范创建方面，雁江区成功创建省级慢性病综合防控示范区，乐至县圆满完成健康县省级技术评估，持续巩固乐至县国家慢性病综合防控示范区创建成果。检验检测能力建设方面，水质检测成功通过检验检测机构资质认定扩项评审并取得资质，是全省第一批获得水质

2023年资阳市各县（区）医疗卫生机构情况统计表

表23　　单位：个

序号	地区	医疗卫生机构	医院					基层医疗卫生机构							专业公共卫生机构							其他卫生机构		
			小计	综合医院	中医类医院	专科医院	护理院（中心）	小计	社区卫生服务中心（站）	卫生院	门诊部诊所	卫生所（室），医务室，中小学卫生保健所	村卫生室	护理站	小计	专科疾病防治机构	疾病预防控制机构	妇幼保健机构	卫生监督机构	计划生育技术服务机构	其他	小计	疗养院	其他
—	资阳市	2686	50	26	5	19	0	2620	12	91	401	13	2103	0	14	1	4	3	4	0	2	2	0	2
1	雁江区	957	24	12	3	9	0	926	5	16	213	7	685	0	6	0	2	1	2	0	1	1	0	1
2	安岳县	1272	15	7	1	7	0	1252	3	52	93	2	1102	0	5	1	1	1	1	0	1	0	0	0
3	乐至县	457	11	7	1	3	0	442	4	23	95	4	316	0	3	0	1	1	1	0	0	1	0	1

2023年资阳市卫生机构床位情况统计表

表24　　单位：张

序号	地区	实有床位						每千人口实有床位				
		小计	医院	妇幼保健机构	卫生院	社区卫生服务中心	其他类别机构	全部卫生机构	医院	妇幼保健机构	卫生院	社区卫生服务中心
—	资阳市	20551	14184	266	5793	208	100	9.06	6.25	0.12	2.55	0.09
1	雁江区	10001	7795	128	2026	52	0	11.68	9.11	0.15	2.37	0.06

续表 24

序号	地区	实有床位						每千人口实有床位				
		小计	医院	妇幼保健机构	卫生院	社区卫生服务中心	其他类别机构	全部卫生机构	医院	妇幼保健机构	卫生院	社区卫生服务中心
2	安岳县	7127	4151	100	2696	80	100	7.63	4.44	0.11	2.89	0.09
3	乐至县	3423	2238	38	1071	76	0	7.15	4.67	0.08	2.24	0.16

2023 年资阳市各县（区）卫生人员情况统计表

表 25 单位：人

序号	地区	卫生人员数								每千人口（常住人口）卫生人员数							
		卫生技术人员	执业（助理）医师	注册护士	全科医师	乡村医生和卫生员	药剂人员	检验人员	公共卫生人员	卫生技术人员	执业（助理）医师	注册护士	全科医师	乡村医生和卫生员	药剂人员	检验人员	公共卫生人员
—	资阳市	18438	7038	8084	1207	1378	852	657	1212	8.13	3.10	3.56	0.53	0.61	0.38	0.29	0.53
1	雁江区	8218	3015	3791	416	470	370	289	569	9.60	3.52	4.43	0.49	0.55	0.43	0.34	0.66
2	安岳县	6830	2765	2811	586	482	291	245	457	7.31	2.96	3.01	0.63	0.52	0.31	0.26	0.49
3	乐至县	3390	1258	1482	205	426	191	123	186	7.08	2.63	3.09	0.43	0.89	0.40	0.26	0.39

新国标全指标检测资质的检验检测机构，具备生活饮用水检测 97 项全项目检测能力，检验检测能力大幅跃升。

【为民服务】 病媒生物防制专项考核助力国卫复审，高分通过国家卫生城市病媒生物防制专项考核，辖区内病媒生物密度处于较低流行水平，密度控制达到国家规定的 C 级标准。全市居民健康素养水平提升，由 2018 年的 10.7% 提升至 2023 年的 27.2%（同比增长 3.1%），高于省指标增长要求（1%）。民生实事优质惠民，作为全省第三个为初中女生接种 HPV 疫苗提供补助、全省第一个补助资金由地方财政保障的市（州），资阳市已完成 HPV 全程接种 33135 人，全程接种率 97.94%。

【疾病监测】 急性传染病防控　全市无甲类传染病报告，乙丙类传染病报告发病率 1220.63/10 万。高效处置 1 起人感染 H_5N_6 禽流感疫情并成功救治患者，降低全省 H_5N_6 病死率。承办全省卫生应急工作会议并做经验交流。以人感染 H_5N_6 禽流感疫情处置为背景，成功组织开展全市突发公共卫生事件应急演练。

重大传染病防治　HIV 检测覆盖率（49.30%）、艾滋病感染者中结核病筛查率（98.89%）、抗病毒治疗覆盖率（97.49%）、配偶检测率（94.77%）、脱失再入组比例（48.54%）、复方新诺明使用比例（97.26%）6 项艾滋病防治指标在全省位居前列，成功完成单阳家庭配偶阳转调查工作，艾滋病抗病毒治疗“一站式”服务工作实现全覆盖。全市结核病报告发病率（43.68/10 万）远低于全省平均水平，肺结核病原学阳性率（79.61%）、肺结核患者规范管理率（98.04%）3 项结核病防治指标在全省位居前列。学生结核病防治知识知晓率达 94.52%，无学校结核病聚集性疫情发生。

慢性病防控监测　全市报告死亡病例 22273 例，报告死亡率

729.18/10万，同比上升5.35%。肿瘤粗发病率、粗死亡率分别同比上升206.16%和7.30%。心脑血管发病事件同比上升55.65%。儿童伤害监测同比上升59.83%，纳入报告乡镇卫生院覆盖率100%，学校覆盖率79.20%，慢性病监测质量显著提升。全市各县（区）死因监测和肿瘤随访登记数据、乐至县心脑血管监测数据被国家收录，各县（区）儿童伤害监测数据被省级采用。

地方病与寄生虫病防治　规范救治3例输入性恶性疟疾病例。全市碘营养水平处于适宜水平。未发现急性、亚急性、慢性和潜在性克山病病例。

检验检测　全年共检测各类样品11500余件（份），提供科学数据21350余个。艾滋病病毒载量检测率完成率均为100%（3827/3827）。结核病分子耐药检测数量同比增长170.0%（369/217）。流感监测任务完成率118.2%（2459/2080），流感病毒分离培养毒株上送完成率236.7%（71/30）。完成碘缺乏病防治相关的尿碘、盐碘检测83份/件。高质量开展致病菌识别网工作，录入样本及菌株信息完成率110%（550/500）。上送省疾控菌株省级目标任务完成率434%（217/50）。完成水质检测11批次233份，土壤环境检测48份，医院消毒和环境消毒检测1180件。食品安全风险检测完成率同比增长126.3%（355/281）。高质量完成传染病疫情应急检测13批次426人份，助力科学处置雁江区12.1禽流感H_5N_6疫情和细菌性食物中毒事件，圆满完成应急检验检测任务。

2023年3月，资阳市疾控中心开展国家基本公共卫生服务项目宣传月活动（市疾控中心　供图）

【健康服务能力建设】 全面推进免疫规划　22剂次基于预防接种个案统计的疫苗接种率均在90%以上，乙肝疫苗首针及时接种率为95.01%。无儿童国家免疫规划疫苗可预防疾病暴发或突发公共卫生事件报告。连续25年无脊髓灰质炎、白喉病例报告，连续14年无新生儿破伤风报告，连续11年无流脑病例报告，连续4年无风疹病例报告，乙脑、流行性腮腺炎发病率维持在较低水平，甲肝、乙肝发病率同比分别上升42.92%、73.46%。报告AFP病例8例，报告发病率为2.19/10万。报告疑似麻疹/风疹病例51例，确诊麻疹病例1例，采取措施后未出现疫情扩散。报告AEFI病例224例，无死亡报告。各项指标均达到监测方案要求。新建成运行数字化预防接种门诊9个，全市共有数字化预防接种门诊21个。建成4A级预防接种门诊4个，5A级预防接种门诊14个，4A级及以上预防接种门诊占17.14%。承办全省“世界肝炎日”主会场宣传活动。被评为全省2023年免疫规划工作先进单位。举办资阳市第二届预防接种技能竞赛，1名选手代表全市在省决赛中荣获个人三等奖，资阳市荣获优秀组织奖。

推进环境和食品卫生监测　全市县（区）城区和农村生活饮用水监测全覆盖，城市水样合格率100%，农村水样合格率87.10%，同比上升2.99%。食品样品监测任务完成率100%，食源性疾病监测任务完成率107.18%，无食源性疾病暴发事件报告。对

3个县（区）24所学校6898名学生近视、肥胖、脊柱侧弯等重点常见病及健康影响因素开展调查，对15所学校102间教室环境卫生进行监测，指导学校严格落实师生日常健康监测，改善教学环境卫生。完成20余家机构1200余份样品消毒效果监测，引导科学消毒，保障群众健康。监测乐至县和雁江区24个行政村农田土壤卫生状况，铅、镉、铬等重金属均未超风险管制值。卫生科被表彰为四川省爱国卫生运动70周年先进集体及2023年度食源性疾病监测优秀单位。

推进职业和放射卫生监测　完成职业健康检查机构报卡1406张，成立全市专业联合监测队，完成59家企业职业病危害因素监测（完成率118%），重点职业病主动监测417人（完成率120%），职业健康素养调查48人（完成率112%），职业性尘肺患者随访233人。完成9名核医学人员的个人剂量监测、职业健康检查和7个监测点医院放射工作人员职业健康监护，未发现超剂量照射情况。完成5家医院和10家非医疗机构放射性危害因素监测（完成率100%）。成功创建省级健康企业2家，市级健康企业5家，累计创建省级健康企业7家，市级健康企业9家。

推进院前急救能力建设　全市共受理“120”呼救电话87906次，调度急救车辆35698台次，救治病人23570人次。全面打造“成渝主轴枢纽急救圈”，全市共建成院前急救网络医院52家，初步建成“10+30”（城区10分钟、乡镇30分钟）急救圈。急救电话平均急救呼叫满足率98%，“120”呼救电话10秒内接听率98%，城区3分钟出车率95%，院前急救病历书写率100%。全省首创“120”职业责任险，进一步完善资阳市院前急救医疗风险社会分担机制，提升院前急救服务保障水平。推进“120”多媒体无障碍急救报警平台，被北京依众公益基金会、成都市残疾人福利基金会授予“爱心助残单位”荣誉称号。举办“资阳市2023年卫生应急能力提升培训会暨院前急诊急救技能竞赛”。

【健康治理水平提升】广泛开展爱国卫生宣传，发布原创科普文章15篇，开展宣传活动3次，持续打造健康环境。成立资阳疾控健康科普讲师团，全年共举办各类卫生日宣传13场次，覆盖2000余人次。创新宣传模式，将非物质文化遗产和健康教育知识融合，开展控烟与剪纸结合科普宣传；结合川剧“滚灯”艺术制作《皮金戏说防流感》短视频。在“资阳观察”APP、资阳疾控官方网站、官方微信公众号上累计推送健康科普知识1102篇次，制作短视频11个，中心信息被《健康报》采纳1篇，《大众健康报》采纳5篇，省疾控中心采纳6篇。中心原创《戏说三国，巧谈结核》小视频被中国疾控中心评为“2023年短视频健康教育优秀奖”。12项国家基本公共卫生服务项目指标任务全面完成。2023年全市电子健康档案建档率97.52%，居民规范化电子健康档案覆盖率92.31%，0—6岁儿童健康管理率97.71%，老年人城乡社区规范健康管理服务率64.17%，高血压患者基层规范管理服务率77.49%，2型糖尿病患者基层规范管理服务率77.81%，严重精神障碍患者规范管理率96.25%，肺结核患者管理率99.59%，规则服药率99.14%，老年人中医药健康管理率78.52%，0—36个月儿童中医药健康管理服务率91.78%，预防接种建证率99.75%，适龄儿童国家免疫规划疫苗接种率93.15%，各项指标均达到省上指标要求。制作基本公共卫生服务宣传栏680个，张贴宣传海报2000余张，播放宣传公益片170余小时，开展基本公共卫生服务项目大讲堂活动400余次，受益人数73000余人次，有效提升基本公共卫生服务水平。举办现场宣传与健康讲座47次，开展具有地方特色的宣传和报道13次。新增培训健康指导员982名，新增健康支持性环境165处，同比增长198.80%，全市已建成健康主题公园5个、健康步道6条，健康一条街3条，建设健康机关、医院、学校、企业、家庭、村（社区）1468个，社会健康治理水平持续提升。

【质量管理体系建设】规范质量管理，组织完成377台仪器设备检定、校准，300余项次的标准查新及77项标准方法变更备案，确保实验室生物安全和管理体系规范、适用、有效运行。备案生物安全二级实验室11个，位居全省第2。参与国家级和省级质量控制考核19批34项，全部优秀通过。强化技术培训，完成23个市级继续教育项目和自管继续教育项目（包括内部业务培训计划）的组织实施及登记备案。自主培训1626人次，外出培训97批181人次，下基层指导241人次463天。补齐资质短板，添置职业、放射卫生基础设施建设和仪器设备38台（套），组织20人参加职业、放射卫生检测与评价资质培训并通过考核，为取得职业和放射卫生技术服务机构资质奠定基础。提升科研水平，被市科技局认定为“饮用水安全示范性重点实验室”，有重点实验室2个。获市级科研项目立项3项，完成市级科技项目1项，在研科技项目3项。撰写并发表学术论文3篇。科研学术活动与重点学科建设位居全省疾控系统前列。

医疗保障

【概况】 2023年，资阳市基本医疗保险参保人数253.89万人，其中职工医保参保人数25.75万人，城乡居民医保参保缴费228.14万人，常住人口参保率达到111.9%。城镇职工基本医疗保险基金收入17.24亿元，支出14.12亿元，当期结余3.12亿元；全市城乡居民基本医疗保险基金收入23.07亿元，支出22.69亿元，当期结余0.38亿元，医保基金收支总体平稳。年内资助参保26.22万人，资助金额5919.4万元，医疗救助22.1万人次，救助金额1.9亿元。

【医疗服务能力提升】 基本医保实现应保尽保，资阳市参保率98.28%。持续完善职工医疗（生育）保障、重特大疾病医疗保险相关制度，资阳市职工医保政策范围内住院费用报销比例93.8%，居民医保政策范围内住院费用报销比例62.4%，同比分别上涨1.6%、0.7%。2023年，资阳市职工享受门诊共济待遇142.4万人次（在职职工80.5万人次、退休职工61.9万人次），统筹基金支付6561.4万元（在职职工3535.2万元、退休职工3026.1万元）。持续优化医保政策，将“乙类药品”个人先行自付比例统一调整为10%，城乡居民大病保险最低赔付比例提高10%。实现医疗救助市级统筹，建立稳定的财政投入机制和合理的缺口分担机制，统一救助对象、救助待遇、救助标准、救助程序，对低保对象、特困人员等大病保险起付标准降低50%、支付比例提高5%，“三重保障”惠及全市农村低收入就医人口33.1万人次，减轻医疗费用负担8.52亿元，医疗救助托底保障更加牢靠。

【医保体系完善】 完善规范化长效监管体系，与重庆大足区医疗保障局签订医疗保障基金跨区域协同管理合作协议，印发《资阳市打击欺诈骗取医疗保障基金工作联席会议制度》《资阳市医疗保障局行政执法案件集体审议制度》《资阳市违法违规使用医疗保障基金举报奖励办法》等文件。保持常态化高压打击态势，2023年，资阳市检查定点医药机构1276家，其中约谈定点医药机构1136家、暂停医保服务协议48家、行政处罚22家、移交纪检监察机关14家，追回或拒付医保基金6508.5万元。梳理省级抽查复查发现问题和定点医药机构自查自纠问题，组织全市定点医药机构对照问题清单开展自查整改，全市定点医药机构主动退回违规基金1465.3万元。推动与医疗机构HIS系统对接，推动智能审核引擎前移，实现事前提醒、事中审核、事后监管全过程监控。

【医药价格规范】 完成国家组织和省际联盟多批次药品和耗材集中带量采购工作，平均降幅62.7%，节约资金1.65亿元。落实药械集采医保资金结余留用工作，针对全市126家参与国家组织1—4批药品和冠脉支架集采的医疗机构，拨付医保结余留用资金543.6万元；拨付3家（第一批）参与国家组织第5批药品和人工关节集采的医疗机构医保结余留用资金105万元。组织开展医疗服务价格动态调整工作，2022年调整医疗服务价格项目3项，总量调整538.5万元；2023年调整32项，总量调整196.42

万元。支持医疗机构开展新技术、新项目，全市新增106项医疗服务价格项目试行价格和医保支付政策。落地国家新版药品目录，推进国家医保谈判药品“应配尽配”。推动信息流、物流、资金流“三流合一”融合管理，已覆盖119家医疗机构，药械线上结算率38.9%，累计结算5.78亿元。城乡居民“两病”门诊用药保障惠及44.71万名患者。实施口腔种植医疗服务收费、种植体集采、牙冠限价挂网“三位一体”综合治理，三级公立医疗机构单颗种植牙整体费用从平均1.4万元降至5500元。

【医保基金管理】 配合省医保局上线应用15个业务子系统，新增业务功能1753个，有力保障各项业务需求。推广应用医保码，全市激活人数126.2万人，激活率为47.89%。全市27家二级以上医疗机构实现医保码全流程应用，10家三级医院接入移动支付。按照“结余留用、超支分担”的激励约束机制，开展2022年度DRG清算模拟并确定最终拨付方案，将168家定点医疗机构2022年医疗费用总额14.24亿元拨付到位，其中城镇职工医保清算总额为2.93亿元、城乡居民医保清算总额为11.31亿元。落实“总额预算、结余留用、超支不补”支持政策，积极推动医共体内部实现“五统一”。

【医保公共服务】 构建市、县、镇、村四级医保经办服务体系，全市9个街道、80个乡镇均设立医保经办窗口，经（代）办政务事项16项，1229个村（社）均设有医保经（代）办人员，可提供参保缴费等业务办理，覆盖率均为100%。通过四川政务服务网“国家医保”APP等渠道实现服务事项网上可办率100%。推动“资料最简化”“帮办代办”“延时办”“网上办”等服务，简化办理流程，减少群众跑路次数。推行医保“窗口综合柜员制”，实现医保业务“一窗受理、一站办结”。全市有168家医疗机构开通省内异地住院联网即时结算服务、83家医疗机构开通跨省住院即时结算服务，实现100%全覆盖。资阳参保人员异地住院结算11.04万人次，医保基金支付4.4亿元，其中，城镇职工结算2万人次，医保基金支付1.6亿元，城乡居民结算9.1万人次，基金支付2.7亿元。

社会生活 >>>

民生实事

【概况】2023年，资阳市全面完成省级25件民生实事和市级20件民生实事年度任务，财政民生支出171.51亿元，占比67.22%。脱贫成果持续巩固，脱贫人口人均纯收入突破1.6万元。突出重点人群就业帮扶，高校应届毕业生去向落实率93.75%，居全省第2位，城镇新增就业2.05万人。圆满完成涉军安置任务。基本养老保险参保189.6万人，参保率94.31%，城乡居民基本医疗保险参保227.96万人，参保率98.25%，城乡低保覆盖12万人，实现应保尽保。

【社会事业】资阳师范学校新校区、雁江六中原址重建等项目开工建设，马鞍学校初中部、安岳实验中学新校区、乐至第三幼儿园等10个项目建成投用，新增学位12570个；高考重点本科院校录取人数同比增长10.4%，其中985院校录取人数同比增长46.5%，"双一流"高校录取人数同比增长23.4%；资阳中学蝉联四川省校园体育联赛女排（高中组）冠军，资阳女排荣获四川省城市联赛女排冠军。资阳市成为全省首批消除血吸虫病达标示范市，市第一人民医院启动创建省区域医疗中心，市人民医院成功创建三级甲等综合医院，二级公立医院绩效考核居全省第1位，公立医院门诊次均费用同比下降6.43%，降幅居全省第1位，住院次均费用同比下降12.87%，降幅居全省第2位，雁江区完成全国基层中医药工作示范县现场评审。公共文化阵地全面实行免费开放、错时延时开放，资阳博物馆开馆运行，安岳县成功创建全省现代公共文化服务体系示范县。召开资阳第一届慈善大会，筹集资金、物资总额超1亿元。濛溪河遗址考古发掘取得突破。

【社会治理】2023年重大事故隐患专项排查整治行动、安全生产隐患大排查大整治、防灾减灾避灾专项行动扎实推进，有效应对"7·27"特大暴雨洪涝灾害，液化石油气"瓶改管""瓶改电"创新做法在全省推广，食品药品安全、消防安全、森林防灭火等工作不断加强，一般生产安全事故起数和死亡人数实现"双降"。接受第三轮第二批省级生态环保督察，严格落实河湖长制、林长制，空气质量综合指数稳居成都都市圈首位，17个国省考核断面水质优良率达100%，农用地、工业用地、商住用地安全利用率达100%，在全省率先实现节水型社会县域全覆盖，乐至县成功入选美丽四川建设先行试点培育县，科伦药业安岳分公司获评国家级绿色工厂，百威啤酒成功创建全省第二家国家级水效领跑者企业。恢复补充耕地9.1万亩居全省第3位，耕地保有量、永久基本农田面积均高于省下达控制数。政府债务风险总体可控，安岳县再次成功申报隐性债务化解试点。坚持"一盘一策"，出台阶段性购房补助、"带押过户"、"房票"安置等政策措施，27个"保交楼"项目全部复工，累计交付房屋1.2万套，交付率86.5%；48个问题楼盘全部清零，实现交房2.4万套、办证3.7万户，惠及群众16.4万人，工作经验获住房和城乡建设部全国推广；九曲河综合整治工程等遗留问题加快处置。扎实开展打击整治解债类非法集资专项行动，不良贷款率降低至1.63%，金融生态内生环境居全省第8位。常态化推进扫黑除恶，依法严厉打击各类违法犯罪，社会大局保持和谐稳定。

城乡居民生活

【城乡居民收入】2023年，资阳市居民人均可支配收入28833元，同比增长5.7%。城镇居民人均可支配收入41729元，同比增长4.1%。农村居民人均可支配收入20924元，同比增长6.5%。

【城乡居民支出】2023年，资阳市居民人均生活消费支出25125元，同比增长2.9%；城镇居民恩格尔系数33.1%。农村居民人均生活消费支出14566元，同比增长5.4%；农村居民恩格尔系数38.2%。

人力资源和社会保障

【概况】2023年，全市人社系统在市委、市政府的领导下，坚定高质量发展理念，坚持惠民生、促发展，齐心协力优服务、解难题，坚持稳中求进工作总基调，完成助推经济发展、服务保障民生的工作任务，推进人社事业高质量发展。市域3所高校应届毕业生去向落实率93.75%。

【就业促进】城镇新增就业2.05万人，全市就业局势保持总体稳定。突出高校毕业生等青年就业创业，挖掘政策性岗位和青年见习岗位3578个，市内3所高校毕业生去向落实率93.75%，排全省第2位，资阳籍离校未就业毕业生帮扶就业率92.63%。开展农民工就业促进专项行动，推进三级劳务服务体系建设，设立111个村级综合服务站，创建首批省级示范站4个，全年转移就业农民工101.17万人，“农民工经济”规模达695.92亿元。

【人事人才】提供新发展格局人才支撑，推动新时代高技能人才队伍建设，打造人力资源服务产业“线上园”，建成资阳人力资源服务产业实体园；创建博士后创新实践基地1个、省市技能大师工作室9个，新增“天府学者”特聘专家2人、四川技术能手1人、高技能人才507人，获评四川省高技能人才培育先进集体。公开招引事业单位工作人员1846人，落实“三支一扶”招募23人，评审通过各类职称人员5255人；积极推进人事制度改革，调整市本级事业单位绩效工资，出台公立医院薪酬制度改革方案，制定事业单位工作人员流（调）动实施细则，进一步调动事业干部工作积极性。规范开展表彰任免工作，完成表彰项目5个，高标准完成政府人事任免122人次。

【劳动关系】提高劳动关系基层治理能力，持续深化和谐劳动关系，发挥协调劳动关系三方机制牵头作用，联合教体、卫健规范检查学校、医院劳动合同，有效保护劳动者的合法权益；创新实施“小散”项目监管模式和临时用工监管模式，持续推行“工资月审核”，探索建立政府投资项目农民工工资拨付审核制度，实施劳动者权益维护系列行动，为5950名劳动者追回劳动报酬1807万元；提升劳动人事争议仲裁效能，建立“专员”服务团队，靠前化解欠薪纠纷，实践“协商+调解+仲裁+诉讼”和“仲裁+监察+社保+就业”无缝衔接新模式，受理劳动人事争议案件1725件，调解率71.3%，结案率100%，涉及金额7200余万元。

【公共服务】把“温暖人社”建设作为重要抓手，推进人社综合窗口改革，先后荣获全国巾帼文明岗、省政务服务“一网通办”工作先进集体，行风建设群众满意度蝉联全省人社系统第一名。全覆盖开展人社系统窗口单位业务技能练兵比武，取得历史性突破；持续优化人社营商环境，劳动力市场监管跻身全省优秀行列。

【社会保障】深化社保制度改革，分类实施国家、省、市统筹，“工伤预防‘12345’工作模式”列入第十二批四川省优化营商环境经验做法。深入实施全民参保计划，基本养老保险参保190.44万人，参保率94.42%，企业职工基本养老保险、工伤保险、失业保险、城乡居民养老保险参保人数再创新高。完成待遇调整，按时足额发放养老金84.18亿元，惠及82.14万人。为全市5.91万名困难群体代缴个人缴费部分。

民政事务

【概况】2023年，资阳市民政系统践行“民政为民、民政爱民”工作理念，各项工作取得新成效。四项工作在国家媒体宣传报道：“中华慈善日”暨“天府慈善月”集中宣传暨志愿服务活动情况在央视《朝闻天下》和晚间《新闻联播》宣传报道；四三一社区老年助餐经验在中央电视台新闻综合频道宣传报道；社会组织参与农村留守儿童关爱保护和《资阳市推进“六大保护”体系建设，织密织牢未成年人保护网》经验做法被“学习强国”学习平台采用。一项工作在全国交流：在全国基层儿童工作人员培训暨全国首届儿童主任示范培训班上就发挥社会组织专业优势助力农村留守儿童健康成长作交流发言。6项工作在省级交流：在全省民政系统办公室工作培训会上就信访工作交流发言；在全省强化县级社区社会组织孵化体系建设促进社区社会组织发展经验交流培训班上就市域四级孵化体系建设交流发言；在全省“明眸皓齿、正心立身”健康工程试点工作会上就“皓齿”工作交流发言；在全省民政精神卫生培训班上就精神障碍社区康复工作交流发言；在全省社会救助培训会上就救助管理机构资金规范化管理使用交流发言；在全省居民家庭经济状况核对暨信息化工作培训班上就低收入家庭核对工作交流发言。4项国省试点在资阳开展：开展民政部农村留守老年人安全风险评估及巡访工作规范地方标准编制试点；开展全省“明眸皓齿正心”工程试点；开展全省城乡社区治理试点；开展全省婚俗改革试点。全市有城乡低保对象12.1万人，特困供养人员2.4万人，孤儿546名，事实无人抚养儿童637名，60岁以上常住老年人65.08万人。各类养老机构107所，救助管理机构4个，儿童福利院1个，婚姻登记机构3个，殡仪馆3个，公墓3个，老年大学1所，民政部门管理的精神病医院1个。2023年，市本级事业单位改革，整合市救助管理站、市儿童福利院、市社会福利院、市老年大学，组建市社会福利中心（市救助站），整合市慈善会办公室、市关心下一代基金会办公室，组建市民政事务服务中心。

【社会救助】 年末参加城镇职工基本养老保险人数27.9万人，同比增长2.6%。参加城乡居民社会养老保险人数132.9万人，同比下降0.5%。参加失业保险人数13.2万人，同比增长1.2%。参加工伤保险人数24.2万人，同比增长0.1%。参加城镇职工基本医疗保险人数25.8万人，参加城乡居民基本医疗保险人数225.9万人，参加生育保险人数14.7万人。全年纳入城市低保人数0.6万人，农村低保人数11.5万人。城乡特困人员2.3万人，其中集中供养人数0.3万人，集中供养率14.5%。年末全市有社区服务机构和设施295个，其中城市社区服务机构和设施88个。全年城市居民最低生活保障标准为740元/月，农村居民最低生活保障标准为533元/月，城市特困人员救助供养标准为962元/月，农村特困人员救助供养标准为693元/月。健全部门间数据共享比对机制，完成低收入人口动态监测平台建设，与相关部门开展常态化数据共享和比对。及时、准确、完整地将低保、特困人员救助供养、低保边缘、支出型困难等低收入人口数据推送到“天府救助通”、省低收入人口动态监测信息平台，使用“天府救助通”实现无纸化功能应用。

【养老服务】 争取各类中央、省补助项目为养老服务事业发展“蓄势赋能”，到位补助资金10041万元。其中民政部、财政部“居家和社区基本养老服务提升行动”中央补助及省级奖补3228万元，四川省仅资阳、内江两个市（州）有此补助；省级补助项目七大类18个，定向财力及补助资金6813万元，补助项目数、补助资金额均进入全省前五。推动2项任务纳入市级民生实事，农村养老补短及城市养老提质纳入政府年度工作重点，“养老服务促进”立法调研纳入市人大常委会“一要点五计划”。“农村养老机构管理体制改革”纳入厅级领导干部“大兴调查研究”重大调研课题，形成《资阳市农村公办养老机构管理体制改革调研报告》，提出农村区域性养老机构收归县级直管等五条改革建议，为养老服务改革发展找准方向，在民政部汇报并征询指导意见时，调研成果得到养老服务司相关领导高度肯定。系统梳理行业标准、规范及中央、省政策要求，学习借鉴省内外先进经验，印发《资阳市农村公办养老能力提升三年行动方案（2023—2025）》《资阳市养老机构公建民营指导意见》《资阳市农村敬老院规范管理细则》等，推动养老服务规范化制度化。

【未成年人保护工作】 开通资阳市未成年人保护24小时救助保护热线，建立困境儿童关爱保护“一门受理、协同办理”工作机制，常态化落实巡视巡访。实施城区公共交通身高1.2米以下未成年人免票、1.2—1.5米半票优惠政策，发放半价乘车卡7.6万余张。1200余名孤儿和事实无人抚养儿童全覆盖纳入保障，年均资助资金超过2000万元；建立“小树苗”基金，累计帮扶留守儿童2000余名。筹集慈善资金800万元开展“皓齿”口腔健康试点工程，全面实现“五个100%”“两个50%”目标。

【慈善社工】 精心组织2023年社会工作者职业水平考试，参考率89.71%，位居全省第一；通过考试535人，创历史新高，是2022年的3.24倍，同比增长率居全省第六。推动出台《资阳市人民政府办公室关于印发资阳市支持服务业发展政策措施的通知》《资阳市贯彻落实〈四川省推动生活性服务业补短板上水平提高人民生活品质的行动方案〉责任分工方案》等政策措施，对新注册成立且正常开展工作服务业协会给予一次性奖励5万元，对正常开展工作且通过民政部门年检的协会给予每年3万元补助，帮助协会发展壮大。对协会组织会员单位参加重要展会、活动或举办重要消费促进活动给予每年最高30万元奖励。组织召开全市首届慈善大会，签订长期合作协议、设立专项慈善基金会，年内接受捐赠总额达到1亿元，推动慈善事业进入新阶段。联动开展高考营养餐、爱助成长、e万行动3个慈善项目，实现市、县全覆盖。“请环卫工吃暖心火锅”“小剪刀·传大爱”两个项目获“资阳市优秀志愿服务项目”。

【基层治理】 全面实施村级事务阳光工程，推动村（居）务公开实现经常化、制度化和规范化，探索实施村（居）务“扫码公开”，建立居民公约“红黑榜”制度，推进17个城乡社区“创特色”“补短板”“提能力”。依法依规取消村（社区）证明事项136项，保留10项。建立城乡社区工作事项准入备案制度，梳理依法履职、协助办理、负面事项“三张清单”，全面厘清社区居民委员会与乡镇政府（街道办事处）权责边界。按照“应减尽减、应撤尽撤”的原则，对部门在社区设立的工作机构和加挂的各类牌子进行全面清理，取消不符合规定的部门挂牌。坚持按《地名管理条例》规定，备案公告轨道交通资阳线（资阳境内）车站名5个，街路巷、桥梁命（更）名51条。

住房公积金管理

【公积金缴存提取及贷款发放】 2023年，全市新开户职工1.62万人，新增缴存额21.35亿元，提取17.38亿元，发放贷款1723户6.01亿元。截至年底，全市缴存职工个人账户12.23万户，累计缴存总额183.47亿元，累计提取总额108.14亿元，缴存余额75.33亿元，累计发放贷款5.22万户106.41亿元，支持职工购房500余万平方米，贷款余额52.16亿元，个贷率69.24%。

【公积金业务增值收益】 加强资金运行分析，综合研判业务发展形势，动态调配存储资金，提升资金高效运作和科学管理水平。2023年，全市住房公积金实现增值收益1.22亿元，同比增长6.8%。截至年底，累计实现增值收益9.06亿元。住房公积金互助保障功能持续增强，2023年，提取城市廉租住房（公共租赁住房）建设补充资金0.63亿元，同比增长23.5%。截至年底，累计提取城市廉租住房（公共租赁住房）建设补充资金4.04亿元，为保障性住房建设提供有力资金支持。

【公积金政策保障】 缴存保持稳步增长。广泛开展政策宣传，精准开展督建促缴，提高住房公积金政策知晓率，增强用人单位依法履行缴存义务的自觉性和主动性。2023年，全市实缴单位1946家，同比增长4.6%，实缴职工10.52万人，同比增长1.7%，实缴金额21.35亿元，同比增长6%。

灵活就业人员参制试点有序推进。持续探索政策优化、服务提质，帮助灵活就业人员全面了解政策、充分享受政策。截至年底，全市灵活就业人员实缴1093人，同比增长747.3%，累计缴存余额457.57万元，同比增长87.8%，灵活就业人员提取住房公积金78笔，金额123.48万元，向灵活就业人员发放贷款6笔，金额193万元。

提取呈现大幅增长。优化调整住房公积金提取政策，先后实施购房可提可贷、本地公积金贷款签约还贷按月提取、提高租房提取额度等惠民利民政策，支持和保障群众多元化住房需求。2023年，全市住房公积金提取17.38亿元，同比增长37.7%，提取率为81.4%，同比提升18.7个百分点。2023年，全市住房消费提取10.8亿元，同比增长22%、占提取总额的62.1%，其中偿还购房贷款提取8.21亿元，同比增长18.8%，购建房提取2.05亿元，同比增长31.4%，租房提取0.5亿元，同比增长35.1%，自有住房增设电梯提取0.04亿元，同比增长371.6%。2023年，全市非住房消费提取6.58亿元，同比增长74.5%，占提取总额的37.9%，其中离退休提取5.62亿元，同比增长112.1%，占非住房消费提取的85.4%。

贷款发放平稳增长。先后出台提高贷款最高限额、降低贷款首付比例、提高多孩家庭贷款额度等支持政策，在全省率先开展“商转公直转”“再交易房带押过户”“购房提取首付款直转”等业务，市公积金中心会同行业主管部门、房地产开发企业广泛开展政策宣传解读，指导购房者用好用足政策，进一步减轻购房者筹资压力，助力房地产市场平稳健康运行。2023年，全市发放住房公积金贷款1723户6.01亿元，同比分别增长3.4%、5.1%。

【公积金规范管理】 筑牢安全发展底线。更好统筹发展和安全，织密织牢风险防控网，一体推进公积金安全平稳运行。强化内审稽核，加强对疑点数据定性定量分析，进一步完善制度、规范管理、堵塞漏洞。严控贷款逾期水平，强化贷前和贷中审查，前移风险防控关口，强化贷后管理，组织受托银行加大逾期催收力度，协调法院加大依法强制执行力度。严厉打击骗提套取，强化资料审核和现场核查，建立与纪委、公安、城管等部门协作联动机制，及时移交问题线索，依法查处违法行为。加快公积金私有云建设，强化安全监测、数据加密等技术保护措施，筑牢稳定可靠的数字化安全新防线。严格落实安全管理责任，组织开展常态化培训教育和提示提醒，提升职工的安全防护能力。加强廉政风险防控，全面排查风险隐患、健全内控制度、规范内部管理、完善监督机制，确保人员和资金“双安全”。

【公积金服务】 抓好归集扩面。鼓励引导行政事业单位、国有企业将为临聘人员缴存公积金列入劳动合同条款，充分维护临聘人员合法权益。加强对非公有制企业宣传督促，以非公有制企业新开办情况、生产经营状况、社保参保情况等数据为支撑，确定重点企业名单，主动上门开展宣传，指导企业用好制度红利促进创新发展、助企引才留才。强化与主管部门、行业协会、楼盘合作，向灵活就业群体精准推送政策，扩大惠民政策受益面。修订受托银行考核办法，加强对受托银行年度扩面任务、重点企业扩面攻坚等方面激励考核，调动受托银行协助推进缴存扩面的积极性，推动银行以纾困惠企、让利促建等方式引导企业合规缴存公积金。

积极发挥政策优势。聚焦支持保障刚需和改善性住房的合理需求，深入开展调研走访，摸清摸透群众实际需求，力争推出更多符合群众期盼、符合发展实际的新政策、新服务。加大宣传力度，利用微信公众号、官方网站开展常态化政策宣传、热门问题解答等，通过“资阳观察”APP、抖音等平台扩大政策宣传面，开展公积金政策进社区、进企业、进楼盘系列宣传活动，全方位宣传公积金制度优势、政策红利和惠民成果，提升政策知晓度和吸引力。强化学习交流，借鉴先进地区经验做法，结合本地实际抓好补短板、锻长板，提升住房公积金服务保障能力。

持续提升服务效能。加快公积金数字化转型发展，升级改造核心业务系统，加强跨地区、跨部门数据互联互通，推动更多业务网上可办、跨省通办、川渝通办、成德眉资四市无差别受理，多渠道快捷满足群众办事需求。深化“放管服”改革，更大程度减材料、减流程、减时限、减跑动，助力优化营商环境。推进窗口标准化、规范化、便民化建设，落实首问负责、一次性告知、限期办结、过错责任追究等制度，提供延时、预约、上门、容缺后补等服务，不断提升群众办事满意度。广泛征集意见建议，聚焦群众关心关切，进一步增强为民服务的精准性、实效性。

公益慈善

【概况】 2023年，市慈善总会围绕“困境群体最急需、党委政府最关心、捐受双方最乐意”工作主线和“安老、扶孤、助学、济困、救灾”服务内容，以“一月一主题”为载体，发扬“开放与合作”精神，抓好“思想建设、提档升级、创新联动、规范管理”等工作，完成全年工作任务。

【款物筹集】 中华慈善总会圆梦基金为资阳市捐赠净水器、暖风机、洗衣液等爱心物资，总价值1100余万元。通过“冠名基金、合同认捐、项目筹款”共筹资金739.49万元，其中“小树苗”关爱基金30万元；“生生不息”、“德登丰”、中心城区社区治理微基金捐赠10万元；合同认捐金235.9万元；粉笔科技捐赠100万元，中国社会福利基金会捐赠100万元；e万行动捐赠近75万元；暖心火锅品牌项目筹款近10万元。

【扶贫济困】 全年接收社会捐赠资金739.49万余元，按照捐赠方意愿，拨付慈善资金367.47万余元。策划活动主题12个，开展各类公益慈善活动70余次，惠及联系村、社区等地群众总人数20余万人次，本地直接受助的孤儿、事实无人抚养儿童、高初三学生、环卫工人及困境家庭成员等1万余人次。

紧扣“一月一主题”，先后开展党建、慈善活动不少于60次；多方努力，接受中华慈善总会圆梦基金的捐赠款物价值1100余万元，受益人员覆盖全市1229个镇、村。其中直接受助的高三学生、事实无人抚养儿童、环卫工人及困难群众10000余人次。

【公益援助】 开展慈善活动60余次，其中“有爱资阳·橙就文明”活动分区域分月举办集体生日会6次，为2000余名雁城环卫工人过集体生日；“365元温暖365天的温暖”活动为资阳、旺苍300名困境小学生赠送温暖包共300个；请1830名雁城一线环卫工人免费吃一顿火锅；助浴快车让雁江、乐至623名老人“澡”回幸福。“推进五社联动·关爱一小一老”活动为200余名社区居民送关怀。

【志愿服务】 参加红细胞联盟单位典型故事宣传，策划的“益起来·为爱而舞”“小剪刀·传大爱”2个项目得到推广；4支慈善文艺服务队积极参加慈善晚会、禁毒宣传进社区、双拥等活动近10场次。“睿丽国际”慈善义剪服务队为雁江区丰裕镇、丹山镇、市社会福利院等单位约300名老人、居民提供义剪服务。“请环卫工吃暖心火锅”“小剪刀·传大爱”获评“资阳市优秀志愿服务项目”。

应急管理 >>>

防灾减灾

【概况】 2023年，资阳市遭遇多轮极端天气过程，发生不同程度的洪涝、风雹、地质灾害灾情，造成雁江区、安岳县、乐至县共80个乡镇（街道）193429人次受灾，紧急避险转移人口6276人，紧急避险转移安置人口46人，农作物受灾面积1272.42公顷，农作物成灾面积370.96公顷，倒塌房屋5户18间，严重损坏房屋13户20间，一般损坏房屋78户113间，造成直接经济损失31201.9万元，其中，房屋及居民家庭财产损失225.68万元，农林牧渔业损失12832.38万元，工矿商贸业损失240万元，基础设施损失13670.25万元，公共服务损失3133.59万元，其他损失1100万元。全年发放中央、省冬春救助资金1068万元，发放中央、省自然灾害救灾资金130万元。

【自然灾害监测预警会商】 牵头自然资源、交通运输、水务、应急、农业农村、文化广播电视和旅游、气象等部门定期开展自然灾害灾情趋势会商，按月印发全市自然灾害风险分析报告。坚持组织住建、水务、应急、气象、水文等部门开展联合会商研判，为防灾减灾工作提供决策依据，发布气象预报1479期，水情预测51期，预警提示单14次，应急快报15期，发送预警短信105.8万余条，组织降雨预警会商调度会20次，发出水旱灾害防御信息4期、会商研判成果11期，及时分析全市自然灾害风险和受灾情况，为领导决策提供依据。

【防灾减灾体系建设】 完善应急预案体系。印发《基层防汛抗旱应急预案基本要素指南（试行）》，组织各县（区）应急管理部门及乡镇政府（街道办事处）相关人员召开2023年资阳市基层防汛抗旱应急预案编制培训会，进一步指导基层编制防汛抗旱应急预案；修订并印发《资阳市防汛抗旱应急预案（2023年度修订）》，督促各县（区）修订完善各级各类防汛应急预案。开展应急演练。年初印发《资阳市应急委2023年度应急演练活动方案》，对全年35场次示范性应急演练进行统筹安排；4月27日组织开展资阳市“应急使命2023”防汛综合实战演练，示范带动基层开展防汛、地震、避险等各类应急演练800余场次，针对不同自然灾害，检验全市预警响应能力、决策指挥能力、应急联动能力、科学救援能力、综合保障能力。

加强救灾物资储备管理。应急管理部门会同发改部门对救灾物资进行严格监管，出台《资阳市市级生活救灾物资管理工作的通知指引（试行）》《资阳市市级救灾物资金储备管理暂行办法》等文件，并根据工作需要及时补充相应物资，做好保障工作；完善“1+3+89+N”物资储备体系（1个市级中心库，3个县级库，89个乡镇物资储备库，消防、武警、民兵武器仓库等N个单位物资储备点），6月申请省应急厅调拨帐篷200顶、棉被2000床、折叠床2000张等物资，市县乡三级累计储备39.83万件套、价值1408.51万元的各类救灾救援物资，基本满足中风险区抢险救灾物资储备品种和数量的要求推进应急救援队伍建设。开展防灾减灾避灾专项行动。汲取凉山州金阳县“8·21”山洪灾害惨痛教训，举一反三做好全市防灾减灾和安全生产工作，9月中旬印发《资阳市开展以山洪地质灾害为重点的防灾减灾避灾专项行动任务分工方案》，组织各级各部门对全市388处山洪地质灾害危险区、331座中小型水库（含62座病险水库）、7处沿江沿河低洼地带、3处城市内涝点以及168处地质灾害隐患点（其中威胁30人以上19处）开展排查，全面复核近两年核销的地质灾害隐患点659处和全市所有地质灾害点，完成196处在建工程地质灾害危险性评估、16个A级旅游景区风险评估，动态巡视综合治理地质灾害隐患点位，加强气象预警与灾害预报的联动，确保灾害性天气信息“发得出、送得到、叫得应”，做细做实预警避险闭环管理工作。

推进自然灾害风险普查工作。全市全面开展第一次全国自然灾害综合风险普查工作，市普查领导小组组织各成员单位、各地区近千人开展普查调查工作，全面完成普查调查、数据质检和汇交任务，基本摸清全市自然灾害风险隐患底数，已修订完善市、县

（区）级《自然灾害综合风险评估与区划综合报告（2.0版）》。推进地震灾害风险评估与区划工作。完成资阳市、县（区）地震灾害风险评估与区划技术报告并通过省级评审，为科学合理开展地震灾害风险防治工作提供依据。

【应急救援队伍和应急避难场所建设】 进一步调整救援支队人员、装备和物资器材，加强市综合应急救援支队的组织领导，召开全市军地协调会，进一步明确任务；通过建立“管理规范、统一指挥、协同作战”的综合应急救援队伍长效机制，重点是围绕“1+3+5+29+89+1229”建强应急队伍，112支专业大队（中队）共计4116人，1319支兼职队伍共计15317人。按照住建部《城市社区应急避难场所建设标准》和创国家级文明城市标准，全市共建有城市避难场所82处，其中雁江区37处、安岳13处、乐至15处、高新区5处、临空经济区12处，总面积108.21万平方米，基本能满足各主城区人口紧急避难需求。

【防灾减灾宣传教育】 组织各级各部门结合全国防灾减灾日、安全生产月、科普宣传日举办知识竞赛、观看电影、社区帮扶等活动，通过线上、线下多种宣传方式，营造良好的防灾减灾知识宣传氛围，得到群众的广泛认可。推进综合减灾社区示范创建，组织相关部门开展综合减灾示范社区创建工作业务培训和考察学习，通过多次现场督导、邀请专家实地指导、市级验收等方式，推荐安岳县岳阳镇九韶社区、雁江区莲花街道向阳社区、乐至县天池街道棉花湾社区等3个社区申报全国综合减灾示范社区，已通过省级核查组现场核查。

【防灾减灾区域协作联动】 签订印发《成德眉资救灾物资同城保障合作工作方案》、重庆市大足区 四川省资阳市区域应急救援物资差异化储备协议、《2023年成德眉资应急联动专项合作工作要点》、《成德眉资震情监视跟踪区域协作联席会工作章程》等文件，开展成德眉资、成渝经济圈在应急管理、防灾减灾等方面的合作；与省核地质调查研究所签订地质灾害应急抢险处置及技术咨询服务委托协议书，与省震灾风险防治中心签订地震工作技术咨询与服务委托协议书，进一步加强省级相关单位对资阳市地质灾害、地震相关工作的指导。

消防安全管理

【消防监管】 出台《资阳市消防水源管理办法》《资阳市火灾事故调查处理规定》，建立公安、消防涉火刑事案件协办机制；全面推行消安委和消安指“双议事”机制，修订完善《资阳市消防安全委员会议事协调规则》《资阳市消防安全委员会重要行业领域消防安全工作指南》，将消防安全纳入全市安全生产党政同责、社会治安综合治理、平安资阳建设等考核考评内容。严格按照《资阳市加强基层消防力量建设实施方案》工作要求，全市87个乡镇（街道）消防工作办公室均已正式挂牌成立并实体化运行，雁江区和乐至县各增设3名事业编制；80%以上的中心镇均已建成政府专职消防站并投入使用，其他中心镇专职消防站建设正在有序推进中，新招录专职消防员36名。先后部署开展2023年消防安全重大风险隐患专项排查整治、“迎大运·保安全”消防安全整治等9个专项行动，发现火灾隐患2926起，整改2761起，创新推行“政府先行垫资，后期依法追缴”重大隐患整改模式，顺利整改销案3处久拖不决的重大火灾隐患。在打击冒牌消防培训和假冒伪劣消防产品专项整治集中教育行动中，联合公安机关查处一起涉案金额8000余万元的生产、销售假冒伪劣消防产品案件和一起冒充消防救援人员开展消防员招录培训的案件。

【消防救援能力提升】 严格落实“三新”工作要求，组织业务骨干赴苏、浙、粤等地考察学习，创新制定二十一项执勤训练规范化纲要。与辖区2个企业、1个院校建立“教研学用”体系化协同工作联盟，加快创新项目落地和成果转化，实施支队级高层建筑水带推车、可调节混合液水枪、坑道挖掘机3项装备创新项目和初战机制战法、创新操法训法2项技术革新项目。以“数智赋能、方便快捷、基层减负”为主要抓手，在全市推广数字化预案平台、“火演3D”系统、可视化指挥系统，在3个基层单位开展执勤训练、装备管理、桌面推演等功能模块试点运行，实现基础数据采集分析、工作情况在线监测、辅助决策数据查询和重点单位预案“一张图”。聚焦火情侦察高效、初战快速灭火，开展老旧城区初战机制改革试点，编研制定“1+5”初战单元编成。创新构建指战员综合评价体系，推行单位、个人训练考核积分制、“金头盔”评选，将基础体技能、专业技术、辖区熟悉及指挥能力、实战化能力等内容纳入“火蓝尖锋”系列比武竞赛科目范畴，突出对整体作战能力的评估。坚持“模块化分散建设、集成化训练演练”，提档升级“高低大化、山水林地”专业队伍建设，与辖区重点单位共建挂牌石化、高空、地下、大跨度4个实训基地，高质量完成总队川南片区地震救援综合演练任务，先后组织开展侦察搜救、内攻灭火、破拆排烟等专业技术轮训和化工灾害训练演练，完成全市车辆装备及灭火药剂性能测试，制定专题调研和课题攻关任务。

【消防宣传】 坚持“消地宣传”有机融合，先后与市教体局、共青团资阳市委、资阳融媒体中心等建立合作机制，组建“校园消防‘119’宣讲团”，打造专业“师资团队”，不断深化“万人”科普研学教育活动。借助全市创建全国文明城市契机，广泛开展消防车通道和“飞线充电”整治集中宣传活动。精心制作“门挂卡”“宣传标语”，发动宣传员、社区（村）网格员、消防志愿者开展“敲门入户”式消防宣传，分级分类组织7类人群开展消防安全培训，利用消防宣传车、村村通广播等方式，开展社会化宣传培训活动200余次，张贴消防宣传海报5万余份，发放宣传资料和文创产品10万余份。集中开展消防安全警示教育20余次，累计推送消防安全提示近10万条次。先后组织全市40余名被处罚和不予处罚当事人开展消防教育体验活动，进一步拓展消防行政处罚的教育功能。不断深化与中央、省级、市级媒体协作机制，进一步壮大“资阳消防新媒体联盟”，建立新闻宣传人员培训和网络舆情处置等多项制度机制，编发的《资阳依法查封多处聚氨酯泡沫夹芯板房》在央视新闻联播播出，20余条新闻素材先后被央视新闻、人民网、中新网、中国网、《应急管理报》以及四川电视台、《四川日报》采用。同时，支队官方微博在全国消防系统排名前十，获评2023年政务微博优秀案例，作为政务嘉宾代表受邀出席“全国2023政务V影响力峰会”。

【消防设施建设】 支队坚持从“县（区）一体化发展”为原则，积极争取专项建设经费，新配备2台执勤车辆和2776件（套）装备器材。高质量推进成渝双城经济圈应急救援“五联”协作训练基地暨临空经济区消防站项目；乐至县城东消防站已完成主体建设。坚持“物资储备科学化、装备运输集成化、专常兼备规范化、综合保障一体化、资源共享社会化”的战勤保障体系建设目标，持续完善战勤保障类车辆和装备配备，先后与本地车辆维修、油料供给、超市、医院等企业单位签订联勤保障协议10余份，修订完善各类战勤保障和联勤联动预案20余份，全面提高提升战勤保障快速反应、协同联动能力。

县（区） >>>

雁江区

【概况】 资阳市雁江区位于北纬29°51′—30°17′07″、东经104°26′07″—05°03′05″，地处四川盆地腹心地带，东接安岳县，南邻资中县，西靠仁寿县，北连简阳市，东北界乐至县；东西长59.1千米，南北宽50.7千米，辖区面积1632.33平方千米。年均日照1280小时，年均降雨量853.2毫米，年均霜日数5.7天。年均空气湿度79%，森林覆盖率39.34%，森林蓄积量达231.39万立方米，一江七河十八溪流灌全境，6个国、省考核断面水质优良率均保持在100%，沱江干流水质达到Ⅱ类。雁江有百岁老人112名，被誉为“中国长寿之乡”。先后成功创建国家卫生城市、国家园林城市、全国双拥模范城、省级文明城市、省级森林城市。2023年末雁江区户籍登记总户数40.30万户，户籍总人口104.39万人，其中城镇人口25.51万人，乡村人口78.88万人。

【年度经济】 2023年雁江区（不包含高新区、临空经济区）实现地区生产总值307.66亿元，同比增长5.7%。其中，雁江区属第一产业增加值59.76亿元，同比增长3.8%；第二产业增加值69.84亿元，同比增长4.8%；第三产业增加值178.06亿元，同比增长6.7%。三次产业的贡献率分别为12.9%、18.8%和68.3%，分别拉动经济增长0.7个、1.1个和3.9个百分点。

全年雁江区属民营经济增加值占地区生产总值的比重为55%，对地区生产总值增长的贡献率为41%。年末雁江区属共有各类市场主体62461户，同比增长11.3%。其中，民营经济主体达到61159户，同比增长11.2%，占市场主体总量的97.9%，私营企业实有数量达到7730户，同比增长9.4%。

全年雁江区地方一般公共预算收入20.14亿元，其中税收收入11.81亿元，占地方一般公共预算收入的比重为58.6%。一般公共预算支出53.32亿元，其中社会保障和就业支出9.07亿元，教育支出10.29亿元，卫生健康支出4.57亿元，住房保障支出3.85亿元。

年末雁江区金融机构存贷款余额（本外币）实现1858.42亿元，同比增长11.2%。各项存款余额995.86亿元，同比增长12.5%，其中住户存款余额670.88亿元，同比增长12.3%；各项贷款余额862.56亿元，同比增长9.7%，其中住户贷款余额310.98亿元，同比增长2.5%。

【产业发展】 农业 全年雁江区农林牧渔业总产值实现118.55亿元，同比增长3.6%（可比价，下同）。雁江区种植业产值65.25亿元，同比增长2.9%；林业产值7.1亿元，同比增长15.2%；牧业产值33.68亿元，同比增长3.2%；渔业产值5.75亿元，同比增长2.7%；农林牧渔服务业产值6.77亿元，同比增长2.6%。全年雁江区粮食总产量实现52.06万吨，同比增长3.8%，其中，夏粮实现产量4.73万吨，同比增长2.5%，秋粮实现产量47.34万吨，同比增长4.0%。水稻实现产量12.99万吨，同比增长1.8%；玉米实现产量22.12万吨，同比增长10.1%；小麦实现产量1.39万吨，同比增长19.3%；豆类实现产量5.64万吨，同比增长9%；薯类实现产量9.9吨，同比下降9.4%。在经济作物方面，油料实现产量9.04万吨，同比下降1.1%；蔬菜及食用菌实现产量67.62万吨，同比增长5.1%。全年雁江区出栏生猪实现94.34万头，同比增长2.6%；出栏山羊34.03万只，同比下降0.4%；出栏家禽816.5万羽，同比下降1.3%。全区猪肉产量6.92万吨，同比增长2.8%。羊肉产量0.51万吨，同比下降0.3%。禽蛋产量3.17万吨，同比增长3.8%。

工业 全年雁江区属全部工业增加值实现52.23亿元，同比增长6.2%；年末共有规模以上工业企业45户。其中，亿元企业6户；规模工业企业涉及的行业大类中有7个行业增加值呈正增长态势；有7个行业增加值增速高于全区平均水平。酒、饮料和精制茶制造业和食品制造业贡献突出，同比分别增长28.3%和6.8%，对规模工业的贡献率分别为252.2%和60.6%，分别拉动全区规模工业增长9.9个和2.4个百分点。全年雁江区属规模工业企业实现营业收入34.5亿元，同比下降1.8%；实现利润总额2.8亿元，同比增长29.6%；实现利税总额4.3亿元，同比增长21.4%。

商业贸易、对外经济　全年雁江区属商业贸易收入实现142.54亿元，同比增长5.6%。有限额以上商贸单位148个，其中，批发零售业65个，住宿餐饮业83个。全年雁江区属外贸进出口总额4.29亿元，同比增长57%，其中进口0.02亿元，出口4.27亿元。按美元计价，全年外贸进出口总额6140万美元，同比增长51%。其中，进口21万美元，出口6119万美元。

【招商引资】　落实“引荐人奖励办法”“揭榜挂帅”“比晒亮”等激励考核机制，举办“三化联动”项目推介暨成渝名企雁江恳谈会、重庆老字号企业雁江行等招商引资活动，参加中外知名企业四川行、第十九届西博会等重大活动15场次，新签约项目26个、总投资41.84亿元，其中24个项目已履约，履约率达92.3%，预计引进到位国内省外资金11.33亿元。持续招大引强，中国预制菜行业综合排名第一的安井食品继一期、二期项目之后，再次将三期项目落户雁江，计划总投资7亿元，将建成西南地区规模最大的速冻食品和预制菜生产线，全部建成投产后，年产值将超过20亿元，新增就业岗位1000余个；成功招引丹麦赛诺沃集团子公司“中国蛋品第一股”欧福蛋业，实现直接招引上市公司“零的突破”，将聚力打造西南地区最大的蛋制品加工基地。

【重点项目建设】　创新推出项目投建“七段式”管理，主动融入全市产业项目大会战，实施区级以上重点项目92个，总投资303.3亿元，其中产业项目36个，完成投资17.1亿元。建立项目储备争资工作机制，策划储备项目260个，总投资431.7亿元，争取到位发改系统中央预算内项目资金及新增国债2.4亿元、发行债券资金6.78亿元。中和工业园朝着满园入驻目标加快推进，骏誉科技等12个项目建成投产，巴蜀辣韵等29个项目加快推进，园区入驻企业41户，较2022年底增加12户，年产值7.5亿元，同比增长30%，实现税收1920万元，同比增长140%。

【社会事业】　教育和科学技术　年末雁江区共有各级各类学校325所，其中幼儿园188所、小学58所、小学教学点14个、九年一贯制学校21所、初中27所、完全中学10所、普通高中4所、十二年一贯制学校1所、中职学校1所、特殊学校1所。有在校学生13.22万人，其中幼儿园2.27万人、小学5.48万人、初中3.11万人、高中2.14万人、特殊学校161人、职高2062人。有教职工1.05万人，其中专任教师8663人。年末雁江区属共有高新技术企业3户，共组织实施区级及以上重点科技项目6项，技术合同交易额达4240万元。全年新申请商标1111件，新注册商标676件，累计有效商标注册量6677件。全年新申请成功各类专利150件。全社会研发投入21806.4万元，研发投入强度为0.5%，其中雁江区属全社会研发投入924.4万元，研发投入强度为0.03%。

文化和卫生健康　年末雁江区共有文化馆1个、文化站26个、图书馆1个，其中镇（街道）综合文化站26个。全区图书馆总藏量25.57万册（件），其中图书藏量14.46万册。年末广播综合人口覆盖率100%，电视综合人口覆盖率100%。年末雁江区有医疗卫生机构957个（以下数据均按照区级辖区范围口径统计），其中医院25个，基层医疗卫生机构926个；医疗卫生机构床位1万张，卫生技术人员0.87万人，其中执业医师0.25万人，执业助理医师0.05万人，注册护士0.38万人。妇幼保健机构1个，执业医师和执业助理医师96人，注册护士183人。乡镇卫生院16个，社区卫生服务中心5个，执业医师和执业助理医师531人，注册护士650人。全年雁江区医疗机构总诊疗人次726.55万人次，其中医院299.58万人次，基层医疗机构426.97万人次；出院29.22万人，其中医院20.68万人，基层医疗机构8.54万人；县域内住院率7%。

社会保障　全年雁江区全体居民人均可支配收入同比增长5.5%。按常住地分，城镇居民人均可支配收入同比增长4.2%；农村居民人均可支配收入同比增长6.4%。全年雁江区城镇职工基本医疗保险参保人数8.15万人，城乡居民基本医疗保险参保人数72.7万人，生育保险参保人数4.69万人。年末城镇职工基本养老保险参保人数21.56万人，城乡居民社会养老保险参保人数37.13万人，工伤保险参保人数5.96万人，失业保险参保人数3.28万人。年末雁江区属城市居民最低生活保障1516人，农村居民最低生活保障31741人；城乡特困人员7742人，其中集中供养1216人，集中供养率16%；社区服务机构和设施59个，其中城市社区服务机构和设施43个。全年城市居民最低生活保障标准为740元/月，农村居民最低生活保障标准为533元/月，城市特困人员救助供养标准为962元/月，农村特困人员救助供养标准为693元/月。

【成德眉资同城化发展建设】坚持规划引领，参与《成德眉资同城化发展暨成都都市圈建设成长期三年行动计划（2023—2025年）》等重大规划方案编制。坚持交通先行，服务保障成自宜高铁通车运营、轨道交通资阳线实现电通、成达万高铁项目加快推进，推动成渝高速扩容4个控制性工程开工建设，蜀都大道东延线资简段（文蜀段）完成全部路基工程和桥梁下部结构，成渝高铁资阳北综合客运枢纽站主体工程封顶。加强公共服务协作共享，与四川大学华西第二医院、四川省肿瘤医院等共建专科联盟8个，525家医药机构开通异地购药直接联网结算，14所学校成功结对共建，241项高频政务服务事项实现同城化无差别办理。

【天然气开发利用】雁江区根据“多打井、多产气、多建厂、多利用”的目标要求，推动中石化天然气勘探及综合利用工作，为中石化开采“资页1”“资阳2”“东峰110”“资页2”做好规划用地协调、环保安全等工作；紧盯天然气产业链下游的储存运输、分销应用等环节开展精准招商，引导区属国企与天然气产业头部企业开展合资合作。中京10万立方米/天LNG项目建成投产，推动更多产气量实现就地转化。截止2023年，中石化在雁江区累计建成规模化井场9个，勘探开发井18口，日产天然气量突破50万立方米，年产天然气约1亿立方米，产值达5.8亿元，实现税收1960万余元。

安岳县

【概况】安岳县位于四川省东部。位于北纬29°40′32″—30°18′53″，东经104°56′51″—105°45′14″。东邻重庆市潼南区，东南靠重庆市大足区；南接内江市东兴区和重庆市荣昌区，西南接内江市东兴区；西倚内江市资中县和资阳市雁江区，西北连资阳市乐至县；北及东北毗邻遂宁市安居区。南北长70.86千米，东西宽77.8千米。被誉为“成渝之心”，全县辖区面积2689.8平方千米，辖46个乡镇（街道）、553个村（社区），2023年全县总户数52.59万户，总人口149.73万人，其中城镇人口17.96万人，乡村人口131.77万人，流动人口32367人，户籍人口出生入户7032人，死亡注销人口9120人，迁入人口1830人，迁出人口10998人。因柠檬盛景、石刻奇观，被命名为“中国柠檬之乡”“中国石刻之乡”，安岳柠檬入选全国首批“品牌价值领跑者”和“土特产”名录，品牌价值达190.86亿元，安岳石刻入选首批“非遗四川·百城百艺”四川非遗品牌，获评省级全域旅游示范区。“安岳气田”探明储量1.1万亿平方米，是全国5个万亿级气区之一。全年获得国、省、市级创先争优事项260余项。

【年度经济】全县地区生产总值实现335.9亿元，其中，第一产业增加值90亿元，同比增长3.8%，第二产业增加值75.5亿元，同比增长6.9%，第三产业增加值170.4亿元，同比增长6.3%。实现民营经济增加值150.4亿元，同比增长3.7%，其中第一产业增加值17.4亿元，同比增长4.0%，第二产业增加值57.6亿元，同比增长4.1%，第三产业增加值75.4亿元，同比增长3.4%。全县共有各类县场主体56808户，同比增长12.5%，其中，内资企业10619户，个体工商户46189户，农民专业合作社1747户。全县民营经济主体达到55632户，同比增长12.5%，占县场主体总量的97.9%，其中私营企业实有数量达到7696户，同比增长12.8%。

全社会固定资产投资同比增长2.5%。第一产业投资同比增长1.7%；第二产业投资同比增长76.6%，其中工业投资同比增长74.4%；第三产业投资同比下降9.9%。全县房地产开发投资同比下降45.7%。全年商品房施工面积203.1万平方米，同比下降40%，商品房销售面积39.5万平方米，同比下降33.5%。

社会消费品零售总额190.8亿元，同比增长5.4%。其中，城镇消费品零售额136.3亿元，同比增长5.2%，乡村消费品零售额54.5亿元，同比增长5.9%。全年外贸进出口总额51994万元（出口51915万元，进口80万元），同比增长17.1%。全县货物出口前三位国家（地区）分别是俄罗斯、美国和菲律宾。

地方一般公共预算收入15亿元，其中税收收入10.7亿元，占地方一般公共预算收入的比重为71.2%。一般公共预算支出64.5亿元，其中，社会保障和就业支出12亿元，教育支出14.3亿元，医疗卫生支出6.7亿元，住房保障支出3.2亿元。

【产业发展】 农业　全县粮食作物播种面积14.3万公顷，油料作物播种面积4.12万公顷，同比增长5.9%，中草药材播种面积0.08万公顷，同比增长2.2%，蔬菜播种面积2.89万公顷，同比增长2.7%。新改建高标准农田7.2万亩，新增恢复耕地5.45万亩。全年粮食产量达74.4万吨，生猪出栏114.23万头，红薯产量56.5万吨，水产产量3.2万吨。安岳获评国家级水产健康养殖和生态养殖示范区。创新推进柠檬产业“5+2”合作机制，柠檬种植面积和产量稳定在48万亩、54.9万吨，柠檬产业带动果农人均增收1.72万元，全县农民人均增收4338元。粮经复合现代农业园区获评“省三星级现代农业园区”。镇子镇获评“国家级农业产业强镇”。石羊镇获评“省级百强中心镇”。林凤镇获评“2023年省级乡村文化振兴样板镇”。国家储备林建设项目获批启动，完成营造林2.1万亩，其中封山育林1.43万亩，精准提升0.2万亩，森林抚育0.27万亩，人工更新0.2万亩，义务植树100余万株。年末有效灌溉面积5.11万公顷；全年新增综合治理水土流失面积0.49万公顷，累计治理水土流失治理面积1.62万公顷。全县农村集中式供水工程设计受益人口72.7万人，分散式供水工程受益人口7.19万人，农村自来水供水人口65.5万人，农村自来水普及率90.11%，规模化供水率达81.85%。全县堤防长度28.34千米，同比增长5.6%；达标堤防长度16.25千米，同比增长10.2%。2023年治理河段长度达到39.89千米，同比增长11.1%。

工业　纺织鞋服、食品健康、清洁能源、新型材料“3+1”特色产业集聚成链，三大主导产业产值占规模以上工业企业产值的72.7%。工业税收实现10.22亿元，占全县税收的49.17%；其中天然气税收实现8.09亿元，占比达38.94%；鞋服产业税收突破4000万元。统筹规划建设周礼薯业产业园、医药产业园和鞋服产业园，新建标准厂房22.8万平方米，完成工业投资23亿元，同比增长35%。俄罗斯kari鞋业生产基地、安踏安鑫四川生产基地竣工投用，鞋服产业实现产能3400万双（套）。新钻天然气井25口，全年开采量突破61.9亿立方米，净化45亿立方米。特丽达、安德利等企业恢复生产，科伦药业成功创建国家级绿色工厂。新培育规模以上企业10户。省级开发区“亩均论英雄”评价结果同比上升6位。“安岳造”亮相国产大型邮轮“爱达·魔都号”。成渝中线高铁、铜资高速公路、川投燃气电站、高石梯多层系勘探开发等一批基础性、引领性重大项目加快建设，革命老区红色文化拓展交流中心、岳阳河水生态保护修复等项目投入使用。发挥县属国有企业开路先锋作用，推进重点项目建设，投资占比达44.6%。注重项目建设规范化，出台政府投资项目责任追究等5个办法，政府投资和企业投资项目审批环节分别由32个和32个简化为13个和11个，经验做法在全省推广。

第三产业　举办第四届世界柠檬产业发展大会、“蜀里安逸·安约金秋”展会、首届川渝时尚鞋服消费节等活动，全县网络交易额实现147.64亿元，同比增长7.03%。外贸进出口总额实现5.3亿元，同比增长20%，柠檬出口额增长266.7%。新增规模以上服务业企业6户、限额以上商贸流通业单位62户。商品房网签销售面积64.15万平方米，同比增长19%。全县存贷款余额首次突破1000亿元，同比增长11.5%，存贷比提高5个百分点。

【城乡建设】坚持规划引领，编制完成县级国土空间总体规划、8个乡镇级片区规划、11个村级片区规划。统筹老城区、新城区、经开区建设，4个“口袋公园”、柠都河水生态修复项目一期竣工投用，岳石路西段等22条市政道路建成通车，滴水湖基础设施建设项目加快推进，关新社区幸福美丽乡村路全面完工。启动14个老旧小区改造，惠及居民3870户，既有房屋加装电梯25部，改建保障性租赁住房220套，完成老旧公厕升级改造6个。完成农村户厕改造8590户、农村危房改造404户。强化城市精细化管理，持续推进城乡环境整治，农村生活垃圾收转运处置体系覆盖率达98%。建成城南生活污水处理厂等治污项目23个，完成污水处理厂提标扩能8座，推广柠檬水肥一体化技术，7个国省控断面水质连续两年全面达标，全县饮用水水源地达标率100%。

【深化改革】融入成渝地区双城经济圈建设，13项重点合作事项顺利推进，38个重点项目完成投资64.9亿元。川渝边际平安协作取得新成效。稳慎推进农村宅基地制度“两项试点”，房地一体确权颁证完成率97.5%，全县首宗集体经营性建设用地入市。聚焦“两降两提两做”，县属国有企业实现营收24.7亿元，总体负债率下降9.4个百分点。坚持传统招商、资本招商和链条招商，签约重大项目39个，投资总额141.38亿元，履约率、开工率、投产率均居全市前列。

【社会事业】教育体育　全县新增学位8570个，城南教育园区通过8个月努力完成集中搬迁。县第六幼儿园等7个项目建成投用，安岳中学、实验中学被认定为省一级示范性普通高中，全县高考本科上线人数等5项指标居全市第1位。2023年末，全县共有各级各类学校283所，另有村小教学点19个，在校学生148339人，专任教师10170人。其中幼儿园144所，在园幼儿19910人，专任教师1189人；小学44所，招生8500人，在校生58735人（含村小教学点和九年一贯制学校小学部人数），专任教师3811人；初中82所（含九年一贯制学校和完全中学初中部人数），招生11964人，在校生39924人，专任教师3314人；普通高中8所，招生7746人，在校生25571人，专任教师1594人；特殊教育学校1所，招生63人，在校生205人，专任教师40人；中等职业教育学校2所，招生1522人，在校生3994人，专任教师222人。

科学技术　全县组织实施县级以上重点科技项目9项，其中省级5项。科技成果荣获市级科学技术奖5项，其中，科学技术杰出贡献奖1人（全市共2人）；科学技术进步一等奖1项、二等奖1项、三等奖2项。年末高新技术企业达16户，科技型中小企业达79户。新增市级科技创新平台8个，其中，市级重点实验室、工程技术研究中心两类创新平台实现“零的突破”。全县新申请商标1687件，新注册商标853件，累计有效商标注册量8038件。2023年末，全县共拥有3个中国驰名商标。

文化　挖掘秦九韶、贾岛、陈抟、汤绍恩、康白情、戴碧湘等历史文化名人资源，完成贾岛墓等传统文化建筑维护修缮工程。全县有文化馆1个，乡镇综合文化站70个。有公共图书馆（县级图书馆）1个，图书馆总藏量72万册（件）(包括电子版和纸质版)，其中图书藏量26.9万册（纸质版）。有广播电视台1个，广播综合人口覆盖率97.6%，电视综合人口覆盖率98.6%。

医疗　县中医医院住院大楼竣工投用，创建省市级重点专科21个，县人民医院综合实力跃升至全省县级公立医院第5位、全国第89位。全县有医疗卫生机构1272个，其中，公立综合性医院2个，民营综合性医院5个，中医医院1个，专科医院7个，乡镇（中心）卫生院52个，村卫生室1102个，疾病预防控制中心1个，精神康复医院1个，社区卫生服务中心3个，专科疾病防治院（所、站）1个，诊所（卫生所、医务室）94个，门诊部1个，采供血机构1个。医疗卫生机构床位7127张，卫生技术人员6830人，其中执业（助理）医师2765人，注册护士2811人。妇幼保健机构1个；乡镇卫生院执业医师和执业助理医师9人，注册护士2人。全县医疗机构诊疗789万人次，其中医院172万人次，基层医疗机构604万人次，专业公共卫生机构（妇幼保健院）13万人次；出院26万人次，其中医院11.71万人次，基层医疗机构14.63万人次，专业公共卫生机构（妇幼保健院）0.56万人次，民营医疗机构0.45万人次；县域内住院率91.1%

社会保障　全年民生类支出44.34亿元，占比68.78%。基本养老保险参保率达93%以上，全县城镇企业职工基本养老保险参保人数8.12万人，同比增长4.2%；城乡居民社会养老保险参保人数69.5万人，同比下降0.9%。工伤保险参保人数6.41万人，同比增长2.7%。失业保险参保人数3.53万人，同比增长2.6%。全县城镇职工基本医疗保险参保人数6.95万人。城乡居民基本医疗保险参保人数102.17万人。生育保险参保人数3.87万人。全县社区共有110个，其中城市社区26个；散居供养孤儿267人，共计3496人次；纳入重度残疾人护理补贴一级人数7131人，共计8.54万人次，二级12499人，共计14.91万人次。平安安岳、扫黑除恶、禁毒缉毒、反诈反拐成效明显，依法治县取得新进展，县公安局连续两年获“全省优秀公安局”称号，兴隆镇被认定为省级城乡基层治理示范镇。完成涉军安置任务，安岳连续4届被表彰为省级双拥模范县。40个“问题楼盘”完成首次登记14341套。县内信访案件批次和人次同比分别下降15.4%、17.3%。成功应对“7·27”特大暴雨洪涝灾害，安全生产事故死亡人数同比下降28.6%。

【第四届世界柠檬产业发展大会】10月18日，第四届世界柠檬产业发展大会在安岳县举行，参会嘉宾220余名。国家部委、省级机关有关负责人、国内外参会专家、知名企业代表围绕柠檬储藏加工及综合利用、阿根廷柠檬产业与INTA科技进展、果园机械装备与高效智能管理技术、品牌营销战略成功经验等内容进行发言。大会颁发2023年安岳柠檬品牌价值证书，为四川省涉外知识产权工作（四川安岳经济开发区）指导站授牌，举办安岳柠檬全球产业链战略合作签约仪式和柠檬全产业链国际（科技）合作交流会及世界柠檬品牌营销分享会暨招商推介会活动，推出招商项目22个，总投资223亿元。现场签约安岳柠檬种植基地数字化提升、百威啤酒安岳青柠基地、安岳柠檬数字化生产合作、雅福食品中央厨房4个项目；成功签约安岳柠檬联合销售、俄罗斯2万吨柠檬采购、海底捞安岳特产采购3个协议，达成12万吨国内外柠檬贸易订单。

乐至县

【概况】乐至县地处四川盆地中部沱涪两江分水岭，位于北纬30°0′2″—30°30′4″、东经104°45′2″—105°15′2″。东邻遂宁市安居区、大英县，南接资阳市雁江区、安岳县，西连成都市简阳市、金堂县，北倚德阳市中江县。县辖2个街道、18个镇、1个乡，有234个行政村、81个社区。有陈毅故里国家AAAA级旅游景区1个，四季果乡、五彩林乡、桑都桑海国家AAA级旅游景区3个，乐至报国寺、乐至慈恩寺国家AA级旅游景区2个。辖区面积1424.45平方千米，东西长42.5千米，南北宽56.1千米，森林覆盖率43.8%。2023年末，乐至县户籍总人口76.8万人（城镇人口13.5万人），常住人口47.1万人。人口出生率3.15‰，死亡率12.52‰，人口自然增长率-9.38‰。2023年，德仁源科技白僵蚕产销量均居全省第一，乾源纺织家纺面料产能跃居全省第一，联友纺织工装面料产能跃居全省第二，默森药业、凯润电器等4户企业成功列入全省上市后备库，相信制动进出口额增长近10倍，宏扬建筑、福兴建筑成功晋升建筑业一级资质。优化营商环境经验做法被《中国改革报》刊载，营商环境综合评价蝉联全市第一。

【年度经济】2023年，乐至县地区生产总值243亿元，按可比价格计算，同比增长6.2%。其中，第一产业增加值42.6亿元，同比增长3.9%；第二产业增加值74.6亿元，同比增长7.2%；第三产业增加值125.8亿元，同比增长6.5%。从产业结构看，三次产业结构为17.5∶30.7∶51.8。地方一般公共预算收入8.66亿元，其中税收收入4.1亿元，占地方一般公共预算收入的比重为44.1%。一般公共预算支出40.6亿元。全体居民人均可支配收入27975.5元，人均生活消费支出25058.9元。

民营经济增加值156.7亿元，同比增长4.3%，占地区生产总值的比重为64.5%。其中，第一产业增加值11.6亿元，同比增长3.9%；第二产业增加值60.3亿元，同比下降3.8%；第三产业增加值84.8亿元，同比增长11%。民营经济三次产业结构由上年的8.2∶41.6∶50.2调整为7.4∶38.5∶54.1。2023年末，各类市场主体33381户，同比增长15.1%。其中，内资企业4841户，外资企业25户，个体工商户2.79万户，农民专业合作社550户。民营经济主体达到3.26万户，同比增长15.3%，占市场主体总量的97.7%，其中私营企业实有数量达到4066户，同比增长18.3%。

固定资产投资同比增长2.1%。分产业看，第一产业投资增长130.9%；第二产业投资增长117.7%，其中工业投资增长117.7%；第三产业投资增长1.7%。房地产开发投资同比下降39%。商品房施工面积174万平方米，同比增长2.5%；商品房销售面积32.7万平方米，同比增长3.9%。

全年社会消费品零售总额105.9亿元，同比增长5.2%。按经营地分，城镇消费品零售额76.4亿元，同比增长5%；乡村消费品零售额29.5亿元，同比增长5.5%。按行业分，批发业实现9.1亿元，同比增长4.2%；零售业实现78.1亿元，同比增长5%；住宿业实现0.8亿元，同比增长4.7%；餐饮业实现17.9亿元，同比增长6.3%。从限额以上企业（单位）商品零售额来看，16个商品大类累计实现零售额17.1亿元，同比下降37.3%。

外贸进出口总额3.4亿元，同比增长13.3%。其中，进口0.2亿元，同比增长13.9%；出口3.2亿元，同比增长13.2%。全县货物出口前三位国家（地区）是美国、俄罗斯和南非，分别出口1510万美元、819万美元和436万美元，同比分别增长350.4%、33%和5%。货物进口前三位国家（地区）是韩国、日本和阿联酋，分别进口155万美元、83.5万美元和82.1万美元，同比分别增长18.9%、−32.7%和206.5%。

【产业发展】农业 2023年，乐至县农林牧渔业总产值实现84.3亿元，同比增长3.7%。其中，种植业产值35.7亿元，同比增长4.4%；林业产值5.6亿元，同比增长15.2%；牧业产值33.9亿元，同比增长1.7%；渔业产值4.3亿元，同比增长4.5%；农林牧渔服务业产值4.7亿元，同比增长2.6%。粮食作物播种面积8.4万公顷，同比减少860公顷；油料作物种植面积3.17万公顷，同比增长5.5%；瓜果类播种面积138.9公顷，同比增长3.1%。粮食总产量41.3万吨，同比增长3.96%，其中，夏粮实现产量2.03万吨，同比增长3.1%；秋粮实现产量39.3万吨，同比增长4%。经济作物中，油料产量8.7万吨，同比增长0.5%；蔬菜及食用菌产量27.3万吨，同比增长4.5%；瓜果产量5100吨，同比增长4.9%；园林水果产量5.0万吨，同比增长12.2%。生猪出栏82.2万头，同比增长2.7%；牛出栏2047头，同比增长0.6%；羊出栏63.1万只，同比下降0.3%；家禽出栏535.9万只，同比下降1.5%。全年新建高标准农田5.5万亩，完成流出耕地整改恢复2.2万亩，耕地保有量同比净增7500余亩，耕地面积质量实现“双提升”。四川（乐至）现代畜禽种业园“三基地”建成投产，石湍粮油现代农业园区被评为省三星级现代农业园区，乐至黑山羊荣获“中国畜牧地理标志区域公用品牌保护奖”，成功创建四川省有机产品认证示范区，农业科技创新、畜禽种业攻关得到省委王晓晖书记充分肯定。持续巩固脱贫攻坚成果，建立500万元县级“防返贫致贫基金”，脱贫群众人均收入同比增长15.9%，全面推进乡村振兴经验做法被《四川改革动态》专刊推广，省级成效考核评估实现“四连好”；获评省级乡村振兴示范村6个、重点帮扶优秀村3个，成功创建省级乡村振兴成效显著县。推进现代蚕业产业园项目建设，新建大蚕房5处、共育室1处，改建共育室3处。启动建设乐至县白僵蚕产业园。培植养蚕大户1500户，家庭农场190个，蚕桑专合社26个（国家级蚕桑专合社1个，省级蚕桑家庭农场6个，省级蚕桑专合社3个）。建成蚕桑多功能区4个，国家AAA级旅游景区1个；中国桑都文化展示馆成为省内第一家县级专业性蚕桑文化馆，被评为市级科普教育示范基地。承办国省蚕桑产业高质量发展大会，蚕桑产业发展成效在央视面向全球循环展示。

工业建筑业 全年工业增加值50.1亿元，同比增长8.2%，对经济增长的贡献率为26.2%。年末规模以上工业企业84户，同比增长16.7%，全年规模以上工业增加值同比增长8.1%。建筑业增加值24.5亿元，同比增长5.2%。年末具有资质等级的施工总承包和专业承包建筑业企业27个，签订合同111.4亿元，同比增长15.36%，实现建筑总产值22.4亿元，同比增长0.9%。房屋施工面积137.3万平方米，同比下降25.67%。围绕建设“成渝中部智能制造承载地”目标，加大延链、补链、强链力度，聚焦奋安铝业、吉峰农机等龙头企业开展成链招商、以园招商，签约落地上下游企业12户；加快重点工业项目建设，东方广厦（二期）等17个项目开工建设，诚宇包装等23个项目加快推进，星马重工等8个项目竣工投产；全力稳定重点工业企业运行，全年工业用电量增长14.4%，居全市第一，40户规模以上工业企业产值实现正增长，规模以上工业企业总产值达28.2亿元，同比增长20.5%。做大做强乐至经开区，开工建设标准厂房13.3万平方米、竣工6.7万平方米，入驻企业总数突破200户，创建为第二批成渝地区双城经济圈产业合作示范园区。

现代服务业 围绕建设“成渝主轴智慧物流集聚区”目标，加快发展智慧物流产业，韵达电商物流基地首期已投入运营，导入中通、圆通等物流企业县级分拨中心7个，引入鑫好食品、顺月商贸仓储企业2户，签约梵境清流电商物流项目1个；中国邮政（乐至）三级物流体系建设项目正式开工，全年完成物流产业投资3.2亿元。提档打造陈毅故里景区，完成游客中心、德胜广场提质改造，陈毅故里景区项目被授予“四川省文旅融合示范项目”，陈毅纪念馆入选四川省首批文博研学基地。组织开展第十一届烧烤美食文化节等各类节会活动400余场次，一品天下·乐至城市会客厅、星奥购物广场部分开业，获评2023四川烟火旅游胜地。

【城乡建设】 全年深入实施城市规划建设大会战，编制完成县级国土空间规划、工业园区控制性详细规划、乡镇级片区规划4个，专项规划7个；天池绿都、东湖御景等品质小区开工建设，望城公园、棉花湾片区路网等项目加快推进，天池公园改造提升、县城污水处理厂三期二阶段等项目建成投用；梯次推进16个老旧小区改造，率先在全市实现全部开工，完成20部既有住宅电梯加装工程。成功创建省级生态园林县城，帅府特色小镇获评四川省特色小镇，乐至城市建设新图景在四川新闻联播头条播放。深入实施交通建设大会战，S401线乐至石湍至通旅（安岳界）段改建等4个项目加快推进，G318线乐至天池至高寺（简阳界）段改建等4个项目取得实质性进展，古乐路、通龙路等5条交界地带道路建成通车；村道生命安全防护工程等8个项目全面完工，其中撤并建制村畅通工程提前两年完成省下达目标任务，农村公路品质提升工程开完工率均居全市第一，全年交通项目投资达4.8亿元，增长实现翻番；培育全市第一家具有公路养护工程资质的施工企业，交邮融合“金通工程”典型案例在全国推广。推动水利设施提质，完成小型水库管理标准化建设10个，新（改）建乡镇水厂3个，整治病险水库8座，配套建设供水管网269千米，成功创建为省级乡村水务示范县。新（改）建农村电网267千米，新建5G基站150个，5G到村覆盖率居全市第一。深入打好蓝天、碧水、净土三大保卫战，“31411”

基层河湖管理模式、"'生态沟渠+人工湿地'农村面源污染治理模式"、小阳化河治理经验分别被国家、省媒体刊载推广；童家河治水模式入选全省河湖长制典型案例；4个国省考核断面达标率、优良率均达100%；全县污染地块安全利用及风险管控率达100%；严格落实林长制，报国寺"树抱佛"黄葛树入选全国"最美古树"；乐至县入选2023年美丽四川建设先行试点培育县。

【项目建设】 2023年，筹办成渝中部（乐至）新能源发展座谈会。坚持项目签约和落地建设两手抓，全县投资规模最大、引领带动最强、预期效益最好的"引爆性"工业项目——奋安铝业落地开工，创科慧、耘硕科技项目创造引进当月就入驻、当季就投产、当年就升规的"乐至速度"。川渝1000千伏特高压交流工程成都东变电站进度在全线4个站中排名第一；成达万、成渝中线高铁乐至段加快推进，新增联络线变更设计获得国铁集团、省人民政府联合批复，2条骨干高铁在乐至实现互联互通。全县投资最大的民生社会事业项目——玉龙教育产业园主体全面完工。

【科技创新】 强化企业科技创新主体地位，鼓励企业加大研发投入，弘晟石油获评国家知识产权优势企业，超迪电器建成全市唯一省级博士后工作站，成功申报市级"揭榜挂帅"项目2个，获评全市科学技术进步奖3项，培育国家高新技术企业6户、国家科技型中小企业84户、省级专精特新中小企业8户，成功创建市级农业科技园区2个、市级院士专家工作站1个、市级重点实验室3个、市级工程技术研究中心5个、市级企业技术中心10个。擦亮"凤栖资阳·智汇帅乡"引才品牌，引进硕博人才86人、各类管理技术人才200余人。

【社会事业】 教育 2023年，乐至县有各级各类学校135所，其中幼儿园51所，小学41所，初中37所，普通高中3所，特殊教育1所，中等职业教育2所。在校学生63891人，教职工5605人，专任教师4899人。持续优化教育资源，吴仲良中学综合楼、第三幼儿园等项目竣工投用，新增公办学位3160个；2023年普通高考本科上线1725人，增幅位列全市第一，职教高考本科上线86人、占全市总数的76.1%，劳动镇中心小学被授予"全国国防教育示范学校"称号。

医疗 全县有医疗卫生机构457个，其中医院11个，基层医疗卫生机构442个。卫生技术人员3390人，其中执业（助理）医师1258人，注册护士1482人。妇幼保健机构1个，乡镇（中心）卫生院23个。加快改善医疗卫生条件，成立全省首个县级急救技能培训基地，县中医医院老年病大楼等项目竣工投用，童家镇、良安镇中心卫生院成功创建二级乙等医疗机构，县人民医院、县中医医院在全国三级综合医院、中医医院绩效考核中排名分别上升76位、60位，指标等级迈上新台阶；紧密型县域医共体建设扎实推进，初步形成"2+3+N"医共体组织体系；国家卫生县通过现场评估，成功创建省级健康县。

文化 全县有文化馆1个、文化站26个，其中乡镇综合文化站26个、公共图书馆1个、博物馆和纪念馆1个。全县图书馆总藏量8.3万册（件），其中图书藏量7.7万册。全县共有剧场、影剧院2个。濛溪河遗址考古取得重要成果，被央视新闻客户端专题报道，成功入选2023年中国六大考古新发现。乐至川剧入选省级非遗项目，传统折子戏《劝夫》荣获全省首届川剧会演三等奖。成功举办第六届中国田园诗会、2023年四川省桥牌锦标赛等活动赛事，"五点钟书屋"获评全省全民阅读优秀案例。成功入选全国智慧广电乡村工程试点县、全省广播电视基本公共服务标准化建设试点县、全省2023年度文化遗产保护利用双试点县。

体育 全县建有体育场地3420个，建成农民体育健身中心4个、社区多功能运动场2个、五人制足球场6个，实现21个乡镇（街道）、81个社区、234个村全民健身路径全覆盖。2023年，举办县级大型综合运动会2次；组织举办县级单项多样比赛、活动18次；委派30人参加国家级和省级社会体育指导员培训；组织县级体育骨干培训3次，培养三级社会体育指导员150人；开展国民体质监测工作，共测试不同年龄段人群 3000 人；常年举办气排球、足球联赛、篮球友谊赛 436 场；全年参与各类比赛活动人数达 2 万人。

社会保障　2023 年，打造全市首个“零工爱心驿站”，构建形成“454”灵活就业服务体系。全年城镇新增就业 4763 人，失业人员再就业 675 人，就业困难人员实现就业 160 人。年末城镇企业职工基本养老保险参保人数 5.06 万人，同比增长 1.8%。城乡居民社会养老保险参保人数 31.29 万人，同比下降 0.64%。城乡居民基本医疗保险参保人数 53.4 万人，工伤保险参保人数 4.35 万人，失业保险参保人数 2.1 万人，生育保险参保人数 2.08 万人。全年新纳入城市低保人数 142 人，农村低保人数 2296 人。城乡特困人员 6035 人，其中集中供养人数 730 人，集中供养率 12%。全年居民登记结婚数 2545 对，登记离婚数 1156 对。全年集中安置残疾人就业 235 人；扶持城乡残疾人居家灵活就业 502 人，发放补贴 50.2 万元；投入资金 27 万元为 180 名农村残疾人开展实用技术培训；为 306 名困难残疾学生和残疾人家庭大学新生提供教育资助 30.05 万元；为 188 名 0—15 岁符合条件的残疾儿童少年提供康复救助；为残疾人免费发放基本型辅助器具 1124 件；为 130 名精神残疾人提供服药救助；为 135 户困难残疾人实施家庭无障碍改造。

【濛溪河遗址考古发掘】 2023 年，濛溪河遗址考古发掘取得新突破，经过光释光初步系统测年，测定遗址距今约 5—7 万年，处于现代人起源扩散的关键阶段。考古挖掘工作循序推进，高标准建设考古防护大棚、防水墙、应急泵房等保障性设施，召开 3 次遗址遗存综合性专家研讨会，做好濛溪河遗址考古申报为“中国十大考古新发现”的工作。通过考古挖掘，遗址出土石器、动物化石及碎屑 10.5 万余件，出土植物遗存和少量木器、骨器及其他遗存数万件。

附　录 >>>

2023年市委工作报告

（2023年12月6日在资阳市委五届八次全会上的报告）

市委书记　元方

2023年以来，面对错综复杂的外部环境和艰巨繁重的改革发展稳定任务，在省委的坚强领导下，市委坚定以习近平新时代中国特色社会主义思想为指导，深入学习贯彻党的二十大精神和习近平总书记对四川工作系列重要指示精神，全面落实党中央和省委决策部署，团结带领全市上下埋头苦干、真抓实干，全力以赴拼经济、搞建设，坚定不移推动高质量发展，集中力量抓好推动临空经济区和高新区加快发展、实施工业强市战略、深化市属国有企业改革“三件大事”，实施产业项目、交通建设、城市规划建设“三大会战”，深化“N项改革”，全面加强党的建设，推动各项事业取得新进展新成效。

一是深入学习贯彻习近平新时代中国特色社会主义思想和习近平总书记到四川视察重要指示精神。坚定拥护“两个确立”、坚决做到“两个维护”，第一时间、“第一议题”学习贯彻习近平总书记重要讲话和重要指示批示精神，召开市委工作会议、市委理论学习中心组学习会等学习贯彻总书记到四川视察重要指示精神，广泛开展宣传宣讲，细化落实分工方案，一项一项抓好落实。精心组织开展学习贯彻习近平新时代中国特色社会主义思想主题教育，成立市委主题教育领导小组，制发《实施意见》、市委常委班子带头开展主题教育《工作方案》和市县领导班子、基层党组织《工作方案》，建立“2+7”运行制度高效推进。持续深化理论学习，坚持读原著学原文悟原理，举办市级领导干部读书班、市委理论学习中心组学习会进行集中学习研讨，市委常委班子成员带头讲专题党课，引导全市上下做到学思用贯通、知信行统一。扎实开展调查研究，市委常委班子带头围绕打造成渝地区中部崛起示范区深入基层专题调研，开展正反案例解剖式调研，形成初步调研成果。动真碰硬检视整改，扎实抓好省级层面涉及资阳市的7个专项整治和市级层面确定的持续做优营商环境有差距专项整治，针对存在问题逐项制定整改措施，不折不扣抓好整改。针对不同层级、不同领域、不同对象特点，加强分类指导，推动主题教育有效覆盖。认真落实省委“四化同步、城乡融合、五区共兴”发展战略，召开市委五届七次全会，专题研究深入推进新型工业化打造产业发展新高地并作出《决定》；认真学习贯彻省委十二届四次全会精神，筹备市委五届八次全会，对推进城乡融合发展进行专题研究，形成了全会文件初稿，并广泛征求各方面意见建议，经过多次研究修改，形成了提交这次全会审议的文件稿。

二是加快推动成渝地区双城经济圈建设和成资同城化发展。认真落实省委省政府《关于支持川中丘陵地区四市打造产业发展新高地加快成渝地区中部崛起的意见》，加快建设成都都市圈现代化产业新城和成渝地区中部崛起示范区。坚持把临空经济区和高新区作为成资同城化发展的主阵地，坚持集中集聚，变“项目等土地和厂房”为“土地和厂房等项目”，项目从签约到投产的平均时间大幅缩减。高新区入选全省高端人才产业园，临空经济区入围全省“园保贷”融资试点园区。1—10月，两区全社会固定资产投资总额占全市的43.5%，较2021年提高14.1个百分点，工业投资占全市的40.9%，较2021年提高26.5个百分点，两区税收的规模和贡献度居全市首位，主阵地作用更加突出。实施成都都市圈建设成长期三年行动计划，突出错位互补、功能配套、业务协同、同城支撑，成资同城化取得新成效，轨道交通资阳线实现全线“桥通”“洞通”“短轨通”，将于明年建成通车，成宜高铁进入运行试验阶段，年底前将开通运营，成达万高铁、成渝中线高铁等重点项目加快建设，促进成资410余户企业相互协作配套。深化与重庆毗邻地区合作，资大文旅融合发展示范区纳入四川省文化产业和旅游产业融合发展示范区创建名单，乐至经开区与重庆璧山高新区入围第二批川渝产业合作示范园区。

三是全力以赴拼经济搞建设。牢牢把握高质量发展这个首要任务，坚持以项目和企业为中心组织经济工作，落实市领导联系重大项目、联系帮扶规模以上企业等制度，着力抓项目促投资、助企业稳增长，全市经济总体呈现稳中有升、质量提升的良好发展态势。1—9月，全市地区生产总值增长5.5%，增速高于全国0.3个百分点。1—10月，全市地方一般公共预算收入增长23.1%，增速居全省第6位，工业投资增长95.7%，增速居全省第3位，工业增值税增长25.8%，增速居全省第8位，工业贷款余额增长26.8%，增速居全省第6位。

深入实施工业强市战略，培育壮大医疗器械、交通装备、清洁能源、食品饮料等特色优势产业，加快发展电子信息、先进材料等战略性新兴产业，构建以新型工业化为主导的现代化产业体系。中国牙谷累计引进口腔企业110户，234个“资阳造”产品投入市场，口腔医疗器械产业集群获评全省首批中小企业特色产业集群，国家药监局医疗器械技术审评中心医疗器械创新四川服务站资阳分站揭牌、成为全国市（州）第一个分站，Ⅱ、Ⅲ类口腔产品注册证数量居中西部第2位、全国第5位。中车资阳机车、现代商用车、爱齐科技、百威啤酒、资阳石油钢管厂等一批企业量质齐升，现代商用车已下线新能源商用车（电动）、即将下线氢能源商用车、与沙特阿拉伯500辆创虎重卡订单完成交付，引进丹麦知名食品制造商欧福蛋业、建设西南地区最大的蛋制品加工基地，百威高端啤酒生产线、奋安铝业西南建设基地等项目开工建设，安井食品西南生产基地三期10万吨预制菜生产线即将开工、建成后将成为西南地区规模最大的速冻食品和预制菜生产基地。坚持“资本招商＋产业链招商＋传统招商”，引进投资100亿元的高效太阳能电池片研发生产项目，高仙机器人、九天中创等一批高新技术项目陆续投产，星河动力新一代固体飞行器研发生产基地项目开工，有望成为国内领先的固体火箭研发生产基地，Keeway高性能电动交通工具（西南生产基地）项目开工，将建成全国知名的智能电动两轮车生产基地，与航天三院合作成立资阳商业航天发射技术研究院，建设全国知名电磁发射研发基地，加快形成高科技中小微企业集群。安岳天然气化工产业园申报已取得8个省直部门初审同意意见，具备省级部门会审资格，高石梯南区净化厂项目加快推进，川中丘区页岩气新层系勘探取得突破。1—10月，全市工业投资占全社会固定资产投资比重24.7%，同比提高12个百分点，工业税收占税收总额比重26.8%，同比提高4.2个百分点，工业强市战略效果日益显现。

坚持以人的集聚和物的集散为导向，加快发展物流、文旅、金融等现代服务业，加快引进国家5A级综合物流服务企业飞力达，签约引进京东方艺云数字文化产业基地项目，与京东方智慧医疗合作打造数智化全场景康养平台，中华优秀传统文化科技创新示范园、安岳石窟数字展示中心等项目加快建设，濛溪河遗址考古发掘取得突破，宝森柠檬旅游区成功创建国家AAAA级旅游景区，陈毅故里获批省文旅融合示范项目。加强重大项目保险保障，引导保险机构靠前服务星河动力、新石器无人车等产业项目，1—10月全市企财险保费收入增长88.1%，财产险保费收入增长10.8%，增速居全省第3位。加快发展建筑业和房地产业，6户企业晋升一级资质，1—10月全市房地产在售项目网签面积增长8.2%，二手房成交面积增长29.2%。

四是进一步深化改革开放创新。把国资国企改革作为推动高质量发展的突破口，坚持党建引领、市场转型、质量并重、风险可控，推动市属国有企业改革取得新突破，截至10月末，市属国企资产总额1053.7亿元，营业收入81.8亿元，总量居全省第9位，上缴税费增速、资产负债率降幅居全省第1位，所有者权益增速居全省第3位，利润总额增速居全省第4位，资阳发展集团入围“川企百强”。坚持“资本+伙伴+生态”协同发展，推动金融资本与产业资本结合，深化与中金资本、工银投资、中银投资以及新加坡淡马锡控股、大华银行参股的毅峰资本等合作，工商银行出资3亿元入股市高投集团，中国银行出资2亿元入股市港投集团，资阳成为西部地区唯一有两家“四大行”入股市属国企的地级市，今年以来资本招商签约股权投资项目22个。稳慎推进农村宅基地“两项试点”，承办全省宅基地改革现场推进会，完成农村宅基地“房地一体”确权颁证54.2万本，颁证率93.5%，探索形成“城乡共管”盘活闲置资源、“资源变资产”壮大村集体经济等模式，流转盘活闲置农房1680宗，入市农村集体经营性建设用地9宗。持续扩大对外开放，保税物流中心获批全省唯一配送型出口监管仓，全市外贸实绩企业累计达75户，二手车出口、蜜柑自营出口、水果（榴莲）直接进口实现“零突破”，1—10月全市进出口总额增长37.3%，增速高于全省42.9个百分点、居全省第6位，出口总额增长61.3%，增速居全省第4位，外商直接投资3.13亿美元，总量居全省第2位。深入实施创新驱动发展战略，全市新认定省级“专精特新”中小企业34户，净增量居全省第5位，净增量增速居全省第1位，高新技术企业总量有望突破120户，同比增长62.2%，科技型中小企业入库360户，同比增长64.4%，创新发展指数提升幅度居全省Ⅲ类地区第1位。

五是加快推进城乡融合发展。深入实施城市规划建设大会战，完成市级国土空间总体规划编制，新城南路、牙谷产城融合发展等38个城建项目完工，沱一桥东侧匝道等5条“断头路”建成通车，建设南路一段、二段两座人行天桥年底前将建成投用，老旧小区改造完工167个，惠及群众1.39万户，既有住宅电梯增设180部，率先在全省推进物业管理全覆盖，城市功能更加完善、品质不断提升。加快推进以县城为载体的新型城镇化，乐至县成功创建省级生态园林城市。深入实施交通建设大会战，资中至铜梁高速公路资阳境内全线开工，成渝高速扩容项目控制性工程开工，东西城市轴线资简段、娇子大道西延线、科创大道等加快建设，新改建农村公路324千米。全面推进乡村振兴，持续巩固脱贫攻坚成果，恢复补充耕地9.1万亩，居全省第3位，大豆种植面积居全省第1位，预计全年粮食产量实现168万吨以上，安岳柠檬品牌价值达190.6亿元，排水果类全省第1位、柑橘类全国第3位，出口增长213.6%。大力推进生态文明建设和生态环境保护，接受第三轮第二批省级生态环境保护督察，严格落实河湖长制、林长制，深入打好蓝天、碧水、净土保卫战，扎实抓好中央和省级环保督察反馈问题整改，今年以来全市空气质量综合指数稳居成都都市圈首位，1—10月17个国省考核断面水质优良率为94.1%，城市地表水环境质量指数改善程度居全省第1位，农用地环境质量居全省第2位，科伦药业安岳分公司获评国家级绿色工厂，百威啤酒成功创建全省第二家国家级水效领跑者企业。

六是扎实推进民主法治建设。坚持党的领导、人民当家作主、依法治国有机统一，支持市人大及其常委会依法行使职权，在全省率先建设全过程人民民主实践基地，全覆盖全过程开展民生实事监督，成功承办省人大常委会组成人员培训会等重大会议活动。支持市政协依照章程履行职能，创新开展“同心共建现代化四川·资政有为”专项行动，支持各民主党派、工商联、无党派人士持续开展政治协商、民主监督、参政议政，围绕中心工作积极建言献策，更好凝聚共识。深入推进法治资阳建设，“八五”普法扎实开展，《资阳市优化营商环境条例》今年9月正式施行，成功创建第一批全省法治政府建设示范市，为全省两个示范市之一。加强党管武装和双拥工作，成功举办四川省退役军人事务领域助力成渝地区中部崛起活动。

七是持续保障和改善民生。坚持以办好民生实事为抓手增进民生福祉，认真办好省下达25件民生实事和资阳市20件民生实事，为2万多名农村适龄妇女免费提供“两癌”筛查服务，为3.4万名在校初中女生接种宫颈癌疫苗，让发展成果更多更公平惠及广大群众。扎实做好就业促进工作，保障全市重点企业用工需求6000余人，高校应届毕业生去向落实率93.75%，居全省第2位。办好人民满意的教育，推进教育综合改革，启动实施教育基础设施补短攻坚行动计划38个项目，新增学位1.26万个，历时17年的雁江六中开工建设，马鞍学校初中部、安岳实验中学新校区、乐至县第三幼儿园等10个项目建成投用。2023年高考，资阳市考生被重点本科院校录取2863名，同比增长10.4%。深入推进体教融合，资阳中学女排蝉联四川省第三届“贡嘎杯”校园体育联赛女子排球高中组冠军，获2023年四川“三大球”城市联赛女子排球冠军、2023年全国体育传统项目学校联赛排球项目第4名。深入推进健康资阳建设，深化医疗体制改革，推进城市医联体和县域医共体建设，做强做优市第一人民医院，安岳县域医共体建设取得明显成效，二级公立医院绩效考核居全省第1位，公立医院门诊次均费用降幅居全省第1位、住院次均费用降幅居全省第3位。召开全市首届慈善大会，接受捐赠总额达1亿元。

八是切实维护社会大局稳定。牢牢守住安全底线，统筹抓好安全生产、防灾减灾、森林防灭火等工作，有效应对“7·27”特大暴雨，1—11月全市一般生产安全事故起数、死亡人数分别下降30%、39.1%，未发生较大及以上生产安全事故。防范化解重点领域风险，安岳县再次成功申报隐性债务化解试点，全市48个问题楼盘基本清零，住建领域信访量下降45%，金融生态内生环境排全省第8位。深化平安资阳建设，纵深推进常态化扫黑除恶，严厉打击各类违法犯罪活动，成功举办首届环资阳地区平安建设边际协作交流会。

九是全面加强党的建设。认真落实新时代党的建设总要求，以党的政治建设为统领，全面加强党的各项建设，以高质量党建引领保障高质量发展。始终把党的政治建设摆在首位，严格执行新形势下党内政治生活若干准则，开展学习宣传贯彻党的二十大精神情况专项监督，全力配合省委巡视工作，完成两轮市委巡察，引导全市各级党组织和广大党员干部深刻领悟“两个确立”的决定性意义，坚决做到“两个维护”。加强党内法规制度建设和向省委请示报告工作，两项工作均在全省作现场经验交流。扎实做好宣传思想工作，坚定用习近平新时代中国特色社会主义思想凝心铸魂，创新举办“理响资阳·团结奋斗向未来”音乐思政课38场，党的创新理论武装不断加强。严格落实意识形态工作责任制，意识形态形势向上向好。深入推进媒体融合试点，“资阳观察”APP用户数从31万跃升到130万，在全国地方党委宣传部部长培训会上作交流发言，是全省唯一入选中宣部首次出版的《全国新闻出版工作案例教材》的市（州）。加强对外形象宣传，完成资阳市城市形象标识设计并加强推广使用，推出“10岁男孩捡到16万黄金首饰主动上交”“天使女孩朱红琳”等典型人物、事件新闻报道，引发社会各界广泛关注。全力创建全国文明城市，测评结果有望实现升位。深入贯彻新时代党的组织路线，始终把班子队伍团结作为重中之重，坚持市“四套班子”主要负责人每月一次例会、每月一次党建工作例会、每季度一次党建领导小组会议等工作制度，充分调动各方面积极性主动性创造性，形成心往一处想、劲往一处使的团结奋进浓厚氛围。鲜明正确选人用人导向，推动干部能上能下落地见效，择优选派62名干部参加省“双百行动”等计划、54名干部到“三个一线”挂职。持续强化人才支撑，建成“拎包入住”人才公寓2000余套，引进硕博人才近600人。全面完成中小学校领导体制改革任务，完成公立医院党建入章，市区党校新校区即将投用，成功创建省级基层治理示范单位20个，高新区松涛镇书台山社区党建引领小区治理工作经验入选全国先进典型社区案例。深化正风肃纪反腐，出台领导干部操办婚丧喜庆事宜规定，探索基层公务接待“扫码用餐”改革，成功承办全省“青廉说”主题演讲决赛、全省监督护航成渝地区双城经济圈建设座谈会。开展市属国有企业监督体系改革，严肃查处医疗卫生、产业园区等领域典型案件，专项治理财务管理、乡村振兴等方面突出问题。开展纪检监察干部队伍教育整顿，从严锻造铁军队伍。

一年来，市委常委班子持续加强自身建设，扎实开展主题教育，坚定以习近平新时代中国特色社会主义思想统揽资阳各项工作，深入学习贯彻总书记到四川视察重要指示精神，推动党中央和省委决策部署在资阳具体化。严格执行民主集中制，认真落实《中国共产党地方委员会工作条例》，坚决贯彻落实“三重一大”事项集体决策制度，做到科学决策、民主决策、依法决策。带头践行“四下基层”，落实市级领导联系重大项目、规模以上企业等制度，深入一线研究工作、解决具体问题，带动各级干部真抓实干。修订并带头执行《贯彻落实中央八项规定精神和省、市十项规定实施细则》，从严管好家属和身边工作人员，以身作则带动全市政治生态持续巩固向好。

资阳市人民代表大会常务委员会工作报告

（2024年1月10日在资阳市第五届人民代表大会第四次会议上的报告）

市人大常委会主任　王荣木

2023年工作回顾

2023年是全面贯彻落实党的二十大精神的开局之年，也是推进全市人大工作提质增效、助力成都都市圈现代化产业新城和成渝地区中部崛起示范区建设的奋进之年。一年来，在市委坚强领导下，市人大常委会以习近平新时代中国特色社会主义思想为指导，深入学习贯彻党的二十大精神和习近平法治思想、习近平总书记关于坚持和完善人民代表大会制度的重要思想，全面贯彻落实中央省委市委人大工作会议精神和决策部署，忠实履行宪法法律赋予职责，在守正创新中加强和改进新时代地方人大工作，在担当作为中丰富全过程人民民主资阳实践，地方立法稳步推进，监督实效不断提升，决定任免正确行使，代表工作深化拓展，自身建设全面加强，为建设社会主义现代化资阳提供了有力保障。

一年来，共召开常委会会议8次，审议地方性法规4部，听取和审议专项工作报告18个，开展专题视察、执法检查等20项，作出决议决定17个，选举产生34名省十四届人大代表，规范任免国家机关工作人员56人次，办理代表建议98件，圆满完成全年目标任务，为推动资阳经济社会发展和民主法治建设做出了积极贡献。特别是，设地建市以来首次承办省人大常委会组成人员学习会，在全国首创将区域协同立法从生态环境领域拓展到经济社会发展领域，成功创建全省首个全过程人民民主实践基地，省人大常委会首次组织中省媒体到资阳市开展人大工作集中采访，市人大常委会机关是全省人大系统唯一入选第六届四川省最佳文明单位，获省人大常委会领导和市委主要领导肯定性批示14次，被中省媒体宣传报道136次，充分展示资阳经济社会发展和人大工作成效。

一、坚持政治统领、党建引领，把牢正确政治方向

牢牢把握人大政治机关属性，不断提高政治判断力、政治领悟力、政治执行力，确保人大工作正确政治方向。

（一）坚持和加强党的领导坚定坚决。坚持党的领导、人民当家作主、依法治国有机统一。强化“第一任务”观念，落实“第一议题”制度，深入学习贯彻习近平新时代中国特色社会主义思想、习近平总书记到四川视察重要指示精神和党的二十大精神、省委十二届三次四次全会和市委五届七次八次全会精神，持续深化政治机关意识教育和党员干部对党忠诚教育，引导人大干部深刻领悟“两个确立”的决定性意义，增强“四个意识”、坚定“四个自信”、做到“两个维护”。始终坚持党对人大工作的全面领导，抓好省人大常委会重点工作和市委重点工作制度落实，全力推动资阳市加强和改进人大工作58项重点任务落地，就述职测评、地方立法等重大事项，主动向市委请示报告工作34次，把党的领导贯穿人大工作全过程各方面。

（二）推动第二批主题教育走深走实。紧紧围绕学思想、强党性、重实践、建新功总要求，突出“三个结合”，扎实抓好第二批主题教育。坚持把开展主题教育与学习习近平总书记到四川视察重要指示精神相结合、把履行法定职责与为群众办实事相结合、把服务经济社会高质量发展与开创人大工作新局面相结合，健全学习机制，创新“六学”方式，举办市人大常委会机关主题教育读书班，常委会党组、机关党组开展专题研讨交流12次，实现机关副县级以上干部集中学习全覆盖。聚焦新时代人大使命任务，立足资阳市情和人大工作实际，深入开展调查研究，全面掌握情况问题，加强分析研判，注重成果交流，建立转化清单，积极推动18个调研发现问题有序解决。坚持“当下改”与“长久立”相结合，对主题教育中的好做法好经验及时以制度固化，修订完善制度机制12个，探索建立学习宣传贯彻党的创新理论“四化”工作制度，持续推动主题教育走深走实。

（三）发展全过程人民民主见行见效。坚持全覆盖布局、全方位推进、全链条贯通，不断探索民主民意表达平台载体，建立健全人民当家作主“1+3”制度体系，全域推进全过程人民民主实践基地建设，努力将民主触角延伸到群众家门口。组织全过程人民民主实践基地建设现场推进会，建成首批示范基地9个，得到省人大常委会领导“有特色、有探索、有实践、有成效”的充分肯定。坚持“线上”“线下”并行，整合代表履职平台，探索建立“群众‘码上说’、代表‘马上办’”群众意见收集闭环办理机制，推动全市90个人大代表之家、406个人大代表联络站按照“六有”标准规范运行，实现代表联系群众服务选民全天候、零距离，让群众感到“代表时刻在线、民主就在身边”。

二、坚持围绕中心、服务大局，忠实履行法定职责

围绕“三件大事”“三大会战”“N项改革”等市之大事依法履职，做到全市工作重心在哪里，人大工作就跟进到哪里，始终与党委同心、与政府同力、与人民同行。

（一）聚焦高质量发展。听取“三大会战”实施情况报告，组织国省人大代表开展建设成都都市圈现代化产业新城和成渝地区中部崛起示范区、助推临空经济区高新区加快发展、“十四五”规划中期实施等专题调研，立足资阳当前实际和长远需求，向国省人民代表大会提出“补齐成渝地区中部发展短板助力成渝地区双城经济圈建设”等建议46条，力争更多资阳事项纳入国家省盘子。坚定贯彻工业强市战略，听取制造业高质量发展、创新驱动引领高质量发展等情况报告，开展国土空间规划编制等专题调研，视察天然气清洁能源产业园等平台建设，深入走访企业项目，广泛听取意见建议，推动助企纾困政策有效落实。贯彻落实国省“扩内需、促消费”决策部署，听取促进外商投资企业发展等情况报告，开展资大文旅融合发展示范区建设、市属国有企业改革、促进夜间经济发展等视察调研，为

推动经济发展出实招、献良策。听取乡村振兴、现代农业产业情况报告，开展“天府粮仓”资阳片区、高标准农田建设等专题调研，跟踪督查农村宅基地制度改革试点、农村集体经济组织条例等审议意见落实见效。

（二）聚焦高品质生活。听取和审议2022年度环境状况和环境保护目标完成情况，扎实开展老鹰水库饮用水水源保护、大气污染防治等跟踪监督，持续巩固生态环境建设成效。开展“一老一幼”、紧密型县域医共体建设等专题调研，督促全市养老服务体系建设、托幼一体推进等工作有效落实。持续推进县乡两级民生实事项目人大代表票决制工作，首次探索人民代表大会票决市级民生实事项目。对市级民生实事项目进行专项监督，实行市、县、乡人大三级联动，选聘26名市级民生实事项目监督员，建立“方案+清单、代表+媒体、提问+督导”工作机制，组织435名各级人大代表分组分片对226件民生实事项目进行全覆盖全过程监督，提出意见建议300余条，推动“新增公办教育学位”“既有住宅加装电梯”等民生实事项目顺利实施、深受好评。

（三）聚焦高效能治理。有序推进四川省人大预算联网监督示范点创建，加强预算决算审查、政府债务、国有资产等工作监督，开展财政运行、减税降费、专项债券使用等专题调研。严格落实重大事项决定计划，依法作出国民经济和社会发展等决议决定，扎实开展创建全国文明城市工作督导，为推动资阳高质量发展凝聚共识汇聚合力。加强任后监督，对5名常委会任命人员进行述职测评，促进人大任命的国家机关工作人员依法履职。扎实开展宗教中国化示范场所建设等专题调研，持续跟踪民族工作审议意见落实情况，推动全市“三非”外国人专项治理取得新成效。不断拓展基层民主实践，优化营商环境、“三治并举”助推停车治理等经验在国省人大推广。

三、坚持问题导向、目标导向，推进法治资阳建设

坚持以习近平法治思想为指导，聚焦民主法治建设关键环节和重点领域，扎实推进立法、监督等工作，为经济社会高质量发展提供有力法治保障。

（一）提升地方立法质效。围绕提高地方立法质量和效率，按照运行制度化、沟通便捷化、服务高效化、活动常态化、配置标准化，扎实推进基层立法联系点建设。研究起草地方性法规审议工作规定，建设全过程人民民主立法实践基地，让立法走入寻常百姓家，推动地方立法更好倾听民意、集中民智、维护民利。加强成德眉资区域协同立法，颁布实施《资阳市优化营商环境条例》，助力建设统一开放的区域市场环境、高效便捷的区域政务环境、公平公正的区域法治环境。出台《资阳市城区建筑垃圾管理条例》，加快推进农贸市场管理、天府国际艺术城建设与管理2部法规审议，开展九曲河保护、农村场镇规划管理、养老服务业促进、村级河湖长制、海绵城市建设管理5项立法调研，为市域社会治理提供法治保障。

（二）维护宪法法律权威。持续推进“八五”普法，切实加强宪法法律监督，坚定维护宪法权威。扎实开展“法律七进”调研，促进普法工作提质增效，助力法治社会建设。常态化开展常委会会前学法，组织宪法宣誓20人次，推动形成尊法、学法、守法、用法良好氛围。扎实开展中医药法、安全生产法、保障农民工工资支付条例等执法检查，监督城区机动车停车、物业管理、文明行为促进等条例落实情况，推动法律法规有效实施。坚持有件必备、有备必审、有错必纠，审查“一府两院”及县（区）人大常委会规范性文件61件，协助市委对13件党内规范性文件开展合法性审查，全力维护法制统一。配合国省人大完成中华人民共和国爱国主义教育法、中华人民共和国台湾同胞投资保护法等35部法律法规意见征集，提出36条修改建议得到采纳。

（三）保障社会公平正义。大力弘扬社会主义法治精神，全面推进科学立法、严格执法、公正司法、全民守法。持续开展禁毒工作监督，督促相关部门抓实毒品预防教育、违法犯罪查处等工作，持续巩固禁毒工作成效。围绕审判执行、知识产权保护、扫黑除恶、破产案件审理和公益诉讼、检察建议落实、未成年人检察、诉源治理等重点工作开展专

项监督。扎实开展预防侵害未成年人违法犯罪等专题调研，监督推动公共法律服务体系加快完善，助力未成年人保护、成资公共法律服务同城化等工作有效落实，推动基层社会治理和平安建设持续深化。

四、坚持民有所呼、我有所应，发挥代表主体作用

坚持尊重代表、依靠代表、服务代表，充分发挥人大代表来自人民、植根人民的特点和优势，支持和保障代表依法履职尽责。

（一）密切代表联系群众。完善落实常委会组成人员联系代表、代表联系群众制度，推动6880名五级人大代表进“家”入“站”履职。聚焦全市发展大局，组织各级人大代表开展“我为群众办实事——人大代表在行动”等活动，接待群众20余万人次，深入走访企业、项目，积极帮助解决具体问题。

（二）优化履职服务保障。强化代表履职服务和管理监督，开展常委会组成人员、县乡人大干部专题培训，组织16名省人大代表参加履职培训，不断提升代表履职能力。深化代表联系走访、视察调研和代表小组活动，健全完善代表履职档案，推动落实直选代表向原选区选民述职，以实际行动践行“人民选我当代表，我当代表为人民”的庄严承诺。

（三）提升建议办理质效。落实代表建议办理“全闭环”工作机制，强化督促指导、重点督办，实施线上线下同步办理，“关于加强中心城区老旧小区改造”等98件代表建议全部办结，代表满意率100%，确保代表意见建议办理“有落实、有反馈、有实效”。听取代表建议办理工作报告，通报表扬年度优秀建议13件、办理先进单位13个、优秀组织单位4个。创建天府旅游名县和省级全域旅游示范区等5件代表建议获市委主要领导肯定性批示。

五、坚持久久为功、善作善成，持续加强自身建设

牢牢把握“四个机关”定位要求，持续锻造“三有一树”团队，推动人大工作干在实处、走在前列，奋勇争先、力争上游。

（一）切实扛牢管党治党政治责任。落实常委会党组、机关党组、机关党委、党支部抓党建工作责任制，全面加强党的政治、思想、组织、作风、纪律和制度建设，扎实抓好党风廉政建设、意识形态等工作。完善理论学习中心组带头学、党支部“三会一课”常态学、集中培训专题学等机制，开展理论学习、专题研讨80余次，创建“汇聚民意心向党‘三有一树’当先锋”党建品牌，21篇党建信息获省、市媒体采用。紧贴人大工作实际开展主题党日等活动，承办全市机关党建助推“三大会战”“N项改革”现场推进会，牵头打造彰显人大特色的“音乐思政课”获省人大机关好评借鉴。

（二）持续锻造“三有一树”团队。召开市人大常委会工作会议暨“能力提升”行动部署会，常态开展谈心谈话、思想交流等活动，完善“团队+个人”考核模式，推动机关“三项考核”位居全市前列。落实新时代人大工作新要求，通过个人点餐、组织定餐、综合套餐“三餐制”模式，组织开展机关大讲堂、双周五微论坛、书香人大等活动32场次。选派13名干部参与巡视巡察、乡村振兴、深化改革等重点工作，激励人大干部奋发向上、奋进拼搏。

（三）凝聚合力提升人大工作质效。紧紧围绕党中央和省委市委决策部署，找准人大依法履职的切入点、着力点和结合点，以系统思维和法治方式全面提升人大工作质效。扎实抓好市辖区高质量发展、成资同城化发展、国企改革发展等市委交办调研课题，形成调研报告8篇，为市委决策提供参考。主动接受省人大工作指导，加强同“一府一委两院”沟通协调，强化对县（区）、乡镇（街道）人大联系指导，形成上下联动、左右贯通人大工作格局。有序推进“数字人大”建设，加强改进人大宣传工作，《让全过程人民民主之花开满资阳大地》等稿件在中国人大网刊载，推动人民代表大会制度深入人心。

各位代表，市五届人大常委会一年来取得的工作成绩，是市委坚强领导的结果，是全市人大代表、常委会组成人员、各专门委员会组成人员依法履职的结果，是市人民政府、市监察委员会、市中级人民法院、市人民检察院密切配合的结果，是全市人民、各级人大、驻资阳部队及社会各界大力支持的结果，是历届人大

老领导、老同志关心帮助的结果。在此，我谨代表市五届人大常委会，向大家致以崇高的敬意和衷心的感谢！

在总结成绩的同时，我们也清醒认识到存在的问题和不足，主要表现在地方立法的精准性有待提高、履职监督的刚性与实效有待增强、代表依法履职能力有待提升、干部队伍建设还有待加强，这些都需要我们高度重视，采取有力措施，切实加以改进。

各位代表，人民代表大会制度是我们党领导人民在人类历史上的伟大创造。党的二十大擘画出全面建设社会主义现代化国家、以中国式现代化全面推进中华民族伟大复兴的宏伟蓝图，吹响了奋进新征程的时代号角，鲜明指出全过程人民民主是社会主义民主政治的本质属性，是最广泛、最真实、最管用的民主，为我们坚定不移走中国特色社会主义政治发展道路，做好新时代地方人大工作提供了根本遵循和方向指引。省委十二届四次全会以县域为切入点，深入实施"四化同步、城乡融合、五区共兴"发展战略，积极探索符合中国式现代化要求、彰显四川特色的城乡融合发展路径，为推动新时代治蜀兴川再上新台阶作出了系统谋划。市委五届八次全会深刻把握战略机遇，精准研判发展大势，立足资阳实际，从全局和战略高度作出以产城一体为突破口推进城乡融合发展的决定，必将不断夯实资阳高质量发展基础，助力成渝中部加快崛起。我们要深入贯彻党中央大政方针和省委市委决策部署，进一步增强责任感使命感，创造性做好立法、监督、代表等工作，把人民代表大会制度优势更好转化为地方治理效能，在加快建设成都都市圈现代化产业新城和成渝地区中部崛起示范区，全面建设社会主义现代化资阳新征程中展现人大新作为、做出人大新贡献。

2024 年工作建议

2024 年是全国人民代表大会成立 70 周年，也是推动人大工作与时俱进，助力资阳跨越式发展的关键之年。做好今年工作责任重大、意义重大，对常委会全年工作总体思路建议是：以习近平新时代中国特色社会主义思想为指导，深入学习贯彻习近平法治思想和习近平总书记关于坚持和完善人民代表大会制度的重要思想，全面贯彻落实中央、省委、市委人大工作会议精神和决策部署，坚持党的领导、人民当家作主、依法治国有机统一，更加自觉坚定正确政治方向，更加有为助力经济社会高质量发展，更加有效促进人民生活持续改善，更加有力推动法治资阳建设，为建设社会主义现代化资阳提供有力保障。

一、强化党的领导，坚定正确政治方向。深入学习贯彻习近平新时代中国特色社会主义思想和习近平总书记系列重要指示批示精神，巩固拓展第二批主题教育成果，深刻领悟"两个确立"的决定性意义，坚决做到"两个维护"。按照党中央和省市有关部署，隆重纪念全国人民代表大会成立 70 周年。严格落实党领导人大工作各项制度机制，在市委坚强领导下，充分发挥人大常委会党组作用，善于使党的主张通过法定程序成为国家意志，善于使党组织推荐人选通过法定程序成为国家政权机关领导人员，善于通过国家政权机关实施党对国家和社会的领导，确保人大工作正确政治方向。

二、服务中心大局，助推经济社会发展。落实高质量发展要求，围绕产城一体、城乡融合等战略部署，发挥人大职能作用，谋划抓好立法、监督、代表等工作。依法实施正确有效监督，聚焦经济社会发展、社会民生关切、法治资阳建设等重点任务和关键环节，依法行使监督职权，不断改进监督方式、加大监督力度、增强监督实效。坚持科学民主依法立法，持续推进基层立法联系点标准化建设和全过程人民民主实践基地规范化建设。抓实农贸市场管理条例、天府国际艺术城建设与管理条例、修正立法条例、村级河湖长制条例等法规审议，有序推进海绵城市建设管理、电力设施保护、养犬管理等立法调研。加强宪法法律实施监督，及时听取法律法规贯彻执行情况报告，聚焦重点领域开展执法检查，认真做好备案审查工作。依法开展决定和选举任免，坚持党管干部原则依法任免国家机关工作人员，聚焦全局性、战略性问题作出决议决定，为资阳建设发展凝心聚力。

三、发挥载体作用，保证人民当家做主。坚持党的全面领导，坚持人民主体地位，持续推进全过程人民民主资阳实践，保证人民依法实行民主选举、民主协商、民主决策、民主管理、民主监督，努力将人民代表大会制度优势转化为治理效能，让全过程人民民主可观、可感、可触、可见。扎实开展五级人大代表进“家、站”、三级民生实事票决制全覆盖、“我为群众办实事——人大代表在行动”、直选代表向原选区选民述职、代表“家、站”建设评选激励“五大行动”。着力强化代表履职服务保障和管理监督、代表建议办理质效、代表履职宣传“三项工作”，充分发挥人大代表主体作用，为资阳跨越式发展凝聚共识贡献力量。

四、加强自身建设，夯实依法履职根基。全面落实“四下基层”工作要求，部署开展自身建设问质、联系群众问需、服务发展问策、履职监督问效“四问”行动，以“扪心之问”问出责任、问出担当、问出作风、问出效能，努力实现“四有”目标。即通过开展全员大学习、岗位大练兵、业务大比拼推动自身建设问质，做到身上有本领；通过大宣讲、大走访联系群众问需，做到心中有人民；通过大调研、大讨论服务发展问策，做到胸中有大局；通过开展审议意见办理、代表建议办理、民生实事项目跟踪督办推进履职监督问效，做到肩上有责任，为锻造“三有一树”团队、建强“四个机关”，助力资阳跨越式发展提供有力保证。

牢记嘱托再出发，感恩奋进新征程。各位代表，人大使命光荣艰巨，人民重托殷切厚重，让我们在习近平新时代中国特色社会主义思想的指引下，深入贯彻党的二十大精神和习近平总书记对四川工作系列重要指示精神，在市委的坚强领导下，团结奋斗、埋头苦干、守正创新、艰苦创业，在更好服务经济社会高质量发展中不断丰富全过程人民民主资阳实践，为奋力谱写中国式现代化资阳新篇章做出新的人大贡献！

资阳市人民政府工作报告

（在 2024 年 1 月 10 日在资阳市第五届人民代表大会第四次会议上的报告）

2023 年工作回顾

2023 年，面对复杂严峻的外部环境和艰巨繁重的改革发展稳定任务，我们坚定以习近平新时代中国特色社会主义思想为指导，深入学习贯彻党的二十大精神和习近平总书记到四川视察重要指示精神，全面落实党中央国务院、省委省政府和市委决策部署，坚持以项目和企业为中心组织经济工作，突出抓好“三件大事”、打好“三大会战”、深化“N 项改革”，全力以赴拼经济、搞建设，奋力推动高质量发展，现代化资阳建设迈出坚实步伐。预计地区生产总值增长 6% 左右，地方一般公共预算收入增长 15.3%，城镇居民人均可支配收入增长 4.5% 左右，农村居民人均可支配收入增长 5.5% 左右，居民消费价格指数控制在 103 以内。

一年来，我们主要做了以下工作：

一、全力以赴稳定经济增长，发展质效稳步提升

经济运行调度有力。坚持

“周监测、旬研判、月调度、季分析”经济运行调度机制，建立经济运行监测指标体系、经济运行激励约束机制，聚焦重点行业、重点企业、重点县区、重点项目，强化常态化分析研判，着力抓项目促投资、助企业稳增长，工业投资、制造业投资、工业增值税、工业贷款余额等支撑性指标增速持续向好，经济发展稳中有升、量质齐升。

政策措施全面落实。对接国、省稳增长政策措施，研究制定111条推动经济高质量发展工作措施，落实税费优惠32.72亿元，全力助企纾困解难。着力培育市场主体，全市净增市场主体19289户，总量达16.87万户、同比增长12.9%；新入库“四上”企业148户。

项目投资持续扩大。成立市级领导联系重大项目工作专班，严格落实“周通报、月调度、差约谈”工作机制，定期开展重大项目竞进拉练活动，12个省独立考核重点项目完成投资96.9亿元，170个市级重点项目完成投资456.1亿元。争取到位国省项目资金46.5亿元，同比增长17.7%，地方政府一般债券和专项债券55.1亿元，同口径增长5.93%。谋划储备近两年计划实施项目922个，总投资8000亿元。

招商引资成效明显。首次成为西博会主题市，精心举办“1展2会1活动”，投资吸引力不断增强。全年签约引进项目193个，投资额532.66亿元，其中10亿元以上的重大产业项目11个，成功引进投资100亿元的高效太阳能电池片项目。外商直接投资3.14亿美元，总量居全省第2位。

二、坚定不移抓好“三件大事”，发展动能更加强劲

以临空经济区和高新区为引领的高质量发展实现新突破。临空产业新城PPP二期项目加快推进，雁溪湖达到蓄水条件，邻里中心建成投用，清泉片区园区配套道路全部建成通车，三草湾片区“4横3纵”骨干道路框架基本形成；智能制造产业园19家企业入驻、11家企业投产，临空经济区入围全省“园保贷”融资试点园区；美术学院周边配套加快完善，红碑村宜居宜业和美乡村示范项目加快建设，“山水美、田园美、院落美、环境美、乡风美”的乡村振兴样板初步形成。中国牙谷口腔专科医院主体工程完工，中国牙谷累计引进口腔企业110户，235个“资阳造”产品投放市场，预计实现产值34亿元，同比增长13.3%，国家药监局医疗器械技术评审中心医疗器械创新四川服务站资阳分站揭牌，成为全国地市级第一个分站，四川省食品药品审查评价及安全监测中心资阳分中心正式设立，高新区入选全省高端人才产业园。

以工业为支撑的现代化产业体系构建取得新成效。工业加快突破。口腔医疗器械产业集群获评全省首批中小企业特色产业集群。中车资阳机车获批组建全市首个省级工程研究中心，交付土库曼斯坦15组30台内燃机车、为近十年最大订单；现代商用车下线电动新能源商用车，与沙特阿拉伯500辆创虎重卡订单完成交付。高石梯南区净化厂项目加快建设，新建天然气井12口，续建8口，累计建成312口，全年产天然气63亿立方米，净化天然气43亿立方米，安岳天然气化工园区申报工作加快推进。引进欧福蛋业建设西南地区最大的蛋制品加工基地，百威高端啤酒生产线启动建设，安井食品获评四川省“2023预制菜企业竞争力100强”榜首。高仙机器人、新石器无人车、越海科技等竣工投产。奋安铝业西南建设基地项目开工建设，东方广厦、杭萧钢构产能进一步释放。星河动力新一代固体飞行器产业化基地项目开工建设，四川资阳号运载火箭成功发射升空。193户个体工商户转型升级为企业，升规入库规模工业企业46户，新培育省级“专精特新”中小企业34户。建筑业平稳发展。5户企业晋升一级资质，21户企业新增入库，建筑业实现总产值126.5亿元，同比增长6.5%。服务业提质增效。引进飞力达国际供应链管理服务中心项目，成功举办第二届数智生活消费节、第四届世界柠檬产业发展大会、全国蚕桑产业高质量发展大会等活动，大力培育网络电商、直播带货等新型消费，全市网络交易额实现653亿元，同比增长8%。出台14条促进房地产市场平稳健康发展政策措施，全市商品房网签销售面积187万平方米，同比增长7.33%。推动金融业健康发展，全市存贷款余额3505.99

亿元，同比增长11.22%。资阳出口监管仓正式获批投用，全市进出口总额实现50亿元，同比增长25.9%。“资阳大足共建文旅融合发展示范区案例”入选2022年度全省文化和旅游领域10大改革典型案例，宝森柠檬旅游区成功创建AAAA级旅游景区，乐至县被评为2023年四川烟火旅游胜地。雁江区纳入全省首批服务业高质量发展示范区，乐至县纳入全省首批县域商业建设行动县。农业稳产增收。优化改造种植园地5.5万亩，建成高标准农田18万亩。发挥毗河供水一期工程效益，调水6600万立方米抗旱保春灌，全年粮食播种面积501.7万亩，产量167.8万吨，出栏生猪290万头。资阳市获评全省现代农业园区建设工作推进典型市，安岳县荣获“国家甘薯产业技术体系成果示范基地”称号，乐至县成功创建四川省有机产品认证示范区，雁江丰裕镇、安岳镇子镇被认定为首批国家农业产业强镇。

以完善体制机制为重点的市属国有企业改革迈出新步伐。巩固“两降两提两做”成效，构建以资阳发展集团为头雁的“1+N”集团化管控体系，市属国企资产规模达1070亿元，同比增长14.8%，营业收入100亿元，同比增长55%，利润总额3亿元，同比增长100%，税费3亿元，同比增长20%。资阳发展集团取得AA+信用评级，入围“川企百强”。构建“资本+伙伴+生态”体系，组建产业基金群，大力开展资本招商，市属国企签约股权投资项目22个，投资额68.6亿元，资阳发展集团出资5.5亿元入股四川农商联合银行，与工银投资、中银投资、中金资本等金融机构合作持续深化，资阳成为西部地区唯一有两家“四大行”入股市属国企的地级市。

三、集中力量打好“三大会战”，发展支撑更为有力

产业项目加速集聚。全力打好产业项目大会战，建立统筹指挥作战体系和快速响应服务、红黄绿牌推进、评比考核办法等工作机制，Keeway智能两轮车二期等47个项目开工建设，蜀南气矿安岳勘探井开发井等57个项目加快推进，美迪法智能手术室及医疗设备生产等32个项目竣工投产，完成投资190亿元。

交通建设扎实有效。全力打好交通建设大会战，25个重大交通项目11个竣工投用、14个加快建设，完成投资超100亿元。高铁西站建成投用，成自宜高铁通车运营，轨道交通资阳线实现电通，成达万高铁、成渝中线高铁加快建设。资中至铜梁高速公路资阳境内全线开工，成渝高速扩容项目控制性工程开工建设，中心城区外环快速路、省道401改建工程等加快推进，协调推动天府机场空港大道全线通车。新（改）建农村公路385千米，撤并建制村100%通4.5米硬化路，安岳县成功创建为“四川省乡村运输金通工程样板县”，乐至县交邮融合“金通工程”典型案例在全国推广。

城乡建设加快推进。全力打好城市规划建设大会战，国土空间规划等12个规划全面完成，82个城建重点项目加快实施，高铁西站站前广场、中国牙谷产城融合发展等31个项目竣工投用，三贤路及雷音大桥、城区雨污分流改造、高铁北站综合客运枢纽等51个项目加快建设。扎实开展中心城区城市“体检”，有序推动城市有机更新，新开工老旧小区改造项目91个1.2万户，完工213个1.7万户，既有住宅增设电梯181部，5条城区断头路顺利打通，中心城区基本实现物业管理全覆盖，新开工保障性租赁住房220套。建成全省首个城市运行管理服务平台，城市精细化管理再上新台阶。雁江中和镇、安岳石羊镇成功创建第二批“省级百强中心镇”，乐至县成功创建省级生态园林城市；国家卫生城市复审顺利通过现场评估，全国文明城市创建扎实推进。毗河供水二期工程完成规模优化，关刀桥水库、双石桥水库、蟠龙河水库除险加固工程实现蓄水验收，“张老引水”工程完工，具备通水条件，乐至县成功创建省级乡村水务示范县。宜居宜业和美乡村加快建设，新（改）建农村户厕1.7万户，改造农村危房546户，生活垃圾收转运处置体系覆盖率达100%，乐至天池街道被认定为四川省第三批基层治理示范街道，安岳兴隆镇被认定为省级第三批城乡基层治理示范镇，雁江祥符镇松树村、安岳龙台镇桥墩村、乐至劳动镇百花村等10个村被认定为示范村。

四、坚持不懈深化“N项改革”，发展活力加速释放

重点改革扎实推进。稳慎推进农村宅基地制度“两项试点”，“房地一体”确权登记57.99万宗，完成率100%，流转盘活闲置宅基地1314宗，入市农村集体经营性建设用地10宗。深入推进农村产权制度改革，累计交易农村产权897宗，实现交易总额10.48亿元。高考综合改革稳步推进。紧密型县域医共体加快建设，县域内住院人次占比达92%以上，基层诊疗率达67.18%。

开放合作成效明显。成资同城化发展59个年度重大项目完成投资218.9亿元，82项合作事项扎实推进。成资临空经济产业带、成资协同开放走廊、成德眉资同城化综合试验区等重大平台加快建设，乐至经济开发区成功创建为成渝地区双城经济圈产业合作示范园区。成资400余户企业相互协作配套，华通柠檬、金辉药业、超迪电器等20余户企业（协会）加入成都产业生态圈联盟，医疗器械（口腔医疗）列为成都都市圈重点产业链，成资协同创新总部基地建成投用。成资130对学校结对共建，1.8万余家医药机构开通异地购药直接联网结算，241项高频政务服务事项实现同城化无差别受理。深入对接“重庆西扩”，138个渝资合作项目、80项合作事项顺利推进，“资阳—大足产业协作平台”上线重点企业400余户，311项政务服务事项实现“川渝通办”。组织参加“川行天下”“资阳造全球行”系列活动，二手车出口、蜜柑自营出口、水果（榴莲）直接进口实现“零突破”。

科技创新不断加强。建立高新技术企业培育库，高新技术企业数量突破120户，同比增长62.2%；科技型中小企业数量达到366户，同比增长64.1%，增速居全省第2位。创建省市级科技创新平台38个。中车资阳机车2个项目荣获2022年度省政府科技进步三等奖，西南交通大学、华西口腔医院2项省科技进步一等奖成果在资阳落地转化。成功承办四川省第37届青少年科技创新大赛和第21届四川省青少年机器人竞赛。

五、用心用情增进民生福祉，发展成果全民共享

民生保障更加有力。全面完成省级25件民生实事和市级20件民生实事年度任务，财政民生支出171.51亿元，占比67.22%。脱贫成果持续巩固，脱贫人口人均纯收入突破1.6万元。突出重点人群就业帮扶，高校应届毕业生去向落实率93.75%，居全省第2位，城镇新增就业2.05万人。圆满完成涉军安置任务。基本养老保险参保189.6万人，参保率94.31%，城乡居民基本医疗保险参保227.96万人，参保率98.25%，城乡低保覆盖12万人，实现应保尽保。

社会事业加快发展。资阳师范学校新校区、雁江六中原址重建等项目开工建设，马鞍学校初中部、安岳实验中学新校区、乐至第三幼儿园等10个项目建成投用，新增学位12570个；高考重点本科院校录取人数增长10.4%，其中985院校录取人数增长46.5%，“双一流”高校录取人数增长23.4%；资阳中学蝉联四川省校园体育联赛女排（高中组）冠军，资阳女排荣获四川省城市联赛女排冠军。资阳市成为全省首批消除血吸虫病达标示范市，市第一人民医院启动创建省区域医疗中心，市人民医院成功创建三级甲等综合医院，二级公立医院绩效考核居全省第1位，公立医院门诊次均费用下降6.43%，降幅居全省第1位，住院次均费用下降12.87%，降幅居全省第2位，雁江区完成全国基层中医药工作示范县现场评审。公共文化阵地全面实行免费开放、错时延时开放，资阳博物馆开馆运行，安岳县成功创建全省现代公共文化服务体系示范县。召开资阳第一届慈善大会，筹集资金、物资总额超1亿元。濛溪河遗址考古发掘取得突破。

社会大局和谐稳定。重大事故隐患专项排查整治2023行动、安全生产隐患大排查大整治、防灾减灾避灾专项行动扎实推进，有效应对“7·27”特大暴雨洪涝灾害，液化石油气“瓶改管”“瓶改电”创新做法在全省推广，食品药品安全、消防安全、森林防灭火等工作不断加强，全年未发生较大及以上生产安全事故，一般生产安全事故起数和死亡人数实现“双降”。接受第三轮第二批省级生态环保督察，严格落实河湖长制、林长制，空气质量综

合指数稳居成都都市圈首位，17个国省考核断面水质优良率达100%，农用地、工业用地、商住用地安全利用率达100%，在全省率先实现节水型社会县域全覆盖，乐至县成功入选美丽四川建设先行试点培育县，科伦药业安岳分公司获评国家级绿色工厂，百威啤酒成功创建全省第二家国家级水效领跑者企业。恢复补充耕地9.1万亩，居全省第3位，耕地保有量、永久基本农田面积均高于省下控制数。政府债务风险总体可控，安岳县再次成功申报隐性债务化解试点。坚持“一盘一策”，出台阶段性购房补助、“带押过户”、“房票”安置等政策措施，27个“保交楼”项目全部复工，累计交付房屋1.2万套，交付率86.5%；48个问题楼盘全部清零，实现交房2.4万套、办证3.7万户，惠及群众16.4万人，工作经验获住房和城乡建设部全国推广；九曲河综合整治工程等遗留问题加快处置。扎实开展打击整治解债类非法集资专项行动，不良贷款率降低至1.63%，金融生态内生环境居全省第8位。信访突出问题攻坚化解取得实效，成都大运会等重要时期实现“三个不发生”目标；常态化推进扫黑除恶，依法严厉打击各类违法犯罪，社会大局保持和谐稳定。

六、持续用力转作风提效能，自身建设不断加强

主题教育扎实开展。始终坚持把党的政治建设摆在首位，深刻领悟“两个确立”的决定性意义，增强“四个意识”、坚定“四个自信”、做到“两个维护”。成立市政府党组学习贯彻习近平新时代中国特色社会主义思想主题教育领导小组，严格按照“学思想、强党性、重实践、建新功”总要求，开展集中学习研讨7次，市政府党组班子成员讲专题党课12次；围绕“高质量发展”课题开展调研，推进正反案例剖析，实地解决问题38个；检视查摆6个方面问题，制定整改措施22条，问题全部整改到位，主题教育取得实效。

法治建设深入推进。“八五”普法扎实开展，成功创建第一批全省法治政府建设示范市。坚持政府常务会议会前学法，严格执行民主集中制和重大行政决策法定程序，自觉接受市人大法律监督和工作监督、市政协民主监督以及社会各界监督，办结人大代表建议96件、政协提案163件，满意率达100%。

效能建设明显提升。持续深化“放管服”改革，加快推动线上“一网通办”、线下“全程代办”提质扩面，全面深化农村居民办事不出村、城镇居民办事不出社区、入园企业办事不出园区“三不出”机制，政务服务事项全程网办率提升至95.38%，即办率提升至75.64%，时限缩短率提升至91.81%。《资阳市优化营商环境条例》正式施行，建立深化“放管服”改革打造一流营商环境目标任务考评体系，坚持“标准化规范化”深化政务公开，走好网上群众路线为民服务办实事29万余件，满意率达99%。

廉政建设持续加强。全面落实党风廉政建设责任制，坚决整改省委巡视反馈问题，全力支持纪委监委查处违纪违法案件，严格执行中央八项规定精神和省市十项规定及其实施细则，厉行勤俭节约，“三公”经费同比下降3%，审计核减政府工程投资2.88亿元。

同时，国家安全、国防动员、消防、退役军人事务和双拥共建等工作取得新进展，统计、审计、供销、外事侨台、民族宗教、档案、保密、气象、地方志等工作取得新成绩，支持工会、青少年、妇女儿童、科技工作者、工商联、红十字、老龄、残疾人、慈善等事业取得新成效。

各位代表，惟其艰难，方显勇毅；惟其磨砺，始得玉成。回首2023年，面对千载难逢的战略机遇，我们乘势而上、扬长避短、只争朝夕，在蓄能中提能；面对错综复杂的严峻形势，我们沉着冷静、从容应对、坚韧坚定，在逆势中起势；面对艰巨繁重的发展任务，我们统筹调度、攻坚克难、顶压奋进，在困局中破局。过去一年，我们所经历的每一件大事要事、力推的每一件急事难事、办成的每一件实事好事，都是资阳凝心聚力、敢于创新、真抓实干奏响的精彩音符，都是干部群众埋头苦干、砥砺前行、辛勤付出谱写的华丽乐章。去年的突破，为今年的跨越打下了坚实基础。成绩的取得，根本在于习近平新时代中国特色社会主义思想的科学指引，关键在于省委

省政府和市委的坚强领导，得益于市人大、市政协的监督支持，靠的是全市干部群众和社会各界的团结奋斗。在此，我代表市人民政府，向全市人民，向人大代表、政协委员、各民主党派、工商联、无党派人士、各人民团体，向中省驻资单位，向驻资阳部队官兵、政法干警、消防救援、民兵预备役人员和所有关心支持资阳经济社会发展的人们及各界人士，表示衷心的感谢并致以崇高的敬意！

在肯定成绩的同时，我们也清醒地认识到面临的困难和挑战：经济发展质量不高，产业结构不优，项目投资乏力，消费恢复基础不牢，财政运行处于紧平衡状态；城乡建设、民生社会事业、生态环保等领域短板弱项仍然较多；遗留问题化解还需加力加劲，一些领域风险隐患不容忽视；政府自身建设还需不断加强，营商环境有待进一步优化。对此，我们将采取更加有力措施，切实加以解决。

2024 年工作安排

2024 年，是中华人民共和国成立 75 周年，是实现“十四五”规划目标任务的关键一年。做好今年工作，意义十分重大。

综合分析国内外形势，虽然我们面临的内外部环境发生深刻变化，世界经济形势依然低迷，国内有效需求不足、部分行业产能过剩、社会预期偏弱、风险隐患仍然较多，四川省经济运行整体仍处于恢复期，持续向好基础尚不稳固，资阳“小市、弱市、穷市”的现状还没有根本改变，但我国经济韧性强、潜力足、回旋余地大，经济运行有望保持总体向好态势，全省处于经济结构调整窗口期，经济增长方式和动力结构正加快转化，资阳高质量发展迎来新的转折点，特别是成渝地区双城经济圈建设、成德眉资同城化发展等国省战略深入实施，一批重大基础设施项目竣工投用，一批重大产业项目竣工投产，资阳战略位势更加突出，资源要素加速聚集，动力活力不断增强，为跨越式发展积蓄了强大动能、构筑了有力支撑。新的一年，机遇与挑战并存，动力与压力同在；但机遇大于挑战，动力大于压力。我们要增强信心和底气，坚持稳中求进、以进促稳、先立后破，心无旁骛、苦干实干，奋力推动资阳高质量发展。

今年政府工作的总体思路是：坚定以习近平新时代中国特色社会主义思想为指导，深入贯彻党的二十大精神和习近平总书记到四川视察重要指示精神，认真落实党中央国务院、省委省政府和市委决策部署，坚持稳中求进工作总基调，坚持以成渝地区双城经济圈建设为总牵引、以成资同城化为战略支撑，坚持以项目和企业为中心组织经济工作，突出抓好“三件大事”，接续打好“三大会战”，着力深化“N 项改革”，切实增强经济活力、防范化解风险、改善社会预期，持续推进经济实现质的有效提升和量的合理增长，打造充满活力的创业城市，加快建设成都都市圈现代化产业新城和成渝地区中部崛起示范区。

今年主要预期目标建议为：地区生产总值增速高于全省平均水平，全社会固定资产投资增速高于 7%，社会消费品零售总额增长 7%，地方一般公共预算收入、城乡居民收入增长与经济增长基本同步，居民消费价格涨幅 3% 左右，城镇新增就业 1.7 万人。

今年，重点抓好七个方面工作：

一、聚力战略引领，提升区域协同发展能级

全力助推成渝地区双城经济圈建设。实施共建成渝地区双城经济圈 120 个重大项目、140 项合作事项。依托成德眉资同城化综合试验区、资大文旅融合发展示范区等平台建设，争取国家、川渝省市对跨行政区域建设用地指标出让、税收分成、统计核算等方面政策支持。强化与自贡、遂宁、内江等成渝中部地区协同联动，共建特色优势产业集群，共同争创承接产业转移示范区。依托资阳与大足高新区、乐至经开区与璧山高新区等川渝产业合作示范园区，培育发展医疗器械、装备制造等产业链，共建高能级产业生态圈。

全力推动成资同城化加速突破。实施 60 个同城化项目、113 项合作事项，加快推进成都外环铁路、成渝铁路扩能改造等重大项目建设，推动轨道交通资阳线建成投用。统筹抓好成资临空经济产业带、成资协同开放走廊、

沱江绿色发展经济带、简雁乐农旅融合发展示范区等重大平台建设，深化“总部+基地”“研发+制造”“头部+配套”等产业互动模式，引导成都优质企业在资阳设立生产基地、探索共建合作园区。扩大政务服务事项“同城化无差别”受理范围，深化教育、医疗、社保、就业、公积金等合作，推动成德眉资同城便捷生活提质扩面。

全力推动市域协同发展。发挥比较优势，放大资源优势，加快构建“一核引领、两极支撑、三区协同”的市域发展格局。大力发展临空经济区，推动高效太阳能电池片、星河动力二期、高仙机器人二期、Keeway智能两轮车二期等项目建成投产，水上运动基地及配套设施项目竣工投运；加快推进雁溪湖片区、清泉片区、三草湾片区基础设施及配套设施建设，积极申创国家级临空经济示范区。加快创建国家高新区，推进市创新创业园争创国家级科技企业孵化器，推动中西齿科、爱乐慕医疗等口腔企业做大做强，新增亿元企业6户，持续做优中国牙谷产业生态。坚持以县域为重要切入点、以产城一体为突破口，构建特色鲜明、质量优异的现代化产业体系，鼓励各县（区）依托资源禀赋和产业基础，重点打造具有比较优势的特色产业，支持雁江区推动天然气、食品饮料等产业快速发展，安岳县推动清洁能源、纺织鞋服等产业成链发展，乐至县推动装备制造、现代物流等产业集聚发展。

二、聚力投资拉动，扎实推进重大项目建设

持续扩大招商引资。紧盯京津冀、长三角、粤港澳大湾区、成渝地区产业转移趋势，持续深化传统招商、资本招商、产业链招商，开展小分队招商、驻点招商，新签约产业项目180个以上，投资额600亿元以上，引进“六类500强”企业项目5个以上，省外引进产业项目新增实际投资完成120亿元以上，外商直接投资完成5000万美元。

全力加快项目建设。按照“五个一批”思路，落实“三级”调度、督导通报、考核奖惩等机制，扎实开展项目竞进拉练，推动储备项目接续早投、新建项目早开快投、在建项目快建多投、竣工项目投产达效。加快推进13个省独立考核重点项目和170个市级重点项目建设，推动川气东送二线天然气管道工程等58个重点项目开工建设，成渝产业转移合作示范园二期及配套基础设施等112个重点项目加快建设，九天中创二期等70个重点项目竣工投用，确保重点项目完成投资390亿元以上。紧盯关键核心技术攻关、新型基础设施、节能减排降碳等重点领域，动态管理项目储备库，确保两年储备项目保持在8000亿元以上。

突出抓好要素保障。成立重大项目用地保障专班，强化供地项目全生命周期管理；攻坚推进批而未供、闲置土地和园区低效用地处置，推动省级以上园区工业用地实行100%“标准地”供应；落实建设用地报批“保姆式”服务，最大限度保障项目用地需求。建立重点项目信息“双推送”机制，探索金融机构服务重点项目新模式，保障资金需求。积极争取要素资源“一低一稳”优惠政策，持续降低企业生产经营成本。

三、聚力提质增效，加快推动产业转型升级

深入实施“工业强市”战略。加快发展医疗器械、装备制造、电子信息、清洁能源、食品轻纺等优势特色产业。壮大爱齐医疗、正美齿科等龙头企业，支持隐力科技、金洁医疗等小微企业加快发展。指导中车资阳机车拓展地铁检修等重点领域市场，开展制造业单项冠军产品申报；支持南骏、现代商用车开展新一代新能源商用车、氢燃料电池商用车研发。推动新石器无人车、越海科技等企业满产达产。加快推进高石梯多层系勘探项目建设，推动安岳天然气化工园区成功申建，签约天然气化工项目2个以上。推进安井食品预制菜新产品陆续上线、百威高端啤酒生产线建成投产，加快打造鸿星尔克、安踏安鑫等4个“五百万双级”龙头鞋纺企业，产能突破4000万双（套），推动联友、乾源等纺织企业满产达效。加快完善临空经济区智能制造产业园和高新区医疗器械产业园功能设施，新入驻企业30户以上。加大企业培育力度，新增规模以上工业企业30户，完成“个转企”160户，新认定省级“专精特新”中小企业

20户以上。做优做强建筑业，推动资阳建工晋升特级资质，新入库资质企业10户以上。坚持“两个毫不动摇”，全面落实市场准入、要素获取、公平执法、权益保护等方面政策措施，充分激发各类经营主体的内生动力和创新活力。

提质发展服务业。打造雁江公园南路步行街、乐至一品天下城市会客厅等消费场景，开展数智生活消费节等节会活动，积极培育智能家居、体育赛事等新的消费增长点，着力激发有潜能的消费。加快资阳低碳现代物流园等重点项目建设，优化完善70个城乡末端配送站点，增强1188个“快邮驿站”服务功能。支持牙e在线等电商企业扩大规模，网络交易额保持在全省第一方阵。推进金融、科技信息等加快发展，提升生产性服务业发展水平。研究出台房地产阶段性支持政策，促进房地产市场平稳健康发展。推动小微企业“转企升规”，确保新入库规模（限额）以上服务业企业50户。完善餐饮、住宿等配套业态，积极布局文体娱乐、文化创意、休闲度假等新业态，加快建设成都都市圈近郊游目的地。推进川渝石窟寺保护传承与科技创新等项目建设，支持安岳县创建天府旅游名县，支持乐至县创建全国红色旅游融合发展示范区。承办四川省第十五届（秋季）乡村文化旅游节。

加快推进农业现代化。聚焦建设新时代更高水平“天府粮仓”丘陵示范区，严格落实“田长制”，守牢342.75万亩耕地、308.73万亩永久基本农田红线，新（改）建高标准农田16.2万亩，建设万亩高产示范区9个以上，确保粮食播种面积、产量稳中有升。新建国省级生猪产能调控基地50家以上，确保全年生猪出栏280万头以上。做强“一县一特”产业集群，推动安岳柠檬创建省级农业国际贸易高质量发展基地，雁江柑橘开展品种改良，“乐至僵蚕”申报国家地理标志和川产道地药材、争创“中国白僵蚕之乡”。推动雁江“谷韵花香”、安岳石羊、乐至“帅府粮仓”等园区提质扩面，创建省级星级现代农业园区3个。大力发展农产品加工业，积极培育龙头型企业。加快构建“1+6+N”“资味”农产品品牌体系，扩大“资味”品牌影响力。

四、聚力蓄势赋能，持续深化改革开放创新

深化重点改革。实施新一轮国企改革深化提升行动，突出“优结构、重产业、强资本、提能力、控风险”，以市场化方式推动国有资本布局和结构调整，构建“资阳发展集团、资阳产业投资集团+N个独立公司”的雁阵发展新格局，形成“资本运营+产业投资”双轮发展态势；坚持“基金引流、资本招商”发展路径，巩固已投项目落地成效，提高资本招商质效；强化财政国资金融互动，力争市属国企资产总额达1200亿元以上，营业收入达120亿元以上，利润总额达3.2亿元以上。深化农村宅基地制度改革成果，加强宅基地管理和执法机构队伍建设，规范宅基地审批、监管、执法；稳慎推进农村乱占耕地建房住宅类房屋专项整治试点，完成问题图斑处置。深入推进高考综合改革，深化现代职业教育体系建设改革。深化医药卫生体制改革，推进“国企+医院”合作和城市医疗集团试点，加快建设紧密型县域医共体，持续推动疾控体系改革、公立医院薪酬制度改革。统筹推进财税、交通等领域改革。

加强开放合作。实体化运营进口保税仓和出口监管仓，引进10户以上外向型企业入驻保税物流园区，探索在保税物流中心创新设置机场货运前置仓，保税物流园区实现外贸规模15亿元以上。积极参与川渝自贸试验区协同开放示范区建设，共同开展“万企出国门”等对外开放活动，组织企业参加莫斯科口腔展等展会活动，确保进出口总额增长10%。

强化科技创新。加大创新主体培育力度，确保科技型中小企业总量达到400户以上。新创建省级企业技术中心、新型研发机构等创新平台5个以上。协同共建成渝中线科创走廊四川段，与重庆大足、永川共建川渝首个跨省域协同创新平台——成资大永协同创新中心并推动实质化运行，在四川区域协同发展总部打造高品质飞地科创中心。

五、聚力城乡融合，打造高品质生活宜居地

统筹推进城镇建设。大力提

升中心城区城市品质，持续增强县城和中心镇综合承载能力，着力打造特色小城镇，加快推动新型城镇化。持续打好城市规划建设大会战，深入推进城市更新省级试点市建设，聚焦规划引领，优化中心城区总体城市设计，开展中心城区慢行系统规划编制，修编马鞍片区、高铁片区、宝台片区和白沙坝片区控制性详细规划；聚焦临空智谷，加快推进新堰南路、三草湾污水处理厂及配套管网建设等16个项目；聚焦天府艺谷，加快推进资州大道B段、成美配套商业开发等11个项目；聚焦中国牙谷，加快推进中韩产业园A段道路、高新区湿地公园等15个项目；聚焦民生需求，加快推进三贤路及雷音大桥、老城区雨污分流改造等53个项目，完成91个老旧小区改造，新开工120个，既有住宅加装电梯105部，更新改造燃气管网363千米，打通中车2号路等3条断头路，建成5个“口袋公园”，确保95个城建项目完成投资70亿元。全面开展县城城市“体检”，推动安岳县创建省级海绵示范城市、乐至县创建国家生态文明城市，培育创建第三批“省级百强中心镇”，支持乐至劳动镇创建省级历史文化名镇。加强城市管理，加快环卫基础设施建设，持续规范市容秩序，推动全国文明城市创建首创必成，巩固国家卫生城市创建成果。

联动推进城乡基础设施建设。持续打好交通建设大会战，推动东西城市轴线乐简段等项目开工建设，加快成达万高铁、成渝中线高铁、资中至铜梁高速、成渝高速扩容等项目建设，推动高铁北站综合客运枢纽等项目竣工投用。实施S401、S102、S426等普通国省道低标路段提档升级，持续推进“四好农村路”省级示范市创建，新（改）建农村公路130千米，支持乐至县争创省交通强县试点县、省级“金通工程”样板县。加快推进毗河供水二期工程前期工作，实施鲤鱼水库中型灌区续建配套与现代化改造，完成沱江干流老君龙安、南津镇、王二溪防洪治理工程，完成东禅寺等3座中型水库除险加固工程和30座小型病险水库整治。支持安岳县创建全国水土保持示范县、乐至县创建国家水土保持科技示范园，推进天府花溪、蟠龙湖水利风景区创建2024年国省水利风景区，建成10个水美新村。协同推进川渝1000千伏特高压交流工程建设，推动雁江大堰110千伏输变电工程等项目竣工投用。新建5G基站800个。

全面推进乡村振兴。持续巩固拓展脱贫攻坚成果同乡村振兴有效衔接，牢牢守住不发生规模性返贫底线。发展壮大乡村特色产业，加快培育新型农业经营主体，大力发展新型农村集体经济，加快农业社会化服务体系建设，促进群众持续增收、稳定增收。聚力建设宜居宜业和美乡村，学习运用“千万工程”经验，培育一批宜居宜业和美乡村省级精品村、示范村。深入实施农村人居环境整治提升行动，确保农村自来水普及率达90%以上，生活污水有效治理率达77%以上，完成农村户厕改造1.2万户以上。开展移风易俗等专项治理，创建一批国、省乡村治理示范村镇。

持续改善城乡生态环境质量。深入开展大气污染防治，加强污染综合治理，确保全年空气质量优良天数率持续提升。严格落实河湖长制，实施最严格水资源管理。强化农业面源污染防控和水产畜禽养殖污染治理，加大城镇雨污分流和入河排污口整治，确保国省考核断面水质全面达标；加强中心城区饮用水水源保护，推动县级及以上集中式饮用水水源地水质全面持续稳定达标。加强土壤污染源头防控，推进“无废城市”建设。大力整治生态环境突出问题，统筹推动中央和省级环保督察反馈问题整改，确保完成年度整改任务。落实碳达峰碳中和要求，深化重点领域节能降碳，推动生产生活方式绿色转型，支持乐至县争创美丽四川建设先行试点县，支持雁江区争创省级生态示范区。

六、聚力惠民利民，提高人民群众幸福指数

持续加强社会保障。加大民生投入，统筹推进省级民生实事和市级20件民生实事，集中力量办成一批群众可感可及的实事。更加突出就业优先导向，着力抓好高校毕业生、退役军人、残疾人等重点群体就业帮扶。推动全民参保精准扩面，基本医疗保险参保率稳定在98%以上，养老保险参保率稳定在94%以上。健

全分层分类社会救助体系，不断提高低保、特困保障水平。加大“一老一小”基本社会服务供给，探索推动农村互助养老，大力发展多种形式的托育服务，新增托位1878个。推进新形势下国防动员和后备力量建设，加强民兵新域新质作战力量建设，争创新一轮全国双拥模范城。

大力发展社会事业。实施基础教育补短项目24个，新增公办学位2.1万个，新创建省级示范性幼儿园4所、省义务教育优质发展共同体领航学校9所、省级示范性普通高中2所，加快构建市域产教联合体和行业产教融合共同体，推动资阳师范校转型升级。推进与省卫生健康委共建卫生健康事业高质量发展先行市，推动城乡医疗卫生一体化发展，实施中医药服务能力提升行动，启动健康四川示范县创建工作，推动中国牙谷口腔专科医院建成投用。大力开展全民健身活动，新增体育场地面积52.27万平方米。全面开展文化进万家惠民活动，加快安岳县石窟数字展示中心建设，积极推进濛溪河遗址考古发掘。着力建设青年发展型城市，推动青年发展事业全方位进步。

全面加强社会治理。坚持和发展新时代“枫桥经验”，推进信访工作法治化，推动社会治理深耕善治。深入开展清理拖欠企业账款专项行动，全面完成“保交楼”工作，切实加强政府债务管控。持续开展根治拖欠农民工工资行动。扎实抓好公共安全监管、安全生产、食品药品安全、防灾减灾、森林防灭火、消防安全等工作，牢牢守住安全底线。深化平安资阳建设，严厉打击各类违法犯罪，推进常态化扫黑除恶斗争，推动安岳县成功创建第一批省级禁毒示范区、乐至县争创省级禁毒工作示范县。

七、聚力依法高效，全面加强政府自身建设

讲政治铸忠诚。坚持“第一议题”制度，深入学习贯彻习近平新时代中国特色社会主义思想，深刻领悟“两个确立”的决定性意义，增强“四个意识”、坚定“四个自信”、做到“两个维护”。严守政治纪律和政治规矩，不折不扣落实党中央、国务院和省委、省政府重大决策部署及市委工作要求。严格落实意识形态工作责任制。

严法治促规范。深入推进“八五”普法，推动全民守法。严格执行重大行政决策法定程序，提高依法科学民主决策水平，持续开展第三批全国法治政府建设示范创建。坚持严格规范公正文明执法，持续深化府院、府检良性互动，规范行政行为，提高政府公信力。依法接受市人大及其常委会的法律监督和工作监督，自觉接受市政协民主监督，主动接受社会和舆论监督。坚持依法统计，持续做好第五次全国经济普查工作。

转作风提效能。紧扣全年目标任务、重点工作、重大项目、重要事项，强化绩效管理、督查督办，全程跟踪问效，确保政府工作快节奏推进、高标准落实。推动“高效办成一件事”提质扩面，深入推进“三不出”机制，持续推动线上“一网通办”、线下“全程代办”，进一步减时间、减环节、减材料、优服务，提高行政效能，全力打造一流营商环境。推进数字资阳建设，建立公共数据治理常态机制，基本建成数字资阳APP、综合应急指挥平台、“互联网+监管”等应用系统。树牢“过紧日子”思想，带头厉行节约、反对浪费，严控一般性支出、非刚性支出，提高财政资金使用效能。

强监管守底线。全面落实党风廉政建设责任制，全力抓好省委巡视反馈问题和学习贯彻习近平新时代中国特色社会主义思想主题教育查摆问题整改，加强政府系统干部教育管理。严格落实中央八项规定精神和省、市十项规定及其实施细则，持续整治形式主义、官僚主义。强化土地出让、工程招投标、政府采购等重点领域监管，加强审计和统计监督，从源头上治理和预防腐败。

各位代表！新的时代，蕴育新的希望；新的一年，吹响新的号角。让我们更加紧密地团结在以习近平同志为核心的党中央周围，坚定以习近平新时代中国特色社会主义思想为指导，在省委省政府和市委的坚强领导下，脚踏实地、埋头苦干，敢为善为、勇毅前行，加快建设成都都市圈现代化产业新城和成渝地区中部崛起示范区，奋力谱写全面建设

社会主义现代化资阳新篇章！

解释和说明

1. “三件大事”“三大会战”“N项改革”：突出抓好推动临空经济区和高新区加快发展、实施工业强市战略、深化市属国有企业改革“三件大事”；实施产业项目、交通建设、城市规划建设“三大会战”；深化农村宅基地制度“两项试点”等“N项改革”。

2. “四上”企业：规模以上工业企业、资质等级建筑业企业、限额以上“批零住餐”企业、规模以上服务业企业。

3. “1展2会1活动”：“1展”即西博会资阳主题展，“2会”即“成渝之心　巴蜀门户”投资资阳中外知名企业家大会和“智联万物　智创未来”成都都市圈机器人产业大会，“1活动”即第十九届西博会中外知名企业走进资阳活动。

4. “4横3纵”骨干道路：“4横”即娇子大道西延线、新城南路、双槐路、产业园区横二路，“3纵”即资溪大道、新堰南路、科创大道。

5. “园保贷”：由经济和信息化厅、财政厅联合各产业园区启动的一个政策性信贷产品项目。该项目明确由省级财政和试点产业园区安排补偿金，园区企业缴纳互保金，共同形成风险补偿资金池，放大后对园区企业提供融资支持。

6. “专精特新”中小企业：引导中小企业专业化、精细化、特色化、新颖化发展，进一步激发中小企业活力和发展动力，推动中小企业转型升级，培育一批主营业务突出、竞争力强、成长性好的“小巨人”企业。

7. “两降两提两做”：降负债降成本、提效益提能力、做强做优国资国企。

8. 农村宅基地制度“两项试点”：深化农村宅基地制度改革试点、乱占耕地建房住宅类房屋专项整治试点。

9. “房地一体”确权登记：将农村宅基地和集体建设用地使用权及地上的建筑物、构筑物实行统一权籍调查、统一确权登记、统一颁发不动产权证书。

10. “川渝通办”：申请人根据川渝两省（市）政府办公厅统一公布的“川渝通办”事项清单，依托全国一体化政务服务平台、川渝两省（市）政务服务平台和各级政务服务大厅“川渝通办”窗口，自主选择线上线下办事渠道，实现“就近交件、形式审查、材料流转、属地办理、邮寄送达”跨区域办理的服务模式。

11. 2023年省级25件民生实事完成情况：

（1）建设完成1000个普惠性托位。

（2）开工建设4所公办幼儿园。

（3）减免7832名普惠性幼儿园在园孤儿、残疾儿童和家庭经济困难儿童学前教育保教费。

（4）建成1个基层未成年人保护阵地。

（5）为24.46万名退休人员按时足额发放养老金，为57.39万名城乡居民养老保险待遇领取人员按时足额发放基础养老金。

（6）为4.43万名义务教育家庭经济困难学生提供生活费补助，为7.43万名义务教育学生提供营养膳食补助。

（7）为1.37万名家庭经济困难的普通高中生按平均每人每年2000元的标准发放助学金。

（8）为7204名进城务工人员义务教育阶段随迁子女就读学校提供经费保障。

（9）促进城镇新增就业2.05万人、城镇失业人员再就业2705人、就业困难人员就业674人、脱贫人口就业7.9万人；开展劳务品牌培训3287人次。

（10）按照每人每年640元的财政补助标准，为全市所有城乡居民购买基本医疗保险提供补助。

（11）为229万名常住城乡居民免费提供健康档案管理、免疫规划、重点人群健康管理等基本公共卫生服务；为8624名65岁及以上失能老年人免费上门提供康复护理指导、健康风险指导、心理支持和就诊转诊建议等服务。

（12）为2.06万名农村适龄妇女免费提供“两癌”（宫颈癌、乳腺癌）筛查服务。

（13）为5.87万名低保对象、特困人员、返贫致贫人口等困难群体，按每人每年100元的标准代缴城乡居民基本养老保险个人缴费部分。

（14）全市城市居民最低生活

保障标准调整为740元/月，农村居民最低生活保障标准调整为533元/月；全市城市特困人员基本生活标准调整为962元/月，农村特困人员基本生活标准调整为693元/月。

（15）为持有第二代残疾人证的38030名困难残疾人发放生活补贴，为持有第二代残疾人证的45046名一、二级重度残疾人发放护理补贴。

（16）为困难群众和符合法定条件的其他当事人免费提供法律援助咨询18479人次，法律援助案件服务4123件。

（17）建成100个户外劳动者服务站点。

（18）建成1个省级安全社区。

（19）完成既有住宅增设电梯120部。

（20）新开工改造城镇老旧小区91个。

（21）全市4个文化馆、4个公共图书馆、1个博物馆、1个纪念馆和122个综合文化站全部向社会免费开放。

（22）向社会免费开放或低收费开放3个公共体育场馆。

（23）对10379个自然村开展广播电视户户通工程运行维护。

（24）建成91.15千米农村公路。

（25）建成39个4G基站。

12. 2023年市级20件民生实事完成情况：

（1）新（改、续）建14所学校，建设公办教育学位19500个。

（2）实施中心城区外环快速路近期方案（一期），加快建设4.7千米在建及规划道路，同步启动骏兴路建设和中期方案前期工作。

（3）建成投用中心城区“断头路”5条，启动建设3条。

（4）完成中心城区1个地下过街通道建设，启动4座人行天桥建设。

（5）开工改造城镇老旧小区12717户。

（6）中心城区483个无物业管理住宅小区基本实现物业管理全覆盖。

（7）完成既有住宅增设电梯120部。

（8）全市在校初中女生完成宫颈癌疫苗接种33831人，累计完成接种74479剂次，实现“愿接尽接”。

（9）建成1000个普惠性托位。

（10）建设市精神病医院（市老年护理院）和雁江区中心养护院，新增养老床位600张。

（11）为资阳籍60周岁以上老年人购买意外伤害保险，实现“应保尽保”。

（12）建成乡村振兴惠民公路272.58千米。

（13）新增高新区、沱东新区公交环线；优化6路、7路公交线路布局；154辆公交车LCD导乘屏设备安装完成；20辆新能源公交车交付使用；改造22个站棚式、37个灯箱式和80个公交电子站牌；改造100个公交站台盲道、缘石坡道等无障碍设施。

（14）中心城区新建公厕10座，升级改造14座；改造全市农村户厕12000户。

（15）为全市20616名35—64岁农村妇女免费提供“两癌”（宫颈癌、乳腺癌）筛查服务。

（16）解决进城务工人员随迁子女就近入学7204人，实现“应入尽入”。

（17）开展“我们的中国梦”文化进万家惠民文艺演出活动150场次；市博物馆开展不同主题展览5场；联合四川音乐学院临空经济区校区（美术学院）举办3场音乐会、8场美术展览；开展美术、音乐进校园活动，全市中小学、师范学校、职业中学、公立幼儿园覆盖2堂美术课、音乐课，培训资阳中心城区美术教师、音乐教师各2次，组织资阳中心城区学生参观2次美术展。

（18）为资阳籍困难家庭持证残疾学生提供教育资助，为资阳籍高中残疾新生、大专及以上残疾新生、困难残疾人家庭大学新生提供一次性教育资助；安排艺术类、体育类等专业教师到特殊教育学校挂（兼）职任教；加强残疾学生职业技能培养。

（19）为全市402户困难重度残疾人家庭实施无障碍改造。

（20）全市4个文化馆、4个公共图书馆、1个博物馆、1个纪念馆和122个综合文化站全部向社会免费开放；四川音乐学院临空经济区校区（美术学院）图书馆、美术馆，资阳师范校图书馆定期向社会免费开放；市体育馆分时段向社会免费或低收费开放。

13. “带押过户”：根据《中

华人民共和国民法典》规定，已经抵押的不动产买卖转移时，不需要提前归还旧贷款、注销抵押权即可完成过户、再次抵押和发放新贷款等手续，实现不动产登记和抵押贷款的有效衔接。

14. “房票”安置：房屋征收部门按照货币补偿的政策，将相应的补偿安置权益货币量化，以房票形式出具给被征收人，由被征收人自行向参与房票安置工作的房地产开发企业购买商品房（含商品住宅、酒店式公寓、商铺、车位、车库及储藏室）的一种房屋安置方式。

15. “保交楼”：通过专项借款方式支持符合条件的已售逾期难交付住宅项目及时交付，并纳入房地产长效机制政策工具箱。

16. “三个不发生”：不发生大规模聚集、不发生涉访个人极端行为、不发生因信访问题引发的负面炒作。

17. “一核引领、两极支撑、三区协同”：“一核”即资阳中心城区，“两极”即安岳县、乐至县，“三区”即雁江区、高新区、临空经济区。

18. “六类500强”企业：世界500强、中国500强、中国民营企业500强、中国制造业企业500强、中国服务业企业500强、中国新经济企业500强。

19. “五个一批”思路：策划储备一批项目、招引落地一批项目、开工建设一批项目、加快推动一批项目、竣工投产一批项目。

20. 工业用地“标准地”：在完成地震安全性评价、地质灾害危险性评估、环境影响评价等区域评估工作的基础上，带固定资产投资强度、亩均税收、开发强度等指标出让的国有工业用地。

21. “双推送”机制：定期汇总重点项目融资需求、银行信贷产品信息，进行银企双向推送。

22. “一低一稳”：要素资源价格更低、保障更稳。

23. “1+6+N”：“1”即“资味”农业公用品牌，“6”即“柑橘”“稻米”“柠檬”“红薯”“蚕桑”“黑山羊”6个农产品行业品牌，“N”即“临江寺豆瓣”“华通柠檬”“石佛挂面”等产品品牌。

24. 口袋公园：即面向公众开放、规模较小、形状多样、具有一定游憩功能的公园绿化活动场地，面积一般在400至10000平方米，包括小游园、小微绿地等。

25. “四好农村路”：把农村公路建好、管好、护好、运营好。

26. “千万工程”经验：坚持生态优先、绿色发展；坚持因地制宜、科学规划；坚持循序渐进、久久为功；坚持党建引领、党政主导；坚持以人为本、共建共享；坚持由表及里、塑形铸魂。

27. 2024年省级民生实事：待省上下达后公布。

28. 2024年市级20件民生实事：

（1）为资阳籍60岁以下持证残疾人及60岁以上老年人购买意外伤害保险，为60岁以上困难老年人提供大病医疗倾斜救助。

（2）为全市在校初中女生接种宫颈癌疫苗提供补助。

（3）实施资阳全境天气监测预警能力提升工程。在安岳县岳城街道文昌村15组建设安装X波段双偏振天气雷达1部，在市气象台安装X波段双偏振天气雷达接收应用一体化系统，结合全市119个地面气象自动观测站，全面提升全市天气监测预警能力。

（4）实施孤寡（独居）老人安全保障提升工程。为孤寡（独居）老人居住场所安装联网式独立感烟火灾探测报警器8360个。

（5）为孕妇免费提供产前诊断服务。为资阳籍或持有资阳市暂住证，在辖区内建立孕产期保健档案的孕妇免费提供羊水染色体核型分析（含羊水穿刺）的产前诊断服务。

（6）开展文化进万家惠民活动。开展艺谷人才进校园活动10场，开展企业文化惠民活动10场，开展文艺惠民演出活动100场，联合四川音乐学院临空经济区校区（美术学院）举办1场音乐会。

（7）开展残疾人康复关爱行动。为全市有需求且符合条件的0—6岁视力、听力、言语、肢体、智力残疾儿童和孤独症儿童提供康复救助，同时为有需求的3岁以上一二级重度盲人、在读盲人学生适配智能阅读器。

（8）实施未成年人心理健康“正心”工程。为全市31.4万名未成年人开展免费心理健康筛查并为约100名需转介治疗的未成年人提供治疗补助。

（9）开展居家和社区基本养老服务提升行动。为经济困难的失能、半失能老年人建设家庭养老床位不少于4000张，并提供不少于6000人次居家养老上门服务。

（10）开展早期肺癌（肺结节）筛查行动。为1万名适龄人员免费提供早期肺癌（肺结节）筛查。

（11）建成资阳中心城区5个“口袋公园”。

（12）提高全市种粮大户补贴标准。在省级补贴的基础上，全市种粮大户补贴标准提高20元/亩。

（13）构建资阳中心城区社区便民生活服务圈。在资阳中心城区建成1个“资味农市”邻里中心——铁路片区邻里中心。

（14）打通资阳中心城区3条“断头路”。

（15）建成资阳中心城区外环快速路近期方案一、二期项目，基本形成资阳中心城区约35千米外环快速路环线。

（16）实施资阳中心城区公交提升改造（二期）。增设（改造）资阳中心城区98个公交站牌，购置26辆新能源公交车。

（17）推进符合加装条件的既有住宅增设电梯105部。

（18）实施城镇老旧小区改造。对全市城镇老旧小区供水、供电、供气、排水、通信、道路、绿化等公共配套设施实施更新改造，计划改造城镇老旧小区10248户。

（19）建设乡村振兴惠民公路23.5千米。

（20）持续推动市中心医院（现市第一人民医院）传染病医院改扩建。

政协资阳市委员会常务委员会工作报告

（2024年1月9日在政协资阳市第五届委员会第四次会议上的报告）

市政协主席　陈莉萍

2023年工作回顾

2023年，全国上下贯彻落实中共二十大精神宏阔开局，全省上下牢记习近平总书记对四川工作重要嘱托感恩奋进，全市上下精准聚焦资阳高质量发展蓄势突破，全市政协系统围绕中心服务大局见行见效，全体政协委员务实履职为民尽责倾情奉献。在中共资阳市委坚强领导和省政协有力指导下，市政协及其常委会坚持以习近平新时代中国特色社会主义思想为指导，切实把握深入学习中共二十大精神工作主线，发挥专门协商机构作用工作主责，人民政协为人民工作主旨，“质量提升年”工作主题，以全面走在全省政协第一方阵、实现在全国政协有影响为目标，倾力服务全市发展大局，广泛凝聚社会各界共识，更加用情助力民生改善，为助推资阳加快建设成都都市圈现代化产业新城和成渝地区中部崛起示范区做出了积极贡献。

一年来，我们坚持维护核心、党建引领，“向心力”越来越强。始终坚持中国共产党的全面领导，引导全市政协系统和社会各界把“两个确立”作为最深刻的政治领悟、最执着的政治信念、最坚定的政治自觉，增强“四个意识”、坚定“四个自信”、做到“两个维护”，人民政协重要阵地、重要平台、重要渠道作用持续发挥。中共资阳市委把政协工作纳入全市中心大局统筹部署，全面加强领导、全力推动支持，召开“四大班子”主要领导例会，听取政协工作汇报和建议意见，市委、市政府主要领导6次到政协机关调研慰问或参加政协重要活动，加强党对政协工作领导的制度机制进一步完善。

一年来，我们坚持协商议政、实绩为先，“贡献力”越来越大。建立健全协商议政体系，开展常委会议、界别协商等各类协商议政活动26次，形成调研报告、大会发言、会议纪要等协商议政成果32件，市政府首次在市政协常委会通报协商议政成果采纳落实情况，80%以上的建议转化为市政府及相关部门工作举措，以“政协之能”服务“发展之为”。十三届全国政协副主席张庆黎率队赴资调研，充分肯定资阳工作；九三学社资阳市委提出推动大小企业协同发展的建议，被中央统战部《零讯》杂志采用，得到省政府黄强省长签批；省政协主席田向利对资阳政协工作作出“主动作为、抓得很实”的重要批示，并在莅资调研时再次作出“资阳政协在全省政协系统作出了不少贡献，出了不少经验”的高度肯定。议政成果得到省政协领导签批5次，市委、市政府领导签批12次，市委书记元方对11份委员联组会议发言材料作出近1200字的详实批示。

一年来，我们坚持激情履职、资政有为，“品牌力”越来越响。坚持工作项目化、项目品牌化、品牌实绩化，与省政协紧密互动，迅速启动“同心共建现代化四川·资政有为”专项行动，发出倡议书，明确路线图，制定考核法，并首次以项目思维开展全市政协重点工作竞进拉练，资阳作为全省唯一市（州）政协代表在省政协推进会上作经验交流发言。坚持市县联动、专委推动、委员行动，打造“激情履职·资政有为”“雁事来商·江以求同”“‘柠’聚政能量·‘普’写协奏曲”“乐在协商·智汇帅乡”的“1+9+3”品牌体系，以品牌赋能，工作越来越实、成效越来越显，得到省政协充分肯定。

一年来，我们坚持外宣内传、凝聚共识，“影响力”越来越广。坚持扩大新影响、凝聚正能量，打造全方位、多层次、广视角的宣传矩阵，全年以70余篇7万余字的篇幅，在人民日报网、《四川日报》、《四川政协报》等国省媒体宣传资阳发展新形象、政协履职好声音，资阳政协荣获全省政协新闻宣传先进单位。以提案办理工作为切入口，接受人民政协网、人民政协报大型视频访谈栏目“政协主席面对面”专访，系全国省市县政协主席中第16位，资阳政协工作实现了全国有声音有影响。接待湖南省、广东佛山等地政协到资阳考察调研25批次，参加川渝省市政协“推动川渝毗邻地区协同发展”联合协商会议，与重庆大足区政协签订协同履职协议，拓宽政协交流面，扩大资阳朋友圈，画好发展同心圆。

激情履职，资政有为。一年来，我们主要做了以下工作：

一、开展主题教育，强化理论武装，团结奋斗基础更加巩固

始终坚持发扬人民政协崇尚学习重视学习优良传统，把学习贯彻习近平新时代中国特色社会主义思想作为首要政治任务，强化理论武装、筑牢思想根基，把思想和行动统一到以习近平同志为核心的党中央决策部署上来。

（一）以学习强化思想引领，主题教育扎实有效。坚持学习新思想、深刻领悟总要求，扎实开展学习贯彻习近平新时代中国特色社会主义思想主题教育。制定学习计划，举办主题教育读书班与每周五集中学习相结合，开展“牢记嘱托、感恩奋进”等7个专题研讨，沉浸式读原著学原文悟原理，精研细读《习近平著作选读》等重点书目，深研细思发挥政协职能优势更好凝聚共识等重点课题，300余人次畅谈所学所思所得，形成各类学习研讨体会文章96篇，专题调研报告6篇，查找并整改问题8个，主题教育取得阶段成效，做到了感悟思想伟力，筑牢忠诚之魂，激发奋进斗志。

（二）以学习强化能力提升，常态学习扎实有效。坚持以学习培育精神内涵，提升能力素质，引领履职实践。构建以党组学习为引领，常委会议集体学、崇学讲堂专题学、读书活动深入学、委员培训研讨学、深入基层宣讲学的学习制度体系，推动形成党内带动党外、系统联动互促的浓郁学习氛围。坚持“第一议题”制度，制定《学习贯彻习近平总

书记到四川视察重要指示精神工作清单》，全年共举行党组理论学习中心组学习16次，学习习近平总书记系列重要讲话和各类重要会议文件精神82篇次，深入基层学习宣讲30次，政协干部和政协委员“开口能讲、提笔能写、遇事能干”越发彰显，实现了学习提升促思想进步、能力提升促履职增效。

（三）以学习强化守正创新，理论研究扎实有效。坚持理论指导实践、实践提升理论，深入学习贯彻习近平总书记关于加强和改进人民政协工作的重要思想，紧密结合基层政协工作实际，探索推动新时代政协工作实践创新和理论创新。聚焦加强和改进市县政协工作，认真开展理论学习研究，征集理论文章50余篇，组织市县政协、党派团体、政协委员举行专题理论研讨会，围绕加强和改进政协系统党的建设、破解“两个薄弱”、发挥党派团体作用等主题开展研讨，达到了增进团结和凝聚共识相互贯通，提升理论与指导实践相互融合。

二、围绕中心大局，服务“突破”发展，专门协商机构更加有为

始终坚持建言资政和凝聚共识双向发力，深入分析资阳发展重大机遇，深刻把握资阳发展着力重点，把协商民主贯穿履行职能全过程，更好把人民政协专门协商机构优势转化为推动高质量发展的真言良策。

（一）聚焦国省战略联动协作，为资阳发展搭平台。保持和发扬多年来坚持高平台建言的优良传统，为资阳建设发展积极呼吁、争取支持、凝聚共识。着力债务化解，形成《关于支持优先将成渝地区双城经济圈内革命老区和产粮大县纳入隐形债务化解试点的建议》，通过住川全国政协委员报送全国政协并成功立案，填补了资阳无全国提案空白。着力中部崛起，在省政协十三届一次会议上作《深化改革创新推进加快建设成渝地区中部崛起示范区》大会口头发言，向省政协常委会提交《关于推进川渝毗邻地区协同发展的建议》，引发广泛热议和国省媒体专访，省政协有关领导作出“调研深入，助推有力，应予肯定”的批示。着力产业升级，与省政协及成都、德阳、眉山政协和毗邻地区政协组织联动调研5次，形成建设双城经济圈特色高效农业带毗邻合作园区、加快成德眉资毗邻乡村循环融合、构建文旅数字化新矩阵共建巴蜀文旅走廊等调研报告，得到省委、省政协领导充分认可，省级相关部门现场回应。

（二）聚焦质量优异特色鲜明，为资阳发展献良策。秉承“市委中心工作推进到哪里、政协履职就跟进到哪里”一贯要求，紧扣“三件大事”“三大会战”“N项改革”协商议政、献计出力。完成市委交办重要课题4项，围绕雁江区高质量发展、成资同城化发展课题，与市人大常委会联合调研提出建议意见；围绕助推设立国家药监局医疗器械技术审评中心西南分中心和毗河二期工程尽快上马两项任务，专班跟进调研，并形成提案提交国、省政协。围绕项目投资、工业强市、科技人才聚集、外资企业发展等议题，开展常委会议、主席会议专题议政协商，提出建议意见。围绕当好成渝交通综合路网建设“先行官”，聚焦“轨道上的资阳”开展调研协商，提出积极开发轨道交通沿线资源等建议，为“交通大会战”务实建言。扎实开展“我为高质量发展献一策”活动，组织委员提出建议192条，关于金融支持工业企业发展、国有资产公益诉讼、关爱生育健康等一批建议转化为相关部门具体行动，市政府常务会议专题研究市政协就耕地保护工作提出的建议案，工作成效在《四川日报》单条刊发。

（三）聚焦社会治理民生改善，为资阳发展聚民心。践行人民政协为人民价值取向，坚持问题导向、牢记民心所向，深入视察调研，认真研究对策，努力为人民群众办实事、办好事、办成事。聚焦“一老一小”，就人口老龄化背景下资阳医疗保障体系建设、未成年人保护、学前教育规范化发展等开展视察调研、界别协商，提出工作建议。聚焦热点难点，就维护农民工合法权益开展界别协商，提出优化就业服务、落实优惠政策吸引返乡创业等建议；就打造“天府粮仓”丘陵示范区开展对口协商，提出强化农机推广等建议，筑牢乡村振兴根基。坚持“问需于民”，主席会议成员深入乡村振兴联系点调研和

开展“河长制”督导28次，政协委员、机关干部进机关、进学校、进社区、进基层服务群众5000余人次，广泛开展社情民意调查，倾听反映群众最关心最直接最现实的利益问题，助力提升老百姓获得感幸福感安全感。

三、坚持发扬民主，不断增进团结，广泛凝聚共识更加有效

始终坚持发扬民主和增进团结相互贯通，牢牢把握加强思想政治引领、广泛凝聚共识这一履职中心环节，发挥联系界别、联动委员、联络各方、联谊团结优势，广泛凝聚推动资阳高质量发展的最大正能量。

（一）寻求“公约数”，团结联谊活动更加务实。坚持团结汇共识、联谊聚合力。创新建立联系服务在外资阳籍知名人士工作机制，首次召开“资阳乡情”恳谈会，听乡音话乡情、谋发展促双赢，联系走访政协委员和各界人士80余人次，一批资阳籍企业家或回乡投资兴业、或大力宣传资阳发展；务实举行外资企业“相聚资阳·共话发展”和民营企业“感党恩·话发展”座谈会，围绕加大投资、技术研发、人才培养、营商环境等开展座谈交流，坚定发展信心。发挥政协统战职能，支持和保障各民主党派、工商联、无党派人士在政协有效履职，就推动资阳数字化产业发展、宗教活动场所规范化管理等议题，开展联动调研和界别协商。

（二）瞄准“新动力”，民主监督工作更加务实。坚持监督促发展、监督聚共识。积极践行全过程人民民主，探索派驻监督员、组织视察团、开展“双走进”等不同监督方式，在协商式监督上下功夫、求实效。监督人行天桥建设，创新开展主席会议重点提案督办，助推梅西人行天桥等加快建设；监督老旧小区改造，提出加强资金统筹调度保障、以党建提升小区物业水平等建议；监督国有财产公益诉讼保护，提出打造专业化公益诉讼检察队伍、加强制度建设等建议。创新政协民主监督与新闻舆论监督有效衔接，与市融媒体中心《资观监督》栏目联合，就断头路建设、楼道乱停车等热点难点问题，组织委员开展专项监督，更好化解矛盾、解决问题、凝聚共识，得到群众好评。

（三）打造“升级版”，服务基层治理更加务实。坚持政协搭平台、协商在基层。合并高新区、临空经济区政协工作站，推动实体化运行，让政协协商向基层延伸更加有形有实。创新有事来协商“三四五工作法”，推进由抓典型向双覆盖、单一化向多样性、重参与向重成果“三个转变”；解决协商阵地不完善、活动开展不平衡、委员履职不充分、社会宣传不响亮“四个问题”；坚持组织度、落实度、规范度、质效度、显示度“五个深化”，实现市县全覆盖、工作常态化，“街区协商”“约你协商”“百家协商”等一批协商品牌更加有形有实。坚持协商内容紧贴群众需求、协商形式方便群众参与、协商成效符合群众期盼，全市政协开展小微协商活动342场次，推动安岳龙台河治理、乐至工业园水电气要素保障等402个群众关心问题得到解决，有效助推了基层治理。

四、突出能力提升，走好群众路线，委员主体作用更加充分

始终坚持加强政协委员队伍建设，紧紧扭住发挥委员主体作用这一关键，抓学习培训、抓载体建设、抓履职管理，引导委员知责于心、担责于身、履责于行，政协委员成为行走的宣传员、示范者、实干家。

（一）深化开展委员读书活动，提升履职能力。坚持涵养政协“书香气”，让委员有精神内涵、有履职能力。按照“多读书、善读书、读好书”要求，持续唱响“书香政协·文润资阳”读书品牌，与省政协协同开展“学习新思想、践行新使命、奋进新征程”主题读书与实践活动，建立“五个一”委员读书活动机制，“书香四溢悦读荟”“劳动创造未来”等主题活动有声有色，全市政协成立读书群15个，主席会议成员开展领学研讨12场次，推送导读文章260余篇，委员制作分享朗读视频18个，交流读书感想2000余条，委员崇学、善读赋能成为资阳政协委员的鲜明特色。

（二）创新委员履职平台载体，展现履职活力。坚持打造“新阵地”，让委员有工作平台、有展现舞台。新建农业界、新闻出版界、金融界、工会界4个委员工作室，委员（界别）工作室总数达到11个，推动委员亮明身份、成为主角，常态化开展法律服务、医疗健康、心理咨询等活动30余场次。创新开展“委员履职四季行”实践活动，建立委员联系界别群众机制，出台委员联系界别群众试行办法，调整完善专委会联系界别及委员分组，形成了委员为主体、小组为载体、专委会为依托、界别为纽带的闭环体系，全市政协委员直接联系界别群众达3500余人次。

（三）严格委员考核评价办法，激发履职动力。坚持建章立制“有办法”，让委员有履职要求、有评价标准，让专委会更好发挥基础作用，让制度设计变为工作实践。固化委员大会发言制度，市政协全会、常委会、联组会上，委员共计提交发言材料62篇；落实委员参与课题调研制度，各专委会重要课题调研中，160余人次委员积极参与，形成调研报告16篇，政协委员行走在生产车间乡村田间，奋斗在项目一线生产一线，彰显了活力、体现了主体。严格委员履职考核制度，建立政协委员向主席会议述职、政协常委向常委会议述职制度，全体常委签订履职承诺书，评选表扬50名优秀委员，增补15名委员，委员主动履职、有效履职取得新的进展。

五、注重规范运行，提升履职质效，政协自身建设更加有力

始终坚持着力破解市县政协基础工作和人员力量“两个薄弱”问题，鲜明“质量提升年”工作主题，把提升履职能力摆在突出位置，以党的建设为统领，坚持以一流标准、质量导向固本强基、提能增效，夯实履职基础。

（一）着力融合发展，党的建设持续深入。严格落实党组全面从严治党主体责任，推动党建与业务融合发展，发挥政协党组把方向、管大局、保落实的领导作用，召开党组会议42次，严格执行重大事项请示报告制度，专题部署政协系统党建、党风廉政建设和意识形态工作，支持派驻市政协机关纪检监察组工作。加强基层党组织建设，党组成员深入机关、包联乡镇上党课，完成机关纪委换届、开展党建结对，规范党支部活动开展，发动党员干部帮助46名留守儿童圆梦“微心愿”，机关党委被评为全市先进基层党组织，政协机关被表扬为资阳市新时代文明实践共建先进单位，风清气正的政治生态持续巩固，干事创业的精神状态有力提振。

（二）着力规范运行，制度机制持续健全。健全“七个一”工作机制，坚持每周一次重点工作碰头会、每半月一次年轻干部提能学习会、每月一次主席工作例会、每月一次秘书长主任工作联系会、每季度一次工作例会、每半年一次党建和党风廉政建设工作会和每年一次政协工作会。健全“三层级”统筹机制，坚持主席会议成员、秘书长主任、委（室）办公室主任三级重点工作月例会制度，及时沟通工作、督促落实，进一步转变机关作风、提高工作效率。健全工作联系机制，规范建立市政协专门委员会与市级部门对口联系工作机制，建立落实调研考察工作规范，对联系重点、方式、内容等予以明确，着力提高工作协同性和规范化水平。

（三）着力夯基固本，工作力量持续加强。全面开展贯彻落实中央、省委、市委政协工作会议精神“回头看”全覆盖督导，调整主席会议成员联系指导县（区）政协工作办法。在市委支持下，市政协信息中心新增编制3个，并加挂“资阳市政协诗书画院”“资阳市政协文史馆”牌子，工作基础薄弱得到解决。组织42名机关干部、政协委员参加全国政协、省政协举办的各类培训班，组织开展市政协常委“都市圈发展战略”专题培训、市政协委员联系界别群众和骨干委员提案“实战化”培训，坚持“双评双晒”和“月报季晒年评比”机制，推动“两支队伍”履职能力和履职活力不断增强，全面提升工作质效。

（四）着力创新务实，经常工作持续提升。坚持提案“送服务”、提案交办和重点督办等制度，立案并办结提案178件，表扬优秀提案18件。召开全市政协文史工作会议，出台加强文史资料征集工作实施意见，收集整理《资阳文史资料》脱贫攻坚专辑，编印《资阳市政协工作文汇》《资阳市政协理论研究论文集览》等，充分发挥“存史、资政、团结、育人”功能作用。市政协门户网站、委员履职平台提质升级，信息化水平不断提升。全力服务创建全国文明城市，禁毒工作、

文明创建、档案保密以及工青妇、老干部等工作取得实效。

各位委员，过去一年的工作成绩，是中共资阳市委坚强领导和省政协有力指导的结果，是市人大常委会、市政府和社会各界大力支持的结果，是全市各级政协组织、各参加单位和广大委员激情履职、团结奋斗的结果。在此，我代表市政协常委会，向为政协事业发展倾注满腔热情、做出无私贡献的各界委员，向所有关心支持政协工作的各级领导、各界人士，表示崇高的敬意和衷心的感谢！

我们也清醒看到，工作中的短板不足依然存在，党建引领政协履职制度机制还需进一步探索，协商议政的质量仍需进一步提高，民主监督的力度仍需进一步加强，等等。我们将在今后工作中高度重视，并努力加以改进。

2024 年工作安排

始于耕耘，终于收获。回望激情履职的 2023 年，我们思想同心、携手并进，为资阳的建设发展一起鼓劲；我们工作同向、履职同行，为资阳的建设发展一起拼搏。在一次次奔波的身影里，在一个个精彩的镜头里，在一幕幕蝶变的篇章里，我们看到了改变的勇气、突破的毅力、跨越的希望！奋进资政有为的 2024 年，市政协工作的总体要求是：坚定以习近平新时代中国特色社会主义思想为指导，全面贯彻落实中共二十大精神和省委十二届四次全会、市委五届八次全会精神，锚定推动资阳跨越发展中心任务，聚焦建言资政和凝聚共识双向发力，巩固“做强基层打基础、提升‘三力’勇担当、比学赶超争一流”主题活动实践经验，推动政协工作再上新台阶，为谱写中国式现代化资阳新篇章贡献政协智慧和力量。

一、坚持思想领航、牢记嘱托，在坚持党对政协工作的全面领导中展现新担当

深入学习贯彻习近平新时代中国特色社会主义思想，创新开展“资阳同心共建共享”工程，加强思想政治引领，广泛凝聚共识，彰显人民政协坚持党的领导的政治定力，汇集助推发展磅礴力量的价值基因。我们要：坚决拥护两个确立，做到政治坚定与党同行。坚持用习近平新时代中国特色社会主义思想凝心铸魂，深入学习贯彻中共二十大精神和中央、省委、市委重要会议重要文件精神，自觉做“两个确立”的坚决拥护者、“两个维护”的坚定践行者，全面、系统、整体地落实党对政协工作的全面领导。巩固主题教育成果，做到思想引领夯基铸魂。扎实做好主题教育“后半篇文章”，推动主题教育学习成果内化于心、深化于行、转化为效，将实践经验固化为制度规范，着力推动主题教育成果常态化、长效化。持续深化理论实践，做到各界同心砥砺前行。丰富学习载体形式，深刻领悟关于加强和改进人民政协工作的重要思想，开展中华人民共和国成立 75 周年和人民政协成立 75 周年系列活动，夯实理论武装、提升工作成效。

二、坚持聚焦中心、服务大局，在助推资阳跨越式发展的工作实绩中彰显新作为

深入学习习近平总书记对四川工作的系列重要指示重要讲话重要批示精神，创新开展“汇集众智政在协商”工程，更好发挥专门协商机构作用，推动协商议政提质，助推发展有为。我们要：三位一体提升建言资政质量。着力精准协商、品质协商、联动协商，坚持“少而精、专而深、细而实”，聚焦双城经济圈、成都都市圈、成资同城发展、成渝中部崛起、城乡融合、乡村振兴等中心大局工作，以及医疗教育、未成年人保护等社会民生事项协商议政。加强与省政协、成都都市圈政协组织和毗邻地区政协组织联系联络，聚焦文旅融合、产业联动等重要方面调研协商，为资阳发展更好呼吁建言。丰富平台充实凝聚共识能量。强化统战职能，搭建履职平台，引导各党派团体和无党派人士合作共事，共同参与联合调研、联合监督等履职活动。推进有事来协商工作提质增效，持续加强委员之家、委员界别工作室、政协工作站建设，协助党委政府将矛盾化解在基层、将共识凝聚在基层。多措并举彰显民主监督力量。在程序监督、靶向监督、重点监督上做文章，坚持协商议政成果通报制度，坚持重点提案办理协商，聚焦中心城区断头路、农村困境儿童保护

等社会热点开展民主监督，不断拓宽政协民主监督实效。

三、坚持履职为民、真情服务，在助力人民群众的美好生活向往中做出新贡献

秉持人民性这个人民政协的根本价值属性，创新开展“委员履职服务为民”工程，把党委对社会民生的关心关注和人民群众的所思所盼，转化为人民政协的履职重点。我们要：促进委员和群众联系更紧密。认真落实《委员联系界别群众试行办法》，强化“专委会＋界别召集人＋委员”工作链条效应，着力推动市政协委员下沉到县（区）、乡镇、街道，开展委员承诺践诺情况评价，确保真联系、真服务、真为民。促进宣传和服务功能更到位。落实“四下基层”要求，切实做到履职服务为民，围绕宣传党的理论政策、创优营商环境、助推乡村振兴等重点任务履职尽责，促进委员和群众走得更近、交流更多、服务更好。促进困难和问题解决更充分。持续开展“我为高质量发展献一策”活动，优化小微协商活动组织方式，广泛征集界别群众意见，助力解决急难愁盼问题，更好强信心、暖人心、聚民心。

四、坚持健全机制、建强队伍，在提升激情履职的能力效率价值中焕发新气象

坚持稳中求进、质量优异，持续提升“激情履职·资政有为”品牌价值，推动全市政协工作提质出彩，持续稳定在全省政协系统第一方阵，更好实现在全国政协系统有声音有影响。我们要：把党的建设作为一切工作的总遵循。切实强化政协党组的领导作用，提升机关党建总体水平，加强功能型党支部建设探索实践，增强政治功能和组织功能，确保习近平总书记重要指示精神和党中央决策部署落到实处，推动“两个全覆盖”持续见效。把制度建设作为提升能力的总保障。对协商工作制度、党建工作制度、机关运行制度等进行修订完善，加强智慧政协、数字政协建设，以制度化推动政协工作规范化、程序化。把品牌建设作为展现成绩的总抓手。持续深化“激情履职·资政有为”品牌，打造提案工作和社法工作、教科卫体工作的“1+2”排头兵，推动品牌构建向品牌活动延伸，提升政协工作影响力。坚持“提案送服务　建言展风采”，推动提案数量质量和办理质效全面提升。在全面和协同上做文章，持续做好文史工作、理论研究、新闻宣传、反映社情民意信息等经常性工作，建设资阳政协文史馆，讲好政协故事，讲好资阳故事。

各位委员：风鹏正举，资阳大地蓬勃兴盛；砥砺前行，资阳政协同心协力。让我们紧密团结在以习近平同志为核心的党中央周围，坚持以习近平新时代中国特色社会主义思想为指导，在中共资阳市委坚强领导下，团结奋斗、埋头苦干、守正创新、艰苦创业，为助推资阳高质量跨越式发展，奋力谱写中国式现代化资阳新篇章做出新的更大贡献！

2023 年主流媒体报道资阳市情况

2023 年主流媒体报道资阳市情况一览表

表 26

报道时间	报道媒体	新闻标题	大致内容	备注（栏目 / 版面）
1 月 4 日	四川新闻联播	资阳：工业强市乘势突破	资阳工业飞速提高	视频报道
1 月 15 日	央视新闻	濛溪河考古	近日，考古专家在四川资阳濛溪河遗址新发现了石器、动物化石以及植物等丰富的遗物。濛溪河遗址对研究四川盆地旧石器时代古人类生计模式、古环境地貌等学术问题研究具有重要意义	微信公众号刊载
1 月 30 日	四川新闻联播	资阳临空经济区新一批标准厂房项目开工	详细报道开工情况	视频报道
2 月 10 日	四川新闻联播	2023 年“国企资阳行”签约 476 亿元	10 日上午举行的 2023 年“国企资阳行”活动现场，四川国资国企与资阳市围绕基础设施建设、产业发展、能源开发等领域，集中签署重大项目合作协议 18 个，投资额 476 亿元	视频报道
2 月 25 日	新华社	强信心·开新局探访“中国牙谷”——从一颗牙出发的全产业链特色小镇	牙谷的介绍	—
2 月 28 日	央视新闻	点赞！16 万元黄金首饰丢失少年拾金不昧	2 月 27 日上午，四川资阳市公安局雁江分局三贤祠派出所的民警带着失主苏吴先生来到当地的一所小学送上一面锦旗和表扬信，希望学校公开表扬该校四年级学生钟一瑁拾金不昧	视频报道
3 月 2 日	四川新闻联播	再造一个“工业资阳”建设都市圈现代化产业新城	“稳字当头、稳中求进、稳中快进”，去年工业投资增速位列全省第一的资阳，今年继续延续强劲势头，大力引进头部企业、培育特色优势产业，为加快建设成都都市圈现代化产业新城和成渝地区中部崛起示范区提供坚实的工业支撑	视频报道

续表 26

报道时间	报道媒体	新闻标题	大致内容	备注（栏目 / 版面）
3 月 3 日	央广网	水库水位下降四川安岳被淹摩崖石窟造像露真容	受春耕用水增加和降雨持续减少影响，位于四川资阳市安岳县的书房坝水库水位持续下降，部分被淹没于水位之下的唐宋时期摩崖石窟造像露出真容，吸引不少民众前往观赏	新闻频道
3 月 6 日	封面新闻	安岳县华严九年制学校组织学生背着锅碗瓢盆去春游	近日，四川资阳安岳县华严九年制学校组织春游一事，经短视频平台传播后，引发广泛关注，有大部分网友直呼“这是童年的美好回忆”，称赞“这才是真正的春游”	—
4 月 29 日	《经济日报》	“产学研销医养”全产业链并重四川资阳打造口腔产业集聚地	近年来，四川省资阳市积极发展口腔产业，突出“产学研销医养”全产业链并重，加强与科研院校合作，招引培育产业集群，打造全国口腔医疗器械产业集聚地	头版刊载
5 月 18 日	四川新闻联播	资阳造中土两国近十年最大一笔机车订单全面交付	17 日，2 台“中车资阳造”大功率干线货运内燃机车从新疆阿拉山口出境进入中亚，发往土库曼斯坦，这标志着中国近十年来获得土库曼斯坦最大的一笔 15 组 30 台内燃机车订单全面交付。至此，中车资阳机车已向中亚提供各型内燃机车累计达 473 台	视频报道
5 月 31 日	天府新视界	“中国牙谷”诞生记	牙谷的诞生	视频报道
6 月 1 日	央视网	基础设施建设再传喜讯 西部首条跨市域轨道交通线全线贯通	5 月 31 日，西部地区的首条跨市域轨道交通线——四川成都至资阳线最后一段盾构隧道掘进完成，实现了全线贯通	财经频道视频报道
6 月 4 日	《人民日报》	天使女孩朱红琳，谢谢你来过这个世界！	女孩去世后捐献全部器官帮助有需要的人	微信公众号刊载
6 月 6 日	四川新闻联播	四川：医共体“紧”了 看病难“松”了	探索资阳安岳县医共体建设	视频报道
6 月 9 日	四川新闻联播	西南最大预制菜项目签约	9 日，安井食品西南（雁江）生产基地三期 10 万吨预制菜生产线建设项目在资阳签约，总投资 7 亿元，占地 114 亩。项目达产后，该基地将具有西南规模最大的速冻食品、预制菜品生产线，年产值将达 30 亿元，提供就业岗位 2500 个	视频报道

续表 26

报道时间	报道媒体	新闻标题	大致内容	备注（栏目/版面）
8月12日	中国网	爱在“一带一路”！资阳姑娘与土耳其小伙喜结良缘	因“一带一路”结识到喜结良缘的故事	纵览四川
10月24日	四川新闻联播	资阳乐至新能源产业再添“生力军”	成渝中部（乐至）新能源产业发展座谈签约仪式	视频报道
10月31日	新华社	“酸果子”里的“甜日子”	生产线上柠檬的照片	图片栏目
11月6日	新华社	用镜头见证“成渝之心”新华社签约摄影师采风团走进资阳	视频的形式介绍资阳	新华社客户端四川频道

组织机构及负责人名录

市　委

书　记：元　方
副书记：赵浩宇
常　委：李　东
　　　　杜德清
　　　　焦　杨（藏族）
　　　　周衍卫
　　　　周月霞（女）
　　　　薛学深
　　　　赵　璞
　　　　魏忠猛
　　　　张宇星（挂职）
秘书长：周月霞（女）
副秘书长：黄玉斌
　　　　　赵　钢
　　　　　朱云鹏（2023 年 7 月止）
　　　　　周　萍（女）
　　　　　张　军
　　　　　黄　锦（女）
　　　　　赵怀明（2023 年 7 月起）

市人大常委会

主　任：王荣木
副主任：周　燕（女，2023 年 1 月止）
　　　　雷　明
　　　　孙　军
　　　　万志琼（女）
　　　　姜鸿飞
　　　　孙　智
　　　　邓继红（2023 年 1 月起）
秘书长：鲁　琼（女）
副秘书长：姚建华（女）
　　　　　尧　静（女）
　　　　　王亚玲（女）

市人民政府

副市长：李　东
　　　　张宇星
　　　　刘廷安
　　　　张建红（女）
　　　　罗道坤
　　　　郑小清
　　　　贾发扬
　　　　林显奎
　　　　杜伯军（2023 年 12 月止）
秘书长：邓继红（2023 年 1 月止）
　　　　李　杰（2023 年 1 月起）
副秘书长：胡　伟
　　　　　易　川（2023 年 3 月止）
　　　　　李德宏（2023 年 3 月起）
　　　　　李志友
　　　　　王智勇
　　　　　张小燕（女）
　　　　　王忠伟
　　　　　李旭东
　　　　　李政欣（2023 年 11 月起）
　　　　　白　勇（2023 年 12 月止）
　　　　　曹　毅（2023 年 12 月起）

政协资阳市委员会

主　席：陈莉萍（女）
副主席：曹汉卿
　　　　张光禄（2023 年 1 月止）
　　　　倪　勋
　　　　廖荣江
　　　　郭启太
　　　　于小丰
　　　　李兴华
　　　　陈德友（2023 年 1 月起）
秘书长：付　萍（女）
副秘书长：王　兰（女，2023 年 5 月止）
　　　　　万　超
　　　　　田　芳（女）

市纪委监委

市纪委

书　记：魏忠猛
副书记：谢晏均（2023 年 1 月止）
　　　　李一兵（2023 年 1 月起）
　　　　何自华
　　　　龚　华
纪委常委：李代程（2023 年 1 月止）
　　　　　黄　强
　　　　　杨小丽（女，2023 年 1 月止）
　　　　　朱水桥
　　　　　沈茂林
　　　　　翁　航（女，2023 年 1 月起）
　　　　　李俊生（2023 年 4 月起）

市监察委员会

主　任：魏忠猛
副主任：谢晏均（2023 年 2 月止）
　　　　李一兵（2023 年 2 月起）
　　　　何自华
　　　　龚　华
委　员：翁　航（女，2023 年 1 月起）
　　　　李俊生
　　　　张云波
　　　　叶　斌（2023 年 6 月起）
机关党委书记：付林月（2023 年 4 月起）
研究室副县级主任：付林月（2023 年 4 月止）
组织部副县级部长：张金晶（女）
宣传部副县级部长：陈　艳（女）
法规室副县级主任：舒云周
案件审理室副县级主任：于国川（女）

市法院

院　长：马泽波
常务副院长：江　冰（女）
副院长：汪自友
　　　　杨江涛（2023 年 10 月止）
　　　　孙　梅（女）
政治部主任：戴　璐（女）
机关党委书记：李向杰（2023 年 9 月止）
执行局局长：阳　勇（2023 年 12 月止）
　　　　　　陈　勇（2023 年 12 月起）
审判委员会专职委员：阳文彬
　　　　　　　　　　詹　治（2023 年 12 月起）

市检察院

检察长：吕　皓
常务副检察长：唐　智（2023 年 12 月起）
副检察长：曹　联（女）
　　　　　李克洪
　　　　　詹　鸿（2023 年 9 月止）
政治部主任：刘春英（女）
机关党委书记：高　萍（女）
专职委员：张　翔（女，2023 年 6 月止）
　　　　　成懿萍（女）
　　　　　杨　忠（2023 年 6 月起）

党群系统工作部门

市委办（市档案局）
主任（局长）：黄玉斌
副主任：周昌海
　　　　刘　颖（女）
纪检监察组组长：杨建芬（女，2023 年 1 月起）
机关党委书记：陈　铸

市委党史研究室（市地方志编纂中心）
主　任：刘正良
副主任：付南斌

市公务服务中心
副主任：陈　锦（女）
　　　　魏士凯

市委国家安全委员会办公室
主　任：刘　侠（2023 年 12 月起）

市委组织部
部　长：赵　璞
常务副部长：崔　楠
副部长：高　远
　　　　潘向东
　　　　余郅刚
　　　　贾爱丽（女）
　　　　姚　珣（女）
　　　　贺祖锦（2023 年 1 月止）
　　　　滕漾帆（女，2023 年 2 月起）
纪检监察组组长：王大杰（2023 年 1 月起）
部委委员：翁　航（女，2023 年 1 月止）
　　　　　应小琴（女）
　　　　　滕漾帆（女，2023 年 2 月止）
机关党委书记：曹植松

市委党建办
主　任：余郅刚

市委非公有制经济组织和社会组织工作委员会
书　记：余郅刚
副书记：滕漾帆（女）
　　　　王凤先（女，2023 年 1 月止）
　　　　彭建华
　　　　容弟斌（2023 年 1 月起）
　　　　凌勇军（2023 年 1 月起）

市委宣传部［市精神文明建设办公室、市委对外宣传办公室（市政府新闻办公室）、市新闻出版局（市版权局）、市互联网信息办公室］
部　长：周月霞（女）
常务副部长：崔　刚
副部长：魏　华（女）
　　　　王　斌（2023 年 6 月止）
　　　　李　颖（女）
　　　　王　志
　　　　康晋林
纪检监察组组长：宋　平（2023 年 1 月起）
机关党委书记：周旭孙

市精神文明建设办公室
主　任：魏　华（女）
副主任：程　涟（女）

市社会科学界联合会（市委讲师团）
主　席：王　斌（2023 年 11 月起）
专职副主席：汪　雪（女）

市委对外宣传办公室（市政府新闻办公室）
主　任：崔　刚
副主任：祝　良

市互联网信息办公室
主　任：崔　刚

市网络舆情中心（市互联网不良与违法信息举报中心）
主　任：余笠新

市委网络安全和信息化委员会办公室
专职副主任：徐　霞（女，2023 年 4 月起）

市委统战部［市侨务办公室、市委台湾工作办公室（市台湾事务办公室）］
部　长：赵　璞
常务副部长：欧阳曦（女，2023 年 1 月止）
　　　　　　魏　威（2023 年 12 月起）
副部长：陈锦阳
　　　　陈　卓
　　　　江　雄
　　　　何云均
　　　　周　娟（女）

市民族宗教事务局
局　长：陈　卓
副局长：李　洁（女）

市侨务办公室、市委台湾工作办公室（市台湾事务办公室）
主　任：江　雄

市归国华侨联合会
主　席：江　雄
专职副主席：陈　利

市委政法委员会
书　记：杜德清
常务副书记：李一兵（女，2023 年 3 月止）
　　　　　　易　川（2023 年 12 月起）
副书记：郑小清
　　　　邹明宏
　　　　蒋玉林
　　　　陈继亮
纪检监察组组长：李　志（2023 年 1 月起）
政治部主任：刘　飞
机关党委书记：王　伟
专职委员：李　森（2023 年 7 月止）
　　　　　曾　虹（女）
　　　　　吴　强（2023 年 7 月起）
委　员：刘长江
　　　　谢华文

平安资阳建设领导小组办公室
专职副主任：胡　军

市法学会
会　长：杜德清
专职副会长：蒋玉林

市委政策研究室
主　任：周　萍（女）
副主任：王怒江
　　　　罗芝俊（2023 年 1 月止）

市委机构编制委员会办公室
主　任：潘向东
副主任：李　静（女）
　　　　严琼利（女）

市直属机关工作委员会
书　记：周月霞（女）
常务副书记：康前军
副书记：陈　刚
　　　　杨正良（2023 年 3 月起）
　　　　王永良（2023 年 7 月起）
纪工委书记：陈　刚

市委巡察工作领导小组办公室
主　任：李代程（2023 年 1 月止）
　　　　黄　强（2023 年 1 月起）
副主任：滕　琼（女）

市委第一巡察组
组　长：郭　波
副组长：罗存文

市委第二巡察组

组　长：吴明川
副组长：肖　剑（女）

市委第三巡察组

组　长：贺祖锦（2023 年 1 月起）
副组长：常　艳（女，回族）

市委第四巡察组

组　长：杨小丽（女，2023 年 1 月起）
副组长：刘　革

市委老干部局

局　长：贾爱丽（女）
副局长：尹　英（女）
　　　　刘　利（2023 年 6 月止）
　　　　林建容（女，2023 年 6 月起）

市老干部活动中心

主　任：林建容（女，2023 年 6 月止）
　　　　黄建淑（女，2023 年 7 月起）

市委保密机要局（市国家保密局、市密码管理局）

局　长：秦后权（2023 年 12 月止）
副局长：林用军
　　　　李晓清
总工程师：李忠华（2023 年 2 月起）
密码督查员：林用军

市委目标绩效管理办公室

主　任：朱云鹏（2023 年 7 月止）
副主任：吴俊锋
　　　　王建国

市委党校

校　长：赵　璞
常务副校长：姚中举
副校长：李　萍（女）
　　　　蒋　毅
　　　　沈浩强
机关党委书记：王忠文

资阳行政学院

院　长：李　东
常务副院长：姚中举
副院长：李　萍（女）
　　　　蒋　毅
　　　　沈浩强

资阳社会主义学院

常务副院长：姚中举
副院长：李　萍（女）
　　　　蒋　毅
　　　　沈浩强

资阳融媒体中心（资阳日报社、资阳广播电视台）

主任（社长、台长）：代小平（2023 年 6 月起）
总编辑：甘德斌（2023 年 12 月起）
副主任：曾建波（2023 年 6 月起）
　　　　江　淘（2023 年 6 月起）
　　　　甘德斌（2023 年 6 月起，2023 年 12 月止）
机关党委书记：江　淘（2023 年 6 月止）

市档案馆

馆　长：吴　静
副馆长：董丽英（女）

市总工会

主　席：赵　璞
党组书记、副主席：黄　勤（女）
副主席：阳　毅（女）
　　　　李福金
经审委主任：陈　斌

市惠民帮扶中心

主　任：邱国全（2023 年 12 月止）

共青团资阳市委

书　记：李　丞

副书记：贺　伟

　　　　张　蕾（女，2023 年 7 月起）

市妇联

主　席：杨晓莉（女，2023 年 7 月止）

　　　　谭雅苧（女，2023 年 7 月起）

副主席：李祖蓉（女）

　　　　邓良钱（女）

　　　　曾　虹（女，兼职，2023 年 7 月起）

　　　　阳　毅（女，兼职，2023 年 7 月起）

市工商业联合会（市总商会）

主席（会长）：郭启太

党组书记、常务副主席（副会长）：陈锦阳

专职副主席（副会长）：杨　艺

　　　　　　　　　　　鄢文秀（女）

秘书长：严　菁（女）

市科学技术协会

党组书记：鲁　燕（女）

主　席：鲁　燕（女，2023 年 7 月止）

　　　　肖素敏（女，2023 年 7 月起）

副主席：刘小彬

　　　　冯仕彦（兼职）

市红十字会

常务副会长：张　颖（女）

副会长兼秘书长：聂　翀

副会长：李旭东（兼职）

　　　　魏勇军（兼职）

　　　　陶　宏（兼职）

　　　　阳　毅（兼职）

监事长：段有阔（兼职）

市残联

理事长：黄　泽（2023 年 1 月止）

　　　　王　健（2023 年 1 月起）

专职副理事长：王汉忠

　　　　　　　阳　利（女）

市人大常委会机关

办公室

主　任：陈天华

副主任：李　伟

　　　　李城旭

机关党委书记：吕　芯（女）

纪检监察组组长：徐荣志（2023 年 1 月起）

研究室

主　任：黄　鹏

副主任：郑学亨

人事代表工作委员会

主　任：程代静（2023 年 12 月止）

　　　　陈兴凯（2023 年 12 月起）

副主任：刘　瑜（女）

　　　　尹邦辉

代表联络处

主　任：程代静（2023 年 12 月止）

　　　　陈兴凯（2023 年 12 月起）

法制工作委员会

主　任：袁　标

副主任：马辉佳

法制委员会

主任委员：肖　浩

副主任委员：袁　标

　　　　　　余　兵

监察和司法委员会

主任委员：邓中良

副主任委员：王兰英（女）

　　　　　　刘德平

经济委员会

主任委员：郑弟君

副主任委员：卢忠明

胡体斌

农业与农村委员会

主任委员：谭 伟

副主任委员：李凤菊（女）

王 磊

教育科学文化卫生委员会

主任委员：卿明华（2023 年 12 月止）

副主任委员：李志华

刘 兵

社会建设委员会

主任委员：刘小波（2023 年 12 月止）

副主任委员：张秀梅（女）

城乡建设环境资源保护委员会

主任委员：刘启章

副主任委员：段忠文

王鹏松

民族宗教外事侨务委员会

主任委员：白 伟（2023 年 12 月止）

副主任委员：胡 铜

肖素敏（女，2023 年 6 月止）

预算委员会

主任委员：黄 泽

副主任委员：刘汉文

秦明忠（2023 年 10 月止）

杨永乐（2023 年 12 月起）

市政府工作部门

市政府办

主 任：胡 伟

副主任：陈明军（2023 年 5 月止）

李政欣（2023 年 11 月止）

王彦力（2023 年 5 月起）

纪检监察组组长：范茂轩（2023 年 1 月起）

机关党委书记：李小佳（女）

市人民政府国防动员办公室（市人民防空办公室）

主 任：李 存

副主任：巩 斌（2023 年 1 月止）

李远科（2023 年 2 月起）

市驻京联络处

主 任：付 燕（女）

副主任：范小力

徐 颖（2023 年 1 月起）

市住房公积金管理中心

主 任：于亚灵（女，2023 年 7 月起）

市决策咨询工作办公室

主 任：刘胜全（2023 年 3 月止）

市发改委（市粮食和物资储备局）

主任（局长）：容弟斌（2023 年 1 月止）

王凤先（女，2023 年 1 月起）

副主任：曾 钢

卿明彬（2023 年 3 月止）

王 敏（女）

黄景科（2023 年 11 月止）

陈治财（2023 年 6 月起）

纪检监察组长：曹 武（2023 年 1 月起）

机关党委书记：陈治财（2023 年 6 月止）

总经济师：黄飞霞（女）

总工程师：朱元洁（2023 年 7 月起）

市同城化发展工作局

局 长：刘少旅

副局长：罗才勇（2023 年 3 月止）

周雪梅（女）

罗永春
邓钦沂（2023 年 5 月起）
总工程师：冷玲玲（女）

市经济和信息化局（市民营经济发展局）

局　长：张　波
副局长：朱文英（女）
毛　洪
唐珽婷（女，2023 年 7 月止）
彭洪涛（2023 年 6 月起）
刘仁勇（2023 年 7 月起）
邹聪海（2023 年 11 月起）
机关党委书记：雷明才
总经济师：蔡　岭

市教育和体育局

局　长：谭德奎
副局长：曾国锋
刘绪国
黄　琼（女）
总督学：周绵武
机关党委书记：毛　靖（女）
纪检监察组组长：石　卓（女，2023 年 1 月起）

市委教育工委

书　记：谭德奎
专职副书记：魏勇军
委　员：曾国锋
刘绪国

市教育工会

主　席：彭　萍（女，2023 年 6 月止）
范跃平（2023 年 6 月起）

市教育科学研究所（市教育评估和教师发展中心）

所　长：廖善平

市教育考试院

院　长：张　静（2023 年 4 月起）

资阳师范学校

党委专职书记：周　志（2023 年 3 月止）
朱晓霞（女，2023 年 3 月起）
校　长：骆登宇
副校长：殷和贵（2023 年 2 月止）
李振华
蒋均邦（2023 年 2 月止）
朱万彬（2023 年 2 月起）
许显坤（2023 年 2 月起）

资阳开放大学

副校长、党委副书记（主持工作）：李志萍（女）
党委专职副书记：吴明杰（2023 年 2 月止）
刘　愣（2023 年 2 月起）

市科学技术局

局　长：王凤先（女，2023 年 1 月止）
凌勇军（2023 年 1 月起）
副局长：张　瑾（女）
谭　文（2023 年 1 月止）
袁　宇
徐煜梅（女，2023 年 1 月起）

市生产力中心（市科学技术研究院）

主　任：刘　军

市公安局

局长、督察长：郑小清
常务副局长：陈全章
副局长：胡德伟
姚武雄（2023 年 4 月止）
彭建华
苟纯彬（2023 年 3 月起）
政治部主任：罗智刚
纪检监察组组长：唐　斗（2023 年 2 月起）
机关党委书记：傅　囡（女）
情报指挥中心主任：钟　皓（2023 年 3 月起）
政治安全保卫支队支队长：陈明光（2023 年 3 月起）
政治安全保卫支队政委：郭亚玲（女）

交警支队支队长：杨秀国
交警支队政委：曾祥林（2023 年 2 月起）
刑侦支队支队长：邹　强（2023 年 7 月止）
　　　　　　　　段格林（2023 年 7 月起）
刑侦支队政委：曾利锋
禁毒支队支队长：叶云川
禁毒支队政委：罗大彦（女）
警察学校校长：黄　彦（2023 年 7 月止）
特巡警支队支队长：董纯刚
特巡警支队政委：黎高学

市民政局

局　长：唐怀庄
副局长：王大杰（2023 年 1 月止）
　　　　陶　宏
　　　　李　旭
机关党委书记：江应登

市精神病医院

党委书记：唐通达

市社会福利中心（市救助站）

主　任：郑　建（2023 年 7 月起）

市司法局

局　长：谢华文
副局长：徐煜梅（女，2023 年 1 月止）
　　　　朱　峰
　　　　刘　莉（女）
　　　　黄　彦（2023 年 7 月起）
　　　　唐贤勇（2023 年 7 月起）
政治部主任：徐荣志（2023 年 1 月止）
　　　　　　黄治国（2023 年 1 月起）

市财政局

局　长：李　杰（2023 年 1 月止）
　　　　张　毅（2023 年 1 月起）
副局长：王　英（女，2023 年 3 月止）
　　　　李洪明（2023 年 12 月止）
　　　　吴茂森（2023 年 1 月起）
　　　　廖念俊（2023 年 3 月起）
总会计师：黄路峰（2023 年 3 月起）
机关党委书记：唐勇军
纪检监察组组长：吴朝霞（2023 年 1 月起）

市市级财政国库支付中心

主　任：马　琳（女，2023 年 10 月起）

市人力资源和社会保障局

局　长：高　远
副局长：苏永富
　　　　伍立新
　　　　唐兴荣
　　　　李　印
机关党委书记：王路兵

市社会保险事务中心

主　任：秦　松（2023 年 6 月起）

市就业创业促进中心（市农民工服务中心）

主　任：周　杨（2023 年 7 月起）

市人才评价服务中心（市人力资源社会保障信息中心、市公务员考试测评中心）

主　任：童　勇（2023 年 9 月起）

市劳动保障监察支队

支队长：肖建明（2023 年 7 月止）

市自然资源和规划局（市林业局）

局　长：张　帆（2023 年 6 月止）
　　　　毛洪斌（2023 年 6 月起）
副局长：王才熙
　　　　柳正勇
　　　　蒋廷波
　　　　温章良
　　　　周忠前
　　　　蒋祖圣

纪检监察组组长：张孝能（2023 年 1 月起）
机关党委书记：李绍棠
总规划师：曾　俊
总工程师：曾　强
林业总工程师：李学彬

市不动产登记中心

主　任：吴卫斌

市生态环境局

局　长：罗　文
副局长：陈家林
　　　　黄辉忠（2023 年 1 月起）
纪检监察组组长：周述文（2023 年 1 月起）
总工程师：刘盛勇
环保总监：马　斌

环境监测中心站

站　长：陈从涛

市住房和城乡建设局

局　长：李建英（女，2023 年 12 月止）
　　　　易　川（2023 年 12 月起）
副局长：赵怀明（2023 年 7 月起）
　　　　朱　辉
　　　　吴光平
　　　　王海东
　　　　罗才勇（2023 年 7 月起）
纪检监察组组长：谭　文（2023 年 1 月起）
机关党委书记：贺　照（女）
总工程师：朱成刚
总经济师：杨　栋（2023 年 3 月起）

市房地产管理局

局　长：邹迎春

市交通运输局

局　长：彭建华
副局长：魏　威（2023 年 12 月止）
　　　　刘文忠
　　　　张学问
　　　　陈永才
　　　　孙宝京
总工程师：王晓霞（女）

市交通战备办公室

主　任：彭建华

市公路事业发展中心（市交通建设工程质量监督站）

主　任：刘庆玖（2023 年 6 月起）

市交通运输事业服务保障中心（市航务海事发展中心）

主　任：魏明全（2023 年 6 月起）

市水务局

局　长：纪昌兴
副局长：黄明亨
　　　　王文川
　　　　吴登良
机关党委书记：杨登琼（女）
总工程师：吴兴中

毗河供水工程筹建组资阳市筹建办公室

主　任：邓锋荣
副主任：任永春（女）

市河湖保护中心

主　任：熊　兵

市水土保持和防汛抗旱中心（市水利工程质量安全监督站）

主　任：王　刚（2023 年 6 月起）

市河长制办公室

主　任：纪昌兴
副主任：吴登良

市农业农村局
局　长：张团结
副局长：韦方俊
　　　　宾　刚
　　　　管昌平
　　　　魏贤光（2023 年 2 月起）
总农艺师：计长远
总经济师：杜文东
机关党委书记：唐致朋
纪检监察组组长：魏　荣（2023 年 1 月起）

市委农村工作领导小组办公室
专职副主任：管昌平

市农村经济发展中心
主　任：陶建平（2023 年 6 月起）

市水产服务中心
主　任：魏国勇

市商务局
党委书记：赖　明（女）
局　长：李发刚（2023 年 8 月止）
　　　　唐珽婷（女，2023 年 8 月起）
副局长：吴先锋
　　　　贺胜雄
　　　　罗旭清（2023 年 5 月起）

市文化广播电视和旅游局（市文物局）
党委书记：曾　中
局　长：李　炜（女）
副局长：李建国
　　　　文富忠
　　　　蒋晓梅（女）
机关党委书记：杨志才
总规划师：蒋　芯（2023 年 5 月起）

市文物局
局　长：李　炜（女，兼职）

市文化广播电视和旅游发展中心
主　任：陶长华（2023 年 6 月起）

市卫生健康委员会（市中医药管理局）
主任（局长）：凌勇军（2023 年 1 月止）
　　　　　　　欧阳曦（女，2023 年 9 月起）
副主任：李莉聪（女，2023 年 3 月止）
　　　　黄先军
　　　　樊　劲
　　　　文帮芬（女）
　　　　罗文利（2023 年 5 月起）
机关党委书记：胡冬梅（女）
纪检监察组组长：毛绍康（2023 年 1 月起）

市第一人民医院
党委书记：刘　凯（聘任）
院　长：刘　凯（聘任，2023 年 1 月止）
党委专职副书记：肖贵宝（2023 年 5 月起）
纪检监察组组长：李　莉（女，2023 年 1 月起）
纪委书记：李　莉（女，兼职，2023 年 5 月起）
　　　　　温泽强
　　　　　李　川（聘任）
　　　　　张　铭（聘任）
总会计师：邓晓燕（女）

市人民医院
党委书记：王瑞彪
院　长：冯仕彦（聘任）
党委副书记、纪委书记：袁筱琦（女）
副院长：卿　松（2023 年 1 月止）
　　　　陈　艾
　　　　王　洪

市中医医院
党委书记：黄再平（2023 年 12 月起）

市疾病预防控制中心（市突发公共卫生事件综合应急指挥中心、市 120 指挥中心）
党总支书记：欧阳曦（2023 年 9 月起）

主 任：张大权（2023 年 3 月止）
李莉聪（女，2023 年 3 月起）
副主任：李 伟（2023 年 3 月止）
汪 丹
吴华英（女）

市中心血站

站 长：都 刚

市退役军人事务局

局 长：谢良勇
副局长：刘 杨（女）
丁 旸
曹 武
李佑学

市应急管理局（市安全生产委员会办公室）

局长（主任）：何 瑜
副局长：郑 立（2023 年 1 月起）
周述文（2023 年 3 月止）
吴再兴
蔡 华
周忠前
黄明亨
雷学辉（女，2023 年 3 月起）
总工程师：李爱国
安全总监：晋云建（2023 年 5 月起）

市审计局

局 长：龙 平（女）
副局长：廖念俊（2023 年 3 月止）
段有阔
袁 军
姚竺君（2023 年 5 月起）
总审计师：谢 彬（女）
机关党总支书记：蒲 敏（女）

市经济责任审计工作联席会议办公室

主 任：韩志林

市政府国有资产监督管理委员会

党委书记：赵浩宇
主 任：黄义学
党委专职副书记：丁 轶
副主任：赵 辉
熊祚云

市市场监督管理局（市知识产权局、市食品安全委员会办公室）

局长（主任）：陈德友（2023 年 1 月止）
容弟斌（2023 年 1 月起）
副局长：宋道海
曾 健
李晓慧（女）
申智勇
卿仲民（2023 年 7 月止）
纪检监察组组长：袁贵芳（2023 年 1 月起）
安全总监（食品药品总监）：张良君（2023 年 7 月止）
詹 俊（2023 年 7 月起）
总工程师：兰长洪
机关党委书记：范毅超

市统计局

局 长：朱云鹏
副局长：唐文龙
吴 俊
邹武超
总统计师：凌 建
总经济师：唐娅莉（女）

市普查中心（市社会经济和社情民意调查中心）

主 任：刘 勇

市城市管理行政执法局

局 长：唐显国
副局长：夏木礼
曾克城
吴明星
机关党委书记：易 琥（女）

市城市管理综合行政执法支队
支队长：林远志

市乡村振兴局
局　长：廖正智
副局长：邹　萍（女）
　　　　蒙志鸿
　　　　曾波勇
总工程师：邓时光

市信访局
局　长：易　川（2023 年 6 月止）
　　　　李德宏（2023 年 6 月起）
副局长：万志忠
　　　　李　熠
　　　　刘金兰（女）

市金融工作局
局　长：朱贤军
副局长：朱道理
　　　　刘　弘
　　　　唐　雷（2023 年 7 月起）

市经济合作和外事局（市港澳事务办公室）
局长（主任）：赵　钢
副局长：唐　锋
　　　　干国超
　　　　魏　荣
　　　　唐易辉
　　　　宋　黎
机关党总支书记：吴雄军

中国国际贸易促进委员会资阳市委员会（市国际商会）
会　长：吴章才
专职副会长：卿太燮

市人民对外友好协会
专职副会长：罗秀君（女）

市医疗保障局
局　长：汪远辉
副局长：张　智（女）
　　　　张郁文

市医疗保障事务中心
主　任：周　平（女）

市政务服务和大数据管理局
局　长：张宇声
副局长：方吉才
　　　　陈廷见
　　　　王明君
　　　　马小华（2023 年 5 月起）

市政府研究室
主　任：邓向龙
副主任：蒋永刚
　　　　袁贵林（2023 年 5 月起）

市供销社联合社
主　任：陈兴凯（2023 年 12 月止）
监事会主任：雷文成
副主任：李　霞（女）
　　　　彭洪涛

理事会
主　任：陈兴凯
副主任：李　霞（女）
　　　　彭洪涛

市政协机关

办公室
主　任：付　萍（女，2023 年 6 月止）
　　　　曾　联（2023 年 6 月起）
副主任：马　庆
　　　　万　翔（女）
纪检监察组组长：文　浩（2023 年 1 月起）

机关党委书记：蒋仕恒

研究室

主　任：周银才
副主任：鲁浠浠（女）

提案委

主　任：王子于
副主任：姚　力
　　　　朱素英（女）

文化文史和学习委

主　任：钟友才
副主任：蒋贵礼（2023 年 6 月止）
　　　　王群瑛（女）
　　　　卿仲民（2023 年 6 月起）

经济委

主　任：邱世福（2023 年 12 月止）
　　　　李洪明（2023 年 12 月起）
副主任：刘　勇
　　　　石　卓（女，2023 年 4 月止）

农业和农村委

主　任：曾　联（2023 年 6 月止）
　　　　李代程（2023 年 12 月起）
副主任：张泽淼
　　　　刘文明
　　　　李代程（2023 年 4 月起，2023 年 12 月止）

教科卫体委

主　任：李卫东（2023 年 12 月止）
　　　　秦后权（2023 年 12 月起）
副主任：王红英（女）
　　　　汪德强（2023 年 6 月止）
　　　　朱跃建（2023 年 6 月起）

社会和法制委

主　任：廖兴文
副主任：祝丹妮（女）
　　　　李　锋

地联委

主　任：李　果
副主任：林　君（女，2023 年 4 月止）
　　　　付海涛

城乡建设和资源环境委

主　任：苏秀全
副主任：张东方
　　　　伍晓玲（女）

民族宗教和外事侨务委

主　任：杨　英（女）
副主任：张祖德
　　　　蒋　刚

民主党派

民革资阳市委会

主　委：李兴华
专职秘书长：刘明生（2023 年 3 月起）

民盟资阳市委会

主　委：廖荣江
专职副主委：吕碧容（女）
专职秘书长：黄　艳（女）

民建资阳市委会

主　委：李发刚
专职副主委：唐立勇
专职秘书长：王　轶

九三学社资阳市委会

主　委：刘廷安
专职副主委：游文盛
专职秘书长：丁　雪（女）

园　区

资阳高新技术产业园区

党工委书记：薛学深
党工委副书记、管委会主任：唐　文
党工委副书记：田　鲲（女，2023年4月起）
管委会副主任：杨　杰
　　　　　　刘　莉（女）
　　　　　　王光华
　　　　　　牛士淼（2023年7月止）
　　　　　　唐　勋（2023年1月起）
机关党委书记：宋继桃

市药品医疗器械申报服务中心

主　任：徐亚楠（女）

市临空经济区

党工委书记：薛学深
党工委副书记、管委会主任：唐　文
党工委副书记：胡　谦（2023年4月起）
　　　　　　滕雪菲（女，2023年1月起）
纪工委书记、监察组组长：胡　谦（2023年4月起）
管委会副主任：袁胜兵
　　　　　　李　建
　　　　　　胡　谦（2023年4月止）
　　　　　　张书毅
　　　　　　王有辉（2023年5月起）
　　　　　　张　胜（2023年6月起）
机关党委书记：刘欣汶

县（区）

雁江区

区委

书　记：焦　杨（藏族）
副书记：杨天学
　　　谭雅苧（女，2023年6月止）
　　　高　亮（2023年4月起）
　　　李建英（女，2023年6月起）
常　委：李　川
　　　唐　纯
　　　熊　宇（女）
　　　包春生（蒙古族）
　　　欧阳建
　　　唐　瑜
　　　李　强
　　　陈宏宇（2023年1月起）

区人大

主　任：姚忠志
副主任：杨　洪
　　　刘成林
　　　陈　勇
　　　严　莲（女）

区政府

区　长：杨天学
常务副区长：唐　纯
副区长：唐　瑜
　　　苟纯彬
　　　陈宏宇（2023年1月止）
　　　李丽平（女）
　　　钟　洵
　　　杨　平
　　　罗芝俊（2023年1月起）
　　　陈盈燕（女，2023年2月起）

区政协

主　席：孙家茂
副主席：李晓玲（女）
　　　李梁飚
　　　刘　林
　　　秦辉东

区人民法院

院　长：卿卫华（女）

区人民检察院

检察长：何富均

安岳县

县委

书　记：刘建华
副书记：赖才建
　　　　鄢　华
　　　　杨颖智（2023 年 4 月起）
常　委：毛洪斌（2023 年 6 月止）
　　　　金家文
　　　　尹凤全
　　　　陈千胜
　　　　郭　娅（女）
　　　　巵　杰
　　　　胡学彬
　　　　李　强
　　　　闫如丹（2023 年 5 月起）

县人大

主　任：安　亮
副主任：周新林
　　　　谢贻奎
　　　　吴　辉
　　　　李曙光

县政府

县　长：赖才建
常务副县长：毛洪斌（2023 年 7 月止）
副县长：巵　杰
　　　　朱　江
　　　　郑　勇
　　　　李　林
　　　　姚　丽（女）
　　　　邓斌辉

县政协

主　席：刘　云
副主席：游　军
　　　　霍顺祥
　　　　蒋　凤（女）
　　　　谭　昶（2023 年 1 月起）

县法院

院　长：李忠富

县检察院

检察长：胡　也

安岳石窟研究院

院　长：谢　杨（女，2023 年 2 月起）

安岳经济开发区

党工委书记：巵　杰

乐至县

县委

书　记：文　勇
副书记：彭玉秀（女）
　　　　黄再平（2023 年 12 月止）
　　　　龙　虹（2023 年 12 月起）
　　　　潘　超（2023 年 4 月起）
常　委：潘　峰
　　　　郑喜平
　　　　彭　敏
　　　　杨　琪（女）
　　　　罗　宇
　　　　齐九根
　　　　吴　鹏
　　　　吴光平（2023 年 12 月起）
　　　　闫　阳（2023 年 1 月起）

县人大

主　任：刘　强
副主任：李兴佐
　　　　江　军
　　　　李琼英（女）
　　　　周佩峰

县政府

县　长：彭玉秀（女）
常务副县长：龙　虹
副县长：罗　宇
　　　　康文智
　　　　刘新平
　　　　罗　旭
　　　　舒　勇
　　　　曾　毅
　　　　闫　阳（2023 年 1 月起）

县政协

主　席：吴　琪（女）
副主席：尹显强
　　　　郭　瑛（女）
　　　　阳建军
　　　　鲍继富

县法院

院　长：廖中朗

县检察院

检察长：雷　毅

陈毅故里景区管委会（陈毅纪念馆）

主任（馆长）：朱晓霞（女，2023 年 3 月止）
副主任：张德银
　　　　徐　颖（2023 年 1 月止）
　　　　赵　林

乐至经济开发区

党工委书记：易吉才
管委会主任：杨　明

市属国有企业

资阳发展投资集团有限公司

党委书记、董事长：张　毅（2023 年 1 月止）
　　　　　　　　　杨　峰（2023 年 1 月起）
党委副书记、总经理：魏　鲲
党委专职副书记：肖文伟（2023 年 3 月止）
　　　　　　　　李志英（2023 年 3 月起）
纪检监察组组长、纪委书记：王文杰（2023 年 1 月起）
副总经理：刘明玖（2023 年 5 月止）
　　　　　宋　英（女，2023 年 6 月起）
财务总监：李逢建（聘任，2023 年 5 月起）

市水务投资有限责任公司

党委书记、董事长：刘永吉（2023 年 1 月止）
　　　　　　　　　杨　峰（2023 年 1 月起）
党委副书记、总经理：周盛忠（2023 年 1 月起）
党委专职副书记、纪委书记：伍　新（2023 年 3 月起）
副总经理：李忠良（2023 年 3 月止）

资阳城建投资集团有限公司

党委书记、董事长：杨　峰
党委副书记、总经理：张　三
党委专职副书记：肖文伟（2023 年 3 月起）
　　　　　　　　李志英（2023 年 3 月止）
纪检监察组组长、纪委书记：苏　宏（2023 年 1 月起）
副总经理：李建芬（女，聘任）

资阳高新投资集团有限公司

党委书记、董事长：张　毅（2023 年 1 月止）
　　　　　　　　　杨　峰（2023 年 1 月起）
党委副书记、总经理：唐国强
党委专职副书记、纪委书记：谢智英（女，2023 年 3 月起）
副总经理：曾慧科（聘任）
　　　　　万　艺（2023 年 3 月起）

资阳空港投资集团有限公司

党委书记、董事长：周盛忠（2023 年 1 月止）
　　　　　　　　　杨　峰（2023 年 1 月起）
党委副书记、总经理：王　胤（聘任）
党委专职副书记、纪委书记：李建华（2023 年 3 月起）
副总经理：李　斌（聘任）
　　　　　叶志平（聘任，2023 年 3 月起）

资阳现代农业发展集团有限公司

党委书记、董事长：刘永吉（2023 年 1 月止）
　　　　　　　　　周盛忠（2023 年 1 月起）
党委副书记、总经理：李　滨
党委专职副书记、纪委书记：罗忠诚（2023 年 3 月起）
副总经理：童利锋
　　　　　杨山鹤（2023 年 3 月起）

资阳文化旅游发展集团有限公司

党委书记、董事长：魏钊光
党委副书记、总经理：靳榆彬
党委专职副书记、纪委书记：伍　新（2023 年 3 月止）
　　　　　　　　　　　　　刘明玖（2023 年 4 月起）
副总经理：李忠良（2023 年 3 月起）

荣誉榜

资阳市 2023 年获省、部级以上表彰（表扬）的先进集体一览表

表 27

获奖单位	获奖称号	授奖单位
资阳市	四川省双拥模范城	四川省委、省政府、省军区
雁江区	四川省双拥模范区	四川省委、省政府、省军区
安岳县	四川省双拥模范县	四川省委、省政府、省军区
乐至县	四川省双拥模范县	四川省委、省政府、省军区
安岳县自然资源和规划局	全国松材线虫病疫情防控攻坚行动先进单位	国家林业和草原局
资阳市中级人民法院民一庭	全国维护妇女儿童权益先进集体	全国妇联
民盟资阳市委员会	民盟中央群言杂志社 2023 年度优秀发行单位奖	中国民主同盟中央委员会
资阳市临空经济区管委会建设局	四川省“人民满意的公务员集体”	四川省委、省政府
资阳市民政局	社会组织关爱农村留守儿童健康成长先进市	民政部
资阳市总工会	2023 年全国“网聚职工正能量　争做中国好网民”互联网 + 工会维权服务案例（共评有 30 件，资阳工会 1 个案例获奖）	全国总工会
乐至县自然资源和规划局	全国自然资源系统先进集体	人力资源和社会保障部、自然资源部
乐至县	四川省生态园林县城	四川省政府
资阳市绿化委员会办公室	四川省建设长江上游生态屏障先进集体	四川省政府
乐至县林业局	四川省建设长江上游生态屏障先进集体	四川省政府

续表 27

获奖单位	获奖称号	授奖单位
百威（四川）啤酒有限公司	2022 年度水效领跑者企业	工业和信息化部、水利部、国家发展改革委、市场监管总局
百威（四川）啤酒有限公司	全国五一劳动奖状	中华全国总工会
资阳中车电力机车有限公司电装一班	全国工人先锋号	中华全国总工会
资阳高新技术产业园区消防救援大队兴旺路特勤站	2022 年度“一短三快”初战机制改革先进队站	国家消防救援局
安岳县人民检察院	集体一等功	最高人民检察院
安岳县公安局工业园派出所	集体一等功	公安部

资阳市 2023 年获省、部级以上表彰（表扬）的先进个人一览表

表 28

姓名	工作单位	获奖称号	授奖单位
高超秀	资阳市雁江区人民法院	全国法院办案标兵	最高人民法院
范云超	资阳市退役军人事务局	四川省爱国拥军模范	四川省委、省政府、省军区
张爱萍	资阳市城市管理行政执法局（城市管理行政执法支队三贤祠执法大队）	一等功公务员	四川省委、省政府
戴　怡	资阳市生态环境保护综合行政执法支队	2023 年重大活动空气质量保障工作表现突出个人	生态环境部
查　超	雁江区司法局三贤祠司法所	全国模范人民调解员	司法部
邓怀平	安岳县司法局岳城司法所	全国模范人民调解员	司法部
吴治坤	雁江区司法局资溪司法所	2020—2021 年度全国平安医院建设表现突出个人	国家卫生健康委员会、中央政法委、最高人民法院、最高人民检察院、公安部、司法部、市场监管总局、中国银保监会、国家医保局、国家中医药局、中央军委后勤保障部卫生局
王　艳	国家税务总局资阳市税务局	建设长江上游生态屏障先进个人	四川省政府
唐正宏	国家税务总局资阳市乐至县税务局	2020—2021 年度全国无偿献血奉献奖银奖	国家卫生健康委员会、中华红十字总会、中央军委后勤保障部卫生局
费　阳	资阳市红十字蓝天救援队队委委员	全国红十字志愿服务先进典型	中国红十字会总会

续表 28

姓名	工作单位	获奖称号	授奖单位
李湘婷	资阳市雁江区莲花街道观音阁社区党委书记	中国红十字会“会员之星”	中国红十字会总会
胡佳音	资阳融媒体中心	民进全国宣传思想工作先进个人	中国民主促进会中央委员会
胡佳音	资阳融媒体中心	四川省“学习新思想、践行新使命、奋进新征程”主题读书与实践活动 2023 年度先进个人	政协四川省委员会
陈冬英	资阳市自然资源和规划局	四川省建设长江上游生态屏障先进个人	四川省政府
卢　虎	安岳县李家自然资源和规划所	四川省建设长江上游生态屏障先进个人	四川省政府
吴佳敏	资阳市雁江区松涛镇人民政府	2022—2023 年全国大学生志愿服务西部计划优秀志愿者	共青团中央
胡耀升	资阳高新技术产业园区消防救援大队兴旺路特勤站	全国优秀消防救援站指挥员	国家消防救援局
刘　英	安岳县人民检察院	全国维护妇女儿童权益先进个人	全国妇联
杨　文	安岳县人民法院	2020—2021 年度全国无偿献血奉献铜奖	国家卫生健康委员会、中国红十字总会、中央军委后勤保障部卫生局
杨　棋	市公安局临空经济区分局	个人三等功	公安部
萧　轶	市公安局雁江区分局	全国巾帼建功标兵	全国妇联
王　义	市公安局雁江区分局	全国公安机关成绩突出个人	公安部、全国总工会
邓　可	安岳县公安局	二级英雄模范	公安部
游文盛	九三学社资阳市委员会	2023 年度“同心共建现代化四川”先进委员	政协四川省委员会
郭　力	九三学社资阳市委员会	中国中车科学技术奖三等奖	中国中车集团有限公司
王　凯	九三学社资阳市委员会	2022 年度中国中车青年岗位能手	中国中车集团有限公司
王　凯	九三学社资阳市委员会	设备管理与技术创新成果特等奖	中国中车集团有限公司
王　凯	九三学社资阳市委员会	感动资阳集体——齿轨列车项目团队	中国中车集团有限公司

索　引

说　明

一、本索引采用内容分析索引法，按索引数字、汉语拼音字母顺序排列。
二、索引词条后的数字表示内容所在的页码。

符号

A

B

C

D

F

G

K

L

M

N

P

Q

R

S

T

W

X

Y

Z